"十二五"普通高等教育本科国家级规划教材

新编21世纪新闻传播学系列教材
• 广告学与媒介经营管理系列 •

广告文案写作教程

第四版

Advertising Copy Writing

郭有献　编著

中国人民大学出版社
·北京·

作者简介

郭有献，教授、著名文化广告学者、教学名师，河北地质大学艺术设计学院原院长。讲授广告学概论、广告创意、广告文案写作等课程。主要著作有《广告文案写作教程》《中国元素与广告创意》《中华传统文化概论》《学位论文写作指导》等，先后发表和出版学术著作、专业教材、长篇及中篇小说、报告文学等共计 400 余万字。曾获中国作家协会“中华宝石文学奖”中篇小说二等奖。近年举办“郭有献《中国元素与广告创意》全国高校巡回讲座”，在北京大学、中国人民大学、武汉大学、华南理工大学、暨南大学、澳门科技大学、郑州大学等 20 多所高校举办讲座 30 多场，产生广泛影响。

内容简介

《广告文案写作教程》紧跟广告发展形势，在阐述基本理论的基础上，列举大量案例，让读者广泛接触各种广告文案，并在理论指导下阅读、领会、欣赏、借鉴国内外优秀广告文案，提高鉴赏和写作水平。本书的总体特点是理论新、案例新、内容全。每章都有思考题和课堂训练，帮助学生在思考与练习中得到实实在在的提高。

第四版辟专章讲解自媒体广告文案写作，并对全书内容做了修订，删减了略显陈旧的广告案例和理论论述。

总　序

中国人民大学出版社策划出版的“新编21世纪新闻传播学系列教材”，是一套在新闻传播学领域内，皋牢百代，卢牟六合，贯穴古今，笼罩中外，密切联系新闻传播工作的实际，广泛吸收新闻传播学的最新研究成果，高挹逷揽，取精用宏，供新世纪的高等院校新闻传播院系教学使用的系列教材。

20世纪初以来的100年，是世界新闻传播事业飞速发展的100年。这100年来，随着科学技术的不断发展，继报纸、期刊、通讯社之后，广播、电视、网络和多种新媒体相继问世，新闻传播的媒介日趋多元化，新闻传播的手段日趋现代化，“地球村”变得越来越小，新闻传播事业对世界政治、经济和文化的影响则变得越来越大。

这100年，也是中国新闻事业飞速发展的100年。尤其是中国改革开放以来，发展得尤为迅猛。

进入新世纪以后，中国新闻事业发展的势头更为迅猛。报纸、期刊、通讯社、广播电台、电视台的数量在宏观调控下，虽无大变化，但软硬件的实力都有了很大的提高。据2011年12月出版的《中国新闻年鉴》的最新统计数字，2010年全国共出版报纸1 939种，平均期印数2.14亿份。共出版期刊9 884种，平均期印数1.63亿份。全国共有广播电台227座，电视台247家，广播电视台2 130家，教育电视台44家。广播综合人口覆盖率为96.78%，电视综合人口覆盖率为97.62%。

另外2012年1月中国互联网络信息中心（CNNIC）发布的《第29次中国互联网络发展状况统计报告》显示，截至2011年12月底，中国网民规模已达到5.13亿，互联网普及率达到38.3%。其中，手机用户数量为3.56亿，博客和个人空间用户数量为3.19亿，微博用户数量为2.5亿，社交网站用户数量为2.44亿，网络视频用户数量为3.25亿。中国居民中具备上网条件和技能的人已经基本转化为网民，大专及以上学历人群中互联网使用率已达96.1%。中国网站总数为230万个，网页数量为866亿个。

这样大的发展规模，这样快的发展速度，在世界和中国新闻事业史上都是空前的。回顾既往，盱衡未来，新闻传播事业在21世纪还将保持旺盛的发展势头。新闻传播，作为上层建筑中意识形态的一个重要组成部分，在全面准确地宣传党的基本理论、基本路线和基本方针以及各项决策，反映人民群众的伟大业绩和精神风貌，以及推动改革开放和社会主义现代化建设等方面，必将继续发挥重要的作用。

与新闻传播事业的发展相配合，这100年来，为中国的新闻战线培养和输送人才的中国新闻教育，也有了相应的发展。中国的新闻教育起始于20世纪初，迄今有近百年的历史。新中国成立前的30年，虽然先后在个别院校中设立了新闻系或新闻专科，但规模都不大，设备也不够完善，在校学生人数，最多的时候不超过400人，30年间累计培养出来的毕业生还不到3 000人。新中国成立后，为了给新中国的新闻事业培养人才，新闻教育有了新的发展，但到20世纪60年代中期为止，全国的新闻教育机构也还只有14家。当时全国只有343家报社、78座广播电台和13家电视台，革命老区来的新闻工作骨干正当盛年，足以支撑大局，新闻系和新闻专业的学生统招统分，基本上能够满足中央和省市以上新闻单位梯队建设方面的需要。"文化大革命"爆发后，新闻事业进入低谷，新闻人才的培养也被迫中辍。拨乱反正之后，新闻事业有了飞速的发展，但新闻工作的人才却出现了断层，明显供不应求，因而极大地推动了新闻教育的发展。中国的新闻教育得以重整旗鼓并得到空前迅猛的发展，主要是改革开放以来的事情。改革开放以来，中国新闻教育和中国新闻事业同步发展。截至2011年，全国设有新闻传播学类院、系、专业的高校已由改革开放之初的两三所增加到800所以上，各种类型和层次的专业教学点已不下1 000个。新闻专业的教学已从单一的大学本科教育，发展到博士生、硕士生、本科生、大专生、成人教育、函授教育等多层次的格局，不少院系还设置了新闻传播学方向的博士后流动站。改革开放之初，全国在校新闻系科学生总共只有500来人，现在仅在校本科生就有16万人左右，硕士和博士研究生3万人左右，办学层次、办学规模、办学水平都有了很大的提高。进入新世纪以后，随着新闻传播事业的加速发展和新闻战线人才需求的不断增加，中国的新闻教育还将有更大幅度的发展。

一般说来，新闻教育质量的高低，起决定作用的主要是两个因素：一个是师资，一个是教材。两者之间，教材的作用更大。这是因为，师资的多少和良窳，往往受办学主客观条件的限制，而教材一旦完成，就可以直接嘉惠于学子，风行四海，无远弗届。进一步说，一部好的教材，不仅可以满足教学的需要，培养出一大批人才，而且还可以同时拥有一定的学术含量，推动新闻传播学研究的发展。1919年出版的徐宝璜的《新闻学》，1927年出版的戈公振的《中国报学史》，就是这方面的很好的例子。这两本书都是作者在高等学校从事新闻学理论和新闻史教学时作为教材编写出来的，出版之后，立即引起世人的关注和推崇，一再重版，历久不衰，至今仍然是公认的新闻学理论和新闻史方面的传世之作和经典之作。正因为这样，新闻教育的前辈们，历来十分重视教材的建设。新中国成立初期的十来年，坊间出版的新闻学方面的书籍，绝大部分是教材。改革开放以后，新闻传播学研究空前繁荣，新闻学方面的书籍大量问世，但教材仍然在其中占了很大的比重。这些教材，覆盖了新闻传播学的方方面面，经过出版家和众多作者们的长期努力，门类和品种基本配套齐全，曾经为同时期的新闻教学做出过重要的贡献。但是，随着时间的推移和新闻工作实际的飞速发展，这些教材的体例日显陈旧，观点和内容也亟待调整和更新。一些属于学科前沿和科技含量较高的新开课程的教材尚付阙如，使现有的教材出现了不少缺口。在新世纪已经到来之际，集聚力量，重新编写出一套体系完整，门类齐全，能够为新世纪的新闻教育和新闻人才培养服务的新闻传播学的系列教材，已经成为人们的共识和新闻业界与新闻教育界的迫切需求。

呈现在读者面前的，就是应这样的需求产生的一套系列教材，它将涵盖新闻学、传播学两个二级学科的方方面面内容，满足新闻、广播、电视、广告、媒体经济、新媒体等多个专业的教学需要。负责这些教材编写工作的，是中国人民大学、复旦大学、北京大学、清华大学、中国传媒大学、中国青年政治学院等多所著名院校长期从事新闻传播学方面教学与研究工作的专家学者，其中有相当大的一部分编写者是相关学科的国家级的学术带头人，堪称一时之选。收入本系列的教材中，既有国家级重点教材，也有部级重点教材，其他的也是经过严格筛选的精品，所以，本套系列教材的质量是有保证的，其权威性也将得到社会的认同。

21世纪是一个高度信息化的时代，是信息经济和知识经济占主导地位的时代。信息经济和知识经济有两大支柱，一是以高科技为代表的传播技术产业，二是从事新闻和信息产品生产的媒体产业。新闻传播学作为将这两大领域有机联结的桥梁，在今后的国家建设和社会发展中必将发挥越来越重要的作用。中国人民大学出版社经过精心策划，隆重推出这套系列教材，是具有高度的前瞻性和战略眼光的。在这里，我谨代表编委会和全体作者向中国人民大学出版社表示由衷的感谢。

这套系列教材开始策划于20世纪的最后一年，21世纪初起陆续问世，迄今已编写出版了50余种。在体例和内容的创新和开拓等方面，远远超过同时期出版的同类教材。其中的有些教材，还根据整个新闻传播理论与实践的发展和新闻传播学教学与研究的发展，陆续作了必要的补充和修订，重新出版，实现了内容的与时俱进。

这批教材的问世，将会为新闻传播事业和新闻教育事业的发展和繁荣、为新世纪新闻传播人才的培养做出它应有的贡献。这是出版者和全体作者共同的一点希望。是为序。

方汉奇

2012年3月

于中国人民大学宜园

第四版修订说明

遵照中国人民大学出版社要求，《广告文案写作教程》做了修订，推出第四版了。

本教程是“十二五”普通高等教育本科国家级规划教材，已经出版三次，被很多高校选为本科教材和研究生入学考试必备参考书，出版社多次加印。

自媒体犹如滚滚洪流势不可当地进入现代社会，成为当前人们生活的一部分，传播的信息量不亚于主流媒体。而且，人们每天浏览自媒体的时间和体量远远超过浏览传统媒体。如此大众化、平民化、个体化的新媒体自然会受到广告主的青睐，于是自媒体就成为广告发布的新的平台。

本书第四版详细讨论了自媒体广告文案写作问题，从自媒体的定义、特点和形式，自媒体广告的内涵、分类和特点，自媒体广告文案的写作原则、文案构成及写作要点等方面进行阐述，以使学生能对自媒体广告文案有基本的了解并能完成自媒体广告文案写作。

同时，参考部分高校教师的反馈意见，以及自己在教学过程中的感受，对书中内容进行了修订，删减了老旧的广告案例和理论论述，使本书更加简练，紧跟时代脚步，更适合教师教学和学生学习。

郭有献

2019.6.16

目　录

第一章 广告文案的概念与特性

【本章重点】

1. 广告文案的基本概念
2. 广告文案的本质特征
3. 广告文案写作的原则

【学习要求】

1. 掌握广告文案的基本概念和写作特点
2. 掌握广告文案写作与文学创作的区别

广告文案是广告作品中非常重要的部分，广告中可以没有画面、没有语言、没有声音，但是不可以没有文案。文案是广告作品的点睛之笔，是信息的主要载体。广告文案分为文字广告文案、平面广告文案、广播广告文案、影视广告文案、网络广告文案等。

第一节 广告文案的基本概念

一、广告文案的概念

（一）广告文案的定义

关于广告文案的定义很多，都是从不同角度来解释广告文案的含义、特点、属性。国外广告界将“广告文案”定义为：“已经完成的广告作品的全部语言文字部分。”应该这样理解这个定义：

（1）广告文案仅存在于广告作品中，在广告运作过程中的其他应用性文字，如广告策划书、媒体计划书等，是广告应用文，而不是广告文案。

（2）广告文案被包含在已经完成的广告作品中。

（3）广告文案是指广告作品中的“语言”或“文字”部分。语言指有声语言，包括电视广告中的人物对白、画外音及广播广告中的可听语言部分；文字是指书面形式的语言，包括通过印刷媒体发布的广告作品的文字部分，以及电视和广播广告文案脚本等。

（4）广告文案由标题、正文、附文、广告口号四个部分组成。广告文案写作是关于广告作品中全部语言文字的写作；是写作者在广告创意指导下，进行广告作品的主题提炼、材料选择、结构安排、文案与画面配合的过程；是写作者采用不同文字组合、不同表现方式来表达广告主题、传达广告信息、达到广告目的的写作活动。

（二）广告文案的认识误区

中国广告自1979年恢复以来，引进和形成了很多广告理论，关于广告文案的认识出现了一些混乱，主要表现在以下两个方面。

其一，把广告文案内涵无限扩大化。有人认为广告文案应涵盖整个广告活动运作过程中出现过的所有文本，把广告策划书、创意文本、广告提案等都归入广告文案，这样的误解模糊了广告文案和非广告文案的界限。

其二，把广告作品中出现的产品标版、商标、品牌等中的文字，也归入广告文案。产品的标版、商标、品牌等出现在广告作品之中，是以广告作品的"形象"内容而存在的，是相对独立于广告文案又与之相互联系而并存的。所以，产品的标版、商标、品牌上固有的文字并不能算作广告文案内容。

图1-1中，"再大的食量，也能让你吃得饱"是广告文案的标题，右上角的"扬子晚报，知识盛宴，信息超市，中国发行量最大的晚报"是广告口号，右下方是广告正文和附文。左边的画面就不是广告文案了，而是为表达文案所设计的形象图形，一个大盘中放几张报纸，表明是盛宴。

图1-1 《扬子晚报》广告

对广告文案产生误解的原因，在于对广告文案特质和意义的错误理解。这些误区很深地影响到广告文案的理论研究和教学及评价，造成创作中的混乱。

二、广告文案的分类

广告文案分类可依据的标准很多。

根据广告目的不同，可以分为商业广告文案、非商业广告文案。

根据传播媒介的不同，可以分为印刷广告文案、广播广告文案、影视广告文案。

根据传播信息的不同，可以分为企业广告文案、产品广告文案、服务类广告文案、公共事务广告文案。

根据文案自身结构的不同，可以分为单篇广告文案、系列广告文案。

根据篇幅的不同，可以分为长广告文案、短广告文案。

根据诉求策略的不同，可以分为理性诉求广告文案、感性诉求广告文案、情理结合诉求广告文案、产品情报诉求广告文案、生活情报诉求广告文案等。

根据文体的不同，可以分为叙事文体广告文案、抒情文体广告文案、议论文体广告文案、说明文体广告文案等。

(一) 媒体类广告文案

1. 印刷广告文案

指通过印刷媒介传播的广告文案。根据印刷媒介的不同，又可以分为大众传播印刷媒介广告文案和一般印刷媒介广告文案。

大众传播印刷媒介广告文案主要包括：报纸广告文案、杂志广告文案。

一般印刷媒介广告文案主要包括：招贴广告文案、产品介绍手册文案、企业介绍样本文案、直接邮寄广告文案（简称直邮广告文案）等。这些媒介的广告文案的写作，都可以参照报纸广告文案的写作方法进行。

2. 电波广告文案

指通过电波媒介传播的广告文案。又可以分为广播广告文案和电视广告文案。

3. 其他媒介广告文案

指通过印刷和电波媒介以外的媒介传播的广告文案，主要包括户外广告文案、展示广告文案等。

(二) 信息类广告文案

根据广告反映的不同信息，可将广告文案分为以下几种类型。

1. 企业广告文案

企业在市场营销过程中，要与原材料供应商、营销中间商、顾客、竞争者和社会公众发生各种关系，于是就产生了有关企业的广告信息和大量的旨在传达这些信息的企业广告。由此企业广告文案也成为广告文案的一个主要的类型。

2. 产品广告文案

更多的时候，企业直接向目标市场传达的是产品信息。因为产品一进入市场流通的领域，就成为商品，所以产品信息也称为商品信息。按照使用者和使用目的的不同，产品可以分为消费品和工业品。这两大类产品的信息包括：质量、价格、用途、销售渠道、促销手段、产品保障服务等。这两大类产品广告的文案，就是产品广告完全文案。

3. 服务类广告文案

狭义的服务仅指营利性服务。营利性服务机构要争取服务的对象，就要向目标对象传达服务信息，这些信息包括：服务的项目、服务的内容、服务的价格，以及这些服务带给消费者的利益等。这种信息的传播主要通过广告来完成，于是产生了服务类广告文案。

4. 公共事务广告文案

服务于社会公众的公共机构，包括政府部门、法院、职业服务机关、医院、消防部门及社会公益机构等。有关这些机构的信息传播活动，有时以舆论宣传的形式进行，有时以广告形式进行，于是就产生了公共事务广告文案。常见的公共机构的广告有政府征兵广告、国家旅游观光广告、国家招商广告、慈善机构募捐广告等。

此外，还有系列广告文案等，这些内容将在后面的章节中详细介绍。

三、广告文案与其他文种的比较

（一）与文学创作比较

广告文案的写作不同于文学创作，作家写的文案可能缺乏销售观念，没有广告创意，更可能绕着弯子说话，让人读不懂，没有广告效果。但是，一个不擅长文字写作的人也很难写出一篇优秀的广告文案。广告人的文学知识及创作技巧对撰写广告文案会大有益处，威廉·伯恩巴克的经历充分说明了这个道理。他回忆道："我过去对写作有兴趣，我也对艺术有兴趣，当有机会从事广告写作时，我就把握住这个机会。"可见，广告文案创作与文学创作紧紧相连，而且有很多相似之处。但它们还是有区别的。

1. 写作目的不同

文学是以语言文字塑造形象，对社会生活做出审美反应的特殊的意识形态。而广告是一种商业活动，广告文案则是以语言文字来传递商品或服务的信息，劝导消费者，促进销量。它们各自所承担的功能是不同的。广告文案主要通过艺术的形态传递商业信息，但它不等于文学。广告文案在属性上具有文学性，只是说明广告文案是使用了文学的表现艺术和语言的表现技巧。

例如，英国大文豪萧伯纳在他的文学作品中对自己的故乡赞美道——

> 在爱尔兰，我怅然失去了我的梦境，一个人在这样的一个长期和平的环境里是无法工作的，这就是我为什么不赞成人们到这个天堂去工作的道理。

后来英国一家航空公司为了宣传他们的航线，特意聘请萧伯纳为其广告撰写广告文案，这时有人认为搬用萧伯纳在以上的散文中的那段话便可以了，但萧伯纳不同意，他认为为广告写的文案，应该不是这样的。广告就应该是推销，为商业服务。于是他苦心思索后，为航空公司撰写了以下充满诗意又带公开诱导性的商业性广告文案——

> 没有一个地方像爱尔兰那样美妙
> 没有一处天空像爱尔兰那样明朗
> 在爱尔兰的空气中逗留
> 将使一颗晦涩的心变得活泼
> 欢迎您到爱尔兰游览

比较一下就不难发现，前者更侧重于认知与审美的文学性，后者更侧重于信息与诱导的商业性，作为作家的萧伯纳是谙熟这个区别的。

历史上曾经有一些非常优秀的文学家尝试过写广告文案，但他们失败了。例如美国小说家马匡德、美国诗人班奈、1954年诺贝尔文学奖获得者海明威等，他们都认为自己难以写好广告文案。英国人赫胥黎，这个世界著名的生物学家，也是诗人、散文家和小说家，曾经感叹过："写一首过得去的十四行诗，比写一个过得去的广告要容易得多。"他得出的经验教训是："广告中任何文学痕迹都是妨碍广告成功的致命因素，文案员可能不需要那么有诗情，文字也不那么高深奥秘。"

2. 诉求策略不同

广告文案为了说服消费者，既可以使用感性诉求，也可以用理性诉求；而文学作品是以艺术形象来表现生活的，艺术形象是具体、生动、可感的，是形象性的东西，是排斥纯理性诉求的。

3. 创作过程不同

首先，广告文案写作受商业制约。广告文案推销的商品或服务要投放市场，要面对消费者，要为广告主赢利，这就要求广告文案去满足市场、消费者、广告主的需要。而文学创作也有适应读者的问题，但纯文学的创作是不应受商业性制约的。其次，广告文案的写作受广告策划的制约。广告文案是由广告策划所决定、所引导的，是根据广告策划拟定的广告主题、广告战略、广告目的、广告策略和诉求对象去写作的。而文学创作绝不会受这种限制，“主题先行”的创作，是违反文学创作的规律的。文学只会按作家对生活的认识、对生活规律的把握去反映生活和表现生活。

4. 创作成果不同

广告文案的完成，体现出广告作品中的某一元素创作的成功。广告作品的创作是集体的活动。一件广告作品的形成，是集体劳动的结晶，它需要相关部门做出大量工作，如市场调查、产品分析、目标确定、广告策划，即便是与广告文案配合的图形、影像、音乐等出现在广告作品中的其他元素的创作，也都是集体性的共同劳动成果。

而文学创作则通常是一种独立完成的工作。作家，就是个体劳动者，他的作品，就是他独创的产品。

（二）与新闻写作比较

广告文案的写法与新闻有互通的地方，例如广告标题便有“新闻型”的写法，但两者是不能混同的。具体来说，广告文案写作与新闻写作的区别表现在以下方面。

1. 写作角度不同

新闻写作必须是客观的，而广告文案的写作很大程度上可以是主观的。新闻就是最新发生的事情的报道，是社会生活存在的客观事实。新闻写作容不得记者主观意识的干预，必须客观地反映事实。而广告文案的撰写是为广告主传播其商品或服务信息。对该商品或服务的认识，大多是根据广告主和广告人的判断而表达的，这是允许他们从主观出发去评价的。而受众也大都明白，广告文案中的表达带有广告主与广告人的主观意志、认识与评价。

2. 真实性要求不同

新闻写作都是真实的，而广告文案写作可以夸张，也可以虚构。任何新闻记者采访的都应是完全的事实，时间、地点、人物、事件，甚至一个数字、一个细节，都是经过反复核对的事实，读者绝对不能容忍不真实的新闻。而在广告文案写作中，虽然商品或服务信息许诺要真实，但在写作和表达的方法与技巧方面，从修辞上可以夸张，从情节性、戏剧性上可以虚构，只要合乎生活的逻辑，只要符合艺术的真实，便是允许的。广告受众要求的是商品信息的真实，他们理解并容许甚至欢迎广告文案中艺术手法的创造性运用。

广告可以借用新闻严格实录的手法，甚至在被允许的前提下，可以借用新闻人物，但是广告写作并不仅仅局限于实录，即使使用新闻人物，广告文案也往往着力挖掘他们身上或他们的生活中并非一般意义上的新闻要素。

如下面两则 IBM 公司 ThinkPad 笔记本电脑的广告文案。

其一：

标题：美国著名作家约翰·格里沙姆的笔记本

正文：无论是在密西西比家中的后阳台饮冰茶，还是在车库上面幽静的写字间奋笔疾书，甚至在球场上执教爱子的小小棒球队时，畅销小说《公司》的作者约翰·格里沙姆都不会忘记带上他心爱的新型 IBM ThinkPad 300 系列笔记本电脑，只要构思成熟，他就可以立即投入创作他的新小说。

该广告文案中叙述的事情不一定确有其事，但如果是新闻则必须确有其事。

其二：

标题：《教父》导演科波拉的办公室

正文：曾获奥斯卡金像奖、执导《教父》电影的导演科波拉，素以独特的剧本构思与绝妙的电影处理手法称誉世界。

科波拉的私人农场坐落在美国加利福尼亚州绵亘的酿酒山区，在这里他得以陶冶性情，激发灵感。同样启迪科波拉的，是一台 IBM ThinkPad 笔记本电脑。与一般的笔记本电脑相比，IBM ThinkPad 755CD 除了能满足对文字、图像的处理要求外，还能提供多媒体功能。在悦耳的高质量数码立体声中，它将动态画面活灵活现地显示在屏幕上，激发艺术家以至企业家无穷无尽的创造力。

这两则广告文案都借用了新闻人物，同时也注重了每一个细节的真实，但是在写作的笔法上却与新闻完全不同，它们是感性的、注重氛围营造的，而同样的内容写入新闻中，则可能是纯客观的、不包含任何感情色彩的。

3. 表达方法不同

新闻写作是用记录、陈述、说服甚至是征服的方法来进行的。而广告文案写作往往是用暗示、劝说的方法诉求的。前者是用正确的观点、翔实的材料、合理的逻辑来征服读者，后者则是用含蓄、隐蔽或幽默的语言文字来诱导受众。

4. 传播媒介不同

虽然广播、电视、报纸、杂志、网络等大众传媒被称为广告的五大媒介，但是广告的传播媒介并不止于此。在法律允许的范围内，广告可以利用大众传媒以外的各种各样的媒介来做有效的传播，如户外路牌、公共汽车车体等。而新闻则主要依靠五大媒介来传播，在传播媒介的种类、数量上远远少于广告。

5. 受众和诉求对象不同

新闻的受众是社会上最广泛的非专门化的公众群体，新闻追求最大的覆盖面，虽然不同的受众对不同类型、不同内容的新闻会有选择上的偏好，但是从新闻本身来说，并不是事先就确定要重点向哪种类型的受众传播。广告虽然表面上也是面对最广泛的受众，但其实任何一则广告都不可能也不允许针对所有的受众，每一则广告都有其特定的诉求对象群体，与新闻的受众相比，广告的诉求对象呈现出一种专门化的趋势。

6. 时效性不同

新闻追求最强的时效性，追求对新闻事件报道的“第一时间”，它是一次性的，同样的内容一般不需要也不可能做第二次报道。但是广告却不追求时效性，新产品可以做广告，已经为受众所熟悉的产品也需要广告持续的支持，因此广告信息的传播是多次性的，它可以在同一媒介或多种媒介上经年累月地反复传播，以使广告诉求对象对广告信息产生深刻的印象。

（三）与商用公文写作比较

市场经济的发展使我们有越来越多的机会接触和使用商用公文，在广告业，合同、协议、提案、启事、通知、声明等商用公文更是使用频繁。虽然表面上看来广告文案和商用公文没有任何相似之处，但是实际上，我们日常接触的许多广告文案都带有浓厚的公文色彩。如下面两则招聘广告文案。

其一，北京市××广告公司招聘广告文案。

北京市××广告公司隶属《××报》，因公司发展需要，经北京市人才市场管理办公室批准，招聘以下人员：

1. 广告业务部经理 4 人，具有较强的广告策划、组织能力和经营管理经验，从事过本行业者优先。

2. 广告业务员 15 人，热爱广告事业，具有较强的公关能力。

有意应聘者，请将本人简历、身份证影印件、一寸照片寄到报社。谢绝来访，专函通知面试。

其二，台湾地区“相互”广告公司征才广告文案。

标题：一只蚊子

正文：1994 年 12 月 20 日晚，我彻夜未能成眠。不是为了第二天的客户提案，也不是为了下午的两个重要会议，更不是为了那只一直在我周边飞来飞去的蚊子。仅短短的两个礼拜，“相互”有幸在业绩稳定成长下，竟能从 1995 年开始服务。两个在业界极具代表性的客户服务总监告诉我，业务部必须增加 5～6 人；创意总监告诉我，希望能增加 4 个工作伙伴；制作总监说他要 3 个人；媒体总监也表示 TV Buyer 必须增加一位。身为“相互”总经理，我答应在 1995 年 1 月 10 日前给他们满意的答复。1994 年 12 月 21 日凌晨 5 点，蚊子依然飞来飞去，我也还真的睡不着。无论你什么时候看到这个讯息，如果你也因此睡不着，请随时与我联络。

同是招聘广告，而且是广告公司的招聘广告，前者不但没有任何创意，而且使用了诸如“因……需要”“谢绝”“专函通知”等郑重的公文词汇，虽然语言简洁，表达明确，但是在广告受众看来，好像还没有进入公司，就先看到一位刻板的人事主管。而后者的创意完全出人意料，语言机智活泼，富于感染力和亲和力，虽然是以老板的口吻表达，却可以使人感受到整个公司的风格和个性。

商用公文虽然有很多种类，各种文体的要求也不尽相同，但是所有的商用公文都呈现出以下几个特点：整体的逻辑性、信息的条理性、语言的严谨性、风格的严肃性、传达的正式性、行文的简明性。这几个方面的要求，使商用公文呈现出一种特定的风格，而且由于它们的风格和形式已经约定俗成，所以可以依据某种制式进行写作。

但广告文案的写作却并非如此，广告文案的风格是多样的、语言是丰富的，而且根据广告策略和广告创意表现的要求，需要有多种不同的表现方式。如果广告文案的写作陷入公文写作的误区，不但会影响广告信息的传达，而且可能会使广告受众对企业、产品或服务产生不良的印象。因此，广告文案的写作应力避“公文气”。

第二节　广告文案写作的特点

作为一种为市场营销服务又具有文学艺术属性的文体，广告文案具有多方面的特点。下面从几个方面进行介绍。

一、广告文案写作的目的性

（一）首先要明确的基本问题

广告文案写作，事先一定要有明确的目的、一定要明确受众是什么样的人。

对广告文案写作的要求，来自广告主、广告信息本身、广告发布的媒介，更来自广告运作的客观规律。因此，在开始写作广告文案之前，首先应明确以下几点。

（1）广告文案为什么而写。广告主通过广告要达到什么样的目的？广告活动要达到哪些目标？广告作品要产生什么样的效果？

（2）广告文案的主角是什么。是企业？是商品？是服务？它们具有什么优势？它们有哪些特点？

（3）广告文案写给什么人看。广告的诉求对象是什么？他们通常有什么样的职业？他们的受教育程度如何？他们的收入如何？他们的消费方式具有什么样的特点？他们有什么样的心理需求？

（4）广告文案要写什么。将要完成的广告作品要传达哪些信息？哪些信息是重要的？哪些信息是次要的？哪些信息是消费者最感兴趣的？哪些信息是广告主最想传达的？

（5）广告文案怎么写。广告的诉求策略是什么？广告文案应该采用什么样的主题？应该采用什么样的风格？应该使用什么样的语言？

（6）广告文案是写来听的，还是写来读的。将要完成的广告作品要经过印刷媒介发布，还是要通过广播或电视媒介发布？

（7）广告文案要写多长。广告活动的媒体计划中规定的广告发布的版面、时间能够允许多大篇幅的广告文案？多长的文案才能收到最好的诉求效果？

（8）广告文案需要写多久。内部运作流程中规定什么时候交稿？

这些要求，看似过于具体烦琐，实际上，对任何一点的忽视都可能导致广告文案写作的失败。

（二）广告文案的目的性

广告文案写作的目的性是很强的，可以从多方面来表现广告主体的意图。

1. 表现广告创意

广告作品的核心是广告创意。广告创意必须表现出来，才能影响公众。有多种形式可以表现广告创意，文字是很重要的表现手段。因此，广告文案写作的目的之一，就是对广告创意进行语言文字的表现。

2. 反映广告信息

广告主希望发布的产品、服务或观念的信息很多，但是在一则广告中，不可能包含那么多的内容。所以在广告文案写作时，写作者应该根据广告主题，对广告信息进行分析、整理，使广告信息符合广告策略的要求。

3. 确定表达方式

不同内容的广告作品有不同的表达方式和风格，如语气、音韵、句式、语言等方面。写作时要根据广告内容，选择恰当的方式和风格，更好地传达广告信息。

4. 提供理想文本

广告文案写作的结果，就是提供一个符合广告策略、反映广告主题、体现广告创意、表达广告内容的广告文案文本。

二、广告文案写作的原则性

广告文案写作的原则，有两个方面：一是宏观的方向性原则，即文案写作的基本原则；二是微观的针对性原则，即文案写作的具体原则。在这里我们只讨论一般性的基本原则。

（一）真实性原则

广告大师说，诚实是广告的生命。无论是商品广告、服务广告还是观念广告，传达的信息一定是真实的。如果传达虚假信息，不仅破坏了广告业的形象，也会给企业带来不可弥补的损失。因此大卫·奥格威告诫说，"广告必须提供事实……切忌夸大和不实之词"，"绝对不要制作不愿意让自己的太太和儿子看的广告"。

（二）效益性原则

成功的广告文案，不仅是艺术作品，而且应该带来经济和社会效益。如果只追求艺术创作，而忽略广告的营销作用，则失去了广告本身的价值。有一个关于广告效果的著名比喻很能说明这个道理。一面镜子装在一个非常漂亮的镜框里，看到它的人说："我看到一面精美的镜子。"另一面镜子没有任何装饰，但本身非常洁净，看到它的人说："我从镜子里看到窗外优美的风景。"那么，哪一面镜子发挥了它应有的作用呢？当然是后者。好的广告文案也应如此，它的效果是帮助广告主推销产品或服务，而不是仅仅提供一篇精美的文案。

（三）独创性原则

"广告拒绝平庸"。由于经济繁荣、市场发达，各种产品都出现了明显的同质化倾向，产品之间的差别越来越小。如果广告还停留在一般的简单介绍水平上，就很难使商品脱颖而出。另外，各种广告越来越多，平淡无奇的广告就难以引起受众兴趣。因此广告文案必须新颖奇特，必须具有独创性。广告文案的独创性表现在广告信息的独创性和表现手法的独创性上。

广告文案的独创性，主要是指从文案的内容到形式、从思想到艺术、从意念到创意都应具有突破与创新。从广告文案的内容上来说，它能提供的信息是独特的、个性化的。所谓独特，是指它展示的是某一商品或服务的独有信息，在商品同质化市场中，它仍然能体现出广告的商品和服务的独特性，特别是区别于同类商品或服务的竞争者的信息，从而脱颖而出。所谓个性，是指它能揭示出的某一商品或服务的个性化信息，这种个性化就是产品的闪光点。

从广告文案的形式上来说，它使用的构思和手法也应该是标新立异、与众不同的，广告文案的写作，确实是要"语不惊人死不休"。在文学写作上有这样的说法："第一个把女孩的脸比作成熟苹果的人是天才，第二个把女孩的脸比作成熟苹果的人是庸才，第三个把女孩的脸比作成熟苹果的人是蠢材。"而在广告文案写作中，甚至把一切重复别人东西的作者都看作蠢材。

广告讲究创意。广告文案写作在构思和手法上永远都追求最新的、最富刺激性的东西。威廉·伯恩巴克曾坦率地指出，其实市场上的“85%的广告是没有人看的”，这其中的一个很直接很重要的因素就是它们的“文案没有人看”，而原因就是没有创造性。所以他以自己一生的艰苦写作，反复在证明这么一点：“我认为广告上最主要的东西就是独创性与新奇性。”

（四）生动性原则

广告文案必须生动活泼，给人愉悦和快感，并应避免枯燥无味的风格、冗长复杂的句子、过于专业化的术语、没有吸引力的形象。如宁波有时发展总公司招聘广告。

新的一年，宁波有时广告在成立十周年之际正式进入房地产行销、广告代理，我们深信不一样的组合会产生不一样的作用和不一样的意义。

我们需要以下英才。

资深房地产策划：如果你有点土成金之能，有化腐朽为神奇之功……

房地产市场调研：如果你能见人家之所见，闻人家之所闻。

COPYWRITE：如果你能一句话让人跳，一句话让人笑。

AD：如果你能把图画变成图话。

CD：如果你能把简单问题复杂化，把复杂问题简单化。

如果你恰好心情不爽想领略江南的风情和细腻，如果你心情很 high 想尝试一种全新的生活和挑战，请联系我们，带上你的得意作品、个人简介和一颗不羁的心。

这则广告把本来平实朴素的文案写得很生动形象，让人首先看到了一群思想活跃、才思敏捷、敢于挑战、不安现状的广告人，令年轻人倍加向往。

（五）简明性原则

广告目标受众不可能像阅读文学著作那样来阅读一篇广告文案，因此广告文案必须简洁明了，在最短时间内让受众了解文案内容，在最短时间内影响目标受众，使他们对广告信息有所了解，达到最佳传播效果。例如，牙疼是很难治的病，“牙疼不是病，疼起来真要命”。针对这种情况，某熊胆牙疼药用简明的方式传达了该药疗效。

正文：谨以此献给曾经牙疼、现在牙疼、将来不想牙疼的人们。

广告口号：熊胆止疼，三天见效。

寥寥数字，说到了目标受众的心里，牙疼的病人必然会对该药产生兴趣。

（六）符合产品自身的属性特点

不同的产品属性，其广告文案的写作方法和特点不同。广告文案写作风格要与产品的属性相一致。如凯撒大饭店杂志广告文案。

上班、下班，这样的生活好像少那么一点点刺激、一点点兴奋。结伴参加恺撒的黄金假期，在清澈碧透的游泳池里，与家人打水仗；在牛羊成群的山坡上，与三五好友大字一躺无比逍遥；在海边，成堆的沙堡，建构着每个人对家的想象；在蜿蜒的山路，彼此追逐着，爽朗的笑声不绝于耳……到了这里，太多的客人，不是陶醉在全家福的欢乐中，就是徜徉在三剑客的世界里……

再如康柏 Contura 410 笔记本电脑报纸广告文案。

标题：全新 Contura 410 表现八面玲珑，助您威风八面

正文：无论地处何方，如果身边总有台八面玲珑、挥洒自如的笔记本电脑相辅佐，必然让您无往不胜。而功能完备、表现超群的全新 Contura 410 正是您梦寐以求的工作良伴。它的人性化机身设计概念，充分体现在其提手、内置轨迹球及键盘等细节上，处处使您感到作为主人的从容洒脱……

第一则是饭店的杂志宣传广告，体现了饭店本身的休闲娱乐特点。第二则是笔记本电脑的广告，体现了高科技的严谨科学风格。

三、广告文案写作的文体性

广告文案具有独特的完整的结构，可以运用一切可以运用的表现手法，融合叙事、论述、说明、抒情等一般文体特征，使用易于理解、风格多样的语言文字，是一种以传达广告信息为目的的特殊文体。

（一）独特的结构

完整的广告文案包括标题、正文、广告口号、附文四个部分，每个部分都承担不同的职能，构成广告文案独特的结构。短短的广告中，应包含广告文案的全部要素，即标题、正文、广告口号、附文。

（二）丰富的表现

广告文案可以运用人类所有的表现技巧，包括文学、曲艺、影视、网络等形式，人们在其他文体中所能见到的和不能见到的表现方法都可以在这里找到。因此可以说，广告文案是最具有表现力的文体，也是最能体现撰稿人写作艺术的活动。

（三）多样的风格

广告文案风格多种多样，它打破了各种文体界限，凡是能够吸引公众、有助于传达广告信息、收到理想效果的风格都可以使用，形成了其灵活多样、丰富多彩的文体特性。

四、广告文案写作的商业性

广告本质上是一种经济活动，它作为一种营销的重要手段，旨在为广告主推介他们的商品和服务的信息，去刺激、影响消费者，劝导消费者采取消费的行为，购买广告主的商品和使用广告主的服务。商业性，既是广告文案的特性，也是广告文案的一个标志。外国广告界有句著名的论断：“广告就是印在纸上的推销术。”

（一）营利性

广告文案的最终目的是营利，对受众起到告知作用、说服作用，使他们能在广告的指导下，购买广告主生产的商品和使用广告主提供的服务，以此提高广告主的销售量，为广告主争取最大的利润。不能为广告主营利的广告文案，就不是成功的广告文案。

广告文案要为广告带来影响力，要使广告成为广告主促销的有效手段。广告产生了效果，特别是实现了经济效益，广告主才有回报。不讲效益性的广告文案，不管写得怎样美，都是没有用处的。

任何一个广告文案的撰写过程，其实都是经济效益的创造过程。实现经济效益，应该是广告文员专业工作的出发点和归宿。广告文案大师威廉·伯恩巴克在谈到广告文员的“教条”时强调：“我所求的，就是有一构想，能把我们的商品的优点传达给人们，并且让他们记住。”他进一步说明广告文案写作离不开商品，离不开对商品的推介以及对其需求的创造与销售量的提高，并一针见血地指出：“写作广告最重要的成功因素就是商品本身。”

因此，营利性是广告文案商业性的最明显的特征。

（二）告知性

广告本身就是告知信息，广告的信息在很大程度上是通过广告文案传递出来的。广告文案的信息既要完整饱满，又要精练含蓄，但无论怎样，它都是通过语言和文字把商业内容传递给受众。

（三）说服性

广告文案要有足够的刺激性，在诉求之中起到指导说服的作用，最终能影响消费者的行为。但这种说服是有技巧性的，所以有人称出色的广告文案员是最杰出的“说服高手”。例如美国著名的广告文案员、杰出的广告人——威廉·伯恩巴克、大卫·奥格威、詹姆斯·韦伯·扬等，就是极负此盛名的人物。而优秀的广告文案都被喻为“最隐蔽的劝说语言与文字”。

（四）沟通性

广告文案是广告作品的主要元素，也是广告信息传递最直接的途径。广告可以通过各种媒介去发布，各种媒介使用的物质工具和形式、手段都各有不同，而绝大部分的广告信息，最终要经过受众的视听来完成接收。我们对广告的接受，不外乎通过眼睛所看到的画面、图形、影像、造型和广告作品中的文字以及耳朵所听到的声响、音乐、歌曲、效果声和广告作品中的语言来完成的。我们可能对某一广告的画面、影像不理解或有多种理解，也可能对某一广告的音乐、效果声听不懂或作不同的想象，但是我们从广告中看到的文字和听到的语言是明白无误的。相较于广告作品中的其他元素，由语言和文字构成的广告文案，能对广告信息的传递起到最直接、最准确、最完整也是最有效的作用。

广告能否产生好的效果，其沟通作用很重要。广告文案要写得简洁易懂、生动活泼、诙谐幽默、富有可读性和吸引力，这样才能引起读者注意并留下深刻印象。

五、广告文案写作的审美性

广告文案也具有文学特性，因此具有审美性。一则好的广告文案，应该给人以美感，让人能够从中有美的享受。随着我国人民生活水平和欣赏水平的提高，人们用越来越高的审美的眼光去看待商业文化，看待广告作品。广告文案的审美效应将会起到越来越重要的作用。

广告文案的审美效应应该体现在以下方面。

（一）格调美

格调美是内容和形式的完美统一，而内容又是格调美不可或缺的方面。美的东西应该与真的东西和善的东西统一在一起，没有真与善，也就没有美。比如“老娘豆腐，又白又嫩，男的挡不住，女的受不了”就是因为不符合中国人的道德准则而失去美，成为丑的东西。这样的广告口号，自然不会有格调美。

（二）意境美

意境，简单地说是一种情景交融的艺术境界。诗评家李元洛先生认为，意境，就其内涵而言，是内情与外景在以形传神的形象之中的水乳交融，是情、理、形、神的统一……可见，内情与外景是意境的两个重要元素。由于意境是一种比较高的艺术境界，因而我们不可能要求每一篇广告文案都能达到这个境界，但是一些优秀的广告文案的确能创造一种意境美，让人在接受产品或品牌信息的同时，获得一种美的享受。

如荷塘月色房地产广告文案。

> 自然不是远离文明，而是远离喧嚣。
>
> 繁华不等于喧嚣，在城市中央一样能找到心灵的净土。在白云新城的中心，一个叫荷塘月色的地方，有如朱自清笔下的美景。月色、荷花、清风、蛙鸣。在这里，什么都可以想，什么都可以不想，其实生活真的可以这样，简简单单，真实自然，只遵循自己内心的决定。
>
> 不刻意，不勉强，一切自自然然地发生，我也乐于自自然然地接受。
>
> 荷塘月色，倡导自然生活哲学，美轮美奂的苏州园林风格，白云青山的自然生态环境，用大自然呼唤你回归自然新天地，生活由复杂变得简单，情绪从刻意变得自然。我们热爱这样的生活，简单，却真实。

这篇荷塘月色房地产广告文案，把朱自清笔下的月色中的荷塘美景和自然的生活哲学巧妙地连接在一起，情景交融，意境深邃，让人不由产生置身于那美景中去感受真实简单的生活的冲动。

此外，广告文案还有谐趣美和韵律美等特性。

【思考与练习】

一、思考题

1. 广告文案的本质特征是什么？
2. 广告文案的商业性体现在哪里？
3. 广告文案写作的原则有哪些？
4. 你认为广告文案写作与文学创作有哪些区别？
5. 你认为广告文案写作与新闻写作有哪些区别？

二、课堂训练

1. 写出10条你认为经典的广告口号。
2. 哪些广告文案影响了你的消费行为？

第二章

广告文案的写作过程

【本章重点】

1. 把握广告环境和写作对象
2. 理解广告创意
3. 提炼广告主题
4. 确定写作风格
5. 广告文案的构思

【学习要求】

1. 掌握文案写作与广告创意的关系
2. 学会提炼广告主题
3. 学会确定写作风格
4. 掌握几种常用的构思方法

广告文案写作中，需要研究广告的原始资料，理解广告创意，提炼广告主题，确定写作风格，进行写作构思，完成写作任务。这些大都是写作过程中需要做的基础工作，这些事情做好了，写作起来就会如行云流水般顺畅。

第一节　准备活动

一、明确写作方向

广告文案写作和其他所有文体写作一样，需要有一个准备过程。这个准备过程中，要弄明白以下重要方面的内容。

（一）把握广告策略

广告策略是一切广告活动的指南，它规定了广告活动和广告创作的方向。创作人员要根据广告策略来制定广告作品的创意和主题，创作出符合广告主需要的广告作品。

1. 广告目的

明确广告目的可以使你明白文案是为什么而写的，避免写出的文案与广告目的不吻合。

2. 广告主题

广告主题是文案的写作依据，在写作时应该将它物化和深化。

3. 广告的诉求对象

在广告策划文本中，已经对“市场分析”“目标市场定位”“诉求策略”几个部分做了分析，文案写作者需要在宏观上把握它们，并且在头脑中尽量对它们的特征进行描述，是什么样的人群、有什么爱好、消费水平如何等。

4. 广告的诉求策略

要根据诉求策略来决定写作什么样的文案，是理性诉求的文案、感性诉求的文案，还是情理结合的文案。

5. 广告的媒介策略

它决定了文案将通过什么样的媒介传播，因此你要了解这些媒介的特性，使将要写作的文案符合并且能够充分利用这些特性。广告媒介的时段、版面也是决定文案篇幅的重要因素，你要根据它们来决定文案的长短。

（二）熟悉广告战略

要了解客户的总体广告战略，使广告活动能与广告战略相一致。

（三）研究广告创意

广告创意是广告文案写作的根本依据，广告文案是广告创意的物化表现。因此应该研究以下方面内容。

1. 广告创意的中心概念

广告创意的中心概念就是广告作品如何表现广告信息，它决定着广告作品和广告文案的主题，因此需要重点把握。

2. 广告创意对广告形象的要求

广告创意经常对广告形象提出要求，如果是人物形象，就需要考虑人物的身份、心态、个性等特性，考虑用什么样的语言可以表现这些特征；如果是非人物形象，比如动物、植物、景物或神话、传说、幻想等，也要考虑文案中用什么语言来表现这些形象。

二、确定文案立意

写文章时，立意大致有三个方面的内容：一是确定文章主旨，二是找好写作角度，三是确定文章风格。有了这些，一篇文章的立意就算完成了。而广告文案的立意则要复杂得多，它包括以下几方面内容。

（一）写作目的

（1）为了什么样的广告目的而写作？是为了商品促销，还是为了树立企业或品牌形象？

（2）如果有量化的促销目标，那么具体是多少？

（3）在什么样的媒介发布？

（4）写给什么样的受众？

（5）传达什么样的广告信息？

（二）主题

（1）整体广告活动的主题是什么？

（2）具体的广告活动的主题是什么？

（3）每一则广告作品的主题是什么？

（4）文案的主题是什么？

（三）内容

（1）整体广告活动要传达哪些广告信息？

（2）具体的广告活动要传达哪些信息？

（3）每一则广告作品要传达哪些信息？

（4）每一篇文案要传达哪些信息？

（5）哪些广告信息是主要的？哪些是次要的？

（6）哪些广告信息与主题关系密切？哪些与主题无关？

（四）表现方法

（1）采取什么样的诉求策略？是感性诉求、理性诉求还是情理结合诉求？

（2）用什么样的形象？

（3）用什么样的方式传达广告信息？是新闻式、宣言式、故事式、证言式还是其他可以使用的形式？

（五）表现风格

（1）文案的整体风格应是什么？

（2）使用什么风格的文字？

（3）创造什么样的意境和意象？

第二节　把握广告环境和写作对象

任何一种写作都讲究写作前期材料的积累与遴选，广告文案同样需要这个准备过程。广告文案的写作准备包括对产品、市场的认识和把握，对消费者心理和客户心理的认识和把握。

一、广告文案写作程序

（一）广告文案在广告活动中的作用

文案写作是广告创作的一个重要环节，是广告主题的文字表现，是广告创意的具体化，它为平面设计提供文字的内容，为电视广告和广播广告制作提供脚本。广告文案在广告创作中起着举足轻重的作用。调查资料显示，广告效果的50%～70%来自广告的文字。美国广告界知名人士H. 史戴平斯认为："文案是广告的核心。"

上述内容还显示一个基本的道理，那就是文案撰写者一定要分析市场调研结果，吃透广告策划的意图。最好能够亲自参与市场调查和广告策划的过程，只有这样，才有望写出优秀的文案。

（二）广告文案写作的过程

1. 准备阶段

这一阶段的主要工作在于收集材料、整理材料和分析材料，明确产品的定位，了解目标对象的需求情况，等等。

2. 构思阶段

明确广告文案的主题，确定采用何种诉求方式和表现手段，寻找最能表现主题的切入点和叙事角度，按主次顺序梳理广告信息。

3. 撰文阶段

将已经确定的构思用文字表述出来。

4. 修改阶段

征求各方面的意见，对文案进行修改润色。

二、对产品的理解把握

文案创作者必须首先对广告产品有比较透彻的了解和认识，才能写出对路的文案。对产品的理解与把握的第一条途径，是研究广告主提供的原型情报。由日本多比罗孝撰写，朝阳堂编译的《广告文案》一书，将原型情报解释为“内容繁杂，尚未经过处理的情报资料”，是“广告表现之前的雏形”。它应该包括企业提供的产品说明书和企业简介等资料。文案撰写者要善于从这些资料中找出产品的优势和卖点。第二条途径是研读市场调查资料。当然，如果条件许可的话可直接参与市场调查，即使不能参与调查，文案作者也要善于从市场调查的资料中找出文案诉求的重点和产品卖点。

对产品的理解与把握，可以包括以下几个方面。

1. 认识产品的特性与功能

产品一旦进入市场就成为商品，作为商品，它必须具备价值和使用价值。根据商品学理论，商品的使用价值指商品的有用性。这种有用性包括两个方面：一是物质效用，指商品能满足人的物质生活需求的有用性；二是精神效用，指商品满足人的精神生活需求的有用性。

文案作者必须清楚地了解产品满足消费者的什么需求，在质量、品种和样式上有哪些特点；必须设想如果自己是消费者的话会对产品的哪些功能最感兴趣，自己希望从广告中看到什么。准确把握产品的特性和功能是写好广告文案的必要条件。

2. 明确产品所处的生命周期

产品的生命周期，是指产品自投放市场到退出市场的过程。产品的生命周期包括引入期、成长期、成熟期和衰落期四个阶段。文案作者应该明确产品所处的生命周期，并采取相应的广告诉求策略。一般而言，产品处于引入期，其广告文案要侧重产品的特点、功能的诉求，在手法上以富有时尚感和新奇感的语言，引起受众的注意；成长期的广告文案更侧重宣传产品的优势和企业的实力；成熟期的广告文案要注重宣传产品的附加价值，培养公众对品牌的忠诚；到了产品的衰落期，则不宜再做产品的广告，而要把财力集中到品牌宣传上。因为只要品牌打响了，再生产什么产品也会有市场。

三、对市场的分析认识

文案作者还应对产品的市场定位有深刻的了解，否则也难以写出能带来市场效应的文案。对市场的认识和分析包括以下一些内容。

（一）产品的市场定位和目标对象

“定位论”的提出者艾·里斯和杰·特劳特认为：“定位是你对未来潜在顾客的心智所下的功夫。也就是把产品定位在未来潜在顾客的心中。……其目的是在潜在顾客心中得到有利的地位。”定位的方法主要有以下七种。

1. 功能定位

功能定位即根据产品在功能方面的特点和个性化因素进行定位，是一种“人无我有”的定位。例如：太阳神防脱洗发水的定位为防止头发脱落；丁家宜面容一洗白的定位是美白皮肤，广告口号“更白了，更美了”显示了这种定位。

2. 品质定位

品质定位即根据产品的自身质量和档次进行的定位，是一种“人有我优”的定位。如台湾白兰洗洁精的定位为“品质好，去污力强，连小孩也会洗”；又如夏新 VCD 的定位是“国际名牌品质”。

3. 经济定位

经济定位即根据产品价格上的优势进行的定位，是一种“人贵我廉”的定位。如：高路华彩电的定位是“创老百姓买得起的名牌”；高富力洗衣粉的定位是“好而不贵，真的实惠”。

4. 外观定位

当同类产品的功能、品质相差无几时，可考虑从产品的形状、包装到个性进行定位。如来一桶方便面的定位是“有两块面饼的碗仔面”；又如宝路薄荷糖的定位是“有个圈的薄荷糖”。显然，这是一种“人平我奇”的定位，即别人的产品外观相近，我的产品外观奇特。

5. 逆向定位

当同类产品都在强调某些特点的时候，自己却反其道而行之。最典型的例子便是美国七喜饮料的定位，在美国饮料市场为可口可乐、百事可乐和荣冠可乐所占据的情况下，七喜汽水公司逆向而行，提出“非可乐”的定位，一举获得成功。再如某奶粉的定位是“不含蔗糖的奶粉”。可见，这是一种“人有我无”的定位。

6. 年龄定位

根据消费者的年龄层次进行的定位。例如：娃哈哈儿童营养口服液的定位为“食欲不振的儿童”；太太口服液的定位是“25～45 岁的城市已婚妇女”；芬格欣口服液的定位则是“体质下降的老年人”。

7. 性别定位

根据消费者的性别差异进行的定位。如丽珠得乐胃药的定位是“生活压力大、易患胃病的男子”，以一句“其实，男人更需要关怀”的广告口号使目标对象感激万分。玉兰油化妆品早期的定位是青年女子，广告口号“青春美的奥秘”清晰地传达出这一市场定位；后来定位的范围又扩大到三十多岁的女子，广告口号“我们能证明你看起来更年轻”，显示了定位的延伸和发展。

（二）了解竞争对手的情况

文案作者不但要熟知自己所服务的广告客户的情况，而且要了解、摸清客户的竞争对手的情况。比方说，竞争对手的产品质量如何？产品的功效、品种有何不同？它们在市场上的占有率如何？还要知道竞争对手的广告情况。如竞争对手的广告投放量有多大？针对哪些目标对象？广告诉求重点和表现方式怎样？用了什么样的广告口号？广告文案的水准如何？只有了解这些情况，才能发现竞争对手在广告宣传上的薄弱环节和致命弱点，从而写出有针对性和竞争力的文案，使竞争对手陷于被动局面。

四、对消费者心理的把握

对消费者心理的正确把握是广告文案获得良好传播效果的前提之一，文案作者要善于说消费者乐于接受的话，说得消费者或心悦诚服，或眉开眼笑，或激动不已。为此，需做到以下四个方面的“把握”。

（一）把握消费者的内在需求

消费者购买某一种商品，总是为了满足自己或亲友的需求的，消费者的内心需求构成了消费者要购买商品的理由。但是消费需求又是多种多样的。20 世纪 60 年代初著名心理学家马斯洛首先提出了需要层次学说，将人的需要分为五个层次，70 年代初又在此基础上进行了补充，将人的需要分为以下七个层次：生理的需要，安全的需要，归属和爱的需要，自尊的需要，自我实现的需要，认识和理解的需要，审美的需要。

当消费者购买纯净水时，他们的首要目的是解渴（生理需要），但是由于近几年环境污染（包括水质污染）比较严重，他们可能最关心水质问题，害怕受污染的水给身体带来危害（安全需要）。乐百氏纯净水广告的成功之处，即在于用市场调查的方法发现了消费者的关注点，并以“27 层净化”作为诉求中心，可谓直指人心，一语中的。

（二）把握消费者的购物动机

消费者在购买商品的时候，有着一定的动机。购物动机主要有以下几种类型：实用动机、方便动机、健康动机、求名动机、求美动机、求廉动机、安全动机、求新动机等。消费者在购买某一具体商品的时候，可能会受多种动机的支配，但有主导的，有次要的。对于不同的消费品，消费者在购买时的动机也不尽相同。

1. 食品消费

食品消费中的主导动机有：追求新鲜的动机，追求营养的动机，追求健美的动机，追求美味的动机，追求营养兼美容的动机，追求快捷方便的动机等。

2. 服饰消费

服饰消费中的主导动机有：追求美的动机，追求舒适的动机，追求流行的动机，追求服装表达个性的动机等。

3. 家用电器消费

家用电器消费中的主导动机有：追求省电的动机，追求低噪声的动机，追求质量稳定的动机，追求家电的色彩与外观和居室协调一致的动机，追求操作方便的动机，追求完善的售后服务的动机等。

4. 美容化妆品消费

美容化妆品消费中的主导动机有：追求多种美容效果的动机，追求明星生活方式的动机，追求没有副作用的动机等。

广告文案作者要善于根据特定社会背景下的消费者的特定消费动机，使广告文案能够迎合消费者的心理，让消费者满意。

（三）把握消费者的接受心理

把握消费者的接受心理，可从内容、态度和表述方式上进行。

就内容而言，文案撰写人要善于抓住目标消费者所关心的利益点。据专家调查发现，下列12个方面的广告能引人注意：有关人们经济利益的，有关人们身体健康的，有关儿童的成长和生活的，能刺激人的健全欲望的，能给人以安全感的，能给人以美的享受的，有助于增强人们进取心的，能给人以舒适愉快的，有助于提高人们工作效能的，有助于促进社交活动的，激发人们自尊心和自爱心的，能给人以同情和慰藉的。

就态度而言，尊重消费者、把消费者视为朋友和一家人的写作态度，易于为消费者接受；而盛气凌人、大话连篇、故弄玄虚、贬低消费者的写作态度，则让消费者难以接受，甚至产生逆反心理。例如，类似“喝啤酒也要有点头脑”“无法超越的高品位”“啤酒像人类历史一样悠久”“它像处女般纯洁，绝无任何人染指”（干酪）等广告口号的语气和态度，会令消费者大倒胃口。相反，类似“金诚房产，以诚为本”、“邀你一起创造流行”（百货公司）、“情浓味更浓”（咖啡）、“不怕货比货，更愿心贴心”（百货公司）等广告口号的真诚、友善、平等的态度，会让消费者舒舒服服地接受广告内容。

就表述方式而言，消费者对那些新颖独特同时又符合自己的文化素养、审美趣味的文案会产生兴趣，并容易接受。

（四）把握消费者的生活形态

消费者的生活形态，包括生活方式、生活态度（价值观）以及所属社会阶层、经济收入等，在很大程度上影响其需求，而消费者又是通过大众媒介传播和接收这些相关信息的，因此关于消费者的生活形态方面的调查和研究越来越受到企业的重视。

对于文案撰稿人来说，在撰写广告文案前，先明确产品的目标消费者的生活形态属于哪种族群，在购买力、消费行为等方面有什么特征，从而据此“对症下药”，是非常必要的。例如，针对理智事业族的消费者的广告文案，要尽量以理服之。而针对随大流族“货比三家”的消费习惯和易受他人影响的特点，则要在感情上将其打动。反映在广告受众认知心理上，属于随大流族的消费者，往往更关心广告宣传的产品本身的特点以及广告所能给予他们的实惠和承诺，因此，广告文案在采用感性诉求策略的同时还要注意尽量真实地诉求，记住“切实的承诺”才是广告成功的关键。

以雀巢咖啡在中国的广告为例。20世纪80年代，为了劝说中国的消费者尝尝雀巢的咖啡，雀巢以“味道好极了”的广告口号，做产品的面世宣传广告。对年轻人而言，与其说是品尝雀巢咖啡，不如说是体验西方的文化。直到今日，只要说起“味道好极了”，人们就会想到雀巢咖啡。而20世纪90年代后，中国年轻人的生活形态发生了变化，雀巢立即敏锐地感受到了这些变化，因此，它在市场上投放了一系列新的广告，这次的广告口号变成了“好的开始”。广告以长辈对晚辈的关怀和支持为情感纽带，以刚刚进入社会的职场新人为主角，传达出雀巢咖啡将会帮助他们减轻工作压力、增强接受挑战的信心。

五、对客户要求的把握

在广告实践中往往出现这样的情况：文案作者感觉不错的稿子，却遭到客户的否定；自己不看好的文案，客户却情有独钟。这说明，文案撰写者与客户在认识上存在着一些差异。

所以，文案撰稿人必须充分与客户沟通，了解他们的要求和意向，捕捉他们的感觉。

（一）对客户要求的理解与把握

有的客户对广告的要求是很明确的，他们会把对广告的要求整理成文字材料，提供给广告公司；有的客户的要求事先不很明确，只有一个大致的意向，这时他们需要与广告公司进行"思想碰撞"，才能产生思维的"火花"，形成较为明确的看法。文案人员可以通过与客户主管沟通以了解客户的要求，也可与客户直接沟通，力求做到清楚明白。

（二）对客户感觉的捕捉与把握

如果说客户的要求是一种有形之物的话，那么客户的感觉则是一种无形之物，更难以把握和琢磨。客户的感觉有时可以通过话语透露，有时则深藏于话语的背后，朦朦胧胧，如雾里观花，水中望月。对于文案创作者来说，不仅要能把握客户说出来的感觉，而且要善于听出客户没有说出来的话，把握客户尚未表述出来的感觉。

这一点充分体现了广告活动的经验性，只有经常从事这项工作并善于与客户沟通的人，才能积累丰富的经验。

第三节　理解广告创意

在广告创作中，创意和文案写作是两个各自独立又互相衔接的过程，广告创意在先，文案写作在后。文案是创意的表现、深化和发展，而创意是文案写作的根本依据。广告文案写作是表现广告创意的过程，广告创意要靠文案来完成和实现。广告文案要体现广告创意，要在广告创意指导下进行写作。因此，文案作者必须理解广告创意，遵循广告创意，体现广告创意，写出和广告创意相吻合的文案作品。

一、广告文案是广告创意的语言文字表现

（一）文案写作与广告创意是两个不同的过程

广告文案写作过程与广告创意过程有以下几个方面的不同。

（1）广告创意的前期，需要对大量信息进行整理与分析；而广告文案的写作，是在广告创意过程中已经对大量的信息进行了整理的基础上进行的。

（2）广告创意往往通过多个广告创意人员共同商讨进行，需要创意人员互相启示与触发；而广告文案的写作，则往往由一名文案写作人员独立完成。

（3）广告创意的目的，是产生广告表现的主意；而广告文案的写作，则以产生广告文案文本为目的。

（二）广告文案是对广告创意的表现

广告表现是运用各种符号及其组合，将广告创意表达出来的过程。它是广告创意转化成广告作品的过程，也可以说是广告创意的物化过程。

广告创意的物化，是通过语言符号和非语言符号两大符号系统来完成的。通过语言符号完成的过程，就是广告文案写作的过程，其结果就是广告文案；通过非语言符号完成的过程，就是广告设计的过程，其结果就是广告画面。

广告创意的主要内容包括：广告作品的主题、广告作品中的形象和广告作品的风格。

1. 广告作品的主题

这里所说的主题，并不是指广告活动的主题，而是指广告作品的主题。因为广告活动的主题是广告策略的一部分，是概念化的，不能直接用于广告作品中。

如母亲节的广告可以以亲情为主题，但是在具体的广告作品中，这一主题则要进行深化和具体化。

广告作品的主题正是基于将广告活动主题进行具体化的创意而产生的，它可以直接以文字、语言或者画面的形式存在于广告作品之中。如母亲节发布的广告作品的主题可以是“妈妈，谢谢您”，那么广告的具体内容就会根据这个主题来展开。

2. 广告作品中的形象

广告作品中的形象，指的是在广告作品中所有具有典型意义的事物及其活动，包括广告模特和他们的活动、平面广告中的画面、电视广告片中的风景等。如在万宝路香烟的作品中，万宝路牛仔、西部风光、牛仔的坐骑都是广告创意的一部分，也是广告作品中的形象的一部分。

3. 广告作品的风格

广告作品的风格，指的是广告作品中所体现出来的、具有某种审美特征的整体风貌。

广告创意概念中往往包括对广告作品风格的限定，不同的广告创意会赋予广告作品不同的审美风格。

广告文案对广告创意进行表现的过程，就是将广告创意中包含的主题的因素、形象的因素、风格的因素进行具体化的过程。创意的主题将转化为文案中实际的主题；创意中的形象将转化为文案中切实可感的形象；创意对风格的设想和限定，将转化为文案直接体现出来的审美风格。

（三）广告创意是广告文案写作的根本依据

广告文案是广告创意的文字呈现，而广告创意则是广告文案写作的根本依据。广告文案的写作必须根据广告创意的概念进行，否则便会造成文案与创意的脱节，使广告文案成为游离于广告创意之外的、与广告创意毫无关系的文字。

1. 广告创意是广告文案的主题依据

广告创意限定了广告作品的基本主题。广告文案应该符合创意所限定的基本主题，诠释主题的基本内涵，对主题的深化和发展也应符合创意要求。

2. 广告创意是广告文案的形象依据

广告创意限定了广告作品的基本形象。广告文案对创意概念中的形象的物化，要以广告创意对形象的限定为根本依据。

3. 广告创意是广告文案的风格依据

广告创意限定了广告作品的审美风格。广告文案对创意概念中的广告作品风格的物化，要以广告创意对风格的限定为根本依据。

二、广告文案对广告创意的深化和发展

广告创意的产生，是广告作品创作的开始。广告文案的写作，不是对广告创意的简单记述和机械表现，它是广告作品的创作过程的继续，是对广告创意进行深化和发展的过程。

案例 1：白加黑

江苏盖天力制药股份有限公司的白加黑感冒片，1995 年上市仅半年，其销售额就突破 1.6 亿元，占据了全国感冒药市场 15%的份额，而这一切都得益于其精妙的电视广告文案的创意。

首先，它提出了一个崭新的产品概念，在同质化市场中创造出品牌的差异性优势，“黑白分明”地与同类品牌区别开来。

“白加黑”，是个了不起的创意。它看似简单，只把感冒药分成白片和黑片，并把感冒药中的镇静剂扑尔敏放在黑片中。然而并不简单，即“白加黑”这一创意，它不仅在品牌的外观上与竞争品牌形成很大的差别，更重要的是它与消费者的生活形态相符合，起到了容易引起受众联想的强烈传播效果。因为普通感冒药的缺点是服用后容易打瞌睡，这对大多数白天要上班、上学的消费者来说，就产生了心理上的障碍。而白加黑就解决了这一问题。

根据广告创意，文案人员写出了“白天吃白片，不瞌睡；晚上吃黑片，睡得香”的承诺，正迎合了消费者的需求，体现了厂家对消费者的关切。

伟大的创意，往往也是简单的构思，其伟大的奥秘就在于一切从消费者出发，挖掘出容易被消费者接受的品牌传播支撑点。

其次，白加黑的产品概念，虽然为广告文案的创意提供了很好的支撑点，但是，广告片制作得如此简洁有力，却要依靠广告人的联想、提炼、升华，也就是对广告创意的深化和发展。他们写出了“治疗感冒，黑白分明”的广告文案，就表现出很强的张力，把品牌的外观、内质、个性极明快地表现出来，又具有引发联想的隐喻功能。它看似简单，实则精深，统领着整个广告片的创作风格。

正是因为“白加黑”的创意，使得该感冒药迅速在混乱的感冒药市场上崛起，在短短半年时间就达到了感冒药市场上第二品牌的地位，仅次于康泰克。这在中国内地的营销传播史上算是奇迹。

文学创作的构思讲究“新”“奇”“巧”，广告文案的写作讲究“新”“奇”“特”。所谓“新”，就是解放思想、敢于创新、构思新颖、手法别致，给人耳目一新的感觉；“奇”，就是出奇制胜，在意料之中，又在意料之外；“特”，就是巧妙运思，既遵循文案格式要求，又讲求技巧，灵活多样，使写出的文案具有关联性、震撼力和独创性。

第四节　提炼广告主题

广告文案和其他形式的写作一样，也要提炼主题。在提炼主题之前，应该首先对产品信息进行梳理。

一、梳理广告信息

文案作者根据前期的原型情报和市场调查的资料，结合广告策划的总体策略，从千头万绪的材料中整理出所需表达的广告内容，这就是梳理信息。其步骤为：首先，解决哪些信息需要表现和哪些信息无须表现的问题；其次，区分哪些信息是主要信息，哪些信息是次要信息。一般来说，与产品的市场定位、目标对象相关的信息，应是主要信息，其他的属于次要信息。如果主要信息只有一条，那么就用它作为文案的诉求重点；如有有几条主要信息的话，则需考虑用系列广告的形式加以表现，这样每一条主要信息就可分别作为系列广告中每一则广告的诉求重点。在平面设计中，文案信息的层次最好不超过三层。

例如，给空调做广告，从大量的资料中可以发现该空调有如下需要表现的内容：（1）较一般空调省电20%；（2）噪声小，安静；（3）价格居中；（4）服务在同行业较为突出，免费安装、维修等；（5）新品牌，但知名度提高较快；（6）经销商地址、电话。再与竞争对手的宣传做一番比较，发现大多数对手在价格上、促销上大做文章，而相对忽视了服务宣传。又根据产品的定位（品质卓越，服务优越的空调），这时可以把（1）（2）（4）（5）作为主要信息，为了使广告诉求更加单一，可用系列广告分别表现这些主要信息，（3）（6）则作为次要信息处理。当然，这是一个带假设性的简单步骤，在实际操作时，情况要复杂得多。

二、提炼广告主题

广告主题就是广告所要表达的核心思想，它是广告作品的统帅和灵魂。一则广告作品如果缺乏明确的主题，就如同一盘散沙，其诉求力会大大减低。

广告主题有一个较为流行的公式，即：

广告主题=广告目标+产品个性信息+消费心理

当然，这里的“+”并非表示简单相加，而是表示三者的相互融合。可见，广告主题不同于前面所讲的主要信息，它应包含消费心理和明确的目标。广告主题应该是人性化、目标化的产品个性信息或企业个性信息。

可以从企业和产品本身寻找闪光点，这些闪光点就是广告的卖点，加上消费者的心理因素和广告目标，就可以作为广告的主题。

（一）企业经营状况

1. 企业历史

看看你所代理的是老企业还是新企业，如果是老企业，如百年老字号，就以历史久远作为诉求点，看它在历史上有过什么贡献，在社会上声誉如何等。如北京同仁堂药店，在清朝时期生产的药品就是宫里的贡品，一般老百姓是没有资格享用的。仅此一点，就是其他竞争对手无法相比的，这就是它的闪光点。

又如北京全聚德烤鸭店，也有上百年的历史。烤鸭店发生了那么多故事，都可以作为广告主题元素加以利用。

还有贵州茅台酒，1917年参加巴拿马万国博览会的时候就获得了金奖，从此享誉全世界。这样的历史荣耀将永远闪烁着光辉。

2. 企业人才

如果没有光辉的历史可以炫耀，就从企业现状入手，看看企业拥有的人才素质、规模和构成如何，有何科研成果，有什么特长等。比如，有一则广告炫耀企业拥有五位博士、几十位硕士，经过多少年研制而成某某产品，这就是企业的实力。

3. 技术设施

还可以从企业技术设备方面寻找主题，企业的生产设备是否先进，操作技术有无特色。如一些医疗广告就宣称从国外进口了先进的医疗设备，可以做什么样的治疗，减轻病人痛苦，能够获得什么效果，等等。

4. 经营特点

企业的市场分布、商品种类、流通渠道如何，生产目标、营销目标怎样，有无新的经营方式与措施，服务水平和在消费者心目中的印象以及公共关系活动情况等。

(二) 商品特性

1. 商品的原材料方面

有无优点和特点，如鄂尔多斯羊绒衫，就强调羊绒来自内蒙古大草原，绒长质好。

2. 商品的生产制作过程

是否先进、严密，如开发时间、生产设备、制造方法、检测方式等。德国大众牌汽车对产品检测把关很严，即使有肉眼看不见的划痕的汽车，检测员也会抓住不放，不让出厂，广告就突出了这一点。乐百氏纯净水采用 27 层净化，广告就强调了生产过程的严密性和科学性。

3. 商品的使用价值

要了解商品能给消费者带来哪些利益。通过产品差异化，抓住商品中突出的功能，给予消费者特殊的利益。如商品的保存性、便利性、经济性、魅力度等。例如药品广告就是很注意药用价值的。

4. 商品的外观

有些产品可能实在没有什么可炫耀的，就从外形特点、规格、花色、款式、质感、包装、装潢方面寻找特色。或者也许某些方面的特点更明显，就从这些方面来找主题。如某汽车，强调款式新颖，烤漆讲究，车内设计富有人性化等。

5. 商品的生命周期

不同的商品生命周期，有不同的广告诉求主题，这在后面还要讲到。

(三) 竞争对手情况

在提炼广告诉求主题时，还要了解竞争对手的商品信息，并进行比较，发现差异，寻找商品的独特之处，使广告主题更鲜明、更有针对性、更富有竞争力。

分析竞争对手的广告情况也是提炼主题的途径，要研究竞争者是如何做广告宣传的，它在广告中突出了什么信息，这些信息对自己构成了什么竞争，从而确定自己的应对策略，制定自己的广告主题。

广告文案主题的提炼，可以从多方面入手，如企业品牌形象、企业经营理念、促销措施、消费者需求、产品定位等。

第五节　确定写作风格

构思阶段还有一个重要内容，就是依据广告的整体策略和广告创意确定广告文案的风格。广告文案的风格可分为五大类型：雄健豪放型，沉稳老成型，柔情婉约型，平实质朴型，幽默诙谐型。

一、雄健豪放型

这类文案的特点是充满激情，气势磅礴，有一种统领天下的豪气。例如润迅通讯电视广告文案《烽火戏诸侯篇》。

画面	景别	技巧	
朦胧中一女性转身，黄袍划过，旋转	特		
黄旗飘过	特		
红旗飘过	特		
蓝旗飘过	特		
烟雾升腾的群山	远		
女性背影，转身	近	叠化	
战旗，军队冲杀场面	全		
山野，景深处一支军队冲来	远	叠化	
一排军旗，军队	全		
女子面部	特		
远处，军队冲下山坡	远	叠化	俯拍
另一旗帜军队	全	叠化	俯拍
从左面向右冲的军队	远	叠化	俯拍
女皇从右边走来，灯影	中	暗转	跟
军旗猎猎，长枪如林，掠影	全	叠化	俯拍
白色军旗军队冲来	全	叠化	跟
黄色军队的军旗	全		
蓝黄两军对阵	远	叠化	
女皇头部背影	特	叠化	
将士从左侧冲锋的身影	全		
红旗军队向前冲来	全		
蓝旗军队从左侧冲过来	全		
白旗军队从右侧冲过来	全		
红黄白蓝四队并排向前	远	拉	俯拍
城楼上，女皇高坐环视	远近	推	仰拍
全军背影	远		
一将军坐骑惊起	中		
一将军左侧走过	中		
一将军仰视勒马转身	中		
女皇面部	特		

远山叠入背景字幕："一呼天下应"

这篇电视广告文案，景色描绘十分壮观，"一呼天下应"广告口号也显得气吞山河，气势恢宏。

二、沉稳老成型

这类广告文案的特点是稳健踏实，富有理智，毫无矫揉造作之情。如爱多集团形象广告口号“我们一直在努力”，能把企业扎扎实实、埋头苦干的精神传递给受众。又如广东邮电广告文案《服务形象篇》。

我们的服务每天都求创新。

业务愈多样，服务愈多样。

多年来，我们秉承“服务社会，服务万家”的信念，以充分满足社会各界对电信业务的需求为己任，不断开拓新业务（如视聆通、因特网、一线通、800 电话业务、300 卡等)，使电信业务更为丰富多彩。与此同时，我们不断推出相应的配套服务，使用户能快速、方便、有效地使用电信业务。

每天前进一步，永远真诚服务！

这篇文案语言诚恳、稳健，体现出一种理性的力度感和成熟感。

三、柔情婉约型

这类文案的特点是感情细腻真切，委婉动人。它使人了解的不只是生硬的商品，而且还有人与人之间的相互体贴和关怀。如兰薇儿系列睡衣广告文案。

长夜如诗，衣裳如梦。

兰薇儿陪伴您，在夜的温柔里！

月色淡柔，灯影相偎，夜的绮思悄悄升起……在这属于你的季节里，兰薇儿轻飘飘的质感，高雅精致的刺绣，更见纤巧慧心，尤其清丽脱俗的设计，让你一眼就喜欢！今夜起，穿上兰薇儿，让夜的温柔轻拥你甜蜜入梦……

这篇文案语调柔和舒缓，感情真挚细微，汩汩流淌着清丽的韵味和脉脉的温情。

四、平实质朴型

这类文案的特点是质朴无华，不夸大其词，语言上通俗易懂，平易近人，摒弃华丽的辞藻。如养生堂龟鳖丸的报纸广告文案。

餐桌美味 健康美味

（画面为一只蒸好的鳖）（画面为一粒龟鳖丸）

秋冬进补吃龟鳖，餐桌上来一盘水鱼，既可口又滋补的美味。但生活、工作紧张，不能有太多的时间烹调美食，怎么办?

龟鳖丸与龟鳖美食相比，省时省力，保留了龟鳖的精华，有效成分更多，搭配更合理，吸收更容易，滋补效果更好。养生堂龟鳖丸，是您随身的健康美味。

这篇文案没有追求华丽的辞藻，而是用产品实有的优点来打动消费者，质朴、实在。“随身的健康美味”概念的提出，正解决了都市人既追求健康又无时间去烹制美味佳肴的生活难题。

五、幽默诙谐型

这类文案的特点是运用机智、诙谐、幽默的语言，让消费者在欢笑中接受广告所传递的信息，听从广告所提出的行动指令。

如美国西海岸一条公路的急转弯处竖着一块醒目的广告牌，上面写着“如果你的汽车会游泳的话，请照直开，不必刹车”。司机看了这样的广告，定会会心一笑，愉快地刹车减速。再如，国外有一种做成企鹅状的塑料垃圾筒，上面写着“我饿，快喂喂我吧!”。这则广告轻松幽默，很容易为儿童所接受。

相比之下，国内的一些告诫性的标语却非常缺乏幽默感，如某超市（或开架书店）内挂一些十分醒目的标语“勿生贪念，偷一罚十”，让顾客看了心里很不是滋味。所以，幽默型的广告文案是应该提倡的。

第六节　广告文案的构思

一、梳理思路和精心构思

所谓思路，就是人们思考问题时思维活动进展的脉络和轨迹，也就是作者为了深化和表达其思想认识而遵循的思维活动路线。表现在广告文案写作中，就是作者为表述自己对客户和产品的认识或表达自己的观点而进行的构思和谋篇布局的思维过程。

广告文案作者面对搜集到的大量产品信息，面对选定的题目和要写作的内容，面对市场情况和自己的认识理解，不要急于动笔，要在精力充沛、头脑清醒的时候静坐凝思，进行一番认真的思考，对自己成熟或不成熟的思想进行一番梳理，理出头绪，理清思路，从而对文案的整体规划和具体内容有一个明确清晰的组织安排，这就是构思过程。

广告文案写作也是这样，拿到客户提交的原始情报之后，要仔细地体会客户的要求，按照表达广告主题的需要，进行认真的构思，寻求较好的表现角度。有了好的构思，写起来就顺手，容易发挥出较好的水平。

构思的时候，首先要理清事物的发展顺序或逻辑联系，任何事物都有其发展变化的顺序和规律。我们在认识客观事物的时候，就要符合客观事物本身的特点，有条理有顺序地展开思维活动。只有这样才能思路清楚，不断深化对客观事物的认识，才能层次井然，恰如其分地组织安排文案的内容材料和结构。其次要梳理作者自己的认识和判断，使自己对客户和产品信息有一个清晰的认识和正确的判断。再次是确定文案的思路，即确定表述的逻辑关系，使思维活动的进展具有严密的逻辑性。

二、构思的内容

对于广告文案的构思，主要应该解决标题的拟定、正文结构如何安排、附文写什么内容等。

（一）标题如何拟

如果是印刷广告文案，应该为它拟一个能吸引人的标题，因为它可以帮助“抓住”受众。如果是广播广告或是电视广告的文案，可以不拟标题。

有人习惯先写正文，后拟标题。建议在刚刚开始写作广告文案时，就拟标题。它应该集中文案撰稿人最多的智慧，好的开头是成功的一半，好的标题可以给正文的写作许多重要的帮助，而且使正文的写作更加顺利。

（二）正文结构如何安排

首先要确定正文传达什么信息，弄清信息之间的关系，决定哪些信息先写，哪些信息后写，哪些信息详写，哪些信息略写。其次，决定正文的段落，段落之间如何联系，是否需要小标题。

（三）附文写什么

首先要确定附文写什么，其次再为附文寻找合适的表达方式。

三、几种常用的构思方法

（一）直觉思维法

这是一种比较简单的文案构思方法，也是一种使你在研究了广告策略之后不需要做很大努力就能写出广告文案的构思方法。简单地说就是，将文案所要传达的信息直接地用无须反复斟酌的文字表达出来。如力士香皂核心的创意概念是“国际著名影星的香皂”，其广告文案就是在文案撰稿人直觉的基础上写成的。

标题：力士香皂——国际著名影星的护肤秘密

正文：芬芳柔润的力士香皂，是国际著名影星每日美容护肤的必需品。力士香皂泡沫特别丰富，清洁滋润，令肌肤柔美嫩滑，分外迷人。

如果你希望文案写作变得容易一些，这是一种很有效的思维方法。但是如果你想写出真正有创造力的文案，你就会发现这样写出来的文案太平淡了。

（二）头脑风暴法

请你的总监或是文案主任，召集一个有五六个创意人员参加的动脑会议，请大家共同思考怎样写一则广告文案。每个人都提出自己的想法，彼此可以互相启发但是不能互相评论。

你会发现，每个人在表达同样的广告信息时会使用不同的语言，有不同的角度，并且有各自鲜明的风格。这就为拓展写作者的思路提供了无数可能。别人不经意间说出的一句话，可能是最好的文案标题。

（三）逆向思维法

在开始写作文案之前，对于企业、商品或服务的好处，你已经了解得很多。你一直在想如何把它们传达给受众，而且是正面传达。你的思路都很正确，以至于你想到的所有的表达文字都是别人也会轻易地想到的。这就说明你的表达还不是最好的。这时，就可以换一种反向的思路。

这可能是一种巧妙的，但是有风险的思维方法。它有意识地使思维脱离人们习惯的思维轨道，朝相反的方向探索。这样写出的广告文案往往会收到意想不到的效果。如“请勿相信此广告”，越说广告是骗人的，受众越是要弄明白。

（四）联想思维法

这是一种非常有效的文案构思方法。可以朝着以下几个方向进行联想。

1. 接近联想

也就是由一个意象联想到与其在时间或空间上接近的意象，从而将广告信息用这个与先前意象相接近的、但更有吸引力的意象表达出来。如Diploma奶粉的一则广告文案就是利用接近联想写成的。

标题：试图使他们相会？

正文：亲爱的扣眼：

你好，我是纽扣，

你记得我们已经有多久没在一起了？

尽管每天都能见到你的倩影，

但肥嘟嘟的肚皮横亘在你我之间，

让我们有如牛郎与织女般地不幸。

不过在此告诉你一个好消息，

主人决定极力促成我们的相聚，

相信主人在食用Diploma脱脂奶粉后，

我们不久就可以天长地久，永不分离。

这则文案的构思过程：脱脂奶粉→脂肪→脂肪带来肥胖→肥胖使衣服变瘦→衣服瘦了自然纽扣就会系不上。于是据此写出了这则幽默风趣的文案。

受众的联想正好与文案相反：纽扣系不上→衣服瘦了→肥胖使衣服变瘦→肥胖是因为摄入了过多的脂肪→减少脂肪的摄入→食用脱脂奶粉。

在宝洁公司口红的宣传战役中，该广告突出了“抗食品侵蚀”的特性，产品的利益点与模特完美结合，情趣中传达了产品的特色。表现元素奶油蛋糕、面条、比萨与产品口红之间产生了某种联系——涂了口红并不影响大饱口福（见图2-1）。

2. 相似联想

由一个意象联想到另一个与其相似的意象，从而将广告信息转化成与它相似的、更容易被受众接受的意象。相似的联想具有无限的弹性，它可以把抽象的思想与情绪具体化，使枯燥的信息变得生动，呆板的信息变得活泼，静止的信息变得富有动感。如家护牙刷的广告。

日本人很会弯腰

家护牙刷的独特的弹性按摩弯颈

比日本人更会弯腰

如果直接说家护牙刷有独特的弯颈，既不容易引起受众的兴趣，也很难给受众留下深刻的印象。于是文案的作者展开联想，在“弯腰”这一点上由牙刷联想到了日本人，于是就有了这个让人过目不忘的标题。

图 2－1　宝洁公司的口红广告

3. 对比联想

对比联想即由某一意象联想到与其对立的意象，从而将广告信息与对立的意象进行对比。如 NISSAN 汽车系列广告文案的标题。

这么大，小一点更好——墨罕哈森（洗车工人）
这么多安全设备干吗——林源颐（源顺车厂）
它害得我很惨——欧福美（福美加油站）
它令我很不舒服——薛达盛（敌对车行）
太快了，我不喜欢——叶小倩（87 岁）

车身那么大，洗车工人当然希望小一点；安全设备多了，汽车修理厂没生意，车厂老板当然会抱怨；车子省油，当然把加油站害得很惨；车子卖得好，敌对车行当然会不舒服；车子那么快，87 岁的老人又怎么会喜欢？巧妙的对比，将 NISSAN 汽车的好处演绎得趣味盎然。

文案的写作者是因车子的空间大、安全系数高、省油、销势好、速度快而引发了对比的联想；而受众则由标题中所表现的与广告信息对立的信息联想到广告产品的优越性。这样的效果，自然会比平铺直叙要好得多。

通过联想而写进文案的意象，一定要与广告信息有明确的、容易理解的联系。否则，联想起来天马行空，联想的事物与广告内容毫无关系，受众读来不知所云。

第七节　完稿与检查

广告文案完稿之后，要进行自我检查和测评，发现问题及时修改，使拿出的文案更加成熟和完善。

一、对文案进行自我检查

1. 文案内容方面

- 是否准确地传达了广告信息？
- 信息的主次是否与广告策略完全吻合？

● 信息的内在逻辑关系是否清楚？

● 是否有些必要的信息被忽略了？

● 是否有不必要的信息被添加进去了？

2. 文案结构方面

● 结构是否完整？

● 标题是否与正文贯通？

● 正文的结构是否合理？

● 附文是否有效补充了标题和正文？

● 广告口号写进文案了吗？是否放在了恰当的位置？

3. 文案篇幅方面

● 如果是印刷广告，文案篇幅是否与媒介计划中确定的篇幅相当？

● 如果是广播广告文案，文案的篇幅是否适当？最好考虑到音乐和音响的因素，并且按照文案要求的语气和语速默读一遍，检验在规定的时间内能否读完，并且保证受众收听的效果。

● 如果是电视广告文案，与媒介计划中确定的广告时间长度相比，文案的篇幅是否适当？是否过长或过短？最好考虑到画面、音乐、音响的因素，按照文案在广告中出现的时间和位置以及文案要求的语气和语速默读一遍，以检验在规定时间内能否读完，并保证效果。

4. 文案与媒介特性的配合方面

● 写作文案时是否考虑到了在什么媒介上发布？是否考虑到了媒介的特性？

● 如果是广播广告文案，是否考虑到了文案与音乐、音响的配合？语言是否适合广播媒介传播的特性和受众的收听习惯？

● 如果是电视广告文案，是否考虑到了文案与音乐、音响、画面的配合？语言是否适合电视媒介传播的特性和受众的收视习惯？

5. 语言文字方面

● 文案中所使用的语言和文字是否恰当地表达了广告信息？

● 是否存在用词不当的现象？

● 是否有病句？是否有语意不清的句子？

● 是否恰当地使用了标点符号？断句是否合适？

6. 文案风格方面

● 文案的风格是否适合广告的主题？是否适合广告文案传达的信息？

● 文案的风格是否适合受众的欣赏习惯？是否适合广告发布地区的文化背景？

● 文案在风格方面有无受众难以接受的因素？

7. 文案写作技巧方面

● 是否过多地使用了写作技巧？

● 是否过于缺乏技巧？

● 是否使用了受众难以接受的技巧？

● 是否因技巧而掩盖了广告文案的信息？

二、文案撰稿人经常犯的毛病

在写作文案时候，一般文案撰稿人经常犯的错误有以下几种。

（一）内容庞杂，重点模糊

有时文案撰稿人出于善良的愿望，试图在一则文案中传达很多的广告信息；有时撰稿人无法反对广告主的要求，而尽量将他们想要传达的信息都塞进一则广告文案中。这两种倾向都会导致广告文案的内容庞杂，重点模糊。

（二）大话连篇

广告在我国内地刚刚恢复时，多数的国内广告主都曾用"誉满全球""国内首创"来描述自己产品的优势，用"质量可靠""实行三包""代办托运"来取信于消费者。其实在这种毫无根据的大话或空泛的承诺的背后，也许正掩盖着他们对于自己产品或服务的不自信。

所以，一旦你发现在你写的广告文案中存在这种情况，应及时地改正它，将可说可不说的溢美之词去掉。如果它们确实非常必要，你可以考虑换一些更切合实际、更容易为受众所接受的词句来表达，也许效果会好一些。

（三）用词不当

如果你发现在你写作的文案中使用了不合语法的句子、不规范的字体或生造的词语，也要尽力改正它们。

（四）标点不准确

许多广告文案有这样一种倾向，为了使文案语气更为激烈或强烈，不适当地使用感叹号或问号。其实这无助于增加广告文案的诉求效果，反而会使受众觉得文案的写作者在虚张声势或无病呻吟。一旦你在自己的文案中也发现了这种倾向，就要尽力纠正。

（五）枯燥无味，缺乏感染力

有些广告让人觉得枯燥乏味、没有兴趣读完，更不用说引发人们对产品的兴趣和购买的欲望。所以要注意加进有趣味的语言、文字或内容，使文案更有趣味性。

【思考与练习】

一、思考题

1. 简述广告文案的构思和广告创意的关系。
2. 如何梳理广告信息？
3. 如何提炼广告主题？试举例说明。
4. 简述广告文案的风格类型。
5. 广告文案的构思有几种方法？
6. 如何对广告文案进行自我检查？

二、课堂训练

资料

扬州欣欣"粥"系列食品

企业简介

扬州欣欣食品有限公司于1991年由台湾吴英颂先生和扬州食品制造总厂等单位合资建成。其中亲亲八宝粥的诞生给中国内地传统的食品文化注入了新的活力，也给传统食品制造业带来了观念上的革命，再加上公司在经营过程中注重产品质量、售后服务、新品开发，在广告宣传中赋予产品以亲情、温情、人情，注重企业形象塑造并参与各种公益活动，所以公司在取得经济效益的同时，也取得了较好的社会效益。亲亲八宝粥连续几年被评为“中国市场八宝粥类产品”市场占有率第一名、市场竞争力第一名和市场影响力第一名。

产品介绍

亲亲八宝粥，由纯天然高品质的谷类（糯米、麦仁、薏仁）、豆类（红豆、芸豆、绿豆、花生）及营养滋补品（桂圆）等加工精制而成的罐头食品。

广告目标

（1）突出品牌的温馨、温情、和谐等意境。

（2）增进产品销售，提升品牌形象。

广告目标对象

一般消费对象。

必要列入事项

产品 Logo。

训练要求：

（1）提炼广告主题。

（2）确定写作风格。

（3）构思广告文案。

第三章

广告文案的诉求方式

【本章重点】

1. 理性诉求文案
2. 感性诉求文案
3. 情理结合诉求文案

【学习要求】

掌握各种诉求文案的内容特征、主题类型和写作方法

广告文案要通过语言文字，传递企业、产品、服务的信息，促使消费者接受产品、企业和服务。而我们知道，人的行为动机，通常有三种：感情动机、理智动机和情理混合型动机。也就是说，在决定做某件事情之前，有的人会认真地进行分析思考，如考虑是否需要去做，是否有能力去做，条件是否许可，后果如何，等等，当一切都考虑周全、做出判断，然后才行动。有的人则容易受情绪的影响，他们的行动往往是因为情之所至，当某种情绪被调动起来，形成冲动，这种冲动直接导致行为的发生，而不需要更多的理性思考。广告文案要成功地说服消费者，就必须针对消费者的理性认知或感性体验进行诉求。因此，我们把广告诉求分为作用于认知层面的理性诉求和作用于情感层面的感性诉求，在此基础上，又产生了同时作用于受众的认知和情感的情理结合诉求。

根据这三种诉求方式，又可以将广告文案分为理性诉求文案、感性诉求文案、情理结合诉求文案三个主要类型。文案作者可依据产品和企业的具体情况，采用不同的诉求策略。

第一节　理性诉求文案

一、理性诉求的概念

理性诉求方式指的是广告诉求定位于受众的理智动机，通过真实、准确、公正地传达企业、产品、服务的客观情况，使受众经过概念、判断、推理等思维过程，理智地做出决定。

人们的大部分行为是有意识的行动，虽然不一定都经过深思熟虑，但起码经过思考自认为有道理。人们在接受企业、产品或服务尤其是价格昂贵的产品或服务时，总是要经过了解、比

较和思考之后，才下决心采取行动。理性诉求广告文案正是针对受众的这一特点，为受众提供足以影响其思考的信息，说服其做出有利于广告主的判断。

理性诉求策略可以采用正面表现，即在广告中告诉受众如果购买某种产品或接受某种服务会获得什么样的利益；也可以采用反面表现，在广告中告诉消费者不购买产品或不接受服务会对自身产生什么样的影响。

理性诉求策略一般用于消费者需要经过深思熟虑才能决定购买或接受的产品和服务。如高档耐用消费品、工业品等。

理性广告文案指在理性诉求策略的指导下撰写的，诉诸受众理性，以使受众对企业、产品、服务产生理性认知的广告文案。特点是事实清楚、道理明确、证据确凿、论证充分、说明清晰、有很强的逻辑性和说服力。

理性诉求方式要考虑如下因素。

（1）商品自身的特点。一般来说，科技含量较高的产品或含有独特配方的产品，宜采用理性诉求方式。

（2）消费者对产品的认识方式。例如，消费者对服装、服饰是通过感知来认识的，所以一般不宜用理性诉求方式；而消费者对电视、空调、冰箱、DVD等大宗商品，需要通过反复比较与询问才能采取行动，所以宜采用理性诉求方式（但也不排斥感性诉求方式）。

（3）同行广告策略。如果同行大都用感性诉求方式，就以理性诉求在同类产品的广告中突出自己。

二、理性诉求文案的内容和特性

（一）突出功能，旨在说服

理性诉求广告文案主要以企业、产品和服务具有的内在的功能性信息为内容（如：企业的经营范围、经营理念，产品的性能、功效、适用范围，服务项目、质量，等等），而不是其他非功能性的因素（如：情感因素、环境、气氛等）。因为，企业、产品和服务内在的功能性信息直接关系到消费者的利益能否得到保障，是消费者衡量利弊时不能不考虑的因素，也是消费者进行理性分析必须依赖的材料，所以这些信息是理性诉求广告文案的主要内容。

许多广告的标题就能体现以产品的内在功能性信息为内容的特点。例如：矿泉水广告标题“滴滴清泉，自然本色”，表现的是矿泉水来自自然、干净清凉的品质，这样的水让人喝着放心；冷暖空调机的广告标题“冷冷冷！热热热！一步到位，冷暖空调机”，说出了空调机既能制冷又能制暖的特性，这样的空调不仅在夏天给人带来清凉，而且还能在冬天给人带来温暖，而空调机的这些性能用途正是消费者最为关注的，也是他们决定是否采取消费行为的最主要依据。

（二）内容翔实，重点突出

理性诉求广告文案提供的信息应该是具体、详细的事实。理性诉求广告一般都有较大的信息量，它可以对诉求重点进行深入解释或者为诉求重点提供充足的佐证，包括提供准确的数据。这样可以使消费者较全面地了解企业、产品或服务，有充足的分析判断的依据，同时也能提高广告的可信度和说服力。著名的广告大师大卫·奥格威就曾经说过，像这种以事实做出的广告比过度虚张声势的广告更能助长销售。你告诉消费者的越多，你就销售得越多。他为劳斯莱斯所做的广告文案就是很好的例子。

标题：在时速60英里的时候，劳斯莱斯新车中最大的噪声来自电子钟

副题：什么原因使得劳斯莱斯成为世界上最好的车子？一位知名的劳斯莱斯工程师说："说穿了，根本没有什么真正的戏法——不过是耐心地注意到细节。"

正文：

1.《行车技术》主编报告："在时速60英里时，最大噪声来自电子钟。引擎出奇地宁静。三个消音装置把声音的频率从听觉中拔掉。"

2. 每个劳斯莱斯的引擎在安装前都要先以最大气门开足7小时，而每辆车子都在各种不同的路面试车数百英里。

3. 这款劳斯莱斯是为车主自己驾驶而设计的，它比国内制造的最大型车小18英寸。

4. 本车有机动方向盘、机动刹车及自动排挡，容易驾驶与停车，不需司机费心。

5. 除驾驶速度计外，在车身与底盘之间，互相无金属衔接。整个车身都加以封闭绝缘。

6. 完成的车子要在最后测验室经过一个星期的精密调整，在这里分别受到98种严酷的考验。例如，工程师们要用听诊器来注意听轮轴所发出的微弱声音。

7. 劳斯莱斯保修三年，已有了从东岸到西岸的经销网及零件站，在服务上不再有任何麻烦。

8. 著名的劳斯莱斯引擎冷却器，除了亨利·莱斯在1933年死时，把红色的姓名第一个字母R改为黑色外，从来没更改过。

9. 汽车车身之设计制造，在全部14层油漆完成之前，先涂5层底漆，然后每次都用人工磨光。

10. 移动在方向盘柱上的开关，你就能够调整减震器以适应道路状况。（驾驶不觉疲劳，是本车显著的特点）

11. 另外，后车窗除霜开关，控制着玻璃中由1 360条看不见的热线构成的热线网。备有两套通风系统，因而你坐在车内也可以随意关闭全部车窗调节空气以求舒适。

12. 座位垫面是由8张英国牛皮所制——足够制作128双软皮鞋。

13. 镶贴胡桃木的野餐桌可从仪表板下拉出。另外有两个可以从前座后面旋转出来。

在这则包含719个英文单词的广告文案中，大卫·奥格威从13个方面，用尽可能详细而实在的语言对广告产品的各类信息进行了揭示，精确而生动地描述了产品众多优异的细节，给受众以更多的信息。如，文案不说"完美的静音装置"，而是说"《行车技术》主编报告：'在时速60英里时，最大噪声来自电子钟。引擎出奇地宁静。三个消音装置把声音的频率从听觉中拔掉'"；不说"华贵的真皮座套"，而是说"座位垫面是由8张英国牛皮所制——足够制作128双软皮鞋"。这使"劳斯莱斯是世界上最好的车子"这一诉求重点显得真实可信。

理性诉求广告文案除了内容翔实外，还注意突出重点。这在广告文案的标题和广告口号中

尤为突出。例如：立邦漆的一则广告文案中，既在正文中历数立邦漆的诸多功能，又在广告的标题中突出表现其最特别的、与众不同的功能——抗菌的功能。广告文案的标题是这样的：《立邦“三合一”抗菌豪华墙面漆，抗菌配方，细菌克星》。

（三）文字平实，以理服人

理性诉求重在摆事实，讲道理。事实清楚、道理明确对于理性诉求广告文案来说是最重要的。因此，理性诉求广告文案在文字表达上极少运用词语的修饰或润色，而是以平实的语言文字，有一说一地道出事实。而平实的语言正好可以抵消广告因为要为企业、产品或服务做宣传而给人的自吹、浮夸之感，增加广告的可信度。大卫·奥格威就曾提出，不要用最高级形容词、一般化字眼和陈词滥调。要有所指，要实事求是，要热忱、友善，使人难以忘怀，别惹人厌烦。

三、理性诉求文案的文体类型

因为理性诉求文案以客观信息为主，很少包含情感因素，而且目的在于促使受众对广告产生认知，所以通常使用适合表达客观内容的文体，而很少使用抒情性文体。理性诉求广告文案以理服人的特点，使其在传达信息时主要采取直陈式、论证式、比较式等几种文体。

（一）直陈式文体

直陈式文体直截了当、简单精练地表述企业、商品、服务的特性，准确、客观、朴实无华地叙述事实，以事实本身对受众进行说服，很少使用精巧、奇特的广告文案撰写技巧。在陈述过程中可辅以精确的数据和可信的证言加以佐证。直接陈述的表达方式可以准确传达企业的基本信息，使消费者建立起对企业的准确认知。例如，思科系统公司的企业形象广告就是采用了这种表达方式。

标题：互联网无所不在，无人不晓。是谁在推动着互联网——思科！

正文：思科1984年成立之后，于1986年推出世界上第一台多协议路由器，并迅速跻身世界十大电信公司之列。全球电信服务运营商100强，95%是思科的客户。全球财富500强中89%的企业选择了思科，通过互联网创造更高价值。

作为全球领先的互联网设备和解决方案提供商，思科系统公司被称为网络的奠基者，推动网络无限延伸，为人类提供实践梦想的舞台。在今天的互联网上，接近80%的数据流量经由思科系统公司的设备在传送。同时，思科不断开发网络世界无限潜能，开创全新的工作、生活、学习和娱乐方式。思科更以帮助中国开创互联网经济之路为己任，为中国信息化建设贡献自己的力量。

广告口号：思科在你身边，世界由此改变。

这则广告文案以直接陈述的方式，正面直接介绍全球最著名的网络系统公司思科的历史、客户及其对互联网的作用，使消费者对思科公司建立全面的认识：思科的历史证明了思科的经验丰富；思科客户的自身实力是思科实力的有力佐证，数据显示的高使用率则证明了思科客户对思科的信赖度；思科对互联网的作用显示了思科的地位，给人以信心。而这些足以使消费者对思科公司产生认同感。

（二）论证式文体

论证式文体以说理为主，不但传达有关企业、产品、服务的事实，而且传达其中所蕴含的道理，通过鲜明的论点、充分的论据、严密的论证对受众进行说服，受众认同了文案中所包含的道理，也就接受了广告的诉求。因此它适用于高科技产品、新产品等。例如东方网景的一则广告文案。

> **标题：**让东方网景来协助您建立独立的全球信息发布站
>
> **正文：**为什么全球超过1亿的人在国际互联网上遨游？为什么IBM、青岛海尔、SONY等国际知名企业纷纷建立独立的全球信息发布站（Web）？
>
> 因为——
>
> 通过国际互联网能够降低高昂的办公费用；
>
> 通过国际互联网能够获取更多的商业机会；
>
> 通过国际互联网能节省庞大的广告开支；
>
> 通过国际互联网在短时间内能够扩大您的企业知名度。
>
> 现在，对您的企业来说，建立独立的全球信息发布站，已成为一个迫在眉睫的现实需求！
>
> **广告口号：**掌握全球脉搏，共享网上美景。

这则文案是要说服受众接受“建立独立的全球信息发布站，已成为一个迫在眉睫的现实需求”这么一个观念，它采用了说理论证式文体。首先指出当今整体社会潮流的走向——建立独立的全球信息发布站；其次罗列建立网站的好处作为事实论据加以论证，证明建立独立的全球信息发布站是现实的需要；最后暗示如果不建立独立的全球信息发布站，就会落后，就会被淘汰。这种说理论证的方式可以有效地引导消费者，使消费者在充分的事实依据面前，在合乎逻辑的因果推导下，一步一步地接受广告所推荐的服务。

（三）比较式文体

比较式理性诉求广告文案就是拿自己的产品或服务与别的产品或服务做比较，以此来突出自己产品或服务的优势和特色。优势品牌通过比较可以显示自己的优势，劣势品牌也可以通过比较提升自己的地位或显示自己的特别之处。

比较可以有三种：第一种是和竞争对手做比较，让消费者在货比三家后做出自己的选择；第二种是与诉求对象熟悉且跟产品有相似或相反特性的事物做类比，生动形象而且准确点出产品最重要之处；第三种是产品使用前后的比较，使产品效果一目了然。

例如养生堂龟鳖丸的广告文案。

> **正文：**秋冬进补正合时，吃炖品好。但生活、工作紧张，不能有太多的时间炖补品，怎么办？
>
> 龟鳖丸与原盅炖品相比，省时省力。保留了龟鳖的精华，有效成分更多，搭配更合理，吸收更容易，滋补效果更好。
>
> 养生堂龟鳖丸，随身带的原盅“炖品”。

这则广告也是采用比较方式，但它不是与竞争对手相比较，而是与消费者在日常生活中就很熟悉的、跟产品有相似特性的事物做类比，以此说明产品的优点和特色。在这则广告文案里，用养生堂龟鳖丸与大众都熟悉的炖品做比较。两者都对健康有好处，但经过比较，养生堂龟鳖丸食用方便、营养价值更高、容易吸收等优点被生动地表现出来了。对于生活忙碌、工作紧张的人来说，这些优点正是他们选择养生堂龟鳖丸的理由。

（四）说明式文体

它以说明为主要表现手段，主要对企业、商品或服务的特性、内容、功用、成因等进行详尽的说明，因此适用于包含较多受众不了解的知识的广告内容。如SONY VCD的一则报纸广告文案的正文。

> SONY全新MCE-F11影音光碟（VCD）机，可播放影音光碟2.0版本，播放之静止画面清晰度更高达740×480像素。此机拥有简易交互式操作功能，使您可以在电视屏幕目录上选择播放程序。专为教育性软件而设的重播A-B点功能，更有助于观看时进行练习。同时MCE-F11结合了金属薄膜电容、铝电解电容、碳膜电阻等型号比较高级的激光唱盘机才有的技术，在播放激光唱盘时能为您带来优质的数码音色。此外，此机更备有多种播放模式，为家庭娱乐带来更多的娱乐选择和播放方便。

第二节　感性诉求文案

一、感性诉求的概念

感性诉求策略指广告诉求定位于受众的情感动机，通过表现与企业、产品、服务相关的情绪与情感因素来传达广告信息，以此对受众的情绪与情感带来冲击，使他们产生购买产品或接受服务的欲望和行为。

感性诉求广告文案是以感性诉求策略为指导，以心理学原理为依据，运用情感与情节等因素进行诉求的广告文案。其特点是以人们的喜、怒、哀、乐等情绪和道德感、群体感、美感等情感为基础，诱发受众的感情，使消费者受情绪的影响和支配，产生购买行为。

这种类型的文案大都富于人情味，使受众从异性的喜爱、亲友的情谊、大众的赞赏、自我的满足、田园的美景、都市的情怀等角度去看待企业、商品或服务。文案中可使用各种艺术性的表现手法，烘托某种气氛或塑造某一形象，文案的情调越感人、越真切，就越能激发受众的兴趣和购买欲望。

因此，感性诉求广告文案适用于装饰品、日用品、化妆品、时髦商品以及可以给消费者带来某种积极心理体验的服务。

按心理学的分析，情绪是同生理需要相联系的体验，而情感是与心理需要相联系的体验。

普拉特契克认为人有8种基本的情绪，即认可、惧怕、惊讶、悲哀、厌恶、愤怒、期望和欢乐。由这8种基本情绪又可派生多种多样的其他情绪。文案作者要善于激活受众对产品和企业的积极的、向上的情绪，也要善于把消极的、向下的情绪消除掉。如摩托罗拉“飞越无限”形象广告文案。

> 人们说你不可能飞翔，
> 人们说只有鸟儿才能飞翔，

摩托罗拉说展翅高飞吧！
摩托罗拉手机、寻呼机、对讲机，
就是一双自由之翼。
摩托罗拉给你双翼，
双翼让你自由飞翔，
飞越无限！

这篇文案表现电信沟通给人的生活带来轻松、自由，表达了期望、欢乐和惊讶的情绪，增加了受众对摩托罗拉企业及其产品的仰慕之情。

相比之下，情感的内容比情绪更为广阔，它融合了诸如道德感、理智感和审美感等社会性的因素。所以情感诉求最为典型的方法便是表现“人情味”。

二、感性诉求文案的特点

（一）满足人们的心理需求，以情感素材为内容

感性诉求广告文案的目的，是使消费者在情感上接受或认同广告中的企业、产品和服务。它针对的是消费者的情绪和感情因素进行诉求，因此在内容上，产品的质量、数量、性能、用途、价格等客观的功能性、实用性的信息显得并不重要，重要的是从产品中挖掘最能引起共鸣的人性或人情的因素，并把它表现出来。

我们是您全家的朋友。（航空公司）
献给母亲的爱。（威力洗衣机）
它使您深情回忆起母亲的手艺。（面包）
两情相悦，不管见面或分手，都能感到时间的跳动。（依波表）

这几个广告标题没有涉及任何产品和服务的功能性信息，而是表现了由产品联想到的情感因素，以亲情、友情、爱情这些人之常情为诉求主题，去打动消费者，引起消费者的共鸣，从而建立与消费者的情感联系。如铁达时表平面广告文案也是一则感性诉求广告文案。

正文：一厢情愿
　　　爱在世界的最边缘
　　　梦难圆
　　　咫尺天涯
　　　不再回首
　　　此生隐没在无爱的忧愁
广告口号：不在乎天长地久，只在乎曾经拥有。

（二）文字表达生动、形象，富于情绪化

感性诉求广告文案讲求以情动人，它要通过文字这种抽象的符号传达情感，必须使文字变成一种生动的、情绪化的符号，这样人们才能通过阅读文字生发丰富的联想，感受文字带来的情感。刻板的表达是无法传递丰富的情感的。下面是 Dr. Martens 休闲鞋系列杂志广告文案。

其一：

标题：没有什么比这种感觉更好

正文：我单身

我收集沙子

我看弗洛伊德

我穿 Dr. Martens

广告口号：自信·固执·永不妥协。

其二：

标题：不要告诉我做什么才是对的

正文：我逛二手店

我吃棒棒糖

我看 NBA

我穿 Dr. Martens

广告口号：自信·固执·永不妥协。

其三：

标题：只有你清楚你自己想要什么

正文：我走路

我听 Underground

我喝白开水

我穿 Dr. Martens

广告口号：自信·固执·永不妥协。

这则系列广告文案是以男性青年为目标消费者的，因此它以男性青年的口吻以及极具个性的语言，描述他们的所做、所为和所想，表现他们的个性和追求，从而引起男性青年的注意和共鸣。

三、感性诉求文案的主题类型

感性诉求广告文案是以情感为内容，以满足消费者的心理需求为目的的。由于人的心理需求各有不同、多种多样，而广告是要满足大多数人而不只是一两个人的需要，所以广告只表现人们共同具有的心理需要。根据美国心理学家马斯洛的需要层次学说，人的需要有 5 类，分别是生理需要、安全需要、社交需要、尊重需要和自我实现的需要，它们是社会上正常人必然产生的心理，也是必然要求得到满足的需要。

感性诉求文案以向受众传达某种情绪或情感、唤起受众的情感认同为主要目的，它所传达的情感通常以情和爱为主题。

爱的主题包括爱情、亲情、友情。爱，是人类高层次的情感。每个人都希望朋友之间、同事之间的关系融洽或保持友谊和忠诚，希望得到爱情，每个人都希望爱别人，也渴望接受别人的爱。表现这一主题，是最能引起大众的共鸣的。

（一）爱情

在广告文案中满足人们对纯洁、真挚、永恒的爱情的渴望和向往，表现爱情带给人们的幸福、满足、思念等感受。例如，钻石饰品的广告口号“钻石恒久远，一颗永流传”，以钻石坚硬的质地和永久的保存价值，代表爱情的坚贞、永恒，从而暗示拥有了钻石就拥有了永恒的爱情。正是这一情感的诱动，使钻石成为许多有情人互相馈赠的礼品。

又如赛欧汽车广告文案，表现的是爱情给人们带来的幸福感受。每个人都希望自己的爱人能生活得舒适愉快，赛欧汽车以可以提供这样的生活给相爱的人作为切入点，更能引起相爱的人们的兴趣。

正文：如果选择一件车罩都那么用心，那么，在选择自己的爱车时，又怎会不刻意精心？躺在赛欧 SRV 宽广的怀抱里，品上一杯卡布奇诺；在双色调内部优雅的情调中沉醉，在穿越天窗的阳光里徜徉；我爱随着音响大唱那首校园老歌，她爱将座椅调到可以看星星的角度……一切，不是苛求精致，全因太爱生活！

广告口号：优质新生活，就是与心爱的人分享生活中的每一份细腻。

爱情也包括爱情的真挚、坚定、永恒，以及爱情赋予人们的幸福、快乐、忧伤等。比如可表现夫妻的恩爱、忠诚，或恋人之间忠贞不渝、朝思暮想的情感体验。

（二）亲情

表现家庭观念、家庭成员间的爱和关怀以及广泛意义上的母爱、父爱。包括家庭之爱、亲人之爱，以及由此带来的幸福、快乐、思念、牵挂等情绪。如下面这一则广告文案。

我等着你回来，
我等着你回来，
我等着你回来，
我等着你回来……
等你……听歌赏景，闲话家常；
等你……品茶欢聚，叙旧谈心；
等你……逗儿嬉戏，忘形笑容。
等你的是个家，不是一所房子。

该文案通过房子演绎出了一个家。这个家对亲人的呼唤和等待，让消费者感受到家的温馨和亲切。

（三）友情

表现朋友之间的永恒友谊和人与人之间的互相关心、相互扶持的情感。

如伊顿纸品公司的广告口号。

没有朋友之间的书信往来，是人生的憾事。

又如，7-Eleven 24 小时连锁便利店电视广告文案。广告表现一个工作到深夜的年轻职员到 7-Eleven 买东西，遇到一位中年店员。文案以两人内心独白画外音的方式传达。

年轻人：清晨 4 点，整个城市好像只有那个角落，让人觉得明亮且温暖。

店员：我记得那天冷冷的，还在下雨，他站在那里喝咖啡，心情好像很坏的样子。

年轻人：只不过喝他一杯咖啡而已，他就像老朋友一样陪我聊了好久。

店员：我只不过是问问他是不是工作不顺，他就好像好久没跟人说过话一样，一说就说个不停。

年轻人：我好像第一次跟一个陌生的人讲那么多话，也在这个角落里，第一次感觉到许多人竟然可以那么单纯、那么认真地活着。

店员：嘿，胡子刮刮吧！

店员：常来喔，别忘了这个方便的好邻居喔。

年轻人：那个早晨，觉得自己的脸那么清新，那个角落真的特别明亮、特别温暖。

（四）乡情

包括对故乡往事的怀念、对故乡景物的热爱。如柯达胶片电视广告文案。

越战恐怖的炮火声，已甩在遥远的东方丛林里：吁——

归来了，久别的故乡！

魂牵梦萦的小镇，景物依然。爸爸妈妈等在风中的小路上，喜悦的泪水闪烁在岁月折磨的眼中。玛丽奔来，金发飞舞在熏风里，樱唇绽放在暖阳下。啊！欲拥吻这碧草如茵的家园。

乡邻自四方涌来，亲情涌动着山谷……

门墙已斑驳而老屋依旧，古树下历历往事萦绕不去……

与玛丽漫步在黄昏的草原里，金发在晚霞中璀璨，樱唇在夕阳下呢喃。啊！欲拥吻这碧草如茵的家园……

（五）同情

主要是对弱者和不幸者的同情，常常用于慈善机构的广告中。如慈济慈善机构号召捐献骨髓的广告文案。

慈济和我在找一个人，
找到的机会可能只有一万分之一。
我们在替她找一个人，
她得了血癌，
现在只有骨髓移植才能救她一命。
但是合适她的、能救她的那个人，
一万个人里面可能只有一个。
救人一命，无损己身，
那个人可能就是你。
台湾地区每年有急切需要骨髓捐赠的血癌病患，
你是他们唯一生存的希望。

感性诉求式的广告文案原先常用于礼品、化妆品、服装、服饰及服务的广告，但由于市场竞争的异常激烈，许多企业纷纷拿出“以人为本”“人情味”的法宝，与竞争对手争夺人心。

于是感性诉求式的广告文案的运用范围便越来越广了。

（六）个人心理感受

包括满足感、成就感、自豪感、归属感等。如上海大众汽车桑塔纳 2000 著名的系列广告文案中的一则。

标题：并非所有的人都能赢得这样热烈的欢呼

正文：在这个世界里，这样的人并不多，他们出类拔萃，他们以自己超凡的智慧、惊天动地的创造力和脱俗的品位与个性赢得了万众热烈的欢呼和狂热的尾随。几天内，它就要出现在你的面前，如果你有足够耐心去等待，它的出现将大大出乎你的任何预期的想象。但是有一点是毋庸置疑的，那就是它和它的拥有者将赢得万众欢呼的无上荣耀。

以下一些广告标语就是以归属感唤起诉求对象的肯定和支持。

同声同气，酒逢知己。（金牌马爹利）

中国人自己的可乐——娃哈哈非常可乐。（娃哈哈非常可乐）

四十年风尘岁月，中华在我心中。（中华牙膏）

中华人，骑中华车。（中华自行车）

又如上海文汇广告公司报纸广告正文。

我们爱拉胡琴，我们说中国话，想让中国人买你的东西，当然得说中国话。

对我们来讲，胡琴比提琴更亲切，更明白，更平易近人。因为我们是中国人。

我们是中国本土的广告公司，以中国式的智慧，帮助你的产品深入人心，创意现代中国的消费文化。

南腔北调，京韵沪语，我们的知音是 12 亿中国百姓。我们都说中国话。

文案以我们都说中国话、都是中国人为传输的信念，使消费者有一种回归大家庭的感觉，感受到一份被关心照顾的情意，从而愿意接受该公司的帮助。

（七）恐惧

一些广告文案也常常使用恐惧诉求，通过描述某些使人感到不安、担心、恐惧的事件及这些事件发生的可能，或通过描述某些使人不安的事件或数据，让诉求对象受到感染而产生安全需求，从而使诉求对象对产品或服务产生关注。如美国西格纳财产和伤亡保险公司的企业广告文案。

标题：200 年来，灾害一个接一个

正文：1798 年加勒比海船只失事

1835 年纽约船坞大火

1871 年芝加哥大火

1889 年约翰斯敦水灾

1906 年旧金山地震和大火

1938 年新英格兰飓风

1947 年纳布拉斯卡龙卷风

1955 年康涅狄格水灾

1971 年洛杉矶地震
1980 年华盛顿火山爆发
1987 年艾奥瓦龙卷风
1989 年胡戈飓风
1989 年旧金山地震

天灾人祸一直是保险行业兴起的根源。灾害是生活中的严酷现实。在以往 200 年里，西格纳财产和伤亡保险公司处理了几千家公司的保险业务。保险公司的财源和专长使它们有能力支付世界上最严重的一些灾害所造成的损失，履行他们的诺言。但是即使最小的灾害对于受害的公司来说也是损害巨大的。大火、管道破裂、屋顶倒塌，我们所处理的事务比我们在一千个广告中所介绍的还要多。我们对所有参加保险的单位都是以诚相待、一视同仁的。不幸的是灾害总是伴随着我们，我们不知道下一个灾祸会降临在何处，也不知它是大是小。但是有一点是明确的，哪里有灾害，我们将会在哪里。我们赔偿它带来的后果。

文案通过以往 200 年里美国发生的灾害，说明保险公司的作用以及参加保险的意义，提醒人们积极参加保险，因为保险公司能为你承担风险，将风险降到最小。

第三节　情理结合诉求文案

一、情理结合诉求文案的特点

理性诉求策略对完整、准确地传达广告信息非常有利，但是由于注重事实的传达和道理的阐述，很少使用写作技巧，往往会使文案显得生硬、枯燥，影响受众对广告信息的兴趣。感性诉求策略贴近受众的切身感受，容易引起受众的兴趣，但是过于注重对情绪和情感的描述，往往会影响对广告信息的传达。因此，纯粹的理性诉求广告文案或纯粹的感性诉求广告文案并不是在任何时候都适用的，所以就出现了情理结合诉求广告文案。

情理结合的广告诉求策略——在实际的广告运作中，时常将两种诉求策略结合起来，即在广告诉求中，既采用理性诉求策略传达客观的信息，又使用感性诉求策略引发受众的情感，结合二者的优势，以达到最佳的说服效果。这种诉求策略，就是情理结合的广告诉求策略。

在情理结合策略指导下撰写的广告文案，就是情理结合的广告文案。如强生 baby 系列产品的感性诉求与理性诉求结合的广告案例《天生的，强生的——给您婴儿般的肌肤》。

其一：

他，是上天的恩赐，天生就有柔顺的头发、柔嫩的肌肤。留住与生俱来的完美与娇嫩，只有强生的温和呵护。（感性诉求）

强生婴儿爽身粉，经高温消毒，完全不刺激，保护宝宝天生幼嫩的肌肤，令他始终爽滑舒适。（理性诉求）

天生的，强生的。

其二：

他，是上天的恩赐，天生就有柔顺的头发、柔嫩的肌肤。留住与生俱来的完美与

娇嫩，只有强生的温和呵护。（感性诉求）

强生婴儿洗发精，含无毒配方，质地温和，让经常洗发的你，不但不伤发质，并且让你的头发能像婴儿般柔顺。（理性诉求）

天生的，强生的。

两个文案中，前一段很具感染力的语言，讲了婴儿具有柔顺的头发和柔嫩的肌肤，拥有与生俱来的完美与娇嫩，属于感性诉求；后一段讲强生婴儿爽身粉和婴儿洗发精所具有的功能，属于理性诉求。两种诉求方式的结合，形成了这个感动人心的广告文案。

二、情理结合诉求文案的内容特性

情理结合的广告文案在内容方面最突出的特性，就是理性内容和感性内容的完美结合。理性内容偏重于客观、准确、公正，较有说服力；感性内容偏重于亲切、自然、生动，在亲和力方面更为突出。二者结合能够最大限度地加强广告信息的趣味性。情理结合诉求文案具有如下几个特点。

（一）诉求信息全面

情理结合诉求广告文案既有人们进行理性分析所需要的有关企业、产品和服务的实用性、功能性的信息内容，又有能满足人们心理需求的情感内容，这就使人们在精神上和物质上都能得到满足。例如足金阳光手链的报纸广告文案。

标题：足金阳光手链

副题：足金闪耀，恰如阳光笑意

正文：我喜欢“阳光之歌”手链，因为它凝聚了大自然的灵慧优美。

我是一个不甘受束缚的人。我爱自由自在，我爱呼吸大自然的气息。

我最爱阳光下的大自然，那份生机盎然的感受，那种金光闪耀的魅力，就如我手中的足金“阳光手链”，叫我一见倾心、难以抗拒，流露盈盈笑意……

阳光里的天与地，万物纵横交错，全部镀上美丽的金色。以此为灵感的“阳光之歌”手链，运用简单的线条、清新的设计，以闪烁黄金真情演绎，表现出大自然的纯真个性，配合足金光面、磨砂面的不同处理，尽显精细工艺之余，更充分流露出阳光下大自然的独特美态。全身投入阳光里的大自然，天地间最完美的事情莫过于此。

此刻，我感到格外自在与满足……佩戴着足金“阳光之歌”手链，令我充满自信，笑容也分外灿烂。

这则广告文案给消费者的信息中，既有手链的设计及工艺方面的理性诉求内容，也有佩戴手链所带来的心理满足的感性诉求内容。

（二）表现情理并举

情理结合诉求广告文案在诉求表现上，既通过陈述、论证、比较等理性诉求的方式，把企业、产品和服务的信息尽可能清晰而详尽地传播给消费者，也通过煽情的感性诉求的方式，调动消费者的情绪，激发他们的购买欲望。例如海飞丝洗发水的电视广告文案。

在幼儿园，妈妈蹲下来亲吻自己的儿子。儿子发现母亲双肩上布满头皮屑，稚气地问母亲：为什么有那么多白点。母亲在大庭广众之下，羞于回答，不好意思地低下头。（海飞丝样品的特写）

母亲开始使用海飞丝洗发水。做着对比试验：一边头发用海飞丝，另一边头发用其他洗发水。用海飞丝那边头发光亮柔滑，没有头皮屑，而没有用海飞丝那边则还有不少白色的头皮屑。

母亲又去抱儿子。儿子瞧瞧母亲的肩膀，开心地笑了。母亲骄傲地在人群中走着……（海飞丝样品特写）

这则广告文案中，既采用了理性诉求广告文案中的比较方式，通过双重比较——使用海飞丝前后的对比和使用两种不同产品（海飞丝和另一种洗发水）的对比，突出了海飞丝产品去头屑的功能信息；又采用了母子情的感性诉求方式，将因“头皮屑”带来的“难堪”表现出来，从而赢得了消费者的认同。

（三）语言庄谐并用

情理结合诉求广告文案的语言，既有理性诉求广告文案对企业、产品、服务等实用性、功能性信息的严谨而平实的介绍，又采用感性诉求广告文案中形象生动、幽默风趣、富于情绪化的语言，让消费者感受到丰富的情感信息。请看杜老爷雪糕电视广告文案。

最新鲜的水果在果园，好吃的雪糕在 Here。Look 100％的果汁和浓浓的 Ice Cream，还有新鲜的水果在里面。哇！这是哪一国的雪糕啊！

杜老爷果园新鲜雪糕，好吃的雪糕在果园里。

这则广告文案既用了诸如“100％的果汁……还有新鲜的水果在里面”这样较为平实的语言介绍杜老爷雪糕的配料特色，又以中英文混杂使用的形式，用夸张的语气来迎合时下青少年消费者的语言特点，引起他们的情感共鸣。

三、情理结合诉求文案的写作方法

情理结合文案的写作方法大致有如下两种方式。

（一）相加

相加即在一篇文案中，既有硬性介绍的理性诉求，也有软性表达的感性诉求，两部分有相对独立性。例如姗拉娜止痘系列化妆品的报纸广告文案。

哇，小痘痘不见了！

一点点的了解
一点点的相知
一点点的依恋
一点点的钟情
是姗拉娜
让我们快乐又开心！

姗拉娜对付青春痘的四大功效

- 抑制皮脂腺过度分泌皮脂
- 疏通皮脂分泌通道，防止毛孔阻塞
- 消除青春痘，并抑制其产生
- 修复留有青春痘痕迹的受损肌肤

姗拉娜止痘系列化妆品

专业全程护理，值得信赖的理想选择

洗面露、洗面乳、痘胶膏、修复露

更青春、更靓丽、更开心

这篇文案的感性诉求与理性诉求的界线非常分明，感性诉求部分从标题至小诗结束，理性诉求部分从“四大功效”到附文结束（不包括广告口号）。

（二）相融

相融即把理性诉求和感性诉求相互交融在一起，达到“情中有理，理中有情”的境界。如丝密斯无香丝素膏杂志广告文案。

标题：纯到无香就是真

正文：相信自己的眼光，就像相信丝密斯无香丝素膏。国际先进的高纯度原料，不添加香料仍无一丝异味。纯到无香的卓越品质，真正体现纯净天然、健康安全的现代护肤新概念。珍贵丝素精华及霍霍巴油，给予肌肤内部持久滋润，保持细腻润泽；特别添加的维生素C，更令肌肤焕发健康肤色。

真的滋润美丽，是真的，我终于找到了！

这篇文案的语言是一种感性化的理性诉求语言，即感性与理性的融合体，我们很难将它们割裂开来。

情理结合的诉求方式，虽然既可“以情动人”，也可“以理服人”，但在具体的文案中，两者的作用不可等量齐观，要分清轻重主次，有的以情为主，有的以理为主，这要根据广告内容而定。如果是偏重科技感的内容，理性诉求要多一些；如果是偏重生活化的内容，则感性诉求多一些。

在文体方面，情理结合的广告文案，既显示出理性诉求文案的叙述、论证、说明的特性，又显示出感性诉求文案叙事、抒情的特性，因此在文体方面表现为叙述、论证、说明、叙事、抒情等多种手段相结合，形成一种情理交融、既具有说服力又有感染力的特殊的广告文体。

【思考与练习】

一、思考题

1. 什么是广告文案的理性诉求？
2. 理性诉求文案的内容和特性是什么？
3. 理性诉求文案有哪些文体类型？
4. 什么是广告文案的感性诉求？

5. 感性诉求文案有哪些主题类型？

6. 什么是广告文案的情理结合诉求？

7. 情理结合诉求文案的内容特征是什么？

8. 情理结合诉求文案的写作方法有哪些？

二、课堂训练

资料

江苏通灵翠钻有限公司

企业简介

江苏通灵翠钻有限公司是专门从事珠宝设计和销售的大型连锁企业，拥有自主开发、研究、设计和生产能力，是年销售额近亿元的珠宝企业。目前在江苏省范围内共有近20家连锁专卖店，已形成较大的品牌优势。江苏通灵翠钻有限公司售出的镶嵌首饰均附有国家权威机构出具的证书。

产品介绍

钻石——永恒的价值。

质地纯净、切割完美的钻石，在光照下会迸发出夺目璀璨的光彩。钻石恒久而坚硬，光芒璀璨，性格柔和温馨，印证着有情人地老天荒、此情不渝。它是权力和威望的象征、坚贞和纯洁的信物、富有和气派的体现。

蓝宝石——沉稳而高贵的色调被现代人赋予慈祥、诚实、宽容和高尚的内涵，被誉为四大宝石之一。

红宝石——世界最珍贵的宝石之一，是刚玉的一种，晶莹通透，颜色由中浅红到深红不等。“缅甸红宝石”价格最为昂贵。

翡翠——玉石之王。

翡翠自古以来受人钟爱，色泽艳丽，具有玻璃光泽、油脂光泽，致密细腻，韧性较强，价值昂贵。

贵金属——“午夜妖姬”弥香香水首饰系列。

产品定位

中高档精品首饰。

广告目标

(1) 扩大“通灵翠钻”的影响力和亲和力。

(2) 促进销售。

(3) 扩大市场，走出江苏，走向全国，成为全国知名的珠宝企业。

广告目标对象

具有一定经济基础、一定审美水平的人，适用于所有人群，特别是年轻时尚的男女。

广告形式

(1) 电视：画面清新烂漫，温柔体贴，让观看者能融入那种情境中。

(2) 平面：包括报纸、杂志、户外，画面新颖、自然、烂漫。

必要列入事项

企业及产品Logo。

资料索取

地址：南京市中山南路321号砂珠巷小区02幢现代城堡25层。

电话：025-2343999。

公司网址：www.tongling.com 。

训练要求：

(1) 为该品牌写一则感性诉求广告文案。

(2) 为该品牌写一则情理结合诉求广告文案。

第四章

广告文案的语言与修辞[①]

【本章重点】

1. 广告文案语言的特性、规范
2. 广告文案的语气与诉求主体
3. 广告语言的修辞
4. 古典诗词和对联在广告中的运用

【学习要求】

1. 掌握广告文案语言的特性、规范
2. 掌握广告文案的语气与诉求主体
3. 掌握广告语言的修辞
4. 学会运用古典诗词、对联及成语谚语创作广告文案

广告文案写作是用语言表达广告内容的写作活动，和任何文体写作一样，需要遵守语言规则和修辞手法，才能表达得更准确、更完美。本章主要介绍广告文案的语言和修辞，如广告文案语言的特点、规范、语气、诉求主体、修辞手法，以及古典诗词和对联在广告中的运用等。

第一节　广告文案语言的特性

一、广告文案的语言要求

（1）简明扼要的语言。任何啰唆冗赘的语言都是对广告时间、版面和广告投入的浪费，也是对广告受众的时间的浪费。

（2）准确的语言。广告文案的语言如果不准确，就不能很好地传达广告信息。

（3）易于理解的语言。受众并不是有意识地阅读或收听、收看广告，所以广告文案需要使用受众能在最短时间内理解的语言。

① 本章主要内容参考并引用了徐秋英的著作（徐秋英．现代广告修辞．北京：中国经济出版社，1998.）以及其他资料。

（4）便于记忆的语言。受众不会有意识地去记忆广告信息，所以广告要使受众产生深刻记忆，语言本身就应当具有便于记忆的特性。

（5）适应媒介的语言。不同的媒介传播方式不同，因此不同媒介需要不同的语言。

（6）迎合受众心理的语言。不能因为文案写作者喜欢什么样的语言，广告文案就使用什么样的语言。有效的广告文案要使用迎合受众心理需求、能够赢得受众好感的语言。

（7）符合受众语言习惯的语言。不同受众有不同的语言习惯，广告文案需要分析这些特点，准确把握受众的语言习惯。

（8）具体、生动、形象的语言。语言空泛、僵化、过于概念化，都是广告文案语言的大忌。

（9）有针对性的语言。广告语言要有的放矢，具有针对性。

二、广告文案的语言

（一）书面语言

我们经常可以接触到使用规范的书面语言却能达到非常好的诉求效果的文案。凯迪拉克汽车曾经有一则写于1915年的广告文案，80多年后，仍然被人们津津乐道。

> **标题**：出人头地的代价
>
> **正文**：在人类活动的每一个领域，得到第一的人必须长期生活在世人公正无私的裁判之中。无论是一个人还是一种产品，当它被授予先进称号之后，赶超和妒忌便会接踵而至。在艺术界、文学界、音乐界和工业界，酬劳和惩罚总是相同的。酬劳就是得到公认，而惩罚则是遭到反对和疯狂的仿效。……这一切都没有什么新鲜，如同人类的感情——嫉妒、恐惧、贪婪、野心以及赶超的欲望一样，历来就是如此，一切都徒劳无益。如果杰出人物确实有其先进之处，他终究是一个杰出者。杰出的诗人、著名的画家、优秀的作者，每个人都会遭到攻击，但每个人最终会拥有荣誉。无论反对的叫喊如何喧嚣，美好的或伟大的总会流传千古，该存在的总是存在。

书面语言常常在用以传达观念性的、非生活化的广告信息的文案中使用。它的严谨、规范和内在的严密的逻辑性，使广告文案更有说服力，同时它也对广告文案作者提出了要求。

（1）在容易和艰深之间找到最佳的平衡点，使广告文案远离难读、难懂的误区。

（2）围绕广告信息组织句子和词汇，使它们与广告信息保持一致。

（3）最大限度地接近广告受众的心理需求和语言习惯。

此外，还要遵守几个基本的要求：一是按照书面语言的语法规范遣词造句，避免出现病句和生造的词语；二是不能盲目地使用方言、外来语和生僻的词汇；三是不要过分修饰文字。

（二）口头语言

使用口语往往比使用书面语言更能自由地表达思想感情，而且口语可以非常有效地拉近你和对方的距离，就像你在请朋友吃饭时会说“我们一起吃顿饭”，而不会说“让我们共进晚餐”。有些生活化的广告信息用口语表达比用书面语表达会收到更好的诉求效果。看一看广告大师李奥·贝纳用口语写的一则非常著名的广告文案。

> **标题**：这是一个一心一意戴着帽子吃凯洛格玉蜀黍片的年轻人
>
> **正文**：这可以吗？妈妈哪儿去了？她在别的地方，她很放心地不管他。小孩子

很快活。他舀出了牛奶，再把那些金黄的玉蜀黍片用调羹盛进去。看起来他认为那些东西很好——它们发出沙沙的声音，吃起来嘴里很舒服——既脆又薄。它们风味绝佳——一种甜甜蜜蜜的味道，这使他举起羹匀。凯洛格玉蜀黍片对小孩和大人都有引起食欲的力量，它已经有50年以上的历史。

当洛克威勒替我们画这个小孩的时候，这就是他想努力捕捉的人，也许这会唤起你去查看你所储藏的凯洛格玉蜀黍片的想法。你知道它是怎样——一旦你有了一满包，你知道的下一件事，就是你把玉蜀黍片都吃光了。

这段描写像小说一样，读起来就像我们身边就有这样一个孩子，他趁妈妈不在偷吃自己喜欢的好东西。他的语言正是我们常用的，接受起来没有任何困难，这就是在广告文案中使用口语的妙处。

（三）文学语言

文学语言是我们这个世界上最美的语言，它讲求节奏、音韵、意境，注重语句的锤炼，富于美感和感染力，在广告文案中恰当地使用，可以增加文案的可读性、趣味性、美感和感染力。

广告中常见的文学语言有散文语言和韵文语言两种。散文语言常常用在文案正文中，而韵文语言则常常用在标题和广告口号中。如某家装公司广告文案《唯美篇》。

下班了，要回家了，
回到那个阳台上有盆景的地方。
落日的余晖染黄藤式的吊篮，
轻纱伴着风铃的节奏飞舞。
我要醉了，
纤维家居轻盈别致，
似乎失重，却殷殷而立，
连旋律都是透明的，
连转弯处的棱角都柔和起来。
墙上挂一幅时兴的水墨涂鸦，
寝室飘几丝入睡前的淡淡清香。
天花板泛起睡眠的颜色，
褪去白昼，褪去劳碌，
我要睡了。
太阳竟然早起，
唤醒厨房的植物，
炊具也生动起来。
中阁、转柜、低平台，
一起跳舞。
就这样，
让日子在房子里淌过，
漫不经心，美不胜收。

这篇广告文案就是一首优美的自由诗，营造了一个充满生活温情的世界。这正是凭借了文学语言的魅力。

麦氏咖啡的广告口号“滴滴香浓，意犹未尽”则是借用了诗化语言的凝练、含蓄风格和对称的结构，将人们带进了它所营造的温馨、幽雅的境界。

在广告文案中运用的文学语言，还得到了历史悠久的中国古典文学的丰厚滋养，许多诗、词、曲、骈文以及古代散文中的语言、典故经常被引用到现代的广告文案中，为广告文案增添了深厚的文化内涵，同时也更加契合了中国受众的审美情趣。

第二节　广告文案语言的规范

广告文案所借助的工具是语言符号，而语言符号运用得好坏直接关系到广告文案的表达效果。因此，研究广告文案的语言规范，对广告文案创作很有意义。

一、广告文案语言的规范

首先，从发挥广告的经济效益来看，语言规范可以确保广告文案传达准确、清晰的信息。威廉·伯恩巴克曾经说：“你写的每一件事情，在印出广告上的每一件东西、每一个字、每一个图表符号、每一个阴影，都应该有帮助你传达信息的功效。”只有迅速让消费者准确无误地理解广告信息的文案才是有效的文案。

其次，从发挥广告的社会效益看，广告语言大多凭借大众媒体进行由点到面的传播。广告语言本身也是一种语言的广告，所以一旦出现错误就会产生极为恶劣的社会影响，形成一种“语言污染”。据报道，上海某中学发生过这样一件事。语文老师在黑板上刚写出“无与伦比”这个成语，一位学生马上说：“老师，你写错了。”老师让学生上来写，学生写成“无与轮比”。老师问全班学生：到底哪一个正确，哪一个错误？居然有三分之二的学生认为“车轮”的“轮”是正确的。学生之所以犯这样的错误，是由于受某轮胎广告口号“无与轮比”的影响。可见不规范的广告语言会在社会上，特别是在中小学生中造成极坏的影响。因而，广告文案的语言规范应该被提高到纯洁祖国语言的高度来认识。

二、广告语言的要求

要使广告语言规范化，应该做到以下几点。

（一）用字正确

正确用字是广告语言规范的一项重要内容。很难设想，一个错字连篇、缺乏文字基本功的撰稿人，能写出出色的广告文案。这就要求文案撰稿人要有一丝不苟的态度，仔细核对文案，觉得拿不准的地方要勤查字典和词典。

（二）用词准确

现在有一些文案作者往往不能准确理解一个词的含义，就拾人牙慧、随意模仿，结果将词用得不伦不类。例如：

今天是除夕，灯火阑珊，春意融融。（某冰箱）

“阑珊”的意思是“将尽”“消尽”，不能用来描写除夕之夜灯火辉煌的景色。

汉语中的词语一经固定下来，就不得随意更改，也不能任意编造新词。但在广告语言中杜撰新词的现象时有发生。如：

高雅，高贵，高观，舒适极了！（某沙发展销）

这里“高雅”“高贵”都可以理解，但“高观”就难以理解了，因为它是为了与前两个词相呼应而生硬地编造出来的。

（三）慎用缩略词

在汉语中有时为了表达简洁，而把一长串的短语精简压缩，例如“中山大学”可简称为“中大”。但是这种简缩应以不影响人们对词语的理解为前提。假如商店将“人造象牙麻将”简称为“人牙麻将”，定会吓得顾客不敢购买。在广告文案中如果出现随意简缩的情况，就会导致语意传递的含糊与费解，例如：

传统酿造玫、加、高，天津出产最地道。

“玫、加、高”让人难以理解，原来是对玫瑰露酒、五加白酒和高粱酒的简缩。

第三节　广告文案的语气与诉求主体

一、用受众易于接受的语气说话

一般说来，我们对居高临下的命令式的语气比较反感，而对平等的、协商式的语气却很容易接受；对生硬的语气很难接受，对柔和的语气接受起来却很容易；反问式的语气常常会使人感到困窘，而设问的语气却使人感到自然。这是人们在进行语言文字交流时的一种共同的态度取向。

广告文案借助于各种媒介，将广告信息和写作者的态度传达给受众。文案作者可以感觉到在对谁说话，却无法了解对方接受广告后的态度，因此还要注意受众对广告语气的反应。

二、广告文案的语气

（一）陈述语气

陈述语气直接陈述事实或者直接回答问题，语调平直，但同样包含说话者的态度和感情色彩。无论是以肯定的方式表达，还是以否定的方式表达，说话者对他所陈述的事实的褒贬、爱憎都会包含在其中。多数的广告文案是用陈述语气写作的。如：

例 1：学钢琴的孩子不会变坏。（山叶钢琴）
例 2：春风轻轻吻上了您的脸。（某化妆品）

用陈述语气写作广告文案有优点也有缺点。优点是可以明确传达信息，表明信息传播主体的态度；缺点是包含浓厚的主观色彩，与信息传播对象缺乏交流，容易变成信息传播主体的自我独白。

（二）疑问语气

当我们希望将信息传达给别人时，常常使用这样的开头来引起他们的兴趣："你知道×××是怎么回事吗?"

疑问句有三种问法：询问、设问和反问。

询问——提问者不知道答案，询问对方，希望得到对方的回答。因此语气和缓，疑问的意味比较强烈。

设问——提问者已经知道答案，向对方提出疑问，一般是提问者自问自答，不需要对方回答。语气也比较和缓，疑问的意味比较弱。

反问——双方都知道答案，询问对方的目的是表达提问者的态度，不需要对方回答。语气强烈，并且含有责难对方的意味。

因为广告文案主要是向受众传达写作者已知的信息，所以询问的语气在文案中很少使用，广告文案中使用的是设问和反问的语气。

设问语气：

> 常识题：为什么先生来上课通常不会迟到?
> 答案：九广铁路，预计得到，按时抵步。（原文为粤语）

反问语气：

> 谁说我离不开你!（双面洁肤垫）

（三）祈使语气

祈使语气有命令语气、请求语气、建议语气三种。

命令语气——将对方置于被领导的地位，明确地表达自己的意愿，并且要求对方按照自己的意愿采取行动。它包含强迫意味，因此语气强烈、肯定、不容置疑。广告没有任何权力命令受众，所以命令语气在商业广告文案中很少使用，但在一些有劝诫意味的公益广告文案中可以使用。如一则宣传戒烟的公益广告的文案是"眼看手勿动，吸烟害大众"，就有命令的意味。

请求语气——将自身置于低于对方的地位，婉转地表达自己的意愿，请求对方按照自己的意愿采取行动。它并不包含强迫意味，因此语气比较委婉，在广告文案中使用较多。如诺基亚移动电话的一则广告文案的标题：

> 想知道 NOKIA 银屏字体比一般移动电话大多少？请吹一口。

这则标题在广告版面中印在一个没有吹起的气球的表面上。

建议语气——是站在对方的立场上提出善意的建议，并不强迫对方接受自己的意愿，因此语气更加委婉，在广告文案中使用最多。如戴比尔斯钻石项链的广告文案的标题。

> 拥有这一围的女人，何必要在乎其他三围。

三、广告文案的诉求主体

广告文案的诉求主体，其实就是叙事角度的问题。20 世纪 60 年代末兴起的叙事学理论，经过40多年的发展，取得了令人瞩目的成就，为文学作品的分析与评论开辟了崭新的天地。

“叙事角度”是叙事学的一个重要概念，指作者在对事件进行叙述时采取的视角、口吻或立足点。同一事物，如果从不同的角度叙述，会让受众产生不同的心理感受，这便是叙事角度的功效所在。对广告文案来说，叙事角度直接会影响到广告的效果。

有一个原则可以决定广告文案使用什么样的诉求主体，那就是广告文案的潜在诉求主体必须是对受众最有说服力的人。在广告文案中，潜在的诉求主体通常有以下几种。

（一）全知者

这种叙事角度给叙述者提供了极为自由的叙事空间，叙述者可以交代商品、企业的信息，也可以描写消费者的举止行为和心理活动。从时间上看，叙述者不但知道过去，而且知道现在，还能设想未来的情景。叙述者仿佛是一个无所不知、无所不能的“神灵”，触及生活的方方面面和人的内心深处。如台湾新格牌小家电在1999年母亲节做的广告文案《在妈妈心中，他们只是孩子》。

（画面为24位伟人的肖像）
标题：在妈妈心中，他们只是孩子
正文：翻开历史，很难找出
比他们更伟大的名人吧？
然而在妈妈心中，
他们永远是孩子。
牛顿被苹果砸到头，
马克·吐温的顽童本性，
甘地经常绝食抗议，
为了理想，他们会忘了自己。
但是妈妈不会忘记，
妈妈总是默默地
付出更多的爱心。
新格，是妈妈的好帮手！

在这里，叙述者不但知道牛顿被苹果砸到头、马克·吐温的顽童本性、甘地经常绝食抗议，而且知道产品的功用，甚至还了解这些历史人物的母亲的内心世界。这种神通广大的叙事手法就是典型的全知视角叙事。

全知视角的好处在于叙述较为自由灵活，可以不受视域的限制向消费者介绍各种情况，或纵横天下，或引述古今。但缺点在于有比较强的虚拟性和主观性，并且代入感不如消费者视角强。为克服这一局限，文案创作者在运用全知视角时，应力求以内容的亲切感来减少形式的虚拟感。

（二）广告主

许多广告文案并不引入具体的人物作为诉求主体，而以企业作为诉求主体，以企业为第一人称直接传达广告信息。如瑞泰人寿保险公司的一则广告文案。

标题：我们担保您的热情
正文：对您的家人来说，您就是他们最热情的阳光。

何不让体贴的瑞泰人寿，成为您家阳光灿烂的最佳承诺。

从这种视角做广告的好处是使消费者始终都感到话语主体（企业）的存在。这种文案传达信息直接明确，但是有浓重的推销自己的意味，容易使受众产生戒备心理，影响受众对广告信息的信任感和接受广告信息的积极性。要以平等的姿态与消费者说话，要以诚相见，这样才能赢得消费者的好感。

（三）企业成员

有些广告文案将潜在诉求主体变成企业的成员，以企业管理人员、技术人员或普通员工的身份进行诉求，同样采用第一人称。克莱斯勒公司的总裁李·艾柯卡就曾经在自己公司的电视广告中充当诉求主体，他以自己的口气面对电视受众说了很长一段话。以下就是该广告文案的一部分。

现在，如果没有克莱斯勒每个工作人员的智慧和勇气，这些都是不可能的。坦率地说，如果没有前些年的惨痛教训，它也是不可能的。但是通过逆境的考验而变得强大，是我们国家的原则，也是克莱斯勒人的原则。

这种广告文案可以利用企业成员的个人魅力，使用符合他们身份的语言，就像是在与受众进行面对面的个人交谈，更容易取得受众的信任。

（四）消费者

消费者本身就是广告受众群体中的成员，他们与受众有着相近的身份、相同的需求，因此以他们为广告文案的诉求主体，对受众也有比较强的说服力。一些文案写作者体察他们的感受，以他们的口气写作广告文案；有时在广告文案中也直接引入他们的语言，而不是采用由广告文案人员代写的语言。如下面一则蓝十字亚太保险有限公司电视广告文案。

你负责工人的福利吗？

是的，我除了计账、管理工作和刮鱼鳞外，还负责工人的福利。是的，我是靠刮鱼鳞为生的，我经营着一家鲜鱼批发行，拥有6个工人和200万条鱼，我们对健康问题是很重视的。我不打算详细介绍，我要说的一切就是：我很高兴，我们有蓝十字公司。因为他们对健康保险了解得很清楚。

这则广告画面上的人物是一家鲜鱼行的上了年纪的老板，文案中的语言就是他说的。他和其他广告受众一样，辛勤地工作，他的话简单平实，受众不会感觉到他是企业的代言人，就好像他是一个邻居或朋友，在以自己的切身体验与他们讨论保险的事情。如果他们的邻居告诉他们蓝十字是一家好的保险公司，他们怎么能不相信他的话？

还可以以消费者的口吻诉说内心的感受与渴望，以及遇到的困惑与体会到的产品的好处和利益，其语言的感情色彩较强。

（五）与受众相关的其他人物

一些广告文案中引入与受众密切相关的其他人物，如他们的亲人、朋友、同学、同事等。虽然他们没有使用产品或接受服务的直接经验，但是他们通过某种途径对企业、产品或服务有所了解，形成了自己的看法，并且正在试图尝试某种产品、服务或认同某个企业，他们往往有能力说服受众与他们共同进行尝试。如DOW公司企业形象广告文案。

亲爱的爸爸：
我刚刚从 DOW 公司面试回来，
这次面试使我觉得我好像适合我的研究工作。
我的工作是寻求新的提高食品质量的方法，
寻求帮助病人的方法。
我打算去应聘，爸爸，我一定会尽量让你满意的。
爱你的戴维

这是 DOW 化学公司的企业形象的广告文案。它的巧妙之处在于没有使用企业成员的视角，而是使用了一个前来应聘的年轻人的视角。如果你有个正在找工作的儿子，他找到了一种为人类谋福利的事业，并且准备满腔热情地投入进去，你会为他的事业高兴的。

还可以使用利益关联者视角。利益关联者是指与某一商品的消费有利益关系，但又不直接使用该商品的人或单位。例如，汽车这一商品在消费过程中，会牵涉洗车行和加油站的利益，所以洗车行和加油站就是汽车这一商品的利益关联者。以利益关联者作为叙事角度，是广告文案写作中一种颇具匠心的叙述方式，其目的在于通过利益关联者的言行来引发消费者的联动反应。

（六）对产品或服务有深入了解的专家

有些广告文案为了加强广告信息的权威性和说服力，引入某一方面的专家作为潜在诉求主体。他们以科学或试验为依据，对产品服务进行客观评价。如 PHILIPS CD 机的一则印刷广告文案。

这确是一部非同凡响的 CD 机。家用的“摩机”曾令不少名牌机种败下阵来，这次在 LHH800R 一比之下，亦显得失色。——《音响技术》主编 陈浩才

（七）企业和受众之间的第三者

有些广告文案是引入一个与企业和受众都没有关系的第三者进行诉求，使广告诉求显得客观公正。这种文案常常略去人称。如台湾智威汤逊广告公司为 IBM 公司所做的一个企业形象广告。

标题：长大我要当客户
正文：客户到底是什么？
我也不是很清楚，
不过一定是个大人物。
我爸爸说，他在 IBM 上班，
每天努力工作，就是要让客户高兴。
他还说，客户要的东西，
公司里每个人都会想办法找给他。
当客户实在很棒。
要是我长大也当客户，
说不定爸爸也会替我做事呢。

这篇文案从 IBM 公司职员的孩子的视角出发，以小学生作文的形式，叙述了“爸爸”及

IBM 公司每一个职员对客户尽心尽力、无微不至的服务。在孩子的眼中，客户简直是个大人物，所以他立志长大要当客户。表面看来，用这种角度来叙事似乎漫不经心，但由于角度新颖奇特、表现到位、富有情趣，所以能让读者迅速被感染，从而认识到 IBM 公司的高质、高效的服务。

（八）产品自身

有些广告文案对产品或服务进行拟人化处理，将产品或服务作为潜在诉求主体，通过它们之口，以第一人称传达广告信息。

如贝克啤酒广告文案。

> 我，德国贝克啤酒。600 年来，我就是这样，坚持自己的独特脾气——泡沫一定要洁白，色泽一定要清亮，口感一定要爽快。我就爱跟您这样从不随波逐流的人交朋友。酒逢知己，干杯！

读了这段文案，我们会有一种久违的亲切感，会体会到贝克啤酒的独特品味和高贵个性，并从中获得价值观的认同。这种叙述角度的好处在于：一是可以增加受众对商品特性和品质的了解；二是使商品如同获得了灵性，正在与消费者对话，使受众对商品产生亲近感。

（九）产品或服务的象征物

有些广告文案为产品或服务寻找象征物。这些象征物有时是与产品或服务有一些关系的动物，文案以它们作为潜在诉求主体，通过它们之口来传达广告信息（见图 4-1）。

图 4-1　猫用伟嘉维生素 E 奶广告

狗吃了这种食物都能上树，猫岂不要上天了。狗上树，或者是因为猫吃了 E 奶之后力大无比，把狗打得逃到树上去待着；或者是因为 E 奶太好吃了，狗鼻子嗅到了香味，馋得跳到树上去四处寻找。文案虽然做的是猫食广告，但狗和猫之间总有些共同的个性，所以用狗作为象征物来诉求。

（十）综合角度

有时候也可将以上几种角度综合起来使用。例如一则口香糖广告文案。

> 标题：少女情怀
>
> 正文：少女情怀总是诗

给我一点金黄的火焰，
让我享有一份咖啡的浓郁，
我的天地
将是如此温馨，如此甜蜜。
即使是白雪皑皑的寒冬，
对我依旧是热情洋溢的季节。
——可乐黑咖啡口香糖
最能表达你对情人的爱心。

这篇文案首先运用了消费者视角，最后两行用了广告主的视角。两种视角互为补充，既叙述了消费者的内心感受，又表达了广告主对消费者的关切之情。

四、广告文案的叙事人称

叙事人称和叙事角度是密切相关的概念，叙事角度往往会影响叙事人称的选择。例如，消费者视角和产品视角通常采用第一人称，而全知视角大多采用第三人称，广告主视角一般采用第二人称。但绝不能将叙述人称与叙述角度等同或混淆。

广告文案中叙述人称的选择直接关系到文案的表达态度，影响消费者的阅读感受与阅读兴趣。

第一人称具有较强的主人感和情景感，读者阅读时仿佛自己亲身经历和体验了叙述者所叙述的事件过程，所以是广告文案撰稿人所青睐的一种叙事人称。许多文案在广告口号中就直接使用了第一人称，如“金味营养麦片，我们的健康食品”，“公道不公道，只有我知道”（大和衡器），“我们一直在努力”（爱多 VCD）。如果将这些换成第二人称或第三人称，效果就会大打折扣。而在标题和正文中使用第一人称的案例就更多了。前面所分析的《长大我要当客户》的文案，从标题到正文都运用了第一人称的叙事方式。

第二人称能给人一种相互交流的平等感和亲切感，仿佛与消费者面对面谈话一样。如下面的例子。

例 1：嘉娜宝送你一万个细腻温柔的感觉。（嘉娜宝万次洁面巾）
例 2：太阳神时时提醒您：无病即健康。（太阳神口服液）
例 3：你卧室的电视机叫什么？（高路华卧室电视机有奖征名活动）

与第二人称单数（你、您）相比，第二人称复数（你们）的亲近感要相差许多，原因是第二人称复数将对话的一方归到一个与己不同的群体中。所以第二人称复数在广告文案中应尽量少用。

第三人称叙事给人的距离感也稍大，但它能够与全知视角结合起来，扩大了叙事空间，所以较适合于时空跨度很大的叙述。同时，为弥补其距离感稍大的不足，可在文案中多用些感性的描述和情感的抒发。如前文中所分析的台湾新格牌小家电广告文案《在妈妈心中，他们只是孩子》，其中的“他们”为第三人称复数，给人的亲近感不足，但由于文案采用感性诉求的方式，从而消除了距离感，使读者感受到文案的亲和力。

在广告文案中还有将多种人称并用的情况，最常见的是第一人称与第二人称的并用。如下面的例子。

例 1：我工作，您休息。（凯歌牌全自动洗衣机）

例 2：我坚守我的承诺，也相信您的选择。（鳗鲡精）

第一人称和第二人称并用，其本质还是交流型叙事，但可以在“我”这方面加进体验型叙事的内容。此外，还可将三种人称一起使用。如：

华珍生秀发，潇洒你我他。（华珍饮品）

这里的“你我他”泛指消费者。

第四节　广告语言的内在同一美

修辞的任务，是要把话说得更好听、更动人、更优美。广告语言应该是美的，只有美才能引人注意、引起人们的兴趣、给人们带来心理上的欢悦、达到推销目的。为此，越来越多的修辞手法被用到广告文案中，增强广告语言的艺术性，满足消费者对广告的审美需要。为取得内在同一美的表达效果，应注意如下几点。

一、同一美的必然性

“必然”就是合情合理。如：

用我们的爱心，托起明天的太阳。（希望工程）

文案用“明天的太阳”比喻失学儿童。这些儿童经希望工程的救助，重新受到教育，在未来的生活中像太阳一样发出光和热。“明天的太阳”和“失学儿童”有内在同一性，“同一”体现在都可以发出光和热。这是一种必然的关联。而缺少必然关联的广告文案是不成功的，如：

其实，酒如人生，一样需要有人与它相携相知，一起跌倒再爬起。济公酒伴侣，酒的好伴侣，帮你驱散乌云，尽显人生之美好。人生得意时，若有美酒相伴，必会带来成功的自信……

在此，把“酒”比作“人生”，令人费解，因为酒和人生没有可比的共性。文中所说“相携相知”“跌倒再爬起”适用于人，而不适于酒。把酒和人生相联系是不合理的，人们不易接受。之后的“济公酒伴侣，酒的好伴侣”，同样也是不合理的联系。到底谁伴谁？是酒伴酒，还是酒伴人？看来应是酒伴人，此处改为“人的好伴侣”，才合乎道理，也才谈得上美。

二、同一美的自然性

用语言文字反映事物的内在同一关系，应自然而然，不应牵强附会，才会产生美感。如：

北京啤酒，值得你信任的朋友。（北京啤酒）

把北京啤酒说成是“值得信任的朋友”，反映了这种啤酒和消费者之间的关系。由于“值得信任”，人们喜欢喝它，甚至离不开它，自然就成了“朋友”，很自然地显示了事物之间的内在同一关系。

但是，有些广告语言生拉硬扯，很难体现美，也就谈不上修辞效果。如国外一家保险公司的人寿保险广告。

> 我们深知你爱他，但是如果他不幸逝世，我们会给你两辆“宾士”和一幢度假别墅。

这则广告所配画面是正在嬉闹的一家人。广告意图是推销人寿保险，但语言并不美。投保人若要得此重金，必须是她所爱的人“不幸逝世”。事实可能是这样，但这种表达很糟糕。

三、同一美的巧妙性

修辞是对语言的运用，它本身具有巧妙的内涵。运用修辞手法反映事物的内在同一性，要反映得巧妙，才会给人美感。请看北京广告公司的一则广告。

> 闻到酒香吗？若无开坛人，岂能醉三家？您的企业、您的产品就像一坛好酒，您需要让人知晓这坛酒的内在质量，不管它的包装如何华丽，不管所标年代如何久远，人们要了解的是里面产品的质量。广告将是您的开坛启封人，让酒香袭人，满巷飘溢，让琼液佳酿斟于人们的杯中。

这则广告妙在把企业产品比作“一坛好酒”，把广告比作“开坛启封人”。好酒封在坛中，无人启封，难以醉人；企业的产品再好，无人宣传，难以推销。广告宣传企业的产品，最终“让琼液佳酿斟于人们的杯中”，达到推销目的，反映了企业与广告同酒与开坛启封人的内在同一关系。语言精美，自然巧妙。

四、广告中的比喻

比喻就是通常说的打比方，是根据两个不同事物具有的相似之处，用其中一个事物来说明另一个事物。它是广告文案中运用较多的一种辞格。两个性质不同的事物有相似之点，才能构成比喻。常见的比喻有明喻、暗喻、借喻。

明喻有本体、喻体，也有比喻词。常用的比喻词有“像”“好像”“如”“比”“若”“如同”“好似”“恰似”“仿佛”“犹如”等，有时后面出现“似的”“一般”“一样”等词语与之呼应。

> 例 1：纯净得像经过蒸馏一般。（太阳石油公司）
> 例 2：思贤若渴。（贵州汉方制药有限公司）
> 例 3：轻柔得犹如羽毛。（某手套公司）

暗喻字面上不说是在打比方，而是当作确有其事来实现。本体、喻体都出现，比喻词用“是”“变为”“变成”等，有的不用比喻词。

> 例 1：电话就是你的高速公路。（贝尔电话公司）
> 例 2：这是一小片温馨的阳光。（贺卡）
> 例 3：我们将黑夜变成白昼。（富尔顿灯具公司）

以上三例中，比喻词有“是”“变成”。

借喻本体和比喻词都不出现，直接用喻体代替本体，把被比的事物当作打比方的事物来说。

例 1：滴水汇大海，垒土积高山。（某银行）（储蓄就像……）

例 2：荡去您人生路上的绊脚石。（荡石片）（结石就像人生路上的绊脚石）

例 3：花园的守护神。（某杀鼠剂）（杀鼠剂就像……）

这几例中，产品名称在广告口号中并不出现，直接用比喻物代替了产品。

五、广告中的比拟、仿拟

比拟是把甲事物当作乙事物来写的修辞格。具体说，就是把物当作人，把人当作物，或把此物当作彼物来写。广告文案使用较多的是物拟人。这类比拟是把物直接当人来写，使之具有人的思想感情、语言动作，也就是平时说的人格化方法。如：

例 1：我们的新鲜面包，现在附有“出生日期”。（新加坡某面包品牌）

例 2：从法国诞生，自问世以来，周游世界各地：欧洲啦，非洲啦，拉丁美洲啦……我“敌杀死”能为中国做贡献，我“敌杀死”将给您带来丰收和富裕。（法国农药）

广告极少使用人拟物的比拟，即赋予人以物的特征，因为广告要推销的主要是物，即使推销人的劳务，也很少将之比拟为物。

仿拟是根据表达需要，模仿现有的格式，临时造出一个新的词语或句子。如：

书山有路读为径，学海无涯报作舟。（《中华读书报》）

这是对“书山有路勤为径，学海无涯苦作舟”的仿拟，前后各改一个字，仍保持对仗格式。又如：

此时无霜胜有霜。（日本某电冰箱）

这是仿拟古诗，即对白居易《琵琶行》中“此时无声胜有声”诗句的仿拟，把“声”改为“霜”，虽一字之改，却赋予了新义，说明这种电冰箱比有霜的冰箱更好。仿拟后的句子，与原句形式一样，但语义却大不同。再如：

问讯酒仙何所有，太白捧出高炉酒。（高炉酒）

这是仿拟伟大领袖毛主席《蝶恋花·答李淑一》词中的两句：“问讯吴刚何所有，吴刚捧出桂花酒。”不仅点明酒的名称，并且用“酒仙”“太白”等词，增添了广告的诗情画意。

例 1：对“痘”下药。（台湾某治青春痘药汤）

例 2：金城所至，金石为开。（金城摩托车）

这是仿拟谚语或成语。例 1 是对成语“对症下药”的仿拟，极为贴切，也不失风趣。例 2 是对谚语“精诚所至，金石为开”的仿拟。将“精诚”巧妙地换成摩托车牌名“金城”。

例 1：妹妹找哥泪花流，见了“丽都”不用愁。（北京丽都啤酒厂）

例 2：高楼万丈水泥起。（河北唐县水泥厂）

例 3：一旦拥有，别无所忧。（深圳市美冠实业有限公司）

例 1 是对电影《小花》插曲歌词“妹妹找哥泪花流，不见哥哥心忧愁。望穿双眼盼亲人，花开花落几春秋”的仿拟；例 2 是对陕北民歌《咱们的领袖毛泽东》歌词“高楼万丈平地起，盘龙卧虎高山顶。边区的太阳红又红，咱们的领袖毛泽东呀毛泽东……”的仿拟；例 3 是对飞亚达表广告口号“一旦拥有，别无所求”的仿拟。这几例都是仿拟现代名句，更换了个别词语，使全句另有新意。

六、广告中的借代、引用

借代，不直接说出原来的人或事物的名称，而借用与之相关的人或事物的名称替代它，借彼代此。如：

在世界的每一处地方都有“希尔顿”在恭候着你。（希尔顿饭店集团）

不直接说“希尔顿饭店”，而用“希尔顿”来代替，这就是借代辞格。

借代只出现借体，不出现本体，但借体与本体关系密切，二者之间具有内在同一关系。

广告中用得最多的一种借代是用品牌名称代替商品名称。舍去商品名称，直接用品牌名称代替商品名称。

例 1：食华丰，路路通。（华丰方便面）

例 2：品全兴，万事兴。（成都全兴酒厂）

例 3：“金胆”治胆，还我舒坦。（金胆片）

例 4：京师在手，病不入口。（京师牌消毒湿纸巾）

例 5：西安金花，盛开不败，服务为本，笑迎客来。（西安金花自行车公司）

例 1 是用“华丰”代指华丰牌方便面。例 2 用“全兴”代指成都全兴酒厂生产的酒。例 3 的“金胆”代指治疗胆病的金胆药片。例 4 用“京师”代指京师牌消毒湿纸巾。例 5 用“金花”代指金花牌自行车。

还有一种是用事物某种特征代指事物本体。如：

不要让交通事故成为扼杀美丽的凶手。

这是一则电视广告的广告口号。画面是一个漂亮女孩横穿马路，行走于各种车辆之间，随时有车祸的危险。在此以“美丽”代指“漂亮的姑娘”，而“美丽”是她的外在特征。

例 1：早餐桌上奇妙的红色。（某食品公司草莓酱）

例 2：绿，来自您的手。（植树造林）

例 1 中“红色”是草莓酱的特征；例 2 中“绿”是树林的特征，代替植树造林。广告所宣传的商品各有独特之处，用它的特征代指商品，比直接点明商品名称，更会引人注意。

用效果代商品名称，也是借代常用的手法。

例 1：我们只出售舒服。（某皮鞋品牌）

例 2：装着“光明”的仓库。（某眼库）

例 1 的“舒服”是穿鞋后得到的效果，用它来代替鞋。例 2 是眼库贮存的角膜会给人带来光明，用以代替眼睛。

引用是在自己的话语中插入别人的话来提高表达效果的一种修辞格。

这是一种传统修辞手法，在议论文、记叙文中经常运用，广告文案中有时也要使用。

“蓝色的海浪，洁白的沙滨，参差雅淡的别庄，别庄内的美人，美人的幽梦。”

这是著名作家郁达夫先生当年离别日本时的几句白描。美丽、恬静、充满浪漫温情。如今，这令人梦萦魂牵的境界就在蛇口工业八路——八岛花园。（蛇口八岛花园）

这则广告引用了郁达夫的一段白描，引用目的是说明那“美丽、恬静，充满浪漫温情”的景象在蛇口八岛花园再现，令人神往。

广告中的引用主要有明引和暗引。

明引交代引用的出处。如下面这一广告文案。

莎士比亚说：“不要向别人借婚礼服，也不要借给别人婚礼服，只有穿自己的婚礼服，生活才会美满幸福。”（长春市新潮服装厂婚纱分厂）

这里引用莎士比亚关于婚礼服的一段话，作者明白交代了出自莎翁之口。引文内容与广告主题相吻合，不借婚礼服，自然要买婚礼服，这正是广告的目的。

暗引不说明出处，甚至还可对引文作适当加工，让引文同作者的话融为一体。如下面的例子。

例 1：天有不测风云，人有旦夕祸福，“保险”是个好办法。（某保险公司）

例 2：独在异乡为异客，每阅报纸倍思亲。（香港《大公报》美洲版）

例 3：千里之行，始于足下。（某运动鞋）

例 4：我们的职员及导游均能操华语及广东语，真挚的解释，友善的服务，令你倍感亲切……因为我们明白：“有朋自远方来，不亦乐乎！”（泰国大鹏旅游公司）

例 1 引的是俗语，例 2 引的是王维的诗，例 3 引的是老子之语，例 4 引的是孔子的话。这些引用都没有写明出处，但大多是人们熟知的，都能起到增强表达效果的作用。

第五节　广告语言的和谐整齐美

一、和谐整齐与美

和谐是美学的一个基本原则。广告文案的语言运用同样要注意协调，体现和谐整齐美。

中国古代美学把美同和谐一致、整齐均衡联系起来思考。从“和”之中寻找美，是中国古代美学的重要思想，即对立面要“相成”“相济”，配合适中，达到和谐整齐才是美。这种美要以真、善为内涵。形式和内容是统一的，和谐就包括了形式与内容的统一。

形式上的和谐有种种表现，如整齐、对比、秩序、调和、均衡等。

（一）句式的和谐整齐

语言的和谐整齐，是指词语或句式相对时，结构基本一致，或在一致中略有参差变化，用以构成和谐整齐美。

端容止，贵有自知之明；

正衣冠，妙在旁观者清。

这则玻璃镜广告句式排列整齐，“端”和“正”（动词）、“容止”（容貌举止）和“衣冠”（名词）、“贵”和“妙”（形容词）、“有自知之明”和“在旁观者清”（句子）都是对称的，字义和词形构成基本一致，体现了和谐整齐美。

还有一种情况，是在整齐中有变化，即句子的参差变化。

宝宝舒心，妈妈安心，未来更有信心。（海王海婴宝）

这则广告前两句平衡对称，末句有变化，但变化中又有一致性。“信心”同“安心”“舒心”是一致的，三句话连读，和谐流畅。这是整齐中有变化，不单调呆板，也是一种和谐美。

（二）词语的和谐整齐

这是指词性相同或相近，词语排列整齐有序。

例 1：浓厚的文化意识，强烈的时代气息。
丰富的百科知识，大量的图书信息。（《博览群书》）

例 2：再现真与美，感受美与真。（三洋电器）

例 3：安静、干净、清净。（声宝清净型空调机）

这三例广告都是以词语表述，没有用语句表述，都不是完整的句子，这正是广告语言的独特之处。因此，对如何运用词语以体现和谐美，是需要精心安排的。

例 1 由四个并列的偏正词组构成，四个修饰成分“浓厚的”“强烈的”“丰富的”“大量的”平衡对称，中心词“文化意识”“时代气息”“百科知识”“图书信息”整齐一致，读起来节奏鲜明，朗朗上口。

例 2 的“再现”与“感受”均为动词，后面的承接对象“真与美”同“美与真”只是顺序的颠倒，不仅保持了结构形式的和谐，也便于强化读者记忆。

例 3 只用三个词说明了产品特点。由于每个词只有两个字，“静”“净”同音，因此，从词形到读音都给人整齐的感觉，也是一种和谐美。

使广告语言达到和谐整齐的手法很多，如押韵、叠字、双声等语音方面的手法。本章将重点介绍对偶、对照、排比、顶真、回环几种修辞格。

二、广告中的对偶

（一）广告中的对偶

对偶是将语法结构基本相同或相似、音节数目完全相等的句子或短语连接在一起，表达相似、相关或相对、相反的意思的一种修辞格。在广告文案中，对偶多用在标题和广告标语中。如：

年年岁岁花相似，岁岁年年衣不同（哈尔滨地下精品中心）

这是个对偶形式的广告标题。前后句结构相同，“年年岁岁”与“岁岁年年”相对，都是名词；“花”与“衣”相对，也是名词；“相似”与“不同”都是形容词。两句音节数目完全相等，都是七个音节，音韵也是协调的，前句“平平仄仄平平仄”，后句“仄仄平平平仄平”，对仗基本工整。①

古人写文章讲究对仗，要求很严，尤其是格律诗，必须严对。对仗必须同时满足两个条件：一是意义或词性相似，语法结构相同，名词对名词，动词对动词；二是声调相反，平对仄，仄对平。

现代人写文章作诗，也经常用对偶，但要求不像古人那样严。尤其是广告口号写作，主要为推销商品，过分拘泥于对仗工整，不一定对表达创意有利。因此，广告文案在语法结构上要求做到基本相同；在声调上则并不一定要字字平仄相对，只是音节数目相等、平仄大致协调即可。

现代广告中，对偶的类型一般有正对、反对、串对。

1. 正对

正对是指上下两联运用对称的事物，相互补充、相得益彰。

例 1：广招天下之贤士，通揽中华之英才。（招聘广告）

例 2：储蓄有利，利国利己利社会；
存款方便，便你便他便人民。（储蓄广告）

例 3：生命在这里闪光，智慧在这里飞跃。（全国首届科技人才技术交流会）

以上三例都属于对偶中的正对。每则的上下联运用的是对称的事物，下联是对上联的补充，使中心更为鲜明突出。尽管上下联的用词、词义是类似的，但没有下联对上联的补充和映衬，整个广告的表现力就不会那么强了。

2. 反对

反对是指上下两联运用相反的即相对的事物，形成强烈对比。

例 1：寄去思念几分，收到欢乐无限。（贺卡广告）

例 2：银屋为您留住春天的温馨，
银屋为您挡住夏日的酷暑。（银屋电器）

例 3：穿我一件衣，献你十分情。（上海第一百货）

以上三例皆属于对偶中的反对。每则的上下联运用的是相反的事物。例 1 寄去的是思念，收到的是欢乐，从正反两方面说明贺卡的作用。例 2“留住春天的温馨”与“挡住夏日的酷暑”正好相反，用对偶将二者联系起来，形成鲜明对照，表明银屋电器带给消费者的方便。例 3 中“一件衣”和“十分情”也是反对，尤其是以“一”同“十”相对，更见对消费者的款款深情。

3. 串对

串对是指上下两联在内容上不是并列的，而是顺承下来，前后两句是因果关系或假设关系。

例 1：魔高一尺，道高一丈。（袖珍便携式验钞机）

例 2：胸怀一团火，送暖到千家。（煤炭）

例 3：欲知世上丝纶美，且看庭前锦绣鲜。（丝绸）

---

① 在现代汉语中，“平”为阴平（一声）、阳平（二声），“仄”为上声（三声）、去声（四声）。

例1中上联是条件，下联是结果，如果“魔高一尺”，就要“道高一丈”，如果有假钞，就会有验钞机。例2中上联是原因，下联是结果，因为“胸怀一团火”，所以能够“送暖到千家”。例3中上下联是条件关系，如果想知“丝纶美”，那么就去看“锦绣鲜”。

广告文案中的对偶，在正文中也可以同其他句式混用。

例1：今日借君一粒谷，明日还君一斗粮。
竭诚与股东携手共创美好未来。（广东某电子股份有限公司）

例2：昨日的梦幻，今日的现实，我们为整个世界制造气候。（某空调公司）

这两例广告文案在正文中运用了对偶。两则均用反对，分别用“今日”与“明日”、“昨日”与“今日”做对比，来突出广告的主题。

（二）对偶在广告中的作用

对偶在广告中有如下几种功能。

第一，形式上，使广告口号整齐美观。由于对偶修辞格要求句子或词组结构相同或相似，字数相等，所以能形成整齐的外观形式。词或句排列整齐，这对于讲究外观美的广告口号尤为重要。如：

集千家之资解一家之难；
积丰年之盈补歉年之亏。（某保险公司）

该例语句结构相似，字数相等，两两对称。动词对动词，名词对名词，虚词对虚词，整齐均衡，给人以形式上的美感，容易引起人的注意。

第二，内容上，使广告口号表达确切完整。不论正对、反对还是串对，上下联互相映衬、互相补充，使广告内容更为丰富，便于读者理解广告主题。如电影《孝子贤孙伺候着》的报纸广告文案。

赵丽蓉魏宗万宝刀不老，加盟空前大闹剧；
陈佩斯丁嘉莉后生可畏，共促空前大爆棚。

这是一则正对对偶的广告口号。老演员“宝刀不老”，年轻演员“后生可畏”，由于他们的“加盟”和“共促”，使这部电影将成为“空前”的“大闹剧”和“大爆棚”。上下联互相补充，突出了演员阵容及上映效果。而且上下联均用了观众熟悉的演员名字，更增加了人们阅读的兴趣。

第三，音节上，使广告口号和谐悦耳、便于朗读。广告中的对偶句，形成抑扬顿挫的音乐美，读之上口、听之悦耳。尤其是广播电视中的广告更注重朗读的节奏和声调，而对偶句正可以发挥这方面的作用。如：

国事家事天下事，事事关心；
书声歌声曲艺声，声声入耳。（凯歌电视机）

这则广告是仿明代顾宪成“风声雨声读书声，声声入耳；国事家事天下事，事事关心”而成，平仄基本对称，后半部分平仄完全对称。“天下事，事事关心”是“平仄仄，仄仄平平”，“曲艺声，声声入耳”是“仄仄平，平平仄仄”，协调一致，读来朗朗上口。

下面几则广告同样采用了对偶手法。

例 1：一片深情，国际友好织彩带；
　　十分诚意，民间往来架玉桥。（某航空公司）

例 2：霖雨春多，哪怕乌云盖顶，
　　长途夏热，何愁烈日当头。（雨伞）

例 3：人穿时装精神爽；室着彩漆面貌新。（装饰公司）

例 4：积珍珠装成宝树，聚美玉摆出银花。（珠宝首饰）

例 5：面似银蛇盘中舞，馍如玉兔笼中蹲。（面食馆）

三、广告中的对照、排比

（一）广告中的对照

对照——把两个对立的事物或一个事物的两个对立方面进行比较的一种修辞格。

1. 功能对照

例 1：使梳子上的头发更少，使您头上的头发更多。（生发水）

例 2：虽有将军的气魄，却无将军的嗓门。（将军牌空调）

例 3：大饭店照样记得住所有的小事情。（纽约大饭店）

例 1 通过头发的“多”和“少”对照，说明生发水的功效；例 2 通过将军牌空调的“有”和“无”的对照，说明这种空调的性能；例 3 通过一“大”一“小”的对照，说明该饭店服务周到，即使饭店规模大，但服务细致入微，不放过任何小事情。

2. 质量对照

例 1：顾客，请检验我们的小磨芝麻油。芝麻油里若掺猪油，加热就发白；掺棉油，加热就会溢锅；掺菜籽油，颜色发清；掺冬瓜汤、米汤，颜色发浑，半小时后有沉淀。纯小磨芝麻油呈红铜色，清澈，香气扑鼻。（河北邯郸一油坊）

例 2：正牌药品能治病，伪劣药品会伤命，请您认准“神箭”商标健胃肠片。（长沙第二制药厂）

以上两则广告都表现商品质量的对照，即同类商品的不同质量有不同性状和效果。例 1 将纯小磨香油同掺假香油在颜色、性质、气味等方面做对照，有说服力；例 2 是将正牌药和伪劣药从使用效果上进行对照，一个“能治病”，一个“会伤命”，提醒消费者“认准”正牌药商标。

3. 价格对照

例 1：百万的资金，毫厘的利润。（廉价商品）

例 2：质量不断提高，价格一动不动。（轴承公司）

例 3：天下第一厚皮。皮张之厚，无以复加；利润之薄，无以复减。（旧上海鹤鸣鞋帽商店）

例 1 中资金以“百万”计，利润却以“毫厘”计，对比鲜明；例 2 是以“质量”和“价格”对照，一方面是“不断提高”，一方面是“一动不动”；例 3 是质量和利润对照，制作皮鞋的皮张之厚“无以复加”，说明质量可靠，而“利润之薄”却“无以复减”，说明价格低廉。

4. 时间对照

过去我甚至没有10分钟的时间吸一支烟，而今天，我所有的工作只需弹指一挥间。(方正集团公司)

该文案用“过去”和“今天”工作时间长短作对照，“过去”紧张不堪，“今天”悠闲自在，说明电脑的工作效率，“所有的工作只需弹指一挥间”，极有诱惑力。

5. 内外对照

例1：美容是外表，暂时的；健美是内在，长期的。(健美训练班)

例2：窗外地冻天寒，窗内春意盎然。(全美取暖公司)

例3：日有小松，国有黄工。(黄河工程机械厂)

例1是将人体的“外表”与“内在”相对照，意在说明健美训练班带给人的是内在美，可长期保持，而美容之美仅是“外表”，且是暂时的。例2是室内外温度相对照，一个是“天寒地冻”，一个是“春意盎然”，室内同室外这种温度的差别，是使用取暖器的结果。例3是国内外相对照，日本有小松机械厂，中国有黄河工程机械厂。

6. 安危对照

有些广告通过安全和危险两种情况的对照，劝说人们用某种产品或接受某种服务。如：

骑车请戴安全帽，流汗总比流血好。(摩托车安全帽)

用“流汗”和“流血”相对照，实则是安全与危险的对照。戴安全帽保安全，应是骑摩托车者的首选。“流汗”与“流血”相比，当然前者比后者好。

对照这一修辞格在广告中经常运用，有利于更好地显示商品的功效与品质，使广告主题更鲜明、集中。这种对照，比空洞的说教有力得多。

(二) 广告中的排比

排比——是用三个以上结构相似、意义相关、字数大体相当的词组或句子排在一起，表达一个完整意思的修辞格。如北京地安门百货商场艺宝阁的黄金饰品广告，连用四个小标题：

再显赤诚，再现真情，再度从优，再放异彩。

这四个小标题结构相似，都是动宾短语；字数也相等，语义相关。它们集中表明该商场对顾客的真诚奉献，这就构成了排比修辞格。

按结构划分广告中的排比，有句式排比和词语排比。

1. 句式排比

几个结构相似的句子排在一起。如台湾某鸟园以《让我们看鸟去》为题的广告，开头就用三个排比句。

雨停了，云一朵一朵的；
风来了，花香一阵阵的；
草绿了，露珠儿一颗颗的。
嗨！你的眼睛亮了吗？
一只飞鸿，一声鸟语，
连呼吸的声音都在悄悄说：春天来了。
来吧，让你的视觉鲜活起来。

前三句的句式结构基本相同，都是复句；字数大体一样，意义相关。这个排比是由句子构成的，三个句子均围绕春的景象进行描绘。若改成如下句子将更好。

雨停了，云彩一朵朵的；
风来了，花香一阵阵的；
草绿了，露珠一颗颗的。

2. 词语排比

是由词语构成的排比。

例 1：热心、真心、诚心、爱心奉献给您。（上海某时装公司）
例 2：崭新的内容、加倍的趣味、乘数的效果。（《十万个为什么》卡通影带）

例 1 的“热心、真心、诚心、爱心”四词构成排比，做句子主语。例 2 直接由三个偏正词组构成排比。这种排比形式在广告中用得较多，在其他文体中并不多见。因为，广告口号可以是词组，不一定是完整的句子，而其他文体中则一般要求是完整的句子。

广告文案运用排比有利于增强语言节奏感，读之易上口；同时也有利于增强语势，使内容更具说服力。

四、广告中的顶真、回环

（一）顶真

顶真是指用前一句的结尾做下一句的开头，上传下接、首尾蝉联的修辞格。如：

购物是享受，享受到燕莎。（燕莎商城）

“首尾蝉联”的特点是邻近句子的首尾词语必须相同，前后榫接，连环套用。上例前句末的词语是“享受”，后句开头词语也是“享受”，上句启下，下句承上，上传下接。

广告中的顶真作用是其他修辞格不可替代的，它使广告文案结构严密、语势紧凑、语气连贯，利于突出商品特点、强化消费者记忆、表现事物之间的均衡联系、形成和谐整齐美。如：

饮水思源，源于自然。（某矿泉水）

由于前句末尾一个词是“源”，下一句开头一个词也是“源”，使“源”字鲜明醒目。而此字正是揭示商品特征的关键，意在说明这种矿泉水“源在自然”，把“思源”同“自然”相联系。而现代人对来自自然的食品是格外青睐的。又如：

神州重贤才，贤才匡神州。（招聘广告）

这则广告通过顶真将“贤才”和“神州”联系起来，突出了“贤才”的作用，强化了招聘人才的主题。

顶真按结构类型划分，有词语顶真、句子顶真、段落顶真。广告中的顶真多用词语顶真。

顶真按承接关系划分，有顺承关系、因果关系、递进关系。这几种类型在广告文案中都经常被运用。如：

例 1：社会需要人才，人才需要培养。（招聘专业教师广告）

例 2：凡事求稳，稳中取胜。（稳压器）

例 1 属于因果关系，因为“社会需要人才”，所以“需要培养”人才，招聘专业教师正是为社会培养人才。例 2 属递进关系，做事不仅“求稳”，还要稳中“取胜”，这正是稳压器的品格。

（二）回环

回环是用前一句的结尾部分作为后一句的开头部分，又反过来用前一句开头部分作为后一句结尾部分的修辞格。通过词序回环往复，表现两种事物之间的相互关系。广告文案中的回环修辞格如下。

痛则不通，通则不痛。（圆田追风透骨丸）

前句结尾“通”是后句开头词语，前句开头词语“痛”又反过来成为后句结尾词语，以此表现“痛”和“通”的关系。“痛”说明是“不通”，只要“通”就不“痛”了。

回环修辞格有以下两个特点。

第一，在形式上，要回环往复，上句末尾做下句开头，下句末尾是上句开头。回环的各项是从甲到乙又从乙到甲的来回穿梭关系。

第二，在内容上，回环要表明两事物的相互依存或相互排斥的辩证关系。上例“痛”和“通”是相互排斥关系，二者不可同时存在。又如：

安全中的高速，高速中的安全。（丰田汽车公司）

“安全”和“高速”是相互依存关系：没有“安全”，“高速”会带来危害；没有“高速”，适应不了现代化需要。二者应相辅相成，互相依赖和制约。该例回环形式，表明了这种依存、制约关系。

回环有严式、宽式两种。广告中对这两种回环形式都常运用。

例 1：长城电扇，电扇长城。（长城电扇）

例 2：保鲜为保险，保险要保鲜；保鲜觅“海鲸”，“海鲸”最保险。（上海人民仪表厂海鲸牌真空充气包装机）

例 1 是个严式回环，在形式上严格遵循回环往复特点，颠倒上句首尾变下句，颠倒下句首尾即是上句，中间未加其他成分，表明了“长城”和“电扇”的关系，长城牌电扇组成了“电扇的长城”。例 2 的前两句是个严式回环，在形式上是严格的回环往复，道出了“保鲜”和“保险”的相互依存关系，要使食物“保险”，就要“保鲜”。后两句是顶真修辞格，与前两句回环修辞格配合，突出了商品品牌名称，使“保鲜”“保险”具体化了。

广告中用得更多的是宽式回环，即形式上不甚严格，前后句首尾颠倒中可以增添一些其他成分。

例 1：宁愿让您后悔没喝，绝不让您喝了后悔。（达园饮料）

例 2：让世界了解中国，让中国了解世界。（《中国日报》）

以上二例中，各句中均穿插了其他词语，但主干仍是回环形式。例 1 中实际应该是“后悔没喝，喝了后悔”，在回环中加进了“宁愿让您”“绝不让您”。例 2 在回环中加了“让”字，强调了中国与世界的关系。

回环修辞格在广告中有以下几方面作用。

1. 有利于加深消费者对商品名称、性能、特点的理解

由于在形式上有回环往复特点，在内容上表明了事物之间的内在联系，这就有利于突出广告主题，加深消费者对商品的理解。如双汇火腿肠的广告。

让双汇走向世界，让世界拥有双汇。

运用回环修辞格，把“双汇”和“世界”相联系，说明“双汇”已打入国际市场。

2. 有利于抒发感情，感染消费者

回环的特殊结构形式，便于叙事抒情、加强语势、增强表达效果。如上海南洋商城的广告。

到南洋喜洋洋，喜洋洋到南洋。

回环创造出轻松愉快的气氛，给人喜气洋洋之感，便于吸引消费者。

3. 有利于增加语言表达情趣

回环的循环往复，不仅形式上有和谐美，而且能够为广告语言增添情趣，使其耐人寻味。如某农肥药的广告文案。

施了农药便是施了肥料，施了肥料也是施了农药。

由于这种农肥药兼有农药和肥料功能，在此用回环修辞格，通过语言循环往复，将“药”与“肥”的关系揭示得一清二楚。人们读这则广告，获得了信息，也感到有趣。

第六节　广告语言的非对称美

非对称美——突出重点，突出所强调的某个方面。合理巧妙地突出重点，即可构成非对称美，有利于恰当完美地表达创意，取得较好的表达效果。

广告语言中的非对称美，常见的是同一语言形式反复出现，使要强调的重点得到突出。如：

驰名商标——企业成功的标志；
驰名商标——联结消费者的重要桥梁；
驰名商标——国家经济实力的体现；
驰名商标——走向国际市场的通行证。（中国驰名商标评选委员会）

上则广告中的“驰名商标”反复出现四次，强化了人们的记忆，使这一重点得到突出。四次反复，揭示了“驰名商标”四个方面的意义，使人们对它有一完整认识。假如此则广告只有一个“驰名商标”，后面紧跟四项意义的说明，全文重点将会明显削弱，人们记忆的重点就会从前面转到后面，影响对广告主题的理解。又如：

这是最方便的食物——买时方便，煮时方便，吃时更方便。（麦片）

这则广告在“方便”上大做文章，让“方便”一词前后反复四次，强调麦片作为方便食物，买、煮、吃都方便。把着眼点放在“方便”上，这对于追求高效率、快节奏生活的人们，有很大吸引力。广告口号不长，却让“方便”一词连续出现，加大其分量，呈现出非对称

性美。

在造句和谋篇方面，采用层层递进的方法，强调、突出某一点，构成非对称形式。如：

让普通的读书人爱看《中华读书报》，
让爱看书的人更爱看《中华读书报》，
是全体中华读书报人新的一年的追求！

这是《中华读书报》的文字广告。第二句和第一句比，意思进了一层，进层的目的在于强调《中华读书报》不仅让普通读书人爱看，而且让爱读书的人更爱看。这则广告从整体看，是进层的结构形式，侧重于前两句的内容，重点很鲜明，也体现出一种非对称性美。

非对称美的表现形式多种多样，广告中常用的有反复、递进、设问、反问及数字运用等。

一、广告中的反复、递进

（一）反复

反复是同一词语或句子重复使用，以突出某个意思或强调某种感情的修辞格。如：

金华火腿，辉煌八百秋。
金华火腿，风韵独超群。
金华火腿，名牌今胜昔。
金华火腿，谢君常相知。（金华火腿）

该例中把“金华火腿”重复了四次，突出了火腿名称，给人深刻印象。

反复是广告文案中运用较多的手法。常用的有连续反复、间隔反复。

第一，连续反复是连续使用意思相同的词语或句子，中间没有其他词语相隔开。如：

白猫洗洁精，灵！灵！灵！（白猫洗洁精）

产品性能特点是“灵”，广告连续使用三个“灵”字加以突出，中间没有加其他词语。

第二，间隔反复是重复使用意思相同的词语或句子，中间被其他词语隔开。如：

世界销量第一，口味当然第一。（某饮料）

两个“第一”是重复的，但不是连续使用，中间被“口味当然”隔开，使“第一”的范围更加明确和突出。

反复在广告中主要用于如下几方面。

1. 品牌反复

例 1：营多营多，吃了再说。（营多方便面）
例 2：“海燕”飞翔在神州大地！
“海燕”给家庭带来欢乐！
“海燕”荣膺国家第四届电视机质量评比一等奖！（海燕电视机）

以上两则广告均使商品名称反复。例 1 是连续反复，例 2 是间隔反复，它们都强化了人们的记忆。而让消费者记住商品名称，是实现购买行为的第一步。

2. 性能反复

世界一目了然，时代一目了然，感动性大画面，强迫力重低音！(大屏幕电视机)

两个“一目了然”，是对大屏幕电视机性能的重复，使人们了解“大屏幕”的作用，以便激发购买欲望。

3. 评价反复

阿迪达斯从来不自比第一，但是其他厂牌总是说阿迪达斯就是第一。(阿迪达斯运动鞋)

这里所重复的“第一”都是对阿迪达斯运动鞋的评价。前面的“第一”说自己“不自比”，表明厂家谦虚；后一个“第一”是说其他厂牌对阿迪达斯的评价，表明其质量是得到公认的。

4. 诱导反复

饮南宝，全新享受；饮南宝，眼光独到。(南宝饮料)

此例广告诱导消费者“饮南宝”，将诱导词重复两次，意在说明消费者的选择应注重两方面：一是“全新享受”，即求新；一是“眼光独到”，即求异。这对现代消费者无疑会有吸引力，因为它可以满足求新求异心理，而这种心理被激发，也正是反复诱导的结果。

5. 数量反复

早晨一杯，神清气爽；午后一杯，补身充饥；临睡一杯，安神酣畅。(康福麦乳精)

这是按时间顺序，让“一杯”反复出现。强化这一数量概念，意在说明这种麦乳精早、午、晚各饮一杯，可收到气爽、补身、安神的效果。

反复在广告中有以下几个方面的作用。

(1) 突出诉求点。

反复出现重点词语，加强诉求点在消费者心目中的印象，激发其购买动机。如：

美的风扇，美的享受，要买电风扇，请认准美的牌。

这则美的牌电风扇广告三次重复“美的”品牌，直接突出了诉求点。

(2) 加强语气。

反复的特殊形式，有利于语气的加强，是巩固记忆的常用手法。如威力洗衣机广告：

威力，威力，够威够力。

商品名称的反复，使全句语气加强，给人深刻印象。

(3) 加强节奏。

反复的词句，形成鲜明的节奏，读起来便于上口，也便于记忆，具有较强的表达效果。如某计算机的广告：

你一台，我一台，人手一台，这是电子计算机的时代！

反复三次的“一台”，使前三句有节奏感，加之“台”“代”押韵，整个广告好读好记。

(二) 递进

递进又叫“层递”，是把三个或三个以上内容具有逻辑关系的事物按一定顺序说出，来表达事物性状的大小、长短、高低、轻重、深浅等递升或递降的修辞格。

例 1：在你的家里，在你的办公室里，在世界的任何地方，只要你拥有春兰牌空调机，春天将永远陪伴着你。（春兰空调）

例 2：从爷爷到爸爸到孙子的营养，本公司都为您想到。（某某乳品）

例 1 是递进中的递升，从“家里”到“办公室”再到“世界的任何地方”，由近而远，在距离上层层递增，用以说明不论在任何地方，春兰空调都会带给人们冷暖适宜的温度。例 2 是递进中的递降，从“爷爷”到“爸爸”再到“孙子”，辈分上层层降低，年龄上层层递减，而“某某乳品”不论对哪个年龄段的人，都具有营养价值。

广告中的递进，有如下几种类型。

1. 时间上的递进

享受两小时，印象三十春，传颂四百载，风流五千年。（某酒）

这里的“两小时-三十春-四百载-五千年”，是从时间上层层深入，逐次加载，来说明酒的醇香、酒的文化具有悠久历史，叫人难忘。

2. 数量上的递进

阁下驾驶汽车，时速不超过 30 公里，可以欣赏到美丽景色；超过 60 公里，请到法庭做客；超过 80 公里，请光顾设备最新的医院；上了 100 公里，祝您安息吧！（马来西亚柔佛市交通广告）

上例中的驾车时速由“不超过 30 公里”到“超过 60 公里”，再到“超过 80 公里”，最后是“上了 100 公里”，层层递增。随着时速的增加，驾驶的危险也在增加，直到永远“安息”。

3. 程度上的递进

干一杯啤酒，增一份友谊，添一份力量，多一份成功。（啤酒）

这则啤酒广告着眼于程度上的递进。干一杯啤酒，得到的是友谊，还有力量，还有成功。啤酒的作用层层增加。

递进在广告文案中的作用有如下几个方面。

（1）语言表述更有层次性，增强了表现力。

广告文案一般都不会很长，尤其是广告标题，以简短为要，但其中也存在层次性问题。递进修辞格的有顺序表述，能展现客观事物逐步发展的关系，便于消费者对广告内容的理解，在层次的递进中突出广告的诉求点。如国外某啤酒公司的广告文案。

端着杯子，捧着盒子，开着车子——来购买××啤酒吧！

这则广告形象而有层次地描述了人们争先恐后购买某啤酒的情景，从“端杯”到“捧盒”，再到“开车”，表明购买规模由小到大，突出了某啤酒畅销的特点。

（2）使感情步步强烈，增强感染力。

广告注重情感效应，递进是增强情感效应的手法之一。前例由“干一杯啤酒”，而增友谊、添力量、多成功，运用递进形式，将“干杯”的意义层层推进，便于打动人心。因为“友谊”“力量”“成功”对有事业心的人是有吸引力的，由此而增加推销对象的好感。

广告运用递进要注意的是，只有三个或三个以上有逻辑联系的事物按一定顺序排在一起，才构成递进修辞格。没有这种联系的事物，就不能排在一起。如国外某牌拖拉机的广告文案。

最低的价格，无论是每一码，每一公里，或者每一小时。

作者试图运用递进来增强表现力。“一码”“一公里”都是长度单位，而“一小时”是时间单位，这就不是递进了。

二、广告中的设问、反问

（一）设问

设问是无疑而问，或自问自答，或问而不答。一般问句是有疑而问，并要求回答。作为一种修辞手段，设问有特殊的修辞效果。

例 1：您曾经仔细思考过自己的前途吗？让大时代房屋和您一起规划未来，使您成为一个行家、赢家。（台湾大时代房屋）

例 2：怎么每个人的嘴都在动？（奥蒙德口香糖公司）

例 1 是自问自答，自己本无疑问，却为应聘者设计了一个问题，同时为对方做出了回答。例 2 是问而不答，答案自在其中，这种设问尤其适合广告标题。人们看了广告标题的问题后，从广告主的文案中找到答案。每个人的嘴为什么动？原来在嚼口香糖。受众能知道答案，是因为这是口香糖公司的广告。

广告中的设问有如下几种形式。

1. 针对商品性能设问

例 1：人寿能与树寿比吗？调理好就能。（杭州第三制药厂青春宝）

例 2：怕睡过时间吗？请用钻石牌闹钟叫您。（钻石牌闹钟）

例 3：夏令护肤，谁来关心？上海维尔雅，无微不至的关怀。（维尔雅夏令护肤系列）

以上三例都是为突出诉求对象的性能特点而设问的。例 1 突出了人寿和树寿相比的问题，人要长寿，就要注重生理调理，而青春宝正是帮助调理的好药；例 2 突出了“怕睡过时”的问题，钻石牌闹钟的功能就是按时叫人起来；例 3 突出了“夏令护肤”的问题，维尔雅夏令护肤系列将为消费者解决这一问题。

2. 针对消费者心理设问

例 1：节食减肥，何必剥夺人生最大享受。那么如何能够不节食而又减肥呢？（猴王减肥晶）

例 2：你是哪一种类型的妇女？请在安德瑞公司产品中找到你自己的形象。（安德瑞公司人造睫毛）

例 3：快！快！本周位于市中心的××珠宝店含泪大甩卖，所有商品九折出售，部分商品七折减价，个别商品半价处理，千万不要错过机会。错过机会怎么办？错过机会只能得到免费停车的优惠。（美国某珠宝首饰店）

例 1 针对减肥者的普遍矛盾心理发问。又要享口福，又要减肥，猴王减肥晶使二者兼得，解决了进食与减肥的矛盾。例 2 是对一组照片的说明。照片上均为使用该公司生产的人造睫毛的妇女，有“浪漫型”“知识型”“典雅型”等。针对现代妇女希望在生活中找到角色位置、自塑形象的心理，广告提出的问题极有吸引力。例 3 中的设问，符合人们购物求廉心理，促使人们产生“机不可失”的紧迫感，而“错过机会”，只能得到“免费停车的优惠”了。

3. 针对消费时尚设问

挽起靓丽的“灰姑娘”，是挟？是挎？您自己选择。（灰姑娘琥珀系列手袋）

使用漂亮的手袋，是现代年轻女性的时尚。这个广告巧妙地以借代手法先亮出商品名称，再用设问句提醒人们去选择这种消费时尚。

4. 针对消费趋势设问

为什么成功的企业都运用 SP 媒体？大形象，老远就看得见！以前只采用四大媒体，难免有些……当四大媒体到达不了时，请抬头看看户外。（台湾广告公司）

SP 媒体是路牌广告的英文缩写，它被称为报纸、杂志、广播、电视四大媒体之外的第五媒体。上则广告以设问开头向消费者推销 SP 媒体，是因为人们越来越重视路牌这种户外广告。广告体现一种消费趋势，也是一种消费趋势诱导。

广告中的设问，不论是自问自答，还是问而不答，都是为了发人深省，引人注意。国外有家名为海德的滑雪具公司的广告文案是这样的：

是谁使滑雪成为一项最受欢迎的运动？当然是“海德”。

广告先提出“是谁”的问题，使人们的注意力集中到“谁”上。继而回答了“谁”，就是“海德”。这比直接陈述有力得多。

设问要设计巧妙，问到点子上，有利于突出诉求点。如：

维吾尔女子的眉毛为什么那么美？是因为有了——奥斯曼。（新疆奥斯曼高级系列眉笔）

这个设问就问得巧，突出了“眉毛美”这个诉求点，也就抓住了重点，给人深刻印象。

（二）反问

反问又叫激问或反诘，一般是只问不答，答案就是问句的反面，即用疑问句的形式表示确定的意思。

例 1：相见恨晚，谁说名牌不便宜？（清华大学科技开发总公司）

例 2：现在是什么时候了，还用火柴?! 事实上，还有许多家庭在使用已经生了锈的燃气炉。当你年迈的父亲或者心爱的儿女，战战兢兢地用火柴点燃炉具的时候，你可想到：换一个更好的燃气炉？（华帝燃具）

例 1 是用否定的话“谁说名牌不便宜”，表示肯定的答案——“名牌便宜”。例 2 是用肯定的话“还用火柴”，表示否定的答案——“不该用火柴”。

广告中反问的作用有以下几点。

第一，有利于抒发强烈的感情，增强感染力。反问句在形式上是疑问的，却是无疑而问，在问中抒发强烈感情，去感染消费者。如：

登山要登长白山，看水要看天池水；
纵使人生二百年，如此机缘能几回？（长白山旅游）

这首广告诗的末句是反问，其确定的含义是，人生短暂，登长白山，看天池水，对个人来说，机会难得。对祖国大好河山无限热爱之情，溢于字里行间，催促人们抓住机缘登山看水，颇令人动心。又如：

莫愁前路无知己，天下谁人不识君？(《中国物资报》)

这则广告引用了唐代诗人高适《别董大》中的两句诗。后一句是反问，意为天下人谁都知道你、敬慕你。借此诗句，抒发了广交知己的愿望，巧妙地表达了广告创意。

第二，有利于加强语气，强化消费者记忆。如：

文通领先，何止一步？(清华文通信息技术公司)

这则广告是说该公司的信息技术在同行业中领先，并且不止领先一步。运用反问，加强了语势，语气更为有力。又如：

你一定能像里根那样幸运，在高龄的时候也得到一份理想的工作吗？那么为了晚年，希望你还是从30岁到40岁就开始参加我们的人寿储蓄计划吧。(某人寿储蓄公司)

这则广告妙在先用一个反问句，揭示了这样的事实：普通美国人在高龄时不可能如前总统里根那样幸运，有份理想的工作。这就为下句动员参加人寿储蓄做了铺垫，并且强化了语势，给人留下深刻印象。

第三，有利于引人注意，发人深思。如：

种瓜何止得瓜？万宝情暖万家！(万宝电器)

这个广告开头运用“种瓜得瓜”俗语打比喻，而且以一个反问变成“种瓜不只得瓜”，巧妙风趣，耐人寻味。正如种瓜不只得瓜一样，购买万宝电器也不只得到电器，更得到万宝人对消费者的一片真情。

三、广告中的夸张

（一）夸张

夸张指的是为了鲜明地突出某事物的某一特征，运用丰富的想象，对其进行有意识的“言过其实”的扩大或缩小。

在广告中运用夸张的手法，借助想象，对商品的特征、品质、功能等进行有意的夸大和强调，可以给受众留下强烈、深刻的印象，进而使其很快地认识并接受该商品。如麦当劳在推出新产品麦辣鸡翅时做了一则这样的电视广告：一对情侣来到麦当劳用餐，男朋友去排队买食品，女朋友坐着等候。当女朋友看到男朋友买来的食品当中有她喜爱的麦辣鸡翅时，竟然一反淑女的斯文形象，拿起麦辣鸡翅就狼吞虎咽地大口吃起来。广告画面用特写镜头突出了女孩贪吃的脸，而她的男朋友则在一旁看得目瞪口呆。这个广告就是采用夸张的手法说明麦辣鸡翅确实是太美味了，以至矜持的少女面对它时都顾不得维护自己的形象。该广告一经推出，就收到了良好的效果。

（二）夸张的种类

广告文案中的夸张可以分为如下三类。

1. 扩大的夸张

扩大的夸张即把商品的特性或诉求的东西有意识地往大、多、长、远、强等处说。如：

如果说姑娘的脸就像一张天然画布，那抹上一点美加净爱萝莉，呀！就会诞生一幅世界名画。（化妆品）

将姑娘的脸夸大为一张漂亮的世界名画，其实是说明了美加净产品效果非常之好。

例 1：不要对刚刚从我们这里出来的姑娘使眼色，她很可能是你的奶奶。（美容院）

例 2：我们的新产品极易吸引异性，因此随瓶奉送自卫教材一份。（香水）

2. 缩小的夸张

缩小的夸张即把商品的特性或诉求的东西有意识地往小、少、短、近、弱等处说。如：

非洲到南极一步之遥。（格力空调）

非洲和南极的距离何其遥远，但格力空调一开，立即使人感觉好像从炎热的非洲来到了凉爽的南极，形象地说明了格力空调的制冷效果很好。

例 1：一分钟买到所需，一小时看到世界。（北京赛特购物中心）

例 2：您给我一天，我给您一个精彩世界。（深圳世界之窗）

3. 超前的夸张

超前的夸张即把在时间上应该后出现的事物放在先出现的事物前面，或者放到事情发生之前。如：

哈德将明天引入今天。（哈德金属制品公司）

明天不可能出现在今天的前面。“将明天引入今天”实际上是说哈德公司技术领先，能够超前地把未来的技术运用到今天的生产中来。又如：

有一个消息，连未出生的孩子听了，也会拍手鼓掌。（婴儿护理品）

（三）注意事项

广告文案以真实为原则和前提，夸张只是一种修辞手法。夸张与夸大不同，广告文案中反对夸大，夸大是改变事实，甚至歪曲事实。由于夸张是一种有意的扩大或缩小，这种手法使用不当，也很容易造成虚假、欺骗广告。在广告中使用夸张修辞，特别应注意以下几点。

1. 要以事实为根据，切忌浮夸、乱夸、说假话

在客观实际基础上的夸张，会产生一种艺术效果，而在虚假基础上的夸大，则会让受众产生反感。目前有很多广告都喜欢不顾事实地乱吹，如某药品“包治百病”，某化妆品使人“青春永驻”，有些产品吹嘘什么“一擦就灵”“一粒就好”等，已经完全不是夸张。这些广告无疑是哗众取宠，也是违反《中华人民共和国广告法》的。

2. 夸张要有度，过度了则不是夸张，而是欺骗

比较下面的两个护肤品的广告文案——“今年二十，明年十八”“使用过两次，年轻二十岁”。很显然，前一广告文案用夸张的修辞手法很好地突出了产品美容的功能，而后一广告文案夸过了度，无法让人相信并接受。

3. 夸张要有创新，不要落入俗套

如美国布德维塞啤酒的广告文案——“整个美国都浸在布德维塞啤酒中”。布德维塞啤酒把美国这个国家都淹没了，显然不是事实，但它用夸张的语气说明了布德维塞啤酒在美国的销

售量之大。

4. 不要说绝对的话

夸张广告写作应该符合产品的实际情况，不可随意拔高，在用词造句上应当委婉，不可咄咄逼人。有些夸张广告把话说得很绝对，使用了最高级形容词。如：最高的、最好的、最佳的、首次、第一、之王、尽善尽美、一流、巨人、大师、完善、应有尽有、首创、全人类、全世界、唯一、先驱、所有、一切、无法超越、永远，等等。

例 1：港式火锅，唯我独有！（火锅城）

例 2：竭诚追求，完美一流！（商场）

例 3：亚洲第一时装展，尽得姿采与潮流！（时装博览会）

例 4：牌子最老，质量最佳。（百年老店）

例 5：无效包退，唯一专利！（专卖店）

四、广告中的双关

（一）双关

双关指的是在特定的语言环境中，借助语音或语义的联系，使语句同时关涉两种事物，一种是表面的，一种是暗含的。这种言在此而意在彼的修辞方式就是双关。

在广告文案中运用双关修辞，可以使语言含蓄、幽默、委婉，给人以妙不可言的感觉。如美的集团的广告口号“原来生活可以更美的”，既突出了企业的品牌“美的”，又强调了“美的生活”理念。一语双关，非常巧妙。

（二）双关的种类

广告文案中的双关可以分为如下两类。

1. 语音双关

语音双关即利用音同或音近的条件，使一个词具有两种不同的意义。

例 1：健康新钙（概）念。（龙牡壮骨冲剂）

例 2：聪明的妈妈会用锌（心）。（三精牌葡萄糖酸锌口服液）

例 3：丰（风）华正茂。（丰华牌圆珠笔）

例 4：衣衣（依依）不舍华南牌。（华南牌缝纫机）

2. 语义双关

语义双关指利用词语的多义性特点，使之在特定的语言环境下，既可指此，也可指彼，取得一石二鸟的效果。如：

开车打手机，天堂说话就到。（交通公益广告）

汉语很妙，妙在可以一语双关。然而，广告口号有时也成了广告人玩弄辞藻的“实验田”，要么滥用成语，要么牵强附会。总之，真正能让人记住的精彩广告口号不多。公益广告《天堂说话就到》则精巧地运用了汉语的一语双关，以它来警示司机开车勿打手机，既易于传播，又准确到位。广告口号中的“说话”一词具有两层含义。首先它是一种时间概念，“我说话就来”，“他说话就走”，指的就是时间特别短暂。因此，这则广告点道“天堂说话就到”，谁都知道是怎么回事。此外，“说话”在此处还另有所指，指的是那些专爱开车时打手机“说话”的人。故“说话”二字用在这里，真可谓一语双关的点睛之笔。再如：

一切归功于“爱迪生”。（爱迪生电器公司）

将灯的亮光与人的前途结合起来，糅为一体，从而赋予灯具的使用者以美好的前景，这就是这则广告口号的绝妙之处。再如：

波音有一千张面孔。（波音公司）

面孔既是指波音飞机的种类很多，各种各样，也指波音飞机上的乘客来自五洲四海，有各不相同的面孔。又如：

例 1：读《时代》能理解时代。（《时代》杂志）
例 2：有了《世界手册》，世界就是你的。（《世界手册》）
例 3：会让您像阳光一般明媚。（阳光衬衫）
例 4：让每个家庭拥有平安。（中国平安保险）
例 5：开开衬衫，领袖风采。（开开衬衫）
例 6：一切尽在掌握。（爱立信手机）
例 7：为您服务的是世界一流的发明家。（爱迪生电器公司）
例 8：与您的皮肤相亲相爱。（情人牌香皂）
例 9：每一件美人牌内衣里都有一个真正的美人。（美人内衣）
例 10：依照箭头指的方向，您就会走在最前边。（箭牌衬衫）
例 11：你的每一步都与我们息息相关。（制鞋公司）
例 12：有身价的人吃有身价的面包。（高档面包）
例 13：是它拯救了我们国家的脸。（化妆品）

（三）注意事项

双关修辞在广告文案中能够含而不露地收到一箭双雕的效果，一方面幽默、生动，饶有风趣，另一方面含蓄、曲折，令人回味无穷，让广告受众在“悟”出双关之意时产生心理愉悦，从而对广告文案传递的信息心存好感，留下深刻的记忆。但在广告文案中运用双关要注意以下几点。

（1）要处理好表里两层意义的关系。一般来说，双关的表层意义是次要的，里层意义才是主要的。因而广告文案在使用双关修辞的时候，应该让表层意义（多为企业、商品的名称）明显、突出，使观众一看就懂，而里层含义虽然隐晦，但经过揣摩，也能明白。

例 1：光明，将永远陪伴着您。（光明灯具）
例 2：在不锈钢的上面，您能触摸到“共和国”前进的脉搏。（共和国钢制品）

此外，双关的表里两层意义应有一定的内在联系，否则便失去了双关的作用。

（2）不可滥用双关。有的企业、商品的名称意义深刻，如光明、美的等；或者某产品正好具有某种特征可以一语双关，如“一嗑就开心”（某瓜子），瓜子嗑开了皮才能吃，吃了能让人高兴。以上这些情况可以使用双关修辞。然而，如果在广告文案的撰写中，为了修辞而使用修辞，为了双关而牵强附会，只会适得其反。

（3）运用双关既要含蓄深刻，又不能晦涩难懂；既要生动活泼，又不能低级庸俗；既要表意明确，又不能让人产生歧义。使用双关应该照顾到广告受众即目标消费者的认知水平、欣赏水平和感悟能力。

第七节　古典诗词和对联在广告中的运用

一、古典诗词的活用

古典诗词是我国文学宝库中的璀璨明珠。战国以来，“楚之骚，汉之赋，六代之骈语，唐之诗，宋之词，元之曲，皆所谓一代之文学”。唐诗宋词无论在思想上还是艺术上都取得了巨大的成就，千百年来，它们以其丰富深厚的思想内容、绚丽多彩的艺术风格、清新隽永的诗情画意给人以美的享受，潜移默化地影响着一代又一代的中华儿女。在广告界就有不少广告人，利用大众所熟悉的中国古典诗词的妙诗佳句来构思广告创意和广告文案。

古典诗词广告主要是模拟古代的五律、七律、五绝、七绝格律诗。如台湾远东百货公司礼品中心的广告，当属五绝。

久旱逢甘霖，他乡遇故知。
洞房花烛夜，金榜题名时。

再如：

每逢佳节倍思亲！（某月饼）

唐代诗人王维写有《九月九日忆山东兄弟》：“独在异乡为异客，每逢佳节倍思亲。遥知兄弟登高处，遍插茱萸少一人。”“每逢佳节倍思亲”后来一直成为怀念亲人的千古名句，商家在销售中秋月饼时，运用这句诗来招揽顾客，的确很能打动人心。

路漫漫，同求索！（某饮料）

这句广告口号巧用了屈原的名诗“路漫漫其修远兮，吾将上下而求索”，以表达商家对优质饮料产品的追求。

在广告文案中，古典诗词的活用形式有下面四种。

1. 直接引用古典诗词

就是在古典诗词中寻找合适的佳句，直接转用为广告文案。

千山鸟飞绝，万径人踪灭。（环保公益广告）

这是一句人人熟悉的古诗，可能在一些人看来，其中更多的是意境、是抒怀，但在这里，作者以其与众不同的眼光看得更远更深。这不仅仅是一句古诗，也许更是一句可怕的预言。环境污染与大量生物的灭绝，人类肆无忌惮的捕杀，将造成严重后果。在“千山鸟飞绝”来临的时刻，“万径人踪灭”的噩梦也将离人类不远。

例 1：举杯邀明月，对影成三人。（酒）
例 2：会当凌绝顶。（三星电脑显示器）
例 3：海内存知己，天涯若比邻。（电信）
例 4：一石激起千层浪。（钻石）

2. 改动古典诗词

所改的字和词往往都是较关键的，而且也是广告文案中的句“眼”。这些改动了的字、词，也成了广告诉求的焦点。改动可以采取以下两种形式。

其一是用谐音的方式。如：

例 1：恨不相逢未驾（嫁）时。（台湾自动变速车）

例 2：安得广厦千万间，大批（庇）天下寒士俱欢颜。（房地产公司）

其二是用改字的方式。如：

例 1：此音（曲）只应天上有，人间哪得几回闻。（宝石花牌收录机）

例 2：年年岁岁雪（花）相似，岁岁年年豹（人）不同。（雪豹牌皮装）

例 3：众里寻她千百度，蓦然回首，那人却在洗发（灯火阑珊）处。（奥妮 100 年润发）

3. 嵌入产品或企业名称

例 1：风景这边独好，荣峰为您效劳。（荣峰公司）

例 2：飞流下千尺，银河落九天——黄果树大瀑布！（旅行社）

例 3：人生得意须尽欢，当使金樽邀星月。（星月歌舞厅）

例 4：借问酒家何处好，东湖乐园酒家优。（东湖乐园酒家）

例 5：清明时节雨纷纷，万物生霉欲断魂。借问妙方何处有？专家齐提防霉灵。（防霉灵）

4. 藏头诗

致君美味传千里，
和我天机养本心。
酱配龙蹂调芍药，
园开鸡跖锤芙蓉。（致和酱园）

过去不少老北京人爱吃王致和的臭豆腐，店主王致和特请前清状元孙元鼎写了这首诗挂在门口。这四句每句的头一个字相连构成了店名“致和酱园”，臭豆腐生意由此变得更加兴旺。

有的是仿古藏头诗。如青岛啤酒的广告诗。

青翠纷披景物芳，
岛环万顷海天长。
啤花泉水成佳酿，
酒自清清味自芳。

四句第一字分别是“青”“岛”“啤”“酒”，点明商品名称，读之韵味浓厚，情趣盎然，有利于加深消费者印象。

二、对联的活用

（一）对联广告概念

对联广告就是用对联的形式制作广告的写作体式。

广告性对联一般是店联，这一方面是因为做生意者大体都要开店，另一方面也是因为对联一般都贴在门两侧。这是我国商业界所特有的一种广告形式，它历史悠久，集文学、书法、商业广告于一身。一副立意巧妙、对仗工整又能显示经营特色的店堂对联，不仅可以增加店堂的知名度，显示老板文明经商的气质，还可招揽顾客，让顾客产生信赖感和满足感。倘若对联出自名家手笔，就更能使店堂生辉。

对联广告最大的特点是具有对称的形式美。两个并列的句子，字数相等，语法结构相似，讲求对仗；对仗则要求用词贴切，声调相间，平仄合拍，语音音韵铿锵，富于音乐性和节奏感；上下联围绕一个主题，虚实互见。对联对广告内容或直接介绍或议论，或褒或贬，无一不可。

对联文字极为短少，短则每联四字，长则不过几十字。行业对联还需要用本行业的专用术语来表达，以显示本行业的特点，达到广告宣传之目的。

如某饭馆挂出的对联是：

铲飞勺舞，啖宾荤素皆美味；
送往迎来，对客饥饱总关心。

又如某旅店前挂出的对联是：

清洁舒适，浴洗方便，请君未晚先投宿；
服务周到，报时准确，无须鸡鸣早看天。

上述广告不但对仗工整，用语活泼，而且还具有浓厚的行业气息，起到一般广告所不具备的效果。

对联广告雅俗共赏，且源远流长。早在一千多年前，店铺、酒家就喜爱在门前悬挂广告对联来招揽顾客，并给自己的生意带来可观的经济效益。如明朝年间，杭州西湖边有一家父女开的酒馆，因经营不善，生意萧条。一年春天，著名书法家祝枝山路过此处，知其原因后为其写下一副对联：

东不管西不管，我管酒管；
兴也罢衰也罢，请罢喝罢。

这副对联轰动了远近城乡，每天观赏者络绎不绝。从此以后，酒店的生意便逐渐兴隆起来。

即使是在商品经济发达的今天，对联广告这种形式仍然被不少商家所喜爱，如：

为名忙，为利忙，忙里偷闲，且喝一杯茶去；
劳心苦，劳力苦，苦中作乐，再倒二两酒来。（酒店）

这副对联，除语言艺术上有一定的水平外，在内容上还站在顾客的角度说话，传达了顾客的心声，让顾客看着舒服、听着愉快，自然有好的诉求效果。

唯大上海有此明星，唯冠生园有此月饼。（冠生园）

冼冠生 1915 年创办了冠生园食品店。1934 年，他在上海大世界举办了一次盛况空前的"月饼展览会"，特邀电影明星胡蝶为开幕式剪彩，并请胡蝶在特制的宝塔形大月饼旁拍了一张照片，同时题上"唯大上海有此明星，唯冠生园有此月饼"，开了我国演员明星做广告的先河。1935 年，冼冠生又在上海举办了一次"水上赏月"活动。中秋之夜，冠生园包租了游览船，在上海各报刊登广告称：“凡市民购进冠生园月饼10盒，即赠水上赏月券一张。”顿时，月饼销量猛增。1936年的“陆上赏月”如法炮制，使冠生园当年的月饼销量达10万余盒。

又如广州一家名为翠园的酒家的对联广告：

翠阁我迎宾，数不尽，甘脆香醇，色香清雅；
园庭花胜锦，饮一杯，富强康乐，山海腾欢。

该酒家开张之初，为了扩大知名度，运用征集对联的形式刊登广告。他们在《羊城晚报》上刊出上联“翠阁我迎宾，数不尽，甘脆香醇，色香清雅”，并声称以三景酒作为入选下联的奖赏。此举引起了很好的社会反响，在半个月中，收到了3 200多位关注酒店发展的顾客的征联。后来在所有下联中经过遴选，有关人员评选出了最佳下联：“园庭花胜锦，饮一杯，富强康乐，山海腾欢”。

再如北京金三元酒家的对联广告：

一诺千金，百味佳肴情万缕；
三元独秀，八珍美馔冠群芳。
金榜有谁，三餐爽口扒猪脸；
元魁属我，四季康身补脑羹。（金三元酒家）

金三元酒家董事长沈青发明了扒猪脸专利熟食品，为了扩大其知名度，1998年7月，该店在全国发起了征联活动。出句联的上联为“一诺千金，百味佳肴情万缕”，要求下联嵌入“三元”两字。自撰联则要求嵌入“金三元”或“扒猪脸”字样。两个月中，酒家收到海内外寄来的应征对联一万多副。经中国楹联学会专家的评定，评出出句联一等奖6副，自撰联一等奖3副。总计获奖作品54副，入围作品700副。其中，就有上述两副佳作。这些获奖对联，实际是酒家最好的广告标语。它用传统文化的形式，把酒家的名称、特色菜肴和服务质量传播开来，从而吸引了八方食客。

又如戴比斯钻石的广告口号：

钻石恒久远，一颗永流传。

事实证明，经典的广告口号总是丰富内涵和优美语句的结合体。戴比斯钻石的这句广告口号，不仅道出了钻石的真正价值，而且也从另一个层面把爱情的价值提升到足够的高度，使人们很容易把钻石与爱情联系起来，这的确是最美妙的感觉。戴比斯的一句话，反映了天下所有女性对爱情的渴望。

我国几乎在各行各业都有极为优美的对联体广告，下面举些实例供创作时借鉴和参考。

服装行业对联：

刀剪千色布，时装任我精心制；
针缝万种衣，美服请君随意挑。

巧成千家服，色样好，用料少，顾客满意；
温暖万人心，时间短，取货快，群众欢迎。

男添庄重女添俏，剪龙裁凤，激情荡漾三江水；

夏透风凉冬御寒，飞针走线，巧艺温暖万人心。

有冠真增色，头寸自家寻大小，深浅须合意；
此帽最宜人，式样烦君多留心，老少各随时。

鞋袜店对联：

凤集双双小，脚踏实地前程似锦；
凫飞双双娇，步履严谨登月凌云。

由尔登堂入室，前程远大，脚跟须站稳；
任君步月凌云，工作浩繁，步骤要分清。

游山直上多豪兴，相貌堂堂，请君莫忘着履；
踏月归来少俗尘，衣冠楚楚，自宜配好足装。

剧院对联：

表演人间实事，你看我非我我看我我亦非我；
传播时代精神，他装谁是谁谁装谁谁就是谁。

三五步走遍天下，念唱武打台上一片巧技；
六七人百万雄兵，旧戏新演戏中都有真情。

（二）对联广告的形式

对联广告的形式可以包含以下几种。

（1）对联广告中嵌入厂家或产品、品牌的名称。

例 1：今夜星光灿烂，明日万事如意。（星光灯具）
例 2：恭喜发财迎新岁，长年好运金利来。（金利来）
例 3：潇潇洒洒雪梦莱，年年岁岁有风采！（雪梦莱皮装）

（2）对联中突出产品特点或服务方式。如：

例 1：新事业从头做起，旧现象一手推平。（理发店）
例 2：消息瞬通九万里外，往来不过一须臾间。（电报）

（3）对联广告中使用典故。对联一般都讲究用典，广告对联通过使用与商家、产品密切相关的典故，可以加深广告信息的内涵。如：

例 1：西子增妍，嫫母掩丑；
何郎如傅，荀令曾薰。①（化妆品）

---

① 西子即西施，是我国古代四大美女之一；嫫母是我国古代四大丑女之一。何郎、荀令都是古代美男子。傅：涂、敷。薰：熏染、熏蒸。

例 2：陶潜善饮，易牙善烹，饮烹有度；
陶侃惜寸，夏禹惜分，寸分无遗。①（广州陶陶居茶楼）

（三）注意事项

运用对联制作广告文案时，有以下两方面需要注意。

（1）使用对联作为广告文案应贴切、自然、巧妙，不能玩文字游戏，或生拼硬凑。如一则对联广告为"迎送远近通达道，进退迟速游逍遥"，这一对联便撰写得非常巧妙，几乎每一字都有"走"字偏旁，不仅显示了店家的服务态度及服务功能，而且对仗工整，极具艺术性。

（2）运用典故的对联广告应使用大众熟知的典故。如前面所举陶陶居茶楼的对联广告，其中所引的有关陶潜、易牙、陶侃、夏禹等历史人物的典故，既是受众较为熟悉的，又十分契合茶楼的特点以及陶陶居老字号的特色。

第八节　中国成语和谚语的活用

成语和谚语属于熟语，是千百年以来人民群众喜闻乐见的语言形式。它们在民间流传极广、影响很大，是中国语言文化的瑰宝，为广告文案写作提供了丰富的语言资源，促生了很多优秀的广告文案。

一、成语活用

（一）成语广告的定义

成语，是长期以来形成的意义完整、结构定型的固定短语，它言简意赅、内涵丰富、字字珠玑、语意精辟，具有极其深刻的表现力，是中华民族千百年来智慧的结晶，被誉为中国语言皇冠上的明珠。

成语的活用，指的是为了达到某种特定的修辞效果，不按常规用法来使用成语。这是目前在广告创意活动当中出现的一种新现象，不少广告文案员通过改编成语来撰写广告文案。面对这种做法，社会上赞扬者有之，批评者亦有之。

语言本身就是一个约定俗成的文化现象，它一直处在不断更新和淘汰当中。成语活用有其存在的价值，我们不应该一味地加以否定。一些媒介在很长一段时间内都存在着不许改编成语为广告口号的呼声，但无济于事，这说明它是有生命力、有市场的。至于它对儿童、中小学生造成的误导，应该通过教育加以矫正，通过全社会的共同努力来解决。

（二）成语广告的形式

在广告文案中活用成语，有三种形式。

（1）直接引用成语。

金鸡独立。（金鸡牌鞋油）

---

① 陶潜即陶渊明，我国古代著名诗人，喜饮酒。易牙，春秋齐桓公之大臣，擅长调味。陶侃，东晋人，晚年曾任刺史，常劝人珍惜光阴。夏禹，上古时期部落联盟首领，以治水出名，治水 13 年间，曾三过家门而不入，被传为佳话。

这个鞋油的广告引用“金鸡独立”这一成语，用心可谓巧妙之极。一方面运用了成语的原意，说明该鞋油在同类产品中名列前茅，质量很好；另一方面，成语中的“金鸡”又正好与产品的名称相符，一语双关。

例 1：一诺千金。（信用卡）
例 2：不打不相识。（打字机）
例 3：眼见为实。（眼镜）

有的广告文案并不引用成语通用的比喻义或引申义，而是使用它的字面意思。例如：

一毛不拔。（牙刷）

这个成语用在这里并不是使用它的常用意义，即指人非常小气，而是契合产品的特性，表明牙刷的质量非常好，非常牢固，不会掉毛。

（2）改变成语，换成同音异义的字词。

这种形式由于可以根据广告的内容来改变成语，因而使用范围最为广泛。

例 1：步步为赢（营）。（运动鞋）
例 2：布（不）言布（不）语。（服装店）
例 3：石（实）力雄厚。（石材厂）
例 4：无鞋（懈）可及（击）。（鞋）
例 5：无胃（微）不治（至）。（胃药）
例 6：桌桌（绰绰）有鱼（余）。（饭店）
例 7：无坚不碎（摧）。（碎纸机）
例 8：百嚼（读）不厌。（口香糖）

这种活用成语的方式，既可以赋予成语新的内容，又容易引起新编成语与原成语之间的联想，给人以无限的想象空间。

（3）在成语前后加上一句短语，短语中一般会包含企业或商品的名称。

望眼欲“穿”，爱建服装。（爱建服装）

“望眼欲穿”这一成语本意是指盼望某一事物的迫切心情，用在这一广告中，可以表明该品牌服装受消费者欢迎的程度之深。同时，这一广告又利用了“穿”字的本义，这又正好与产品的特性相符合。

例 1：红梅味精，领“鲜”（先）一步。（红梅味精）
例 2：电子商务，随需（机）应变。（IBM）
例 3：大维制衣，百衣（依）百顺。（衣服）

这种活用方式的一个好处在于，在突出产品特性的同时，又让人记住了产品的名称。如“领‘鲜’一步”中的“鲜”是所有味精的共性，如果仅此一句，可能只是让消费者知道这是一个味精的广告，至于是什么品牌的味精就不清楚了。但在前面再加上一句“红梅味精”，情况就大不相同了。

（三）成语广告实例

例 1：出口成章。（口述记录仪）

例 2：笑口常开。（牙膏）

例 3：有备无患。（手电筒）

例 4：捷足先登。（鞋）

例 5：取之不尽，用之不竭。（海产品）

以上几则标语都是直接引用成语，使用也比较恰当，效果也不错。

例 1：衣衣（依依）难舍，一应俱全。（布店）

例 2：口服、心服！（矿泉水）

上述两条标语只是改变成语的一两个字，有的甚至只是加了标点符号。

（四）注意事项

广告文案中成语的活用并不等于滥用。不合理、不恰当地使用成语制作广告文案，是对汉语言的玷污，会产生不良的后果。活用成语应该遵循两个要求：

（1）要与广告内容相符，要恰如其分，不能牵强附会、生拉硬扯。广告语言是为商品宣传服务的，它应该很好地体现商品的特点，表达广告的创意。优秀的广告人应该有一定的文化内涵，讲究幽默、巧妙、新奇，使广告具有观赏性、艺术性，让受众能够舒心地产生丰富的联想。但有的广告文案中的成语活用却用得不伦不类，如“盒（合）情盒（合）理”“专心治痔（志）”“痔（志）在必得”“随心所浴（欲）”“饮（引）以为荣”等。这类广告跟着成语活用的风气而动，但广告口号不仅毫无新意，反而俗不可耐，只会在消费者的心目中留下不好的印象。

（2）活用后的成语要从语法和事理上都讲得通，或与原成语的意义有某种联系。有的成语广告文案是为了使用成语而使用成语，结果却俗不可耐。如某种酒的广告文案为“天尝地酒”，是从成语“天长地久”活用而来。但“天尝”为何意，“地酒”又为何物呢？这一类广告无论从事理上还是从语法上都是丝毫讲不通的，受众看了只会摸不着头脑，因而是失败的广告。这种广告文案的写法是应该被否定的。

二、谚语活用

（一）谚语广告的定义及形式

谚语，是在人民群众当中广为流传的固定语句，它用极为通俗精练的话语反映出深刻的道理。谚语的活用，即指结合广告内容，合理巧妙地运用谚语。

谚语相对成语来说，更为口语化、通俗化，它在广告文案中的使用也较为普遍。一般来说有三种方式。

1. 直接引用

直接引用即直接引用与广告内容相符的谚语，例如：

一夫当关，万夫莫开。（保险门）

这一谚语非常形象地说明了保险门的质量非常好。

吃软不吃硬。（龙凤布丁）

龙凤布丁的这一广告文案利用谚语说明了布丁的特点是很软，口感好。

例 1：千里之行，始于足下。（鞋）

例 2：天有不测风云，人有旦夕祸福。（保险业）

例 3：一年之计在于春。（春季订货会）

2. 改换几个字词

路遥知马力，日久见“跃进”（人心）。（跃进牌汽车）

“路遥知马力”这一句与汽车的特点是相吻合的，而“日久见‘跃进’”又说明跃进牌汽车是经得起时间的考验的。

例 1：不怕货比货，只怕不识货（不怕不识货，只怕货比货）。（相机）

例 2：民以“室”（食）为天。（壁纸）

例 3：有“锂”（理）讲得（不）清。（手机电池）

3. 在谚语前后加上与产品有关的短语

例 1：人靠衣装，佛靠金装，您的产品靠我厂为您包装。（印刷厂）

例 2：一寸光阴一寸金，请珍惜你的宝贵时间。（手表）

例 3：打着灯笼找（照）不到，送礼就送商务通。（掌上电脑）

（二）注意事项

判断一篇广告文案是否取得成功，应该看其能否在社会上迅速流传开来。谚语本来就是在人民群众口头当中广泛流传的一种语言形式，利用它来做广告，可以取得事半功倍的效果。但在活用谚语的时候，有两点要注意。

（1）改换后的谚语应尽量保持其原貌及其非常口语化、通俗化的语言特色。

（2）改换后的谚语要与广告内容紧密结合，要从事理上讲得通。

【思考与练习】

一、思考题

1. 如何区分广告文案中的比喻和比拟？

2. 什么是双关？请举广告文案中的例子来说明。

3. 什么是夸张？夸张有哪几种类型？广告文案中的夸张应注意什么问题？

4. 运用对比的手法来创作广告文案，有哪些需要注意的？

5. 什么是对偶？什么是排比？如何区分广告文案中的对偶和排比？

6. 什么是回环？什么是顶真？请指出这两种修辞方法有哪些相同点和不同点，并举广告文案中的例子来说明。

7. 请指出以下广告文案分别运用了哪些修辞方法。

做女人挺好。（三源美乳霜）

你以为一样，但是你的车会辨别。（机油）

滴此眼药水后，将眼睛转动几下，可使眼药水遍布全球。（眼药水）

寿星喝了矿泉水，扔了拐杖比健美。（某健康矿泉水）

请问：你是几年斑？（索芙特洗面奶）

永无疾痛的奶妈。（婴儿奶粉）

举杯天地醉，中国贵州醇。（贵州醇酒）

外面虽有火热的太阳，里面却吹着阿尔卑斯山的凉风。（空调）

保险到人保，人保最可靠。（保险）

8. 古典诗词在广告文案中的活用有哪几种形式？

9. 你对成语广告有什么看法？

10. 谚语广告对你的广告文案创作有什么启发？

二、课堂训练

资料

珠海格力罗西尼表业有限公司

企业简介

珠海格力罗西尼表业有限公司（简称罗西尼公司）创立于1984年7月，是国内钟表行业成立最早的中外合资企业。成立伊始，罗西尼公司引进瑞士全套加工工艺，在国内首创异型防水表壳，短短几年发展，就一跃成为国内生产高档表壳的龙头企业。

罗西尼公司根据钟表市场情况的变化，从单纯生产高档表壳转为大规模成表生产。从1990年起，中国手表市场发生了根本性的变化。

罗西尼公司总部坐落在浪漫之城珠海。这座面向南中国海的美丽城市，被联合国授予"国际改善居住环境最佳范例奖"。珠海良好的空气质量为高精密的手表制造提供了最佳的环境。

经评估，罗西尼公司的资产规模已达3 000万美元。现有员工1 000余人，是年产百万只手表的大型钟表合资企业。罗西尼公司形成了相当规模的销售网络和售后服务网络，同时，罗西尼公司组建了海外市场部，罗西尼表远销美国、德国、日本、西班牙、荷兰等几十个国家和地区。

罗西尼公司在国内外注册的ROSSINI商标已经被国际市场认可，中国国家领导人出访欧洲、美国时多次将罗西尼表作为赠送外国领导人的礼品。罗西尼表稳定、可靠、精确的内在品质和简洁、典雅、流畅的外在形象令世人瞩目。

产品介绍

罗西尼公司自主设计开发近600余款手表产品，并取得了260件手表外观设计专利，其产品一直体现着国内手表制造业的最高水平，开创了国内手表产业发展的新局面。目前罗西尼公司拥有品牌线——流线大师系列、优雅名士系列、个性先锋系列、竞技王子系列、时尚丽人系列和超薄系列等经典款式。经典系列腕表演绎着"简洁、高贵、典雅、流畅"的罗西尼风格，在国内外市场赢得了众多荣誉！

罗西尼确定"百年老店"的长远目标。瞄准这个目标，罗西尼公司正在进一步强化团队自身素质，提升品牌价值，积累品牌资产，为振兴中国表业做出不懈努力。

产品名称

罗西尼手表

产品定位

简洁、高贵、典雅、流畅的罗西尼风格。

广告目标

宣传产品，提升品牌形象。

广告目标对象

25～40 岁（大部分受众人群）。

品牌形象

简洁中见非凡。

主要竞争者

依波、飞亚达、天王。

资料索取

http：//www. rossini. com. cn。

训练要求：

根据资料，分别运用比喻、比拟、双关、夸张、对比、对偶、排比、回环、顶真等修辞手法，为罗西尼手表各撰写一则广告口号。

第五章

广告文案的构成与写作

【本章重点】

1. 广告文案构成要素
2. 广告标题的写作
3. 广告正文的写作
4. 广告口号的写作
5. 广告准口号的写作
6. 非主流广告文案的写作

【学习要求】

1. 掌握广告文案构成要素
2. 掌握广告标题的写作
3. 掌握广告正文的写作
4. 掌握广告口号的写作
5. 掌握广告准口号的写作
6. 了解非主流广告文案的概念和特点

广告文案是一种特殊文体，具有自己独特的构成要素，每一部分都有自己的写作要求。本章介绍广告文案各部分的具体写法，如标题、正文、口号、准口号。作为一个新的广告文案品种，本章还重点介绍了非主流广告文案的写作。由以往的教学经验得知，同学们对非主流广告文案的写作非常感兴趣。通过学习，大部分学生能写作很出色的非主流广告文案。

第一节　广告文案构成要素

一、广告文案的构成

（一）广告文案的含义

一则完整的广告文案的基本构成包括广告标题、广告正文、广告附文、广告口号这四个组成部分。广告文案的构成在发展过程中，不断发生着变化。现代的广告文案尤其是印刷广告文案中的许多作品，呈现出了新的现象，即在四部分构成要素的基础上，又出现了广告准口号部分。因此在现代广告文案的基本构成中，如果以严格的界限进行划分，应该有五个组成部分：标题、正文、口号、附文、准口号。

（二）广告文案的特点

广告文案具有完整性和适应性两个特点。

1. 完整性

一般说来，广告文案应该包括标题、正文、附文、广告口号四个部分，以保证广告信息传达的完整性和层次性。

2. 适应性

广告文案的四个组成部分的排放顺序及出现位置，可以根据广告信息的不同、传播媒介的不同以及广告编排的要求而有所变化。广告文案的这种适应性，使文案的结构可以体现出各种能够展现不同特点、符合不同媒介特征、对应不同受众心态的结构特色。因此，有的文案没有标题，有的文案标题和广告口号相同，有的文案只有广告正文而没有其他的组成部分，这些都是广告文案适应性特点的表现。

二、不同媒体的广告文案构成

在不同媒介上发布的广告作品，因为发布形式不同，在文案的结构上也有不同的表现形式。

（一）平面广告文案的构成

印刷广告文案的结构最为典型，受众可以同时看到文案的标题、正文、附文、广告口号四个部分。此外，由于印刷广告可以将这四个部分以不同的字体、不同的位置分别编排在同一版面上，因此文案的结构可以显得非常清晰、明确。

（二）广播广告文案的构成

广播广告文案的结构比较模糊，有时甚至不完整或者没有结构。广播广告文案是以口头语言为载体的，受众很难在其中体会到标题、广告口号、附文和正文的区别。

如北京人民广播电台播出的同仁堂药店的广播广告文案。

（具有浓郁古典风格的乐曲）

在300多年前，浙江宁波府有个走街串巷的卖药郎中，名叫乐尊育，正是他在公元1669年创建了同仁堂。数十年后，同仁堂的药剂以配方独特、选料上乘、工艺精湛、疗效显著，获得了向清皇室供应药品的特权。同仁堂的近百种传统中成药，以“不省人工、不减物力、货真价美、制作精细”的传统特点在众多的百姓中极负盛誉。如今，百年老字号同仁堂更以讲药德、守信誉的美称而名扬四海、享誉八方。

（古钟鸣响）

同仁堂……

这则广告文案没有标题、没有附文，结构很不明显。

（三）电视广告文案的构成

绝大多数电视广告的文案都是以语言和文字两种载体传播的。标题、广告口号、正文和附文可以用人物对白、画外音、字幕等形式加以区别，而且广告口号通常是在广告结尾与附文同时出现。因此，在电视广告中，文案的结构比广播广告清晰。

无论是在印刷广告文案、广播广告文案还是在电视广告文案中，都普遍存在着文案的标题和广告口号合一的情况，这一点应该引起注意。

第二节　广告标题的写作

一、广告标题的概念

广告标题——是广告文案中旨在传达最为重要的或最能引起受众兴趣的信息，位于广告文案最前面，对全文起统领作用，以吸引受众继续阅读广告文案的简短语句。标题在广告作品的整个版面和构图中，始终处于最醒目、最有效的位置。而人们在进行无目的阅读和收看时，对标题的关注率也相当高，这在受众选择性、自主性强的报纸和杂志等媒介上尤为明显。

广告大师对广告文案的标题非常重视，大卫·奥格威认为：“标题是大多数平面广告最重要的部分，它是决定读者是否读正文的关键所在。读标题的人平均为读正文的人的5倍。换句话说，标题代表着为一则广告所花费用的80%……在我们行业中，最大的错误莫过于推出一则没有标题的广告。”在大卫·奥格威看来，广告文案没有标题是最大的错误。

二、广告标题的作用

（一）突出重要信息

由于广告标题的特殊位置，所以大部分广告文案的标题以高度概括的语言突出最重要的广告信息，表现广告作品的宗旨；以最醒目的方式对应受众的内在需求，引起他们的关注，使其读到或听到标题就可以了解正文的中心内容。我国自古就有“题为半边文”的说法。

例如春兰空调广告文案标题为：

超静节能，冷暖如意
将严冬关在门外

这一标题突出了春兰空调可以取暖的主要信息，也是冬季消费者最为关心的信息。

台湾兰丽绵羊霜的“只要青春不要‘痘’”，突出了产品的利益点，对因脸部长青春痘而烦恼的青少年受众很有吸引力。

朵而胶囊的“朵而，由内而外的美丽”，不仅在标题上表现了品牌名称，将广告受众的关注直接吸引到品牌上来，还在标题中提出了一个新观念“由内而外的美丽”，以此来吸引受众。

（二）引起受众兴趣

广告标题直接或间接地提出产品的突出利益点，使利益点对应于受众的消费欲望，可以使其自觉地对广告内容产生关注和好奇。如大卫·奥格威为劳斯莱斯车所写的广告文案标题。

正题：在时速60英里的时候，劳斯莱斯新车中最大的噪声来自电子钟

副题：什么原因使得“劳斯莱斯”成为世界上最好的车子？一位知名的劳斯莱斯工程师说：“说穿了，根本没有什么真正的戏法——不过是耐心地注意到细节。”

品牌的表现和产品的利益，自然引起目标消费者的兴趣。对降低汽车噪声感兴趣的人会把目光停留下来阅读这则广告，而对此不关心的人则可以不看，这样就分离出了目标消费者。这么好的车子，制造者到底注意到了哪些细节？产品的突出利益点又使受众自觉地对广告内容产生了兴趣和好奇。

再如乐百氏健康快车报纸广告文案的标题。

让您的孩子肠胃健康，吸收更好！

——乐百氏健康快车全速登场

做家长的会关心小孩子的肠胃问题，总怕孩子吸收不好发育不好。尤其现在的小孩子很挑食，这也不吃那也不吃，让家长很操心。这则广告正好迎合了这些家长的需求，看到这样的广告，家长们自然会产生兴趣，考虑一下自己的孩子是否需要。

（三）诱导阅读正文

无论在形式上还是在内容上，标题都要抓住读者的注意力，激发读者的阅读兴趣，以此引导目标消费者继续关注正文。

如朵而胶囊报纸广告文案的标题。

女人什么时候最美?

女人最关心自己的容貌，对美丽由衷地期盼。美丽的女人希望更美，不太美的女人更希望自己美丽起来。所以对女人来说，这样的标题很能引起兴趣。

标题对正文的诱导作用是相当重要的。特别是复合标题中的副题，它在正题和正文之间搭起一座桥梁，使受众能通过这座桥梁由标题走向正文。

标题：金庸作品大特价

副题：金庸会气死（世界书局）

为什么金庸会气死？正文告诉读者，原来世界书局为庆祝开店举办了特价销售活动。

（四）促进购买行为

标题应引起读者强烈的购买欲望，促成读者购买商品的行为。比如标题可以直接表现消费者的利益，促使消费者采取购买行动。

唯独这种煤气能向你提供一大桶一大桶的热水，比普通煤气快3倍（某煤气公司）

这是某煤气公司广告的标题，点明了产品的利益点，唤起了消费者的注意。又如：

现在波多黎各对新工业提供百分之百免税（波多黎各工业区）

再也不用牙齿咬了（某啤酒）

此外还可以直接或间接地劝导消费者进行购买，或号召其进行购买。如“看足球，喝可口可乐”。

三、广告标题的写作原则

大卫·奥格威是世界级的广告文案大师，写了大量经典的文案作品，总结出了一套标题写作原则，可以供初学者参考。

（1）标题好比商品的价码标签，用它来向你的潜在买主打招呼。若你卖的是彩色电视机，那么在标题里就要出现"彩色电视机"的字样，这就可以抓住希望买彩色电视机的人的目光。

（2）每个标题都应带出产品给消费者利益的承诺。

（3）始终注意在标题中加进新的信息。

（4）其他会产生良好效果的字眼有：如何、突然、当今、就在此地、最新到货、重大发展、改进、惊人、轰动一时、了不起、划时代、令人叹为观止、奇迹、魔力、奉献、快捷、简易、需求、挑战、奉劝、实情、比较、廉价、从速、最后机会等。在标题中加进一些充满感情的字眼也可以起到强化的作用。

（5）读广告标题的人是读广告正文的人的5倍。因此，应该在标题中写进产品品牌。

（6）在标题中写进你的销售承诺。

（7）在标题结束前应该写点吸引人继续往下读的东西。

（8）文字要简洁、直截了当。

（9）调查表明，在标题中写否定词是很危险的。

（10）避免使用有字无实的瞎标题。

四、广告标题的写作步骤

同其他所有形式的文体的写作一样，广告标题也有一定的写作步骤。这是前人总结的规律性东西，作为初学的人，应该仔细研究这些写作步骤提供的经验，才能少走弯路，并且能够很快掌握写作的规律。

（一）确定标题的内容

1. 标题内容的来源

（1）广告作品将要传达的最重要的信息。应该把最重要的信息写进标题中，包括企业需要受众了解的重大事件、企业产品的改进或新产品的推出、产品价格的调整、销售渠道或销售方式的调整等。

（2）与受众的切身利益关系最密切的信息。与受众关系密切的信息应该在广告文案中得到传达，而其中与受众关系最为密切的，应该写在广告标题中，使受众在接触广告文案正文前就对自己能够获得什么样的利益有清楚的了解。这些信息包括：价格优惠、礼品促销、产品的新功能、服务的新项目等。

（3）最有趣味性的信息。在广告中包含一定趣味性的信息，一般来说比不包含趣味性的信息更能够吸引受众。因此，在标题中传达最有趣味性的信息也是增强标题效果的一个好办法。这些信息包括：与企业或产品相关的故事、传说、新闻以及消费者或名人的推荐等。

（4）竞争对手忽略了的重要信息。在有些直接针对竞争对手而做的广告中，抓住对手忽略了的信息大做文章，是一个在竞争中取胜的有力手段。所以，在标题中可以着重将这些信息中最重要的部分传达出来。

2. 确定标题内容的方法与步骤

(1) 归纳整理广告文案信息。在写作标题之前，最好将文案所要传达的信息全部辑录出来。此举一方面是决定标题内容的第一步骤，另一方面也是写作正文必要的准备。

(2) 将信息分类排序。将对企业来说最为重要的信息、与受众切身利益关系最密切的信息、有趣味性的信息、对手忽略了的信息区分开来，按照主次顺序标上序号。

(3) 将每一类中最主要的信息辑录出来，作为写进标题中的信息。

(4) 对信息进行分析比较，以确定哪些信息更适合写进标题中。

(二) 找到最合适的话

1. 广泛浏览法

在写作标题之前，先去浏览一些报纸、杂志或非广告的书籍。在看报纸时，你可以判断哪些文章的标题最吸引你，从中获得一些灵感。

2. 角色转换法

你需要跳出广告人的角色，来一次角色和思维方式的转变。你可以把自己当作一个新闻记者，想一想新闻记者向读者报道你要在标题中传达的信息时会用什么样的语言？新闻记者一般把最重要的事实放在导语中。那么标题可不可以这样写呢？

你也可以把自己想象成讲故事的人，他们从来不会把故事的结局先告诉你，而是通过许多“包袱”和悬念将你的好奇心调动到极点，使你对故事的发展产生一种急切的期待，然后你会自然地跟着他的思路走下去。学学讲故事的人，像他们讲故事那样来开始你的文案。

(三) 表现标题

为标题寻找一种合适的表达方式的过程，就好比找到了珍贵的钻石原料，在对它进行精心打磨前，它是不会闪现迷人光彩的。要使标题出彩，首先应把标题中不必要的、繁杂的信息去掉。其次要反复斟酌，从词语到句子、从语气到音韵、从文字到标点，把任何一个不合适的地方都进行精心的修改，直到它达到理想状态。

五、广告标题的类型

从诉求类型上分类，广告标题可分为直接型标题、间接型标题、复合型标题。

(一) 直接型标题

直接型标题，是通过标题把广告内容直截了当地告诉读者，使人们一看就清楚广告说些什么。

采用直接标题的广告主要有两种情况。一是只有标题，没有广告正文，如路牌广告、招贴广告等。它们多数是将标题与图画相配合，将主要的广告信息包含在标题中。如“白猫洗衣粉，洗衫好干净”“钻石男表，卓然超群”等。二是标题与正文相配合，以标题引导读者去阅读正文，而正文是对标题的补充和说明。这类标题往往把商品或企业名称直接引入标题中。例如：

家中有万宝，生活更美好（万宝冰箱）

星河音响，再创音乐新生命（星河音响）

东方为您设计明天的办公室（东方办公设备经营公司）
投资万科就是投资中国的未来（万科公司）
选择东信，把握成功（东信手机）
人间有冷暖，东宝最相知（东宝空调）

（二）间接型标题

间接标题不要求包含产品主要信息和广告主要内容，也不在标题中点明广告主题，而是用具有文学色彩的语句诱导读者去阅读正文。只有阅读正文，才能了解广告的主要内容。间接标题要求表现含蓄，富有文采和艺术性。例如：

把闪烁的星星揉碎，溶入绚烂的晚霞之中（化妆品）

该标题充满诗意，具有梦幻般的意境。但只看标题，读者不知道是什么产品的广告，只能从正文中去寻找答案。读者看了正文后方才领悟到这是一则化妆品广告，而广告标题产生的浪漫氛围已在他们心中留下了美好印象。又如：

眼睛是灵魂的窗户，为了保护您的灵魂，请给窗户安上玻璃吧！（眼镜）

这则标题没有直接说出广告的商品，但已用暗喻的手法间接告诉了消费者，同时显示了对他们切身利益的关心，因而使消费者乐于接受这样的诱导。

工欲善其事，必先利其器（常工牌焊接切削工具）

标题以谚语的形式含蓄地表明，使用该种型号的切削工具，能使人达到事半功倍之效果。又如：

发光的不完全是黄金（银器）

美国一家银器制造商，使用了这句谚语，引人注意。正文接着说明他们制造的银器，也是发光锃亮的。

间接标题诱发读者兴趣的根本目的在于诱导他们阅读正文。如：

成就天地间（TCL 王牌彩电）
好火好生活（华帝燃具灶）
十个妈妈八个爱（孩儿面大王）
掌上明珠（化妆品）
醉人的音乐（立体声耳机）

（三）复合型标题

复合型标题，是将直接标题与间接标题结合起来。复合标题通常由两个或三个标题组成，除了有一个正题外，还有引题或副题，位于正题的上下。引题起引导作用，引出正题来；正题以艺术的手法揭示主题；副题则是对正题的补充、说明、延伸，表现产品的名称、型号、性能等，以扩展正题的含义。因而复合标题能使消费者立即明白广告的内容。

由引题、正题、副题组成的复合标题，如：

引题：考试的日子又到了！

妈妈天天好担心

我多想能拿到好成绩，开开心心回家啊！但……

正题：让孩子面露微笑地回家！

副题：太阳神口服液

与您共同帮助孩子渡过考试难关！（太阳神口服液）

由引题和正题组成的复合标题，如：

引题：电影化妆用于生活，自然漂亮更有神韵

正题：影星美容厅独树一帜（影星美容厅）

由正题和副题组成的复合标题，如：

正题：闻到酒香吗？

副题：若无开坛人，岂能醉三家（某广告公司）

六、广告标题的表现形式

（一）新闻式标题

利用人们对新闻的注意及阅读新闻的习惯，广告标题也可以采用新闻标题的撰写法，即向受众提供最新事实。虽然广告的标题不一定像新闻那样提供最近时间内发生的事实，但它所提供的事实总应该是新鲜的，是大家有兴趣想了解的。这类标题多用于介绍新产品、企业新措施等。

新闻式广告标题必须具备新颖、快捷的特征，用新闻报道的方式向消费者发布新商品或服务信息。例如：

中国贵州茅台集团隆重推出新一代浓香型经典白酒（茅台集团东方之子酒）

健康之神，氧立得火暴登场！（氧立得便携式制氧器）

治疗关节炎的突破性产品终于问世（阿斯巴膏）

新年送礼情无价，西北快刀篆蛟龙（石家庄市新年大型名家书画义卖捐助活动）

要注意的是，当采用新闻式标题时，必须有新闻性广告信息，包括新产品的推出、旧产品的改进、旧产品的新用途。由于这类标题提供了更多新的信息，所以更容易被消费者接受。据大卫·奥格威研究，新闻式标题相比没有新闻性的标题，将会多出22%的人记住它。因此在写作新闻式广告标题时，要能够发现有新闻价值的东西，然后用新闻式标题把它表达出来。

（二）承诺式标题

承诺式标题包含有能给消费者带来利益的承诺。这种标题常常具有很大的吸引力和推销力，能促使消费者购买商品，接受服务。这类标题的运用范围很广，不论什么商品、什么样的服务均可使用。大卫·奥格威非常推崇这种标题，认为这种写作技巧具有永恒的魅力。例如：

我们能帮你节约办公费用（办公设备）

好饼干为您带来好运气（饼干）

花很少的钱便能美食一顿（猪肉黄豆罐头）

为了你的双手在明天洁白娇嫩，别忘了在今晚抹一点“达尔”（护肤霜）

写作这类标题时，一定要保证你的承诺能兑现，若不然则会招致无穷的麻烦。所以，要谨慎使用承诺式标题。

（三）炫耀式标题

以炫耀、夸奖、赞美等语气撰写的广告标题。

广告主总希望在标题上体现自豪的态度。只要产品的确令人满意，文案人员都尽量满足广告主的这种心理，写成炫耀式标题。这种广告标题对掌握分寸的要求相对较高。如果标题中出现夸耀无度而不真实的情况，就会造成受众的逆反心理。因此，在具体写作时，分寸感、真诚态度以及信息的真实性都是十分重要的。如以下几则炫耀式标题就是比较好的范例。

HTK 非凡成就——X. O马爹利（X. O马爹利）

世上只有一个乔基（乔基内衣）

让所有想象中的麻烦都变为容易（台湾微软股份有限公司）

从台湾第一到世界金牌，统一鲜乳是最好的鲜乳！（台湾统一特级鲜乳）

（四）建议式标题

是用建议的或劝导的语气向受众提出某种建议的广告标题。其特点是可以运用情感因素，使广告和消费者之间的距离缩短。如果同时告知建议的原因和理由，就使得标题很有说服力。建议式标题如：

请喝可口可乐吧！（可口可乐）

让汗水痛快地流吧！（黑松汽水）

来一粒冰冰的小蓝莓软糖（哈乐软糖）

以色彩搭配出独特韵味（某服饰公司）

把耳朵靠近我……让我为你诉说一段美丽的过程……（宝露化妆品）

许多文案作者喜欢采用这种形式的标题。它具有多种优点：标题主动劝说或暗示读者去做或去思考某些事情；标题直接说明产品的用途或使用方法；它同时具有利益性标题的优点，直接或间接地将使用该品牌产品的利益告诉读者，标题就具有了动之以情、晓之以理的双重功能。

（五）悬念式标题

人都有与生俱来的好奇心，这类标题利用这一点，制造悬念，抓住消费者的注意力，使他们在寻求答案的过程中不自觉地产生兴趣。如555牌香烟广告标题。

禁止抽各种香烟，连555牌香烟也不例外

读者的第一印象是“555”有点特别，接着要问为什么它值得单独提出，于是忍不住要试一试它究竟有什么不同。

还有一则眼镜广告标题是：

救救他的灵魂

开始时有些莫名其妙，正文接着便说出一句人所共知的名言，“眼睛是心灵的窗户”。于是，救眼睛便是救心灵，文案人员巧妙地省去了中间过渡，就获得了一种特殊效果。再如：

我的朋友乔·霍姆斯，他现在是一匹马了

这是箭牌衬衫广告。为什么我的朋友会变成一匹马？正文里说，由于他穿的不是箭牌机械防缩处理衬衫，衬衫缩水，把他勒死了。而他死了以后变成了一匹马，正诉说自己不幸的遭遇。

（六）问答式标题

这种广告标题是使用得最广泛的一种。大卫·奥格威曾经说过，每 35 个广告标题中，就有一个是问答式标题。它通过提问和回答的方式来吸引受众的注意力，常用的词语和句式包括"难道……""它是……""谁不愿……""谁能……""怎么样……""为什么……""怎能……"等等。

问答式标题一般有两类。

1. 设问式

设问形式的广告标题有两种情形。一类是在标题中设问，在正文中回答；另一类是在标题中自问自答。

（1）在标题中设问，在正文中回答。这种情形是问答式广告标题中用得最多的形式。如获 1991 年台湾地区第 14 届时报广告金像奖的埃索石油系列广告作品的标题就是这种形式，它的几则标题分别为：

为什么——撒哈拉大赛前三名都有同样的坚持……
为什么——国内 98%的民航飞机都有同样的坚持……
为什么——世界最大的船队都有同样的坚持……

（2）在标题中自问自答。这类广告标题用得不是很多，但也有一些广告通过这种方式强调产品或品牌。如：

怕睡过时间吗？请钻石牌闹钟叫您（上海钟厂）

台湾麦肯广告公司的某汽车形象系列广告，三则广告都是在标题中提问，用画面来回答。如：

谁能制造欧洲最绿的车？
谁最先推出 0.28 超低风阻的四门房车？
谁是欧洲中型房车的销售冠军？

再比如恒星牌灯泡的广告标题：

谁为万家燃灯火？恒星牌灯泡为你带来光明与欢乐！

2. 反问式

反问形式的广告标题，是在问答的基础上进一步用较为强烈的口吻，引起受众注意。这种方式，如果用得恰当，就会产生强烈的效果。如：

谁不希望用一点真诚代替千言万语？（泰国航空公司）
有谁的眼光不被"福特"所吸引？（福特汽车）
他喜欢你的礼品吗？（汉王科技）
"蓝色情人"，你拥有了吗？（按摩器）

青春痘是病吗？（青春痘药品）

女人的美丽会消失吗？（化妆品）

（七）标语式标题

标语式广告标题，就是以简洁的、富于号召力的标语口号形成的广告标题，因为经常用格言形式来表现，也叫格言式广告标题。这种广告标题大多同广告口号互用，既是广告标题，又是广告口号。

标语式广告标题在电子媒介的广告文案中用得较多，很多电子媒介广告文案的广告标题和广告标语是一致的。如：

喝孔府宴酒，做天下文章（孔府宴酒）

永远的绿色，永远的秦池（秦池特曲）

这种标题中一般都有企业或品牌的名称，所以在表现企业或商品的品牌方面，比一般的广告标题能起到更好的传播作用。如：

奥琪没有忘记男士们！（奥琪男用化妆品）

要骑就骑丰田（丰田摩托车）

"银座"就是豪放（银座摩托车）

而有些在运用格言形式时也不一定出现品牌名称。如：

见证历史，把握未来（欧米茄表）

生命在于运动（冰鞋）

成功在于运用时间的精确（电子表）

但格言所具有的很深的含义，使得其产品具有了特殊的意味。

（八）否定式标题

大卫·奥格威说："调查表明，在标题中写否定词是很危险的。"所以后来的广告人较少运用否定词。事实上，也有一些广告人尝试运用否定词和否定句式，并成功了。

在英语中，否定词易被受众忽略。而在汉语中，否定词和否定句式的运用，不仅不会被忽视，而且能进一步加强语气，使语言获得一种张力，体现出传播者的自信。如：

闪烁着金光的女性，不必再用特别的表情（东方表）

没有更动人的嗓子，可以把劳力士描绘得如此优美绝伦（劳力士表）

听唱片要翻面，双面影印不必翻面（理光影印机）

百年相纸，永不褪色（樱花相纸）

路易·威登，并非只以其标志驰名（路易·威登服饰）

花旗银行旅行支票，如影随形永不遗失（花旗银行旅行支票）

（九）故事式标题

这类标题通常是客观叙述事实，将广告正文的要点如实地向读者点明。如：

结实的杜邦塑胶能使薄型安全玻璃经冲击致碎后仍黏合在一起（杜邦塑胶）

只要三十元，礼兰蛋蜜乳，能使你的脸蜜蜜柔柔，表现个性美（礼兰蛋蜜乳）

这类标题庄重严肃，无须加以强调刺激和加强感情色彩，能一目了然地点明广告内容。

故事式广告标题有时类似于一则故事的题目，提示或暗示故事的发生和情节的展开。如：

可怜的旧情人，看不到我的新内衣（某内衣企业）

标题似乎包含了一个缠绵悱恻的爱情故事，同时也包含了对旧情人的眷恋、思念、疼爱、惋惜……

故事式标题的主要特点是能吸引受众阅读正文。如：

惊人的故事！从鱼腹中取出的打火机，功效依然（某打火机）

从鱼腹中取出的打火机居然功效依然，是什么打火机？又怎么到了鱼肚子里？受众自然就会迫不及待地去阅读正文。

（十）对话式标题

就是在广告标题中采用对话的形式来表现广告信息。这种形式的特点是具有场景感、现实感和生活感，似乎是人们在毫不经意地谈天说地、相互寒暄。如：

宝号又扩充了，恭喜恭喜！
多谢，这多亏得到你美国银行的支持！（美国银行）
妈咪，你看！我做的米老鼠！
哇！好可爱！妹妹好聪明！（台北市立妇幼医院）

（十一）假设式标题

就是在广告标题中提出某种假设，同时给出结果。这是为了运用假设引起受众注意，并督促他们产生相关的思考和购买行为。如台湾松下电器所做的三则公益广告《省思篇》标题：

如果有一天，你聆听的只剩下这样的音符（随身听）
如果有一天，水中的世界不再有鱼类生存（电视机）
如果有一天，地球只剩下这样的植物（水果榨汁机）

（十二）注解式标题

就是围绕企业或商品的品牌名称或产品名称而形成的广告标题。这种标题有时还把企业或商品的品牌名称拆开来进行解释。如：

乐久，祝君快乐长久（乐久牌羊毛衫）
金利来，男人的世界（金利来服装）

（十三）祈求式标题

就是用祈求、劝导、叮咛等性质的词语来敦促人们的关注和购买。例如：

让你的眼光更敏锐（三洋录音机）
用功读书时，灯光不足是最大的忌讳，请保护你的眼睛（台灯）

这类标题能满足消费者的利益所求，并保证承诺的可靠性。

（十四）问题式标题

用提问的方式来引起人们的注意，促使他们去思考问题，加深对广告的印象。例如：

想想今天的和昨天的洗发感觉有何不同？（某洗发水）

既然每天要喝水，为什么不用哈磁杯?!（哈磁杯）

爱心，我们用什么来回报？（儿女对父母养育之恩的回报——买一座好房子）（房地产）

这类标题站在消费者的位置上，提出“为什么”或“怎么办”的问题，促使他们去思考。

（十五）对比式标题

对比式标题是采用对比的方式写成的，其目的是要通过对比的方式，为受众提出一个参照物，形象生动地传达广告信息，以说服受众。对比的范围和指向也多种多样，有同类商品的对比、同一商品的新旧对比、同一商品使用先后对比、价格对比、功能对比等等。

做内蒙古第二知名品牌（蒙牛乳业）

向伊利学习，振兴民族乳业（蒙牛乳业）

从前每片刮 10 人，后来刮 13 人，如今可刮 300 人（美国丽明顿刮脸刀）

头皮屑，没了！（海飞丝洗发水）

好书是天长地久的智慧，好料是万纱织成的高贵（某布料公司）

当您使用其他药物牙膏不理想时，请您试用蓝天六必治牙膏（蓝天六必治牙膏）

我们是第二，我们更加努力（艾维斯出租汽车公司）

所有航空公司向您收的费用是一样的，但是它们所给予您的服务却并不相同（泛美航空公司）

运用对比形式的广告标题应注意一个问题，就是在对比时，必须要考虑对比的可比性、对比的准确性、对比的科学性、对比的合法性等方面。否则，就会出现不符合对比原则的作品。此外，更不能以贬低对方的方式来抬高自己。

（十六）比喻式标题

就是用某些存在类似之处的事物来比拟想要说的事物，使人产生联想，加深对广告的印象。如：

三洋电扇轻转，转出清凉世界（日本三洋电扇）

小莫小于水滴，细莫细于沙粒（银行储蓄）

第一封信的愉快回忆（手摘新茶）

最后一例以初恋第一封信所带来的纯洁、清雅的感受来比拟品尝新茶的愉快，十分巧妙而富于人情。

（十七）夸张式标题

就是以现实生活为基础，借助想象，抓住描写对象的某种特点进行放大强调，以突出反映事物的特征，加强艺术效果。如：

审慎保险公司具有直布罗陀的力量（审慎保险公司）

直布罗陀是位于南欧和北非之间的一道海峡，是大西洋通向地中海的交通要道，具有重要的战略意义。显然，把保险业务比喻为直布罗陀海峡是夸张的，但却使顾客对该保险公司产生了信任。

（十八）诗歌式标题

在标题中借用和改用古今诗歌原句，或者采用诗歌式的语言，能收到醒目传神、绘声绘色的效果。如：

东风夜放花千树（沙洲灯具）

赤橙黄绿青蓝，点缀人间春色（化工染料）

雄关漫道，闯进上海，远涉重洋（骆驼牌电扇）

凉风习习，芳香阵阵，消暑佳品，祝君夏安（苏州檀香扇）

悬崖百丈冰，独有花枝俏（香雪海电冰箱）

随心潜入夜，润肤细无声（春无语光彩系列化妆品）

（十九）寓意式标题

这种标题多启发受众的自身知识、修养、情操等，使其对广告标题进行合理的想象，借此提高广告的意境。如：

给太太一份“安全感”（电饭锅）

把“新鲜”直接拉出来（电冰箱）

口服、心服！（矿泉水）

与书为友，天长地久（丛书）

（二十）借名式标题

就是巧借古今中外著名的人、事、地、物的名气和影响形成标题，赋予其新意。它常常能使消费者信服，或得到心理上的满足。如徐州食品厂生产的云龙山牌蜜三刀的广告标题：

苏东坡连砍三刀，蜜三刀故而得名

再如江苏金坛生产的丰登牌封缸酒。此酒选用糯米中之佳品制造，故醇稠似蜜，馥郁芳香，风格独特，相传为明代皇帝朱元璋在金坛卧龙山畅饮之酒。该厂借用这种名气，使用的广告标题是：

丰登牌，明代贡酒——朱元璋痛饮卧龙山

总之，广告标题的表现形式是多种多样的，它没有什么固定的模式，作者要根据广告文案所传达的内容来确定采用什么标题更合适。

第三节　广告正文的写作

一、广告正文的概念

（一）广告正文的含义

广告正文是指在广告文案中向受众传达主要广告信息、居于主体地位的语言文字部分。它是广告文案的中心和主体，对标题、标语提示的内容进行解释和说明，促使受众接受广告的诉求，进而采取购买行动。

（二）广告正文的结构

广告正文的结构一般由三部分组成：开头、主体、结尾。

1. 广告正文的开头

广告正文开头的方法很多，不同的开头方法有不同的要求。

（1）承题式，即承接标题信息，并将之放大。如海尔一拖二空调广告文案。

> （画面为一只机械手的两指顶住地面）
>
> 标题：二指禅，海尔一拖二功到自然成！
>
> 正文开头：独步武林的神功，不是轻易可见，然而海尔在技术上的领先一步，却实实在在感受得到。

这篇文案的开头，既承接标题，又与画面相呼应，并由画面上的武功转到技术上的功夫，过渡自然。

（2）描写式，即以生动的语言和文学性手法对事物进行描绘。例如：

> 朝阳冉冉升起，庆那美拉高尔夫球场令人迷恋不已。在如此优美的环境下挥杆，更是得心应手。每次击球，看球凌空飞起……

还可以通过具体情景的描绘，给文案创造一种氛围。如马爹利酒电视广告解说词的开头：

> 在法国近郊马爹利干邑世家一望无际的酒库上空，散发着一股醉人芳香，流传着一个动人故事。

这是一种充满抒情和怀旧味道的情调，给电视广告创造了一种诗情画意的气氛。

（3）设问式，即提出问题，并引出一种回答。例如蓝十字保险公司广告文案，就采用这种开头：

> 你负责工人的福利吗？是的，我除了计账、管理工作和刮鱼鳞外，还负责工人的福利……

又如：

> 您的挚友是否不太顺心？
>
> 您的驻外员工是否很辛苦？
>
> 您的亲人是否需要您的问候？

这种以提问方式开头的文案，能很快激起目标消费者的阅读兴趣。上述开头由于使用了第二人称，所以给人的感觉像一位久违的朋友在询问自己一样，亲切温和。

（4）总括式，即以总结的口吻、全局的眼光，对事物进行介绍，或者以概括性的语言说明产品或企业的整体水平，先给受众以总体的印象。如联邦家私广告文案的开头。

> 联邦集团14年来，一直致力于改良自己的产品和服务，期望除了提供富于品位的设计、优良的品质和完善的服务外，还能给您更多的实惠。

这一开头阐明了联邦集团的企业理念，为下文具体展开“今天，我们终于可以自豪地推出二万元家具套餐计划”提供了行动依据，给人以高屋建瓴的感觉。又如：

> 关于性能，桑普空调如是说：别人有的我都有，别人没有的我也有。
>
> 要彻底化痰止咳，唯有避尔咳……

这两则广告正文的开头先予以总括，而后在详细的介绍中说明细节，因而在叙事上清晰有序，易为人们接受。

（5）简介式，即以简洁明快的语言对宣传对象做出介绍。其特点是先给出一个全貌的介绍，然后再分段说明。例如：

迅速地使房间每个角落都变得舒适，这就是世界上具有特色的“气流控制”。（三菱空调）

Tyvek 是杜邦公司所研发成功的一种革命性材质，特别适合海报、布旗和户外看版。（杜邦 Tyvek 纸）

（6）比喻起兴式，即以艺术、科学的比喻手法引发两种事物的联系，进而指向所要介绍的对象。例如阿迪达斯运动鞋广告文案的开头：

猫在捉老鼠的时候，奔跑、急行、回转、跃扑，直到捉到老鼠的整个过程，竟是如此灵活敏捷，这与它的内垫脚掌有密切的关系。

同样的，一位杰出的篮球运动员……

（7）悬念式，即以制造悬念为手段，以引起受众的兴趣，而后进行解释。例如：

一眼望去，这只不过是个很平凡的吹风机而已，可是，仔细端详，里面可“暗藏玄机”哦！

（8）新闻式，即借鉴新闻消息的开头方法，突出新颖的信息。例如：

你钟情的麦氏咖啡，现在已经换上新名字——麦斯威尔……

（9）叙事式，即以简洁的语言叙述一个事实，并由此引入叙述。例如：

慈济（慈善机构名称）和我在找一个人，找到的机会可能只有万分之一……

（10）吁请式，即发出请求以引出后续文字。例如：

请您断定这辆车的设计在多大程度上适合您的需要，在多大程度上适合您的生活方式。

（11）介绍历史式，即以介绍产品历史引出正文主体的开头方法。例如汤沟特液广告文案的开头：

汤沟大曲起源于北宋年间，成名于明朝末年，清著名戏剧家、诗人洪升曾写下“南国汤沟酒，开坛十里香”之名句。1915 年，在莱比锡国际博览会上荣获银质奖章。目前，汤沟酒厂已跨入全国少有的年产万吨曲酒的厂家之列。

（12）因由式，这是一种较为格式化的开头方法，即在开篇先申明制作广告的原因，常包含“为了……”“为……”“经……”“据……”等介词结构。例如：

为了答谢广大顾客厚爱，我公司组织一批高质量、低价位的……

（13）烘托氛围式，即以生动形象的语言营造某种氛围并烘托商品魅力。例如：

当黎明的曙光降临的时候，那如乳如纱的晨雾托着一轮初升的朝阳。从那地平线上吹来一股清新的春风，奏响了一支《春之旋律》……

2. 广告文案的主体

主体也叫中心语，是广告文案的主要部分。其任务是根据广告的主题，突出产品的特征及优势，用有力的证据来证实或丰富开头语。

正文的结构形式有以下几种。

（1）正金字塔结构，即由次到主的顺序。这种结构符合循序渐进的规律，易为人接受。写作者可以先给出原因，再给出结果；或者是先传达背景信息，再传达中心信息。

（2）倒金字塔结构，即由主到次的顺序。先说结果，再说明原因；或者先给出重要信息，再给出背景信息。如：

金色的刺激

到一个金色的国度，去度一个金色的假期，那刺激是黄金般的。

甘地和吠檀多的祖国，庙宇、宫殿、土邦主和大象。喜马拉雅山与恒河，古风和地毯，绿绸和宝石。

在印度，能够领略这一切。一种奇特的、神秘的文化，像黄金一样古老。

今年向您提供的不仅是旅行计划，而且是一个“金色刺激”。（印度国际旅游公司）

这则广告的第一段为开头，第二、三段为主体，第四段为结尾。开头紧扣标题，以概括性的语言描述了到金色的国度去度假的金色感觉；第二段具体描述了印度的风土人情；第三段又是较为概括的介绍；结尾部分的“金色刺激”与标题相呼应。整篇文案结构完整，风格协调，其思路为先描绘印度的魅力，然后劝说人们去印度旅游。

（3）不分主次，并行传达。如果正文要传达多个重要信息，而这些信息又难分主次，那么，可以让它们平行出现。

3. 广告文案的结尾

结尾也叫结束语，其作用是以最精练的语言再次强调商品特点、服务特色、促销方式。

常见的结尾方式有如下几种。

（1）归纳性结尾。这种结尾以简洁的语言对前面文字做出总结。

（2）吁请式结尾。这种结尾多采用祈请、启发、鼓动、号召等话语方式，有明显的号召性。

（3）设问式结尾。这种结尾在结尾处不直接说出相关结论，而是设定问题，引发读者的思考。

（4）抒情式结尾。这种结尾用抒情方式，抒发感慨，增强文字的感染力。例如一则防止石油污染的公益广告，在描述完污染所造成的现象后写道：

站在海湾的岸上，看着一望无际的黑色油污，看着所有的生命在慢慢死亡，我们觉得世界末日似乎已来临。

其中所抒发的议论与情怀，正是对前面文字中各种死亡现象的感慨，以加强人们对此的关注。

（5）展望式结尾。结尾展望未来，使读者建立信心。如：

抚今追昔感慨系之，瞻顾前程愈加感奋。公司笃持敬业图强精神，为各界朋友竭诚服务，与同行同人携手共进，开辟房地产业光明未来。

(6) 祝谢式结尾。结尾表示对顾客或社会的美好祝愿，是以情感与关系争取支持的结尾方式。如：

值此节日之际，我公司全体同仁谨向全国用户表示最诚挚的谢意！

(7) 表态式结尾。这种结尾采用向读者表明态度的方式来完成结尾，有一定的亲和力。例如：

“无论车在何处，都能享受及时、妥善的服务”，这就是我们关心备至的体现，也是每一个维修中心对您的承诺。

(8) 描摹式结尾。这种结尾侧重于描摹商品外部造型或由其引发的心理意象，常以文学性的组合来引发目标受众的反应。例如：

为了保持包子的造型完美，每个“狗不理”包子捏 17 个或 18 个褶，疏密适中，看上去就像一朵白菊花。

二、广告正文的内容及作用

在广告文案中，各个部分都有各自的任务和作用，其内容也各不相同。从作用来说，广告正文的内容应该从以下几个方面来考虑。

(一) 证实标题

就是对标题中提出的承诺或利益点给予解释和证实。如果标题对受众做出了某种承诺，那么在正文中需要对承诺的具体内容进行说明，必要时还应引用具体材料，如证言、实例等，对承诺的真实性和可信性进行证实。

如《燕赵晚报》2002 年 11 月 8 日第 7 版的瘦身广告正文，就是对“一次能瘦 2 公分”和“若无效就送您 198 元大礼”等承诺的解释和证实（见图 5 - 1）。

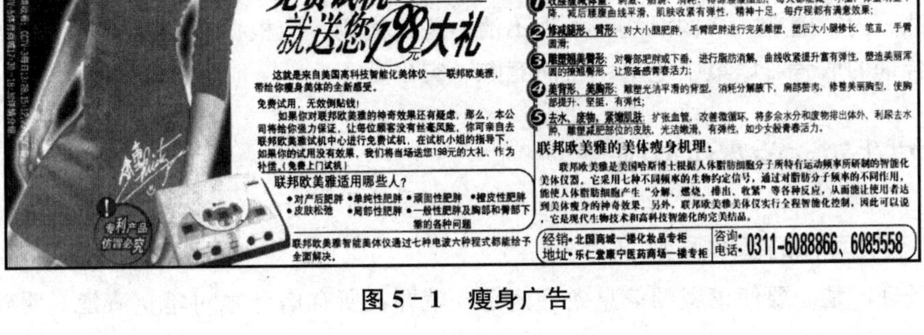

图 5 - 1　瘦身广告

（二）说明标题

对广告标题中提到的企业、商品、服务、观念及其特点、功能、个性等方面内容进行说明和介绍。如果是企业广告，正文中通常包括企业的历史、宗旨、特色、主要产品及企业的优势等内容；如果是商品广告，正文则应对商品的功能、用途、个性特征、使用方法进行介绍；如果是服务广告，正文则应对服务的性质、内容、服务质量等进行介绍。

（三）告知购买方式

告知购买方式也即介绍获得商品或服务的方法，如购买方法、购买途径、维修方法、服务方法、打折、奖励等信息。广告的目的之一是促使受众产生购买行动，因此，正文中应包括对获得商品或服务的方法的说明。

（四）介绍背景

介绍广告中企业、商品、服务、观念等的背景情况。如：商品是由什么企业生产，该企业在同类企业中的位置，商品的制造过程及其制造者的情况。表现商品的背景，是为了形成品牌效应，使消费者放心购买。也可以与企业、商品、服务自身或同类品牌做适当的比较，通过比较，可以使受众对广告信息产生更明确的认识，使广告更加真实可信。但是在与同类品牌比较时，应严格把握好尺度，以避免有损同类品牌的形象或声誉，造成不正当竞争。

如红牛饮料平面广告文案。

正题：还在用这种方法提神？

副题：迅速抗疲劳，激活脑细胞

正文：都新世纪了，还在用这一杯苦咖啡来提神？你知道吗？还有更好的方式来帮助你唤起精神。全新上市的强化型红牛功能饮料富含氨基酸、维生素等多种营养成分，更添加了8倍牛磺酸，能有效激活脑细胞，缓解视觉疲劳，不仅可以提神醒脑，更能加倍呵护你的身体，令你随时拥有敏锐的判断力，提高工作效率。

广告口号：轻松能量，来自红牛。

附文：www.redbull.com.cn

文案正文说明了喝红牛饮料的原因，因为它富含氨基酸、维生素等多种营养成分，更添加了8倍牛磺酸，能有效激活脑细胞，缓解视觉疲劳，不仅可以提神醒脑，更能加倍呵护身体，随时拥有敏锐的判断力，提高工作效率。这样有效的饮料，是会让人动心的。

（五）介绍促销活动

如果广告正文是针对特定的广告信息或促销活动而撰写的，则一定要包括相关促销内容，如特别的优惠、奖励、折扣或需要吸引受众参与的活动等，而且要以这部分内容为主。

一则广告文案正文的内容是由广告的目的和诉求重点决定的，因此不能追求大而全，否则就会多而乱、内容庞杂、结构混乱、条理不清、逻辑模糊。应根据实际需要，将可传播的广告信息进行合理的取舍，以集中笔墨、言简意赅、突出重点。

三、广告正文的写作原则

（一）正文写作的基本原则

（1）条理清楚。要使正文的信息条理清楚，就要在所有信息之间建立清楚、明确的逻辑关系，并且按照这种逻辑关系决定每一个信息在正文中所处的位置和地位。

（2）重点突出。应该将与主题关系最密切的信息作为重点，并且将它们突出出来。

（3）用词准确。在正文中，词语的准确比词语的新奇更加重要，因为广告口号和标题已经起到了吸引受众的作用，受众希望在正文中获得更为详细而准确的信息。

（4）简明易懂。正文的简明易懂与广告口号、标题的简洁明了同样重要。

（5）号召力强。正文必须有助于树立企业形象或者销售产品，因此正文一定要有号召力，要能够唤起受众购买产品的欲望，具有促使他们采取行动的力量。

（二）正文写作的具体原则

大卫·奥格威在《一个广告人的自白》一书中，对正文写作提出了九条具体的要求。

（1）不要旁敲侧击，要直截了当。避免“差不多”“也可以”等含糊不清的语言。

（2）不要用最高级形容词、一般化字眼和陈词滥调。要有所指，要实事求是，要热忱、友善，使人难以忘怀。

（3）常在文案中使用消费者的经验之谈，读者更易于相信消费者的现身说法。名人的现身佐证也能吸引很多读者，名人的知名度越高，吸引到的读者也就越多。

（4）向读者提供有用的咨讯或者服务。

（5）不要写文学派的广告，高雅的文字对广告是明显的不利因素，精雕细刻的笔法也是如此。

（6）避免唱高调。任何产品的无价要素是这种产品的生产者的诚实和正直。

（7）通常应该使用顾客在日常交谈中使用的通俗语言写文案。

（8）不要贪图写获奖文案，那些效绩很好的广告从来没得过奖，因为这些广告并不要把注意力引向自身。

（9）衡量优秀撰稿人成就的标准，是看他们使多少新产品在市场上腾飞。

四、广告正文的写作过程

广告正文的写作过程可依次分为以下几个步骤。

（一）把握整体概念

在这一环节要考虑以下几方面内容。

（1）正文的风格怎样？是采用亲切、自然的风格，还是采用严谨、科学的风格？是新奇、活泼的风格，还是平稳、严肃的风格？或者是其他风格？

（2）使用什么样的诉求主体？是以企业为诉求主体，还是以消费者为诉求主体？

（3）使用什么样的人称？

（4）是写一篇长的正文，还是短的正文？或者是系列正文？

（二）确定正文的内容

决定在正文中写进哪些信息，要将最主要的信息放在最重要的位置。

（三）谋篇布局

1. 段落

有些信息量较小、信息之间关系密切的正文可以不分段落；信息量较大或者信息之间关系不是非常密切的正文通常可以分为几个段落。

2. 段落的内容

每一段落最好传达一个中心内容。如果一个段落的中心内容过多，容易导致信息之间的相互干扰和信息主次关系的混淆。

3. 组织段落或信息的内在逻辑关系

（1）由次到主的顺序。按照思维的一般过程，先给出作为原因的信息再给出作为结果的信息，或者是先传达背景信息再传达中心信息。

（2）由主到次的顺序。这种顺序与自然的思维过程相反，即先说结果再解释原因，或是先给出重要的信息，再给出作为背景的信息。

（3）不分主次，并行传达。如果一则正文要传达多个重要的信息，而这些信息难以分出主次，可以将所有的信息不分主次、并行传达。具体表现就是：将正文分为多个并列的段落，有时这些段落又各自有独立的小标题。这种结构适合在长文案中使用。

（四）运笔

这个环节将展开具体的写作，其中有两个方面值得注意。

1. 词语的选择

词语的选择既要符合媒介特点，又要与文案整体风格相符合，同时还要兼顾受众的文化水平。专业术语、方言土语、新生词语、含义深奥或读音生僻的词语、使用范围不广泛的外来语、不规范的缩略语，都应该尽量少用。

2. 句子的构建

句子要以简单为原则，长句子、逻辑关系复杂的句子、包含多层从句的句子、定语和状语过长的句子、成分倒装的句子、省略句等，应该尽量避免使用。

五、广告正文的表现形式

广告正文的表现形式多种多样，主要还是根据具体产品、内容和诉求对象来决定采用哪种形式更合适，一般来说有以下几种形式。

（一）新闻体

新闻体广告即用新闻报道的形式写作的广告正文。如果广告内容中含有当前人们感到新奇或有兴趣的新情况，或者如果该商品与某个新闻事件、新闻人物有关，就可以借题发挥，发掘广告内的新闻性。

新闻所报道的内容，首先必须是真实的，通常要点明事件是在什么时间、什么地方、什么人群中发生的，出于什么原因发生的，结果又如何。对其中的人名、地名、时间、情节、细节、数字、引语，要进行反复核实，绝不能说假话。写新闻式的广告文稿也是如此，不能用浮夸态度去说话，而是用典型的事实去说话。以事实为依据的新闻体广告，最容易吸引消费者。

写新闻体广告首先要捕捉有新闻价值的内容，再使其以新闻报道的面目出现。背景信息是消息写作中的重要组成部分，常常能起到解释新闻和深化主题的作用。许多商品由于历史悠久，积累了各种各样的背景材料，如果适当地加以运用，可以大大增强说服力和吸引力。

新闻体广告适合于报纸、广播、电视三大媒介，特点是借助新闻形式加强广告正文的新闻性、权威性。如：

上海电冰箱厂双鹿牌冰箱广告

新春时节，京华传喜讯，新华社公布了轻工业部质量等级公报，中国家用电器工业质量检测中心对电冰箱九个指标测试，按国际标准划分等级。双鹿冰箱跃入国际先进水平A级（优良）行列。

这则新闻体广告，直接引用新华社的新闻报道作为背景材料，增加了广告诉求的真实性，其效果远远胜过其他语言。

（二）格式体

格式体广告即把商品的种类、单位、价格等用整齐的表格形式进行表现，要求每一个表格中的表达都要简短实在、整洁清楚。这种表现形式大多用以展现企业的商品介绍及商品名录等广告内容，如电视台的广告时段价格表和楼盘价格表。

格式体广告的特点是使广告受众在阅读中能够一目了然，在较短时间内就能将广告信息浏览一遍。一些商场、公司、企业等广告主在对其多种商品、产品系列进行总体宣传时就会用格式体来表现。运用时应注意信息一定要准确，语言要简单明了，内容排列要整齐美观，另外要注意使用各种符号性语言。如以下这则格式体广告。

清水埠健身武术器具厂向您提供各类武术用品

武术用品清单

商品名称	价格（元）	单位	商品名称	价格（元）	单位
高级拳套	28	双	泡钉护腰带、护腕	24	副
沙袋手套	12	双	高级散打武具	180	2套
三节棍	18	根	双节棍	18	根
绳镖	18	根	铁钉手套	15	只
流星锤	24	个	九节鞭	24	根
沙绑腿	15	副	沙袋	17	条
沙背心	16	件			

以上产品不收邮杂费，购者请将款汇至浙江省永嘉县清水埠健身武术器具厂

联系人：×××　开户行：×××银行　账号：×××××××

（三）公文体

公文体广告即采用公文格式写作的广告正文，特点是能给人以客观、严谨、公正的感觉，能提高广告信息的权威性和严肃性。公文体正文类型很多，主要有简章式、公告式、启示式、声明式、通知式、海报式等。

故宫博物院通告

为保证故宫博物院正常开放，经上级批准，本院自1989年1月1日起实行新的开放参观办法。……

《××周刊》招聘启事

为适应市场经济条件下报业发展的需要，经上级批准，×××将出版《××周刊》。现招聘编辑、记者 20 名，读者服务中心经理 1 名，广告部主任 1 名（不收抵押金）。条件如下：……

（四）说明体

说明体广告正文主要用说明的形式介绍产品的特点、性能、功效、形态、用途等，以增进受众对广告商品的认识和了解。其具体特点表现为内容的正确性、说明的准确性、数据的精确性。它传播有关的科学知识与操作技能，使目标消费者能正确掌握这些知识与技能。

说明体广告正文要以科学、客观的语言，表述、解释产品或企业的有关信息，重在说明事实。如获得第五届全国优秀广告作品展平面作品类银奖的万和消毒碗柜广告文案。

这是消毒？（画面是用开水烫碗）

这才是消毒！（画面为万和消毒碗柜）

传统的消毒方法只能杀灭小部分病菌，生命力强的病菌依然逍遥自在。万和消毒碗柜，采用 125℃红外线高温消毒，彻底杀死病菌。

万和消毒碗柜：

- 远红外线高温消毒，杀菌彻底
- 具有食物解冻、保温、加热功能
- 多层放物架，有效容量大
- 外观新潮，结构紧凑合理
- 臭氧消毒、保洁
- 保修一年，常年服务

正文第一段把消毒碗柜和传统消毒法（开水消毒）进行对比说明，因而较之一般的说明式文案更具说服力。第二段又用提要方式介绍了万和消毒碗柜的功能、容量、外观和服务，让人对这种产品有更深入的了解。

在写作说明体广告时，要尽可能多地掌握有关广告商品的信息，要抓住广告商品所具有的优点加以强调，使商品脱颖而出。同时应尽量少用过于专业化的术语，让一般受众也能理解。

（五）陈述体

陈述体广告正文的功能是传递信息，提供情况。它主要是说明事实，因此一般是平铺直叙地介绍产品或服务，不进行描述或渲染。陈述体广告正文常用来陈述关于产品的一些事实情况，如产品荣获国际 ISO 认证、产品获得博览会荣誉称号或者是关于产品销售的一些情况等。如：

"中国魔水"健力宝由广东健力宝集团有限公司生产，是国宴饮料，是 1988 年第 24 届奥运会中国代表团首选饮料，是 1990 年第 11 届亚运会专用运动饮料，是我国首创含碱电解质饮料，在历次全国评比中名列前茅，最近又被评为国家级科技进步二等奖（这是新中国成立以来该奖项颁发的最高奖赏）。

（六）论证体

论证体广告文案是以议论为主要表达方式写作的广告正文。完整的论证体广告正文，包括论点、论据、论证三个部分，又可分为理论论证式和事实论证式两种。

论证体广告正文有两个特点：说理性和逻辑性。

（1）说理性，是指论说体的表现形式舍弃了以情感人的诉求方式，以理性色彩见长，运用概念、判断、推理等思维形式和表达结构，以理服人，以理性的思考引发受众的思考及其对广告信息的注意。

（2）逻辑性，是指广告正文富于条理，具有相当的逻辑体系，以严密的逻辑思辨和严谨的语言取胜。

以下就是一则论证体广告正文的部分内容。

北极神海狗油

当您人到中年，年富力强，生活工作节奏紧张，您可能会得到两位客人的两份礼单。一是事业有成，成为社会中坚、家庭依靠；二是脑动脉硬化。这第二张礼单是由头晕、头痛、耳鸣、眼花等信号兵送达的。如果您满不在乎，悄悄地会有更有分量的礼物奉上：手脚麻木发冷甚至颤动、心悸、失眠、记忆力减退以至痴呆。这时，集合起来的各种症状往往由在门外缓慢徘徊，向脑梗死发展，瞬间就能致人残疾。并且，往往难以治愈。

追溯这病的起因，有相当宁静、温和、缓慢的渐进、发展过程。那是从青少年时就已开始积累了，是由于高脂肪、高胆固醇、高糖盐这三高食品引发的。它使血脂超高，血液黏稠度升高，从而沉淀、附着在血管壁上，引发了血管硬化的形成和加重。……

论证体广告正文的表现形式，一般在塑造企业或品牌形象、推出新的消费观念、推出新产品时运用较多。它适合以语言文字为诉求符号的媒介，不适合电视媒介。

（七）证言体

证言体广告是以消费者为诉求主体的广告正文。其特点是，以消费者形象出现或站在消费者的第一人称立场，传达消费者对产品的使用感受和评价，为商品做实际证明。因为直接以消费者形象出现，让受众产生可亲、可信的感觉。

证言体广告正文在四大媒介中都可以运用。在报纸和杂志中，一般以消费者主诉型的广告正文来表现，也可以采用真名真姓方式直接如实地表现。在广播和电视中，消费者的证言可采用情景化的方式表达，如以日常的、生活化的、拉家常的口气来表现。

嘿！我叫肮脏的 Marlin

我之所以得了这么个“美名”，是因为不管我怎么使劲儿，我的衣服和房间总是乱糟糟的。直到有一天，妈妈带回来一瓶稠稠的、浓浓的姜味 Hershey 巧克力酱，它用塑料瓶装着，手一挤就出来，不会弄得到处都是。我用它做出了最好吃的巧克力奶，这次可没把巧克力酱洒得到处都是，我只是打开瓶盖把它挤出来就行了，不会乱滴乱溅，可逗呢！

现在，妈妈高兴了，我也一样高兴。我的房间和衣服还是乱糟糟的，可至少已经有点希望了。

这是一则旨在推销巧克力酱的广告正文。广告虚拟了一个名叫 Messy Marlin 的男孩，以男孩的口气来介绍产品。

（八）自述体

自述体也叫自白体，即以产品自身的口吻表现广告信息的正文形式。自述体广告正文的特征是，将产品拟人化，体现出产品由物性到人性的转化，使产品以人性的表达来与受众产生共鸣。

一般自述体广告正文都具有亲切、可爱、谐趣、对话感强等语言和形象特征。

自述体广告正文在四大媒介都可运用。如台湾统一阿 Q 桶面的一则杂志广告正文。

饿的时候就食我

我是这么大碗的阿 Q 桶面
很饿——很饿——的时候
你才能吃出我的实实在在
我有好多的面，好 Q……
我有好多的料，好香……
我有好多的汤，好鲜……
红椒牛肉，排骨鸡汁
蒜香珍肉，麻婆豆腐，香菇肉松
……越想会越饿
饿的时候就食我
——实实在在的阿 Q 桶面

自述体广告由于是“自述”，因此都采用拟人手法，以第一人称作为叙事视角。结构上，可以按时间推移的顺序来排列，即从商品的成长历程来展开叙述；也可以按性质分类来安排，即从商品的主要特点入手来展开介绍。

（九）故事体

故事体广告是通过讲述一个与广告内容相关的故事来表现广告信息的正文形式。这种正文采用第三人称，以叙述的方式将人物经历、故事情节用语言文字表现出来，传达给受众。它与自述体广告正文不同，后者是将产品拟人化，是用第一人称的手法来表现的。

故事体正文的特点是，以故事的发生、发展过程吸引受众的阅读兴趣，又以事件的解决或产品的介入所引起的良好结果来说服受众。

故事体正文在电视广告中运用最多。尤其是国外电视广告，那些获奖的电视广告大都在讲一个动人的故事。如美国保德信保险公司在日本的一则广告文案。

智子，请好好照顾我们的孩子！

日航 123 航次波音 747 班机，在东京羽田机场跑道升空，飞往大阪。时间是 1985

年8月18日下午6点15分。机上载有524位机员、乘客以及他们家人的未来。

45分钟后，这班飞机在群马县的偏远山区坠毁，仅有4人生还，其余520人成为空难记录里的统计数字。

这次空难，有个发人深省的地方，那就是飞机先发生爆炸，在空中盘旋5分钟后才坠毁。任何人都可以想见当时机上的混乱情形。500多位活生生的人在这最后的5分钟里面，除了自己的安危还会想到什么？谷口先生给了我们答案。

在空难现场的一个沾有血迹的袋子里，智子女士发现了一张令人心酸的纸条。在别人惊慌失措、呼天抢地的机舱里，为人父、为人夫的谷口先生，写下给妻子的最后遗言：

"智子，请好好照顾我们的孩子！"就像他只是去远行一样。

你为谷口先生难过吗？还是你为人生的无常而感叹？免除后顾之忧，坦然地面对人生、享受人生，这就是保德信117年前成立的原因。走在人生的道路上，没有恐惧，永远安心——如果你有保德信与你同行。

在这一则广告文案中，广告安排了一个故事性内容：当空难发生的时候，在一片惊慌失措、呼天抢地的呼喊声中，谷口先生抓住生命的最后一刻，写下一张纸条，叮嘱妻子要好好照顾孩子。谷口先生在临难前还不忘叮嘱妻子要好好照顾他们的孩子，由此使人们联想到，购买人寿保险，在自己的身后为家人尽一份责任，是每一个成年人应担负的职责。广告中的故事，使广告变得十分感人，也给人们留下了深刻的印象。

又如美国加州兰丽牌绵羊油的广告文案。

很久以前，一双手展开了一个美丽的传奇故事

在远古，一个很遥远的国家，有一位非常讲究美食的国王。在皇家御厨中，有一位技艺高超的厨师，他所做的大餐小点深受国王的喜爱。有一天，国王忽然发现餐点差了，将厨师找来一问，原来厨师那双巧手突然变得又肿又红，当然做不出美味的餐点来。国王立刻让御医为厨师医治，可惜无效。厨师不得不离去。

可怜的厨师流浪到森林中一个小村庄，帮一位老人牧羊。他经常用手抚摸羊身上的毛，渐渐发觉手不疼了。后来，他又帮老人剪羊毛，手上的红肿也渐渐消失了。他欣喜地发现自己的手好了。

他离开老人返回京城，正碰上皇宫贴出告示诚聘厨师。于是他前往应聘，所做的大餐小点，大获国王赞赏。他知道自己的手恢复了过去的灵巧。当他被录用后，剃了胡须，大家才发现他就是从前的大厨师。

美食品尝家国王召见他，问他的手是怎样治好的。大厨师想了想说，大概是用手不断整理羊毛，获得无意中的治疗吧。

根据这条线索，国王让科学家们详加研究。结果发现，羊毛中含有一种自然的油脂，提炼出来，有治疗皮肤病的功能。国王命名其为兰丽。

广告讲了一个关于发现羊毛上的油脂能够治疗皮肤病的故事。而且这是发生在一个古老王国的国王身边的故事，故事本身又很美丽，所以有很强的可信性和推销力。

（十）诗词体

诗词体广告即用诗词形式写成的广告正文。诗词体广告正文具有音韵美、形式美、语言

美、意境美四大特征，因此，适合表现产品的文化韵味和附加价值，可塑造产品的美好形象，形成受众基于审美意义上的消费行为。

具体写作时，可以用格律诗形式，也可以用自由诗形式。

格律诗在组织结构上讲究对偶、押韵，字数相对固定，又可分为律诗和绝句两种，律诗有五言律诗和七言律诗，绝句也有五言绝句和七言绝句。广告可以借用古代的格律诗来直接表现企业或产品，也可以根据内容的需要，对这种严谨的格律诗形式做某些灵活的改变，以符合广告主题的需要。

赞兰陵美酒：

兰陵美酒郁金香，玉碗盛来琥珀光。
但使主人能醉客，不知何处是他乡。
——唐·李白

醉流霞酒广告：

金灶初开火，仙桃正发花。
童颜若可驻，何惜醉流霞。
——唐·孟浩然

卖画广告：

画竹多于买竹钱，纸高六尺价三千。
任渠话旧论交接，只当秋风过耳边。
——清·郑板桥

王麻子剪刀店广告：

刀店传名本姓王，两边更有万同汪。
诸公拭目分明认，头上三横看莫慌。
——晚清·李静山

红楼糕点广告：

典出红楼命意新，京华糕点簇谨辰。
慕名应实传中外，巧制精研务本真。
——周汝昌

自由诗形式的广告，语言通俗易懂；句式灵活多变，可长可短，用语押韵，不拘一格；篇幅长短伸缩自如，不受限制。自由诗广告有利于情感的交流，其中有侧重于抒情的，也有侧重于叙事或描述的，要在运用中根据具体需要来把握。

留一盏灯，给晚归的人

子夜，灯一盏一盏熄了，
浓密的夜色淹没了初歇的灯火。
万物俱眠，
怎舍得未归的人

独自在黑夜赶路?
且点上一盏灯,
点上家的温馨与期待,
让晚归的人儿
不觉孤独。
飞利浦真柔灯泡,
为晚归的人点上一盏温馨的灯。

(十一) 歌曲体

歌曲体广告即以歌曲形式撰写的广告正文。歌曲体与诗歌体的不同,在于歌曲体广告文案要谱上可以唱的乐曲。因此在写作歌词时,注意要能与乐曲相配合,容易演唱,能够听懂,朗朗上口,避免生僻的字词。又因为广告面对的是大众消费者,所以歌词要大众化,符合目标消费者的欣赏习惯和文化背景。如草珊瑚含片广告文案。

草珊瑚含片

(歌词)
掌声响起,回味你的深情,
经久的关怀与温馨,
悉心的爱护与保养,
无论掌声是否响起,
草珊瑚含片都一往情深。
(旁白)
清爽在喉,滋润在心,
——草珊瑚含片,
抗菌消炎,止血止痛,
中央人民广播电台播音员护嗓专用。
草珊瑚含片,治疗咽喉炎有特效。

(十二) 散文体

散文体广告即以散文形式写作的广告正文。散文语言优美,利于抒情。广告在需要进行感性诉求时,就可以使用散文体表现形式。如怡安花园报纸广告文案。

除了家人,她可能是最亲近的人

在喧嚣忙碌的都市中,除了家人,谁是最亲近的人?

如果问怡安花园业主,十有八九会异口同声地说:“还有王阿婆——”年近六十的王阿婆,在这里每天干着相同的工作,扫扫地,看看门,递递报纸……事情很多、很杂。可每次见到她时,她都热情地和你打招呼、拉家常……那种久违的亲切感,不经意地涌上心头。

说也奇怪,自从来了王阿婆,邻里之间的生疏感渐渐少了,而浓浓的人情味渐渐洋溢开来……

这篇文案类似一篇记人散文，它以零星的生活片段和细节表现王阿婆这一人物的精神风貌，从一个侧面显示怡安花园良好的人际关系和人文环境。

写作这类文案要注意散文笔调的流露。散文笔调有两点要求：第一，语气软化，避免武断和生硬；第二，饱含情致，可以直接抒发胸臆，也可以在叙述、描写和议论中渗透着创作者浓厚的情感。

（十三）名人推荐体

利用名人对商品的评价和体验所写成的正文，就是名人推荐体广告正文。这种形式的广告正文要抓住权威性和适合性两个方面下功夫。权威性，就是广告正文在表述时，语言风格和内容都要体现出信息倾向；适合性，就是广告正文的表达风格、语言特点都要适合名人本人的一贯特点，否则就不是受众心目中原来的形象。如李默然代言的三九胃泰广告，获得巨大成功；又如姜昆和大山代言的脑白金广告。

肠道好，睡觉特别香。（三九胃泰）

今年端午不收礼，收礼只收脑白金。（脑白金）

（十四）相声体

相声体广告是以相声艺术的表演形式传递商品、劳务信息的广告文体。

相声是引人发笑的艺术，是我国人民喜爱的艺术形式。广告运用相声艺术来宣传商品，可以使人们在轻松愉快的气氛中接受广告信息。

创作相声体广告正文要注意以下几个方面。

(1) 相声的文学脚本由垫话、正话、收底三部分构成。垫话是前奏，其主要作用，一方面是点明主题，另一方面是吸引听众；正话就是正文的意思；收底就是结尾，好的收底，能恰到好处地结束全篇，引起听众哄堂大笑，而且意味无穷，给听众留下难忘的印象。

(2) 由于相声体广告正文的目的是推荐商品或劳务，所以要短小精悍。

(3) 以笑料为“包袱”，通过设置悬念、曲解、打岔、双关、强词夺理、不懂装懂等方法吸引听众。同时，要注意把生活现象和商品性能巧妙结合起来设计“包袱”，不要牵强附会。

(4) 语言必须简练、幽默、风趣，使人忍俊不禁。如马季和唐杰忠合说的相声广告《爱“嘉陵”》。

爱“嘉陵”

唐杰忠：老马，您在等谁呀？

马季：我的那个“嘉陵”。

唐杰忠：“嘉陵”是您“爱人”呀？

马季：我太喜欢“嘉陵”了。它有许多优点，容貌长得盖世无双，绝代佳人，风度潇洒、帅气，平地走路像仙女腾云驾雾，爬坡就如嫦娥奔月，唱歌优美动听。与“嘉陵”结为“伴侣”太幸福了，追求“嘉陵”的小伙子太多了，连姑娘们也都在追求“嘉陵”哪！

唐杰忠：什么，姑娘们也向您“爱人”求爱?!

马季：什么呀？瞧，它来了。

唐杰忠：呵，原来是“嘉陵”牌摩托车呵！

（十五）对话体

对话体广告即采用对话形式写成的广告正文。其格式上有明显的标志，即在两个人或几个人之间展开对话。写作时，在每段或每句话前，先写清说话人的姓名、性别或角色，然后写出说话的内容。一般开始部分先说出产品的名称，然后介绍产品的性能、作用、成品、生产原理、适用对象、使用方法等重要内容，结尾处写出生产厂家、联系方法等广告附文中的内容。文字要写得生动活泼、自然朴实。如神州牌热水器广告文案。

（广告歌）神州，神州牌热水器，安全又省气！

男：喂……这发廊是怎么回事？头洗了一半就没热水了？

女：唉，停电了，没办法啊，将就一下用凉水洗吧。

男：那不是拿我的头开玩笑？那肥皂水弄到我的眼里涩得要命！唉，这回可惨了！（广东方言）

童：哎，你们不用吵了，关键时刻我来救你！

男：喂，你是谁呀？

童：我？我就是顺德热水器厂出品的神州牌热水器。

女：这里停电，你怎么知道的？

童：嘻嘻，怎么会不知道呢？我神州热水器的出世八成都是为了你，如果你装了我，什么时候停电都不用担心了，更不会给顾客骂个半死！

女：神州牌热水器真是善解人意啊！

（广告歌）神州牌热水器，是我们发廊的好知己。

（十六）描写体

描写体广告正文重在用具体、形象的语言描绘产品及其给人带来的享受。如羽西唇膏广告文案。

魅力迷人的色彩唇膏

方糖红：有两人份的茶水甜味，清淡情调的淡红色，柔软的甜味，适合 20 岁至中年的现代女性使用。

亮光红：像罗曼史中的女主角般迷人，有舒适的魅力，在荧光灯下显得特别美丽。

橘红：胡萝卜颜色，适合用于郊游和海边避暑。

扁桃褐色：高尚、淡雅之色，不论是肌肤白皙的女性或呈小麦色的肤色，都具有一种稳重深沉的魅力。

这篇文案用形象可感的语言描绘了不同颜色的唇膏所显示的个性魅力及其给消费者带来的不同的格调与气质。这类文案较说明体文案更多地包含了形象描绘和心理感受。

（十七）书信体

这类文案通常采用信件形式来宣传产品或企业形象。书信体广告正文要按照书信规范写作，结构上应包括称呼、正文、结尾、署名和日期五个部分。

如获得第五届全国优秀广告作品展平面作品类铜奖的文案《儿童百服宁系列·找人篇》。

她在找一个人

那天在火车上，我孩子发高烧，他爸又不在，我一个女人家，真急得不知道怎么办才好。

多亏列车长帮我广播了一下，车上没找到医生，还好有一位女同志，给了我一瓶儿童用的百服宁，及时帮孩子退了烧。我光看着孩子乐，就忘了问那位好心的女同志的名字和住址，药也忘了还她。你瞧这药，中美合资的产品，没药味，跟水果似的，能退热止痛，并且肠胃刺激又小，在我最需要的时候，百服宁保护了我孩子。

人家帮了这么大忙，我和孩子他爸都非常感谢她，真希望能再见到她，给她道个谢！

王霞

××年×月×日

这篇书信体文案将产品的信息巧妙融合到对事件的叙述中，且有较强的抒情性，读起来亲切感人，回味无穷。虽是书面语体，但口语色彩浓郁，有强烈的生活气息。

（十八）戏剧体

戏剧体广告即借用戏剧尤其是戏剧小品的形式宣传商品、服务或观念的广告形式。它不仅要有故事情节和矛盾冲突，而且要有人物及人物的对话和动作。此种广告，情节要充满趣味，戏剧矛盾要突出，结构要紧凑，出场人物不能太多。当情节触及商品时，应把握时机，加强广告主题的宣传。广告正文要以剧本方式出现，其中要有人物、台词、冲突和场面四要素。

所谓戏剧冲突，是指展示人物性格、人物关系以及反映社会生活本质特征的高度典型化的矛盾冲突。反映在戏剧中就是生活矛盾，有对立人物，有矛盾冲突。因此，写作戏剧体广告要注意安排尖锐的矛盾冲突，围绕矛盾冲突来展开情节，商品特点则在矛盾冲突中得到体现。

在结构方面，要有情节主线，安排好开始、发展、高潮、结局四个部分。根据主题的需要，突出矛盾重点，线索清晰明白、干净利索，并要注意情节之间的连贯性、逻辑性和顺序性，使全剧如同行云流水，自然流畅。戏剧体广告一般篇幅不长，结构要求精练，要以突出商品为主。

戏剧的人物语言主要有唱词和念白。语言要性格化、动作化。性格化是指人物说话的口气、用语、句法等都要符合人物的年龄、性别、职业、经历、身份、教养等。动作化是指语言能体现人物已经表现过的动作，并引出未来的动作。

（十九）条目体

条目体广告是指用条目的结构方式进行表达的广告文案。这种广告可以用较少的文字刊载较多的内容，将它用在视觉媒介上，可以让受众快速了解主要信息，在结构上显得清楚简洁。

南鹏粤港家居装饰商城

——为您营造一个温馨的港湾

- 规模大

营业面积两万平方米，停车场五千平方米，装修高档，交通便利，周边环境繁华，配套设施优良。

● 品种全

高档灯具、卫生洁具、五金涂料、门窗布艺、地板地砖、厨房家具，一应俱全。

● 品位高

日本大山灯具、松下豪华灯具、德国圣象地板、西班牙地砖、意大利精品家具荟萃。

● 服务优

开设家庭装饰课堂，免费设计、咨询服务，并由有资质等级的装饰公司为家庭提供服务。

（二十）比较体

为了让消费者确信自家的商品是货真价实的，可以在广告中自信而主动地请消费者货比三家后再采取购买行为。此类广告往往能够使消费者产生这样的印象：其一，关心消费者；其二，诚恳、实在；其三，商品质量过硬。

在中国做比较广告时，要注意广告法的规定，不要贬低别人抬高自己，不要构成不正当竞争。最安全的比较是自己和自己比，即以现在的产品性能和过去的性能比，以现在的价格和过去的价格比，以现在的质量和过去的质量比，以现在的销量和过去的销量比，等等。

六、广告附文的写作

（一）广告附文的含义

广告附文，是指在正文之后用来介绍企业名称、地址、电话、购买方式等信息的文字。其内容大致包括产品品牌、企业名称、企业标志、企业地址、联系方式、购买方式、权威机构证明标志、必要的表格等内容特别的信息。

（二）附文的写作原则

1. 信息的完整性原则

信息的完整性是指附文必须保证整个广告文案信息的完整，而不是指附文本身信息必须完整。在检查广告标题、正文、标语传达了哪些信息的基础上，看有哪些必要的信息还没有传达。如果可以在前面几个部分中传达，就将这些信息补充到它们当中，如果不能在前面几个部分中传达，就要将它们写入附文中，以保证整个广告文案传达的是完整的信息。

2. 语言文字风格的一致性原则

在写作附文时，应考虑到文案整体的风格，并据此写作附文，以使文案呈现出前后一致的整体风格。

3. 行文的简明性

由于在文案中，附文并不居于主体的地位，所以一般的附文都比较短小，这就需要附文使用简洁的语言，尽量不占用过多的篇幅，以免喧宾夺主。

4. 信息细节的准确性

因为附文中常常要包括企业名称、地址、电话等具体信息，因此在写作附文前应认真核实，避免在企业全称与简称、地址、电话等具体细节上出现错误。

（三）附文的写作技巧

附文的写作，虽然不像广告口号、标题、正文写作那样有很多技巧，但是也要注意一些方法和要求。

1. 明确联系方式

开始写作附文之前，应确定在附文中传达哪些信息。如品牌名称，企业标志，企业的全称、地址、邮编、电话、传真号码、网址及联系人、经销商及其地址、电话，负责安装、维修的服务部门的电话、联系人等。然后按照这些信息的原貌将它们列在正文之后就可以了。如小天鹅洗衣机在1998年5月4日的《羊城晚报》投放的报纸广告的附文。

> 小天鹅集团
> 地址：中国无锡惠钱路67号
> 邮编：214035
> 本地服务热线：（020）84420142
> 总部监督电话：（0510）3703114

2. 写明附言

可以将附文写成简短的附言，为使其具有亲切感和人情味，还可以在附文中使用比较个人化的语句。比如在希望读者主动索取有关资料的文案中，附文就可以采用这样的句式，如下面两个范例。

> 如果您希望了解关于……的更详细的情况，可以按照下面的地址给我们写信。
> 我们在……为您准备了关于……的更加详细的资料。

还可用委婉、礼貌的语言给出消费者应关注的信息。例如飞利浦DVD广告文案的附文。

> 凡购买DVD840影碟机一部，附送宝丽金精选珍藏DVD MTV卡拉OK碟一张，数量有限，送完即止。
>
> 如有垂询，请致电飞利浦顾客服务热线（021）65179158或广州办事处电话（020）87320006。

这类附文由于使用“附送”“垂询”“请”等礼貌语言，使受众产生一种被尊重的感觉，读者会感到文案是在对自己说话。

3. 制作表格

附文可以通过简单的表格来表现。如一些附文中经常包括的“消费者意见表”“参加抽奖活动报名表”等。由于表格比较醒目，常常可以收到比一般文字更好的效果。

有的广告文案为进一步了解受众的情况，在末尾列了一个表格，供读者填写，这类似一张小的市场调查表。这些都是表格式附文，其作用是方便受众与公司联系。

4. 防止遗漏

广告附文最常见的弊病是罗列过多。要想使广告附文有效，必须抓住重点，突出关键性内容，将可说可不说的话坚决删去。但另一方面，广告附文要防止遗漏某些重要内容。广告附文的一些条文，如权威机构的认证等，可能具有较强的说服力，要以较醒目的字体告诉受众。有时一则广告中真正能说服受众的，很可能是附文中出现的权威机构的认证评定等内容。因此在写作广告附文时，要善于抓住、突出真正具有促销作用的条文。

5. 加入辅助说明

广告附文的写作要尽可能具体直观，使之便于记忆。在创作广告附文时，文案人员常常不够细心，使有些附文的条目写得不够具体直观。如一些地方性服务广告附文中的公司地址，除了某街某号之外，缺乏必要的辅助说明，不具有直接的可识别性。因此，广告附文应该设法加入一些直观易记的辅助说明。如可以附加说明公司地址位于某某知名建筑物的某个方位，或者将电话号码编成一个有意义的谐音代码等，使之便于记忆。

6. 突出促销措施

如果有赠物、抽奖、赠券等促销内容，附文必须将这些内容加以突出，以显眼的方式表现出来。受众对优惠、抽奖等实利性信息，远比对广告本身的兴趣要大得多。因此，如果某次广告活动还配有折扣、抽奖等内容，必须想办法突出这些内容，因为这样做可以吸引更多的受众。如下面两个范例。

> 我们的特别优惠活动在以下店铺中进行，欢迎您就近光顾。
>
> 如果您在××日以前购买××产品，我们将有特别的礼品奉送。

7. 强调利益承诺

附文中可再一次强调给消费者的承诺，让消费者放心购买。

附文一方面可以提醒消费者注意品牌名称，另一方面又可以向消费者做出明确承诺，从而消除了消费者心中的顾虑。

第四节　广告口号的写作

一、广告口号的概念

（一）广告口号的含义

广告口号，也叫广告主题句、广告中心词、广告中心用语、广告标语等，它是企业为了加强受众对企业及商品的一贯印象，在广告中长期反复使用的简明扼要的、口号性的、表现商品特性或企业理念的句子。广告口号是基于企业长远销售利益，向消费者传达一种长期不变的观念的有效形式。

（二）广告口号的作用

1. 广告口号是企业与受众之间的认知桥梁

广告口号主要表现企业、商品、服务的精神、理念、特性。在流传的过程中，这些句子就成了企业、商品、服务和受众之间的一座桥梁。比如：从“我们一直在努力”能看到爱多VCD企业的拼搏精神；从“真诚到永远”可以看到海尔集团的一片真诚；从“‘酱’出名门，传统好滋味”可以知道统一企业的酱产品的传统风味、悠久历史；而“摩托罗拉传呼机，随时随地传信息”，能够让受众明白该品牌的最大优势。

2. 加强受众对企业、商品和服务的一贯印象

广告口号的一个重要特点是，它能够得到统一表现、反复表现和长期表现。而统一的、反复的、长期的表现，能在人们的心目中留下一贯的、不变的印象。这个一贯的、不变的印象可以使受众心目中的企业、商品或服务体现出各自的特点和形象特征，使得它们从众多的同类企

业、同类商品、同类服务中凸显出来，给受众一个深刻而长期的记忆。

3. 通过多层次传播，形成口碑效应

广告口号一般运用口语化的语言风格，形成通俗易懂的语言特征，有利于人们进行口头传播。人们可以在轻松的状态下完成人与人之间的多频度、多层次的传播，形成波及效应，从而使企业、商品或服务在人与人之间的口头传播中产生口碑效应。

4. 传达长期观念，产生长远销售利益

广告口号的表现内容，一般是企业理念和消费观念。如："朵而，由内而外的美丽"（朵而胶囊），体现了企业的审美观念，同时也体现了企业和商品的个性。

（三）广告口号的特征

1. 信息单一，内涵丰富

广告口号一般都是用一两个完整句子来表现一个信息或一个观念。

> 康师傅方便面，好吃看得见。（康师傅方便面）
> 不要太潇洒哦。（杉杉西服）
> 好鞋大家穿，大家走好路。（台湾阿瘦皮鞋）
> 在性之外还有生活（There's life after sex）。（防止艾滋病公益广告）
> 生活是苦涩的，而您的 Tequila 酒却不是。（Tequila 酒）

这些广告口号信息单一，容易理解，便于记忆，内涵丰富。

2. 句式简短，朴素流畅

广告口号要在受众的心目中形成一定程度的记忆，就要使句式简短，使其容易记、容易念、容易传。而要使广告口号成为大众日常生活中的流行语，还需要使其具备口语化风格。因此，简短的句式、朴素的遣词造句、流畅的音韵效果，是广告口号的特征。如：

> 出去购物，22 秒钟后回来，玛丽·约。（Reebok 运动鞋）
> 选择维聚阿尔，已经表明你心明眼亮。（维聚阿尔眼镜公司）
> 用我们的钓线，你可以在鱼儿发现你之前先找到它。（约翰逊钓具）
> 佳能，我们看得见你想表达什么。（佳能照相机）
> 身着玫瑰色，是为了结交女友；身着蓝色，是为了结交男友。（李维斯牛仔裤）

3. 反复运用，印象深刻

广告口号是企业、商品、服务在广告运作的整个过程中，在各种媒介、各个广告作品中都以同一面貌甚至是在同一位置，用同一种书写方式出现的句子。它长期不变地向受众进行同一种观念、同一个形象、同一项利益点的诉求。在反复不变的诉求中，留给人们一个一贯的、独特的、深刻的印象。

二、广告口号的写作原则

（一）简短易记，口语风格

广告口号主要是要通过口头进行传播，因此就要简短易记，要有口语的表现风格。所以，写作时要运用消费者在日常生活中所使用的亲切平易、大众化的语言。

今天你喝了没有?(乐百氏)

真诚到永远。(海尔电器)

让我们做得更好。(飞利浦)

(二) 用词朴素,合于音韵

用词朴素,指的是用词平易而不是华丽。合于音韵,是指广告口号要具有音韵之美,富于韵律节奏感。

要想皮肤好,早晚用大宝。(大宝 SOD 蜜)

鄂尔多斯羊绒衫,温暖全世界。(鄂尔多斯羊绒衫)

东奔西走,要喝宋河好酒。(宋河酒)

维维豆奶,欢乐开怀。(维维豆奶)

太阳更红,长虹更新。(长虹电视)

这些都是用词朴素、富于音韵美的广告口号。

(三) 突出个性,观念超前

只有具有个性的广告口号,才能脱颖而出,让受众过目难忘。

喝贝克,听自己的。(贝克啤酒)

在乎你的感觉。(三源美乳霜)

保养皮肤,做个有味道的男人。(某男性护肤品)

我的眼里只有你。(娃哈哈纯净水)

无论何时何地,我们与你同在。(中国移动通信)

(四) 情感亲和,渗透力强

广告口号应该在感情上下功夫,将企业对消费者的关心用情感性的语言告诉消费者,形成内在的亲和力。

飘柔,就是这么自信。(飘柔洗发水)

没什么大不了的。(丰韵丹)

治肾虚,请用汇仁肾宝。(汇仁肾宝)

呼机、手机、商务通,一个都不能少。(商务通)

谁让我心动?(FM365 网站)

别让 Tracer 看见胡子。(飞利浦电动剃须刀)

(五) 适应媒介,长期运用

只有长期运用广告口号,才能起到长期有效的作用。广告口号要适宜在任何媒介上运用。

飞利浦,让生活亮起来。(飞利浦电灯泡)

挡不住的感觉。(可口可乐)

农夫山泉有点甜。(农夫山泉)

27 层净化。(乐百氏纯净水)

中华永在我心中。(中华牙膏)

保护嗓子,请用金嗓子喉宝。(金嗓子喉宝)

穿金猴皮鞋，走金光大道。（金猴皮鞋）
东西南北中，好酒在张弓。（张弓酒）

这些广告口号适合各种媒介使用，能够形成长期效应。

三、广告口号的类型

一般将广告口号分为企业广告口号和产品广告口号两种类型。企业广告口号是为建立一贯的企业形象而写作的；产品广告口号是为产品或服务的销售而写作的。我们还可以在内容和结构上进行分类。

（一）内容类型

1. 形象建树型

主要为建立广告主的形象。这个形象可以是企业形象、产品形象、品牌形象、服务形象。如：海尔集团的“真诚到永远”，体现了企业对消费者的情怀，为自己建立了一个真诚的、可信的企业形象；而“宝洁，世界一流产品”“宝洁，美化你的生活”，体现了企业对自己的信心、对消费者的关怀，体现了一个企业的宗旨、一个品牌的形象。在广告口号中，大多为形象建树型。

要做就做最好。（步步高 VCD）
第一流产品，为足下增光。（红鸟牌鞋油）
新鲜常在香雪海。（香雪海电器）
TOSHIBA，TOSHIBA，新时代的东芝。（东芝电器）
为求人类共荣，做全球企业公民。（日本佳能公司）
亚细亚，太阳升起的地方。（亚细亚商场）
新飞广告做得好，不如新飞冰箱好。（新飞电冰箱）
康师傅方便面，好吃看得见。（康师傅方便面）

2. 观念表现型

通过对某种观念的提出和表达，来表现广告主的观念和看法，实现对消费方式和消费观念的创造和引导。如“皮肤需要营养”，是纳爱斯香皂针对它的竞争对手舒肤佳而提出的一个有针对性的消费新观念；雕牌洗衣粉的“不买贵的，只买对的”，以对一种消费观念的肯定来表现产品的价值；“不求急进，只求踏实”是芬兰韦齐莱工业集团企业广告，揭示了企业的经营理念。

通过观念的提出来创造某种消费时尚，也是广告口号中一个重要的内容类型。比如“弹钢琴的孩子不会变坏”（山叶钢琴）、“和香味同居的时代”（香之最汽车香剂）、“好东西要和好朋友一起分享”（麦斯威尔咖啡）等广告口号，在产品的销售中都起到了很好的作用。

两片，史克肠虫清。（史克肠虫清）
中原之行哪里去？郑州亚细亚。（亚细亚商场）
做女人真好。（太太口服液）
科技以人为本。（诺基亚）
坐红旗车，走中国路。（红旗轿车）

补钙新观念，吸收是关键。（龙牡壮骨冲剂）
以产业报国、以民族昌盛为己任。（长虹电器）

广告除了倡导观念外，也可以宣扬某种精神。如：

当代精神，当代车。（上海别克）

3. 优势展示型

一般是展示产品或服务的优势。

红桃 K，补血最快。（红桃 K）
一人吃，两人补。（新宝钠多孕妇保健品）
清凉舒爽，全家共享。（六神沐浴露）
家有三洋，冬暖夏凉。（三洋空调）
海鸥表，中国计时之宝。（海鸥手表）
喝了娃哈哈，吃饭就是香。（娃哈哈营养液）
只需付三十法郎，就有两百万旅客能看到你的广告。（巴黎地铁）

以上广告口号都是对产品特点和功能的展示，使受众从广告口号中就能知道对自己而言产品的利益点何在。

4. 号召行动型

在广告口号中，一个主要的诉求目的是向受众发出某种号召，而这种号召一般采用祈使句式来表达。如：

喝汇源果汁，走健康之路。（汇源果汁）
男人应有自己的声音。（阿尔卡特手机）
只要您拥有春兰空调，春天将永远陪伴着您！（春兰空调）
男子汉就喝男子汉茶。（宁红男子汉茶）
真酒？假酒？不如以茶代酒！（柠檬茶）
只要你有时间坐下，我们就能给你健康！（松下电子按摩椅）

5. 情感唤起型

广告口号可借助人们的人性因素、情感因素，用情感向受众呼唤、宣泄、倾诉，以此求得目标消费者的情感消费。如：

慈母心，豆腐心。（某豆腐）
我的眼里只有你。（娃哈哈纯净水）
您需要的，我们永远努力！（方太油烟机）
与“狼”共舞。（狼牌运动鞋）
威力洗衣机，献给母亲的爱。（威力洗衣机）
我们为你想得更多。（格力空调）

（二）结构类型

1. 单句形式

许多广告口号都是采用单句形式表现的。

清清爽爽每一天。（娇爽卫生护垫）
还地球本来面目！（台湾地区环保生活促进会）
一切尽在掌握。（爱立信手机）
让我们做得更好。（飞利浦电器）
知识改变命运。（公益广告）
科技让你更轻松。（商务通）

2. 对句形式

对句形式广告口号就是由两个单句组成的广告口号，读起来有一种相互映衬的音韵效果。又可分为对仗型和非对仗型。

对仗型如：

福气多多，满意多多。（福满多方便面）
不溶在手，只溶在口。（M&M巧克力）
华龙面，天天见。（华龙方便面）
食华丰，路路通。（华丰方便面）
晶晶亮，透心凉。（雪碧）

非对仗型如：

25年本色，不改其貌。（K-SWISS鞋）
海尔，中国造。（海尔电器）
集美沙发，牛！（集美沙发）
望子成龙，小霸王学习机。（小霸王电脑学习机）

3. 前缀式句型

一般是在一个短句前，先给出广告主的名称。这种句式，前面提示了广告主，后面则是对广告主的评价或对其特征的展现。如：

天府花生，越剥越开心。（天府花生）
统一面，非常面，好吃又地道，非同寻常的好面。（统一方便面）
雀巢咖啡，味道好极了！（雀巢咖啡）
方太，让家的感觉更好。（方太厨具）
文曲星，真正的活字典！（文曲星电子字典）

4. 后缀式句型

后缀式句型即在前面表现对广告主的评价和对其特征的展现，在后面提示广告中的企业、产品或服务的名称。如：

清除体内垃圾，昂立一号。（昂立一号）
丰胸不丰腰，三源美乳霜。（三源美乳霜）
国际名牌，皮尔·卡丹！（皮尔·卡丹服装）
高雅、潇洒，雷特蒙！（雷特蒙服装）

四、广告口号的表现形式

(一) 比较法

通过对两种商品质量、性能或价格的对比，或者对一种商品使用前后的效果对比，突出特点，取得消费者的信任。如：

一鸡蛋可换两袋。(海鸥洗头膏)

每天使用，20 年后唯一该更换的部件无非是它的铰链。(美国吉普打火机)

海鸥洗头膏在农村的宣传广告通过极浅显和通俗的比较，帮助讲究实惠的农民们算了一笔账。用鸡蛋进行价格上的对比，更贴近农民生活。吉普打火机的广告将“20 年”和“唯一”做比较，吉普打火机过硬的质量就在漫长的时间里得到了证明。

又如：

万般皆下品，唯有“海鲜”高！(正元海鲜酒楼)

七喜，非可乐。(七喜饮料)

百事味道，胜过其他的清爽。(百事可乐)

5 分钱买两倍的东西，百事可乐是你的饮料。(百事可乐)

请到别处看一看，再跟豹王比一比。(豹王皮装)

(二) 承诺法

以许愿和保证的方式突出商品或服务的优点，以此比照出质量不过硬的产品就不能做到这些，于是往往能够突出商品和服务的非同凡响之处，并博得消费者的好感。

我愿给这个世界买一杯可口可乐。(可口可乐)

定能寻得你满心渴望的欢乐。(云雀香水)

每次面对镜子，都让您信心十足。(宝贝化妆品)

常用贵妃液，令您秀发如云！(贵妃液化妆品)

让节日温馨的娇容，再显女士美丽的憧憬！(丽花丝宝化妆品)

拥有精美化妆，完美体现自我！(阿美化妆品)

你希望在五十岁时还年轻吗？(少女化妆品)

苗条天姿，来自洁士！(洁士化妆品)

(三) 设问法

以询问的句式提出问题，于平平淡淡中引起人们注意。例如：

想知道“清嘴”的味道吗？(清嘴含片)

您知道我在等您吗？(川香粤大酒店)

今天你喝了没有？(乐百氏)

今天你洗头了没有？(某洗发水)

(四) 描写法

用简练、优美、形象的语言客观地描绘商品的特色，达到绘声绘色的效果，使消费者产生亲自尝试的愿望。例如：

滴滴香浓，意犹未尽。（麦氏咖啡）

纯正口味，异域情调，美式服务，全新感受，所付甚少，回味悠长！（加州牛肉面店）

静谧的气氛，舒适的装饰，上海宾馆带您进入悠闲的世界。（上海宾馆）

山上美如画，山下暖如家。（长白山宾馆）

消闲舒雅，琴声乐韵，举酒畅谈，其乐悠悠！（舒雅酒吧）

（五）叙述法

不加任何修饰，客观地陈述商品特点或企业宗旨，朴实庄重、落落大方、简洁明了，也会得到消费者的信赖。例如：

当太阳升起的时候，我们的爱天长地久。（太阳神口服液）

难言之隐，一洗了之。（洁尔阴洗液）

太阳神口服液的广告表达了太阳神集团将太阳神作为一种保健饮品奉献给人们的爱心，含义深邃，意境悠远，令人回味。洁尔阴的广告则宣传洁尔阴洗液主治被妇女视为“难言之隐”的妇科病，直截了当点明了妇女们的顾虑，并且洁尔阴洗液能够将此“一洗了之”，自然也就迎合了女性消费者的心理。又如：

永远不会泛黄。（国外某油漆）

也许你不相信广告，但你应该相信自己。（碧纯蒸馏水）

偶然看见我，从此离不开。（京海法式面包房）

唯一缺少的就是您！（香格里拉大酒店）

香格里拉，您平步青云的必然选择！（香格里拉大酒店）

山亲水亲不如“老地方”亲，千好万好还是“老地方”好！（老地方酒店）

这里有“世外桃源”！（世外桃源酒店）

老地方，温馨迷恋的地方！（老地方酒店）

（六）幽默机智法

用幽默的手法传递商品和服务信息。幽默体广告口号以富于机智幽默的语言，吸引人们的注意力，使人于含蓄、风趣中领会其中的深层含义，完成对商品的认识、记忆、选择和决策的过程。例如：

按捺不住，就快滚！（微软鼠标）

节食减肥，何必剥夺人生最大的享受。（美猴王减肥品）

如果不小心摔在街上，就会招引来一大群狗。（某狗粮）

最有钱的人也买不起劣质窗户。（建筑材料）

它能将整个世界黏在一起。（黏合剂）

（七）对偶成联法

运用汉语的特点，以语言的对偶造成形式上相协调的美感和意义上的丰富感，这是我国广告主喜欢的一种方法。例如：

五月黄梅天，三星白兰地。（三星白兰地）

这是旧上海某报登出的广告，全联对仗工整、和谐，令人惊叹。今天的对偶大多不太严整，比如淮北口子酒广告口号“隔壁千家醉，开坛十里香”，中国人民保险公司广州分公司的广告口号“事事保险，岁岁平安”，即属此类型的对联广告口号。

一副立意巧妙、对仗工整又能显示经营特色的店堂对联，不仅可以增加店堂的知名度，显示文明经商的品质，还可招揽顾客，让顾客产生依赖感与满足感。

对联一般要求有两个并列的句子，字数相等，形式整齐，语法结构相似，讲求对仗。而且要求平仄合拍，用词贴切，富于音乐感和节奏感。而行业对联在上述要求之外，还应该使用本行业的专用术语来显示本行业的特点。

对联体广告口号的写作格式是：两句字数相等，词性相同，句法结构相似，平仄相对。在正常情况下，上联应该是仄声收尾，下联应该是平声收尾。如：

爆竹一声除旧岁，桃符万户迎新春。（爆竹店）

秤虽小掌管人间烟火，店不大有关国计民生。（秤店）

挥毫列锦绣，落纸如云烟。（笔砚店）

玩物岂真能丧志，居奇原只为陶情。（古玩店）

片纸能缩天下意，一笔可画古今情。（字画店）

游山直上多豪兴，相貌堂堂，请君莫忘着履；

踏月归来少俗尘，衣冠楚楚，自宜配好足装。（鞋袜店）

悬将小日月，照彻大乾坤。（眼镜店）

万里远牵乡国梦，一书长系故人情。（电报局）

（八）利用俗语法

利用俗语写作广告口号。俗语是指人们习惯用的通俗语句，包括谚语、歇后语、俚语、歌词、谜语、民间格言等，还包括大家都很熟悉的古典诗词。俗语通俗简练，传播面广，从不同的角度形成对事物的认识，是人们从日常生活中总结出来的经验，带有一定的哲理性。如：

千里之行，始于足下。（鞋）

天有不测风云。（保险公司）

冬天里的一把火。（唇膏）

民以食为天，食以火为先！（信成液化气）

好马配好鞍，靓车用“江山”！（江山汽车座套）

广告口号是一种语言的艺术，是创作者审美情趣、知识涵养等全部思想文化的体现。广告口号虽寥寥数字，但字字得来不容易，非下一番苦功是难以写好的。

五、广告口号的写作技巧

（一）内容选择的技巧

（1）选择最优先特征。如果是企业形象广告口号，就可以选用企业历史、专利技术、规模效应等方面的信息来表现；如果是产品广告口号，就可以选用产品的特殊功效、给消费者所能带来的便利性和利益点等方面的信息来表现；如果是服务广告口号，就可以选用服务特色和消费者所能得到的好处来表现。

（2）选择关键观念。这个观念，可以是关于企业与消费者的关系、企业发展宗旨，还可以是产品生产观念、消费观念。它体现了广告主的关键观念，也是引导消费者的观念。

（3）选择情感上共鸣的内容。将广告主对消费者、社会及公共事业的关心表现出来，能引发受众对广告主的好感。

（二）写作过程中的技巧

（1）运用动词，可以增强诉求效果，促进消费行动。如："永远不会向你请假的得力助手"（佳能电脑）。

（2）字词联想，可以产生很好的效果。如："不打不相识"（某打字机）。

（3）日常用语，贴近消费者生活，产生亲近感，容易记忆。如："味道好极了"（雀巢咖啡）。

（4）时尚话题，可以引起公众注意。如："均匀股市冷暖，奉献一片爱心"（春兰空调）。

（5）改造谚语，旧瓶新酒朗朗上口。如："车到山前必有路，有路必有丰田车"（丰田汽车）。

（6）口头禅，流传迅速。如："没有什么大不了的"（三源美乳霜）。

第五节　广告准口号的写作

广告准口号是近几年在广告作品中出现的一种文案形式，它最早出现在台湾和香港的广告作品中，被用来当作广告主题口号的补充。它用形容词、单句、并列句等形式，介绍商品特点或企业理念，也可用简短的句子来表现格言式或警句式的内容。在平面广告、文字广告以及电视广告中，广告准口号起到了突出主题、画龙点睛的作用。

由于广告准口号的用法比较混乱，很多人分不清广告口号和准口号的区别，因此有必要对广告准口号进行说明。

如圣元牛奶的系列广告。

广告口号：有牛奶，就有可能。　广告准口号：没有无法实现的奇想！
广告口号：有牛奶，就有可能。　广告准口号：没有不可能的任务！
广告口号：有牛奶，就有可能。　广告准口号：没有无解的谜团！

系列广告通过"有牛奶，就有可能"的创意概念，利用《金字塔篇》《比萨斜塔篇》《复活节岛篇》三张平面广告，表现圣元牛奶让谜不再是谜、将不可能变成可能，喻示孩子的未来不可限量。

一、广告准口号的形式

因为广告准口号是广告文案中的轻骑兵，所以它千姿百态、灵活多样，以陈述句、祈使句、疑问句、短语、诗词、谚语等形式，形成警句式的、格言式的、哲理式的、形象的或深邃的口号，读起来朗朗上口，容易理解，便于记忆，能够有效发挥广告的作用。

太太药业静心口服液以红遍海峡两岸20年的温柔歌后蔡琴为形象代言人，制作了一个系列广告，其中每个广告的准口号都与众不同。

忙碌的快乐，只有不累的人能体味。
还记得昨天的那个你有多好吗？
不失眠的夜晚是一种幸福。
好心情，与年龄无关。
学会自己为自己鼓掌。

这五个句子中的每一个都是一次内心独白，是自言自语，是对太太静心口服液的由衷赞美。

北京世纪瑞博广告公司为温莎大道房产做的系列广告中，有三个广告准口号谈到一个世人皆知的“不爱江山爱美人”的旷世恋情。

1931年，一个男人遇到一个女人。
1936年，温莎大道，一个国王放弃一个王国。
1937年，一个男人，一个女人，一种生活。

1931年，英王爱德华八世爱上了一个普通的美国女人——辛普森夫人沃利斯。1936年，当英王的恋情曝光后，引发英国政坛危机，鲍德温首相以内阁总辞职向他发难。爱德华八世在广播讲话中说：“没有我所爱的那个女人的帮助和支持，我感到不可能承担我肩负的责任。”在致辛普森夫人的信中又说：“我的朋友，与你在一起，远胜于拥有王冠、权杖和王位。”于是爱德华八世逊位，被降为温莎公爵。1937年，温莎公爵在法国与辛普森夫人沃利斯结婚。

这种利用世界名人的风流故事做准口号的方法，更彰显了温莎大道独有的品位和特质。

二、广告准口号的作用

从内容上说，广告准口号通过劝诫、说服、鼓励、赞扬、炫耀、比喻等方法，结合主题口号，来传达企业精神、经营理念、品牌或产品的核心价值，增强广告主题的诉求，给公众留下更深印象。

太太药业静心口服液系列广告中，“忙碌的快乐，只有不累的人能体味”“还记得昨天的那个你有多好吗?”“不失眠的夜晚是一种幸福”“好心情，与年龄无关”“学会自己为自己鼓掌”，这五个准口号既是对静心口服液的赞美，也是对中年“太太”们的劝说和建议，劝说她们人到中年要爱惜呵护自己。容颜将老，青春不在，要留住昨天的自己，请用静心口服液吧。广告准口号突出了企业对中年女性的关爱，体现了静心口服液的人文精神和人性关怀。

温莎大道的系列广告中，运用一则“不爱江山爱美人”的故事，衬托出温莎大道的不同凡响，凸显出温莎大道的文化背景，并使人由“温莎大道”这个名称联想到英国温莎公爵的浪漫爱情，赋予房产以皇室的尊贵和背景。

三、广告准口号与主题口号的区别

广告主题口号和广告准口号都是标语式的广告口号，都是以简练的语言和口号的形式，表达企业文化、经营理念、销售特点、产品优势、给消费者带来的好处等，从语言形式上是难以区分的。它们的差别主要通过系列广告表现出来。

在系列广告中，每一则广告的主题口号是不变的，而广告准口号则是各不相同的。

例如锦绣丽舍系列广告中，三幅作品的主题口号都是“锦绣生活，值得等待”，而广告准口号则解释锦绣丽舍为什么值得等待。

太太药业静心口服液的系列广告中，五幅作品的主题口号都是“静心，为中年喝彩”，而广告准口号却各不相同，从五个方面提醒中年妇女，静心口服液能让你更好。

尼桑汽车的系列广告中，五幅作品的主题口号都是“体验全球一致的优越”，而广告准口号则各有不同，分别从不同角度进一步阐释了主题口号所提出的“优越”的原因。

上海大众汽车做的系列广告中，广告主题口号是“实在，反而更难得”，而广告准口号则从四个侧面说明了大众汽车确实是很“实在”的。

由以上几个案例可以看出，广告准口号对广告主题口号起着解释、说明、补充的作用。

四、广告准口号的写作

由于广告准口号在写作上的灵活性、在作用上的显现性、在使用上的广泛性，所以逐渐得到广告人和企业的青睐，成为广告创作人员喜爱的文案形式。在写作的时候，关于如何处理广告主题口号和广告准口号之间的关系，通常有以下几种情况。

（一）二者兼有之

二者兼有之即在一幅广告作品中或在一个系列广告中，既有广告主题口号，又有广告准口号，广告准口号是对主题口号的补充、说明、阐释。如前面所说的上海大众汽车广告、尼桑汽车广告、静心口服液广告、锦绣丽舍房地产广告，都是这种类型。

（二）只有主题口号

只有主题口号即在一个系列广告作品中，只有主题口号而没有广告准口号。这是因为主题口号已经将广告的主题表达清楚了，不需要再用准口号进行辅助解释。如中智中药系列广告的四幅作品中，只有一个广告主题口号“中智中药，越来越好吃”。

又如麦肯光明广告有限公司为雀巢产品做的《跑步机篇》系列广告中，三幅作品都只采用一句主题口号“骨骼强健，什么都可以挑战”。文案持续而执着地诉求着同一个主题，即雀巢可以让孩子骨骼强健，挑战一切。

（三）只有准口号

在如今的平面广告和电视广告中，只有广告准口号而没有广告主题口号的情况越来越多。如戴尔电脑系列广告中，四幅作品有四个不同的口号，分别是：

> 澎湃动力，架筑未来。（《桥梁篇》）
> 非凡动力，稳定可靠。（《石狮篇》）
> 至强动力，飞跃巅峰。（《山峰篇》）
> 固若磐石，持久稳定。（《长城篇》）

每个口号表达了每幅作品所涵盖的主题，表现了戴尔电脑不同方面的优良性能。

（四）突出表现准口号

现在的广告作品中，不管有没有主题口号，作者似乎都在有意突出表现广告准口号。作者往往把准口号放在最醒目最明显的位置，强调准口号的作用，使它的作用发挥到极致。如果作品中有广告主题口号和准口号，则往往把主题口号的字号限制得很小，放在不明显的位置，读者不注意甚至发现不了，这就削弱了广告主题口号在作品中的作用。例如静心口服液《蔡琴篇》系列广告中，主题口号"静心，为中年喝彩"几乎看不见。锦绣丽舍系列广告中的主题口号"锦绣生活，值得等待"的字号也小得可怜。而有的系列广告中则干脆没有主题口号，完全用准口号代替（事实上，此时广告是没有主题口号的，因为每幅作品都有一个口号），如上面所列举的云水间房地产系列广告口号。我们不能说这种做法好或者不好，只能说是一种系列广告的表现倾向，应该引起广告创作人员的关注。

第六节　非主流广告文案①

近几年，台湾中兴百货广告、诚品书店广告、左岸咖啡馆广告以及香港硬石餐厅广告等，在文案写作上追求一种非主流或称意识形态的表达方式，引起了华文广告界的极大关注。它如同一缕清风，给沉闷老套的广告文案写作带来了另一种思维路标和审美意向。本节结合他人的研究成果，提出自己的思考。

一、非主流广告文案概念

非主流广告就是不按常规出牌的那种广告。它打破常规，不遵循通常的广告创作思路，不按照已有的创作模式，重视传播实效以及与消费者的意识形态主张的沟通。

非主流广告文案是指不按照广告文案写作的一般理论和要求，用独特的方法和技巧写作的广告文案。如广告文案写作理论要求广告正文应该写出产品的主要信息和服务内容，把产品或品牌介绍给受众，让受众认识产品，记住品牌，达到扩大产品知名度、塑造品牌形象的目的。而非主流广告文案则可能看不到这些信息，文本内容可能与产品没有多少关系，看上去和大众化广告有很大差别，甚至不像广告。如台湾奥美广告公司创作的左岸咖啡馆文案。

左岸咖啡馆是台湾统一企业麾下的咖啡品牌。

19世纪，法国巴黎的塞纳河（见图5-2）是一个充满清新气息的地方。塞纳河以北称为右岸，具有新兴商业的繁华气质。河的南岸称为左岸，有许多雅致浪漫的咖啡馆，艺术气氛丰沛、人文思潮浓郁，是诗人和思想家、哲学家喜欢光顾的地方。如萨特、西蒙·波伏娃、达·芬奇、雪莱、海明威、伏尔泰等。思潮交错的时空里，他们丰富了左岸的咖啡馆。这样的左岸，在法国经历了两百年，咖啡馆也承传了好几代，左岸的咖啡馆们便代表一种深沉的人文气质和文学艺术的印记。②

---

① 参见：郭有献、张丹郁．另类广告语境下的精神呓语——解析非主流广告文案的表达与沟通．现代广告，2009（B04）．

② 参见：百度知道．［2019-05-10］．http：//zhidao.baidu.com/question/78466619.html.

图 5-2 巴黎的塞纳河

台湾统一企业在为自己的咖啡品牌做策划时，选择了“左岸咖啡馆”作为品牌名称。企业以 17 到 22 岁的年轻女性作为目标对象，她们诚实、多愁善感、喜爱文学艺术，但生活经验不多，不太成熟，她们喜欢跟着感觉走。相对于产品质量而言，她们更寻求产品以外的东西，如情感回报、使她们更感成熟的东西，寻求了解、表达内心需求的品牌。左岸咖啡馆，这个来自法兰西塞纳河边的神秘幽远的艺术圣地，带着咖啡芬芳、成人品位，给她们精神上一种全新的体验。①

为了营造法国左岸咖啡馆的真实存在，左岸咖啡馆的广告让每一个故事都发生在巴黎街头，发生在巴黎塞纳河的左岸咖啡馆里。左岸咖啡馆的广告，要使消费者在脑海里建造一个自己最喜欢的法国咖啡馆、一个理想的咖啡馆、一个历史悠久、文化艺术气息浓厚的咖啡馆。阅读左岸咖啡馆广告，就像阅读一本喜爱的书、一册旅游笔记。于是左岸咖啡馆的电视广告是一位女孩的旅行笔记，平面广告是一系列发生在咖啡馆的短篇故事，电台则在深夜播放着诗般的咖啡馆故事。②

左岸咖啡馆广告如一阵旋风刮过台湾，在一批年轻女性的心中产生很大反响，她们说“广告太棒了，我们去买吧！”左岸咖啡馆成为名副其实的高级品牌。③

左岸咖啡馆带给每一位消费者的是一个文学大梦，咖啡杯里隐藏的是一份浓烈的艺术气质。于是，左岸开始成为一种形容词，在坊间流传，而人们都深深地迷恋上左岸咖啡馆。④

下雨，喝一下午咖啡

聊赖的午后
我独自走在蒙巴那斯道上
突然下起雨来
随手招了一辆计程车
满头白发的司机问了三次

---

①②③ 参见：厦门小鱼社区．[2019-05-10]．http：//bbs.xmfish.com/read-htm-tid-112101-ordertype-asc.html.
④ 参见：百度知道．[2019-05-10]．http：//zhidao.baidu.com/question/78466619.html.

"要去哪?"
我才回过神。
"到……"
没有预期要去哪的我
一时也说不出目的地
司机从后照镜中看着我说
"躲雨?"
我笑着没回答
雨越下越大
司机将车停在咖啡馆前要我下车
笑着说
"去喝杯咖啡吧!"
他挥手示意我不必掏钱了!
来不及说谢谢
计程车已回到车队中

走进冷清的咖啡馆
四名侍者围坐一桌闲聊着
看到我后立刻起身
异口同声地说"躲雨?"
我笑着不知该如何回答

午后一场意外的雨
让我一下午见识了
五个会"读心术"的人
喝了一下午的咖啡

该文案通过雨天的"我"无目的地搭乘计程车在巴黎蒙巴那斯道上闲逛，让人感到左岸咖啡馆的真实存在。

左岸人文情怀

你喝咖啡吗?
你爱喝咖啡吗?
你喝咖啡是为了它的名字?
还是为了喜欢它的味道?
你喝咖啡是为了打发时光?
还是真的在品尝着其中的味道?
先别忙着回答我这个问题
仔细想想
然后你会有答案

该文案体现了左岸咖啡馆的人文关怀。

左岸咖啡馆角落篇

我在这里
找到一个角落
一个上午
一杯 COFE OLLY
一如记忆里的模糊地带
这是春天的最后一天
我在左岸咖啡馆

在左岸咖啡馆，找到一个暂时属于自己的角落，让心沉静下来，什么也不想，什么也不做，这种状态就如沉浸在遥远而模糊的记忆之中，这正是春天的最后一天。生活忙碌、身心疲惫的人，难得让心灵停歇片刻，而左岸咖啡馆却可以给你这样的机会和处所。

左岸咖啡馆下雨篇

（女性独白）
我喜欢雨天
雨天没有人
整个巴黎都是我的
这是五月的下雨天
我在左岸咖啡馆
不知不觉地
又一次阅读
才发现文字的美
湿润的何止是目光
还有心情

雨天让“我”在左岸咖啡馆静心阅读，这才发现文字是如此美妙。五月的雨湿润了目光，左岸咖啡馆和美妙的文字却湿润了“我”的心情，说明左岸咖啡馆是个品啜咖啡、体验休闲、享受阅读的好地方。

左岸咖啡馆明天见篇

离开咖啡馆的时候
大家都会说“明天见，明天见”（法语）
这个地方没有人说再见的
而是说明天见
因为天天都会来
明天大家又会见到面
可是，明天我就要回国了

我在左岸咖啡馆
"明天见"（法语）

说明左岸咖啡馆是人们常来常往的地方，人们天天到这里喝咖啡、聊天、休闲，就如同中国成都的茶馆一样，人们天天来天天走，明天一定会见面，因此无须说再见。

喝完这杯咖啡我就要变成别人了

他突然转头跟我说话。
胡楂上还沾着鲜牛奶的泡沫。
可能因为我是东方人，
和他扯不上任何相干，
才会主动向我吐出秘密吧！
"我将加入佣兵部队。"他继续说，
"听说一旦加入佣兵部队，
就可以洗掉所有的前科
重新再活一次。"
有关佣兵的话题
我还是第一次和人谈论。
"这是法国政府特许的，"
他掏出车票扬了一下，
我注意到时间是4。
"就在巴黎南方不远的小镇上，
有个常设的佣兵招募站。
一下车就找得到，方便得很。"
"可是……"实在很难相信，
这么轻松就能再来一次。
"可是真的能变成别人吗？"
挂钟已经指到3和4的中间，
而我又找不出更有礼貌的字眼。
"当然你得先死过去。
我的意思是：
经历比死亡更甚的痛苦。
做满十年，如果仍然活着，就能退伍。
新名字新身份只是小事，政府会替你办好。"
"那里也有你们日本人噢！"
他起身的时候这样说。
我不是日本人，但我不想解释。

即使是陌生人，在左岸咖啡馆也能沟通、交流，实现倾诉与倾听，成为无话不谈的好朋友。同时也透射出左岸咖啡馆的闲情。

上帝、彩票、盲乐师

常在广场演奏手风琴的盲乐师
轻易穿过交错的街道
来到咖啡馆。
他对咖啡的熟悉
超出我的想象。
邻桌一位好听的客人
向侍者打探盲乐师的来历
“27岁那年
随马戏团游走各地的他，
同往常一样
在表演走钢索前
没有忘了向上帝祝祷告
在众人的注目下
才跨出一步
他便从钢索上落下……”
侍者转头看着盲乐师，
压低声音：“就这样失明了！”
侍者突然拿起一份晨报，
快步朝盲乐师走去。
盲乐师从呢绒帽中
取出几张彩票给侍者，
侍者翻开晨报
熟练地为他兑起奖来。
经过一阵小声交谈
盲乐师慎重地收起彩票
露出笑容，
侍者为他披上大衣
点了根烟给他。
没多久后他拿起手风琴
奏起快板的布雷舞曲
喜滋滋地步出咖啡馆。
和进来时一样
没有碰撞到任何桌椅。
侍者来到好奇的客人桌前，
继续未完的话题
“那次意外后
他开始买彩票，

而且一买就是三十年。
三十年来他未曾中过一张彩票，
今天也不例外。
但
他始终乐观，
因为他总说
‘上帝欠我一次’”。

盲人乐师将左岸咖啡馆当作自己常来常往的地方，把侍者当作自己的好朋友。通过盲人乐师的故事说明左岸咖啡馆的人性化服务和对残疾弱势群体的关怀，树立了良好的企业形象。

肖邦篇
——他从波兰来

旅行的人
总带着脆弱的灵魂。
他在找一架钢琴
我看见他走进咖啡馆
想送给E大调，练习曲
他只点了一杯卡贝拉索
但爱情是交响曲
这个时刻
E大调练习曲
便成为离别曲
这是1849年之前的事
他是肖邦
我们都是旅人
相遇在左岸咖啡馆

西蒙·波伏娃篇
——她又要离开巴黎了

人们说
女子不宜独身旅行
她带着一本未完成的书
独坐在咖啡馆中
那是一种阴性气质的书写
她喝着拿铁……咖啡与奶
1比1
甜美地证明着第二性
不存在

那香味不断地从她流向我
绝不只有咖啡香
这是1908年中的一天
女性成为一个主要性别
她是西蒙·波伏娃
我们都是旅人
相遇见在左岸咖啡馆

达·芬奇篇
——他带着微笑离开

在巴黎
微笑可以用法语发音
他说微笑的名字叫作
蒙娜丽莎
即使在安静的咖啡馆中
那笑
是无声的
一杯昂列
让周边有了热络的氛围
足以让歌手们、乐师们、丑角们
都为这一刻活了
我看着他
与他相视一笑
这是1516年
他带着蒙娜丽莎的微笑来到法国
他是达·芬奇
我们都是旅人
相遇在左岸咖啡馆

1849年，著名音乐家肖邦来过左岸咖啡馆。1908年，西蒙·波伏娃[①]来过左岸咖啡馆。1516年，达·芬奇来过左岸咖啡馆。这些世界著名人物的光顾，足以说明左岸咖啡馆光荣的历史和往昔的辉煌。但广告文案并没有直白地说某某大人物来过本店，而是通过一个个故事和情景告诉读者，这种写作技巧实为高明。

在这些文案中，我们看不到左岸咖啡馆的服务项目、服务质量、企业理念等这些一般广告中可以看到的文案内容。但是，当你把这一系列广告文案读完之后，就会感受到一种很浓的人文情怀，感受到左岸咖啡馆里那种宁静、惬意、人与人的融洽和沟通气氛。在这里找个角落坐着，静静地思索问题，默默地阅读书籍，与陌生人无障碍地交谈，品味盲人和侍者之间老朋友

① 西蒙·波伏娃是存在主义哲学家萨特的情人、终身伴侣，也是杰出的女权主义代表、著名作家、20世纪法国最有影响力的女性之一。

式的关系。这样氛围的咖啡馆，谁不想来坐坐，喝杯咖啡，让心情在肖邦的钢琴曲中慢慢沉淀，让思绪在细品淡啜中得到梳理，在浓浓的人文气氛中感受人生。

又如香港硬石餐厅系列广告文案。

没有野兽派 但有印象派

名家大作干我甚事
向来只为墙上的乐手珍藏倾心
为喇叭爆放的摇滚乐倾倒
毕竟，能触发原始亢奋的才是叫我神迷的艺术。

亲爱的王子殿下 HARD ROCK 见

我们的世界里
真正的王子高举麦克风而非权杖
播其名曲
挂其肖像是朝圣方式
当然，向偶像展示食物也绝无不敬。

HARD ROCK 只有一条穿衣规则 请勿遵守规则

燕尾领带通通给我靠边站
这儿绝无限制
也欠虚伪，你大可纵情吃喝
跳个地暗天昏
只要你不怕出洋相
谁理你穿得怎么样?

这里没有宣扬餐馆的菜肴如何传统地道、如何风味独特、如何吸引顾客，而是说这里有摇滚乐、有令人神迷的艺术、有王子般受人宠爱的歌手。这里没有虚伪和限制，这里可以放飞心情，放纵自我，无拘无束，自由开放，让心灵得到最彻底的解放。

从这些文案中可以看出，它们的写法与通常的广告文案写法是不一样的，与教科书的理论也是相悖的。但是，非主流广告并不是没有规律可循，通过研究其文案写作，可以总结出它的一些特点。

二、非主流广告文案特点

非主流广告文案有明确的广告目标和美学追求，它以独特的文本范式传达商业动机，影响消费行为，实现商业目的，从而形成了非主流广告文案的写作风格与特点。现以意识形态广告文案为例进行讨论。

意识形态广告是非主流广告的一个品种，有很值得研究的价值。“意识形态是与一定社会的经济和政治直接相联系的观念、观点、概念的总和，包括政治、法律、思想、道德、文学、艺术、宗教、哲学和其他社会科学等意识形式。”①

所有公益广告包括政治广告，从内容上说都在传播某种意识形态，但是不一定都是意识形态广告。意识形态广告应该从内容到形式有一个限定，不仅具有意识形态内容，更应该具有意识形态形式。

所谓意识形态广告，就是追求非主流化形式，制造出非逻辑性和模糊性文本，在光怪陆离的文字或貌似混乱的意象中，宣传广告主的生活态度和消费主张，张扬或诱发消费者潜意识的消费欲望，从而影响消费者的意识形态倾向。

正如有学者在《意识形态广告》一文中所说的：“意识形态广告是新近流行以表达消费对象内心感觉、个人主张、潜意识想法的一种广告创意，其呈现的广告内容，可能完全和商品无关，而只是一种内心的呐喊、片段记忆、纠葛的心结，以意象的方式宣泄，而广告的商品，却成为广告表现中的附属品，借着意识形态的方法，化为生活意识或感觉意识中的一个片段。”②这段文字主要从消费者角度着眼，强调的是意识形态广告对消费者欲望的表达。

而台湾中兴百货的意识形态广告则注重意识形态导引，宣传的是广告主的生活态度和消费主张，宣扬新的价值观念和意识形态，以引领消费者的生活态度。

台湾中兴百货是台北一间中小型百货公司，成立于 1974 年。1988 年开始与台湾意识形态广告公司合作。2008 年 4 月，中兴百货公司因经营不善倒闭。然而它创造的意识形态广告为广告文案写作开辟了一条独特的道路。在它的文案中到处可见美学、哲学、修辞学、后现代主义的风格，为华语广告文案写作开辟了一条新路子。

1. 语言不连贯，意义很明确

由于非主流广告追求特立独行的表达形式，文案中就出现明显的不连贯性、非逻辑性、语序颠倒、意义混乱、语无伦次、多元开放、异端散漫、反叛变形，但并不是胡言论语，每篇文案都有主题，都有明确的中心思想。如中兴百货 1998 年秋装上市广告文案。

衣服是性别
衣服是空间
衣服是阶层
衣服是权力
衣服是表演
衣服是手段
衣服是展现
衣服是揭露
衣服是阅读与被阅读
衣服是说服
衣服是要脱掉
服装就是一种高明的政治，政治就是一种高明的服装。

每句话之间似乎没有关联性，意义上并不连贯，然而每个句子都有明确的意义。如最后两句：“服装就是一种高明的政治，政治就是一种高明的服装。”衣服代表了人的政治身份、政治

---

① 参见：百度百科．[2019－05－10]．http：//baike. baidu. com/view/435. htm.
② 参见：百度百科．[2019－05－10]．http：//baike. baidu. com/view/3637901. html? tp=8 _ 11.

倾向、政治主张，成为人的政治标签。而政治身份、政治倾向、政治主张又像衣服一样，笼罩在人的身上，成为人的无形的衣服。这就是“衣服”这一具象名词与“政治”这一抽象名词的意义转换，表现了创造者深邃的哲学思维。

又如：

衣服，衣服是这个时代最后的美好环境。她觉得这个城市比想象中还要粗暴，她觉得摔飞机的概率远远大于买到一双令人后悔的高跟鞋，她觉得人生的脆弱不及于一枚A型流行感冒病毒，她觉得爱人比不上一张床来得忠实……

不安的人们居住在各自的衣服里寻求仅存的保护与慰藉，毕竟在世纪末恶劣的废墟里，衣服会是这个时代最后的美好环境。

城市的粗暴，航空旅行的危险，感冒病毒的肆虐，爱人的不忠……人生活在惶恐无助的世纪末的废墟里，只有在衣服里才能得到些许保护与慰藉，衣服成了这个时代最后的美好环境。衣服不仅给人带来温暖和美观，也让人获得安慰与庇护。世界上其他一切都是丑陋的，唯有衣服是美丽和美好的。广告文案表达的意义相当明确，只是不像主流广告文案那样一目了然。

2. 关联不确定，意识很张扬

美国广告大师威廉·伯恩巴克提出的ROI论认为，好的广告应具备三个基本特质：关联性、原创性、震撼性。他认为，广告与商品没有关联性就失去了广告的意义，这是经过实践证明的颠扑不破的真理。然而台湾中兴百货有些广告与商品之间只是很松散的关联，如获得1998年龙玺大奖的中兴百货春装上市广告文案《书店篇》。

到服装店培养气质 到书店展示服装

但不论如何你都该想想
有了胸部之后，
你还需要什么？
脑袋！
有了爱情之后
你还需要什么？
脑袋！
有了钱之后，
你还需要什么？
脑袋！
有了 ARMANI 之后，
你还需要什么？
脑袋！
有了知识之后，
你还需要什么？
知识。

女孩子有了胸部、爱情、钱之后，都需要衣服来美化自己，而这些又需要大脑来思考。有了知识之后还需要更多知识，来思考购买更合适的衣服。因此，到服装店购买衣服培养气质，到书店去展示服装。

又如其另一篇广告文案：

不景气不会令我不安 缺乏购物欲才会令我不安

国民生产毛额无法累积出幸福
泡沫经济无法幻灭品味
节制消费无法弥补南极的臭氧层
信用卡数字无法伪装美学天赋
惩罚唯物论者无法降低失业率
关系无法建立在唯心基础上
人造皮草无法取代 ARMANI 的羊驼呢
时尚精神病比世界上大部分的人健康
她们从不和行行哲学辩论
而是持续在服装店无怨无悔
克制购物欲
是专断的道德主义
因为，欲望从来没有不景气的时候……

这两篇广告文案中的许多句子与中兴百货是没有关联的，但每句话都在张扬一种意识，那就是鼓励读者购买服装，因为服装可以培养气质，购物欲从来没有不景气的时候。

有人从文本上分析说，这些文案"体现出对一切秩序和构成进行消解的后现代主义精神，使广告处于一种动荡的否定和怀疑之中，根本抛弃逻辑叙事，展现出令人眼花缭乱的关联偏差的可能。这种可能性的表现风格、情境、画面与广告主题松散相连，使广告成为消费者主体不确定意识的张扬"①。

3. 表面很无奈，内在很适应

从中兴百货广告文案中也可以看到作者以及消费者对现实不确定世界的很多无奈，又有一种内在的适应性和迎合性，这种适应性和迎合性也是广告所宣扬的超强购物欲的必然选择。

中兴百货 1997 年周年庆广告文案《奉茶篇》，就体现出对不确定世界的环境、现实、创造的"内在性"适应。

服装和化妆品的价值很可能不只是外貌肤浅的美好，
真正爱流行的人自然找得到他存在的理由。

中兴百货 1999 年春装上市广告文案：

经济不景气不会令我不安，银行倒闭不会令我不安……缺乏购物欲才会令我不安。

---

① 广告案例分析——中兴百货的广告文案．[2019－05－10]．http：//www.bobd.cn/design/copy/waxs/200511/3135.html.

东芝家电《DVD的Best buy》广告文案：

高消费时代，享受世上昂贵的爱好，重要的不是很有钱，而是很懂得使用金钱。

又如中兴百货广告文案《编辫篇·爱美的小孩不会变坏》：

她拿手的除了银粉妆的画法还有研究威尼斯的建筑旋律；他能分辨Dolce & Gabbana与D&G打扮的差异同时是个诗人；她热爱购物以及帮助别人购物却是红牌财务规划经纪人；他是个大费周章经营叛逆外表的慈济终身会员；爱美的孩子不会变坏，他只是尊重别人的视觉，顺便，美化环境。

表面看两个事物是矛盾的，但又是相互融合共存适应。如她经营外表不是为满足自我美观，而是为了尊重别人的视觉，同时顺便美化一下环境；她外表叛逆，内心慈善；她既会化妆，又是建筑师；她帮别人购物，自己却是红牌经纪人等。“这些文案体现出在消费文化盛行的世纪末个人主体意识与物质崇拜间相互膨胀、挤压的紧张关系，是部分丧失主体性的消费者在抵制物化而又内在适应过程中的精神呓语。”①

绝对在地篇

绝对在地 绝对台北
就像纽约之于伍迪·艾伦，上海之于张爱玲，
生活在台北固然有艰险的一面，
当清晨三点还可以吃到清粥小菜，
偶尔还可以逛逛地下书店……
认真地使用台北将让你重新理解台北。
穿Junior Gaultier背帆布书包的建筑师，
一本在中心边缘摆动的文化刊物，
国际影展售票前一晚排队的影迷，
装满死党、同志和敌人的城市。
金像奖戏院外等待子夜场散场的出租车队，
新生南路底没有装修的地下书店，
没有招牌没有菜单但一定有朋友在的饮酒场所，
台北桥旁的萝卜排骨汤。
中兴百货让车辆驾驶减速注视的流行橱窗。
滨江市场大批大批的鲜花，
龙山寺对面台南碗粿（年底即将拆迁）。
美术馆后面的林荫停车场。
中华路上混乱的音响价钱（除非带打车）。
可以看到小学生放学的咖啡店落地窗。

---

① 以上参见：广告案例分析——中兴百货的广告文案．[2019－05－10]．http：//www.bobd.cn/design/copy/waxs/200511/3135.html.

这里是混乱意识的流动，类似于意识流小说那样随作者思绪的流动而无目的地徜徉在繁杂的世界上，没有目标，不知道要到哪里去，在无意识之中失去了自我。但是它有一条看不见的暗线作为内在联系，把作者的思路连在了一起。那就是离不开台北，台北有很多可利用的地方。

4. 唯美与创新，尚虚不尚实

非主流广告文案写得十分认真，是美文与广告的较好结合。有些广告文案离开叫卖场就失去了存在价值，而意识形态广告文案除了广告销售功能外，还可以作为美文欣赏。尚虚不尚实也是非主流广告文案的特点。

5. 情爱与性爱，乐而不淫秽

非主流广告文案中有很多情爱、性爱的文字。它们不是为追求情或性而为之，而是将情或性作为载体，传达广告的主题。如：

> 一年买两件好衣服和一个月自慰两次都是道德的
> 需要舒适需要自然需要中性需要原始需要单纯
> 不相信爱情但迫切渴望爱与被爱
> 泰然放弃那些我们不能把握的例如健美身材例如流行
> …………

广告将买衣服与自慰相比喻，都是个人的私事，怎么做都是道德的，只要不违反法律和公共道德，不妨碍别人利益，都是无可厚非的。广告大胆的观点突破中国人避而不谈的生活细节，乐而不淫秽，雅而无禁忌。

三、非主流广告文案的价值与效果

1. 与消费者的观念沟通

广告要产生实效，就应该影响目标消费者的生活态度和价值取向，然后影响消费者的消费行为，因此，需要影响消费者的意识形态。中兴百货广告文案努力使品牌所体现出的生活态度和价值取向与目标消费者在意识形态领域取得默契。它把商业动机巧妙地掩藏起来，把商业和文化进行完美的结合。它通过伪装、张扬消费者的意识形态和消费欲望来平息消费者对广告的抵制情绪，这比赤裸裸的叫卖式广告要有效得多。①

非主流广告文案绝大多数都是以消费者潜意识为诉求对象的。个人潜意识是指许多不易被风俗、习惯、道德等所容的原始冲动和本能。根据精神分析学理论，它是人类心理最原始也是最不安分的因素，虽然处于心理的最深处，却有着巨大的能量和强烈的活性。它按照“快乐原则”去追求满足，寻找发泄的去处。从中兴百货的实际情况来看，它的消费层只是社会的小众，即那些高知识高收入、紧追时尚潮流同时又具有独到文化品位的人。他们不满足于大众文化中的媚俗成分，要求有个性的表达，中兴百货的广告文案正好表达了这类人的心声，从而与他们达到了观念上的沟通。如：

---

① 广告案例分析——中兴百货的广告文案．［2019－05－10］．http：//www.bobd.cn/design/copy/waxs/200511/3135.html.

身材弱势团体改革路线

性感是本能，魅力是需要学习的。

自信是最佳的媚药。

服装是媚惑学的最重要的发明。

标准三围是个坏名词。

领导流行要破除迷信，流行是解放不是压迫，中兴百货提出改革路线主义把身体看成是身体，不要看成猪肉。把身体当风景看，不要当皮尺量。对美体工业的宣传不必太认真，把它当成娱乐节目。坚持非暴力路线，和平转移多元身体美学概念。只要够好的衣服，都会被宽恕。

这是对那些身材肥胖消费者做的服装广告。它灌输一种观念，即性感虽然是本能，但是魅力却是可以通过学习得到的。要自信，因为自信能使你妩媚，而服装是能够让你产生妩媚诱惑的重要道具。不要相信什么标准三围，所谓的标准是个坏名词。胖人也要领导潮流，不要把身上的赘肉看成是讨厌的猪肉。要欣赏自己的身体，把身体当作风景。不要对美容宣传太当真，把它当作娱乐节目看就行了。运用非暴力手段转移多元身体美学概念，只要衣服好，人们就能接受新的美学观点，欣赏胖人的身体曲线。

这就是站在胖人角度提出的一种新的身体美学概念，让胖人更加自信地创造流行，服装就是这种观念的最好载体，只要有了好的衣服，何愁身体无魅力。这样，广告就与肥胖消费者建立了观念的一致性，达到了观念的沟通。

2. 引导意识形态主张

广告创造流行、引导时尚、指导消费，非主流广告文案充分发挥了广告的这些功能，引导并发掘出了消费者潜意识里的生活态度和价值取向，提出了很多能被消费者接受的新观念和新主张。如：

一年买两件好衣服是道德的

不景气与复古风同时来袭，祖母衣柜成为保值的资产，好的衣服才能耐得起岁月的痕迹，所以一年买两件好衣服是道德的。选择与购买好的衣服成为一件正确的事情。

自体繁殖，粒子过剩，情报电击城市。资讯泛滥，资讯焦虑，流行感知受到干扰。品位、知识、权力的交集变得复杂而重要，中兴百货成为城市情报系统的观察站，也成为散播情报的媒介物。

又如：

把衣柜当魔术箱是道德的，把衣柜当仓库是不道德的

戴一枚人工合成钻戒是道德的

穿戴一身象牙扣又高谈环保是不道德的

与男友分手时说谢谢是道德的

各奔前程后还到处宣泄是不道德的

自恋而自怜是不道德的

自恋而自觉是道德的

一年买两件好衣服是道德的

光买衣服而没有衣尽其用是不道德的
中兴百货零折扣正在进行。

这两则广告文案宣传的意识形态主张都是让消费者多买衣服，“一年买两件好衣服是道德的”“祖母衣柜成为保值的资产”“ 把衣柜当魔术箱是道德的，把衣柜当仓库是不道德的”这些标新立异的价值主张被消费者所接受，从而成为生活态度和流行概念。

3. 广告风格要符合品牌特点

中兴百货广告是成功的，台湾意识形态广告公司从 1988 年起接手中兴百货公司的广告，已使其销售额翻了 22 倍。它之所以能够成功，是因为中兴百货定位在中高档人群。这群人有一定经济实力和购买欲望，有相当的学历层次和文化背景，能够理解中兴百货的广告文案，也能够接受文案中所倡导的意识形态主张。中兴百货是个知名品牌，广告的宣传很容易奏效。然而对于不知名品牌、对于新上市品牌、对于定位在低层次消费者的品牌，比如某个品牌的农药化肥，意识形态广告就不一定有效，因为消费者看不懂，不理解，难接受。所以，意识形态广告文案的运用是有条件的，放之四海就不准了。

这就提醒有兴趣创作非主流广告文案的作者，写作非主流广告文案是危险的。一是广告主不认可；二是消费者不理解，没有销售力。因为在这样的广告文案中，产品的卖点、给消费者的利益点、与品牌的关联性都没有。因此，在写作非主流广告文案的时候，一定要与广告主及品牌风格相一致，才能在一贯风格的旗帜下发挥广告作用。

【思考与练习】

一、思考题

1. 广告文案的基本构成要素有哪些？
2. 不同媒体的文案构成有什么区别？
3. 广告标题有什么作用？
4. 标题内容有哪些来源？
5. 广告标题的类型有哪些？
6. 广告标题的形式有哪些？各有什么含义和写作要求？
7. 广告正文开头的方法有哪些？
8. 广告正文主体的写法有哪些？各是什么意思？
9. 广告文案的结尾有哪些方法？各是什么意思？
10. 广告正文的内容有哪些？
11. 广告正文有哪些形式？各有什么写作要求？
12. 广告附文的写作原则是什么？
13. 广告附文有哪些写作技巧？
14. 广告口号的作用有哪些？
15. 广告口号的写作原则是什么？
16. 广告口号有哪些类型？
17. 广告口号有哪些表现形式？各有什么写作要求？
18. 什么是广告准口号？

19. 广告准口号有什么作用？与主题口号有什么区别？

20. 广告准口号的写作可采取什么形式？

21. 什么是非主流广告文案？

22. 非主流广告文案有什么特点？

23. 什么是意识形态广告？

24. 意识形态广告传播的是谁的意识形态？

二、课堂训练

资料

生命人寿保险股份有限公司

企业简介

生命人寿保险股份有限公司于 2001 年 12 月 28 日经中国保险监督管理委员会批准成立，成为中国加入 WTO 后成立的第一批全国性人寿保险公司之一，也是迄今为止中国第三批批准成立的全国性专业寿险公司之一。该公司总部设在中国上海市。

2003 年 4 月 21 日，该公司与日本最大的保险集团 Millea 控股有限公司签署参股协议，外资认购该公司 24.9%新股，至此该公司股东投入资金超过 20 亿人民币，是目前国内保险公司中资本实力最雄厚的公司之一。

企业理念

生命人寿保险有限公司的发展任务是创建一家经营性、长远发展的保险公司，创造中国寿险市场上的最高效率团队和最优团队，在逐年的快速增长中形成市场上最强的竞争力。

该企业发展观和经营理念统一于“国际化、专业化、规范化”。

企业文化

“携手提升生命价值”是该公司秉承的核心理念。“生命者，乃一切财富中的第一财富也”（日莲《事理供养御书》）。该公司做的是提升生命价值的事业，该公司的核心理念就是为客户、股东、员工和社会提升价值。

广告主题

生命人寿品牌形象广告。

广告目标

（1）树立企业形象。

（2）提高企业知名度。

广告目标对象

大众消费群。

资料索取

http：//www.sino-life.com。

训练要求：

（1）为生命人寿保险股份有限公司写一则广告文案，要求广告文案的各个要素齐全，并有广告准口号。

（2）为生命人寿保险股份有限公司写一则非主流广告文案。

第六章

报刊广告文案写作

【本章重点】

1. 报纸广告文案
2. 杂志广告文案
3. 报刊广告文案的类型

【学习要求】

1. 掌握报纸广告文案特点及写作要求
2. 掌握杂志广告文案写作特点
3. 掌握报刊广告文案的类型

按照广告文案的发布媒体，可以将广告文案分为报刊广告文案、电视广告文案、广播广告文案、网络广告文案等。由于媒体特点不同，广告文案写作也有不同的要求。本章即对报刊广告文案的写作进行介绍。

第一节　报纸广告文案

以报纸为载体，在报纸上发布的广告的文案就是报纸广告文案，它以文字为主要诉求符号将广告内容诉诸公众视觉。与广播和电视广告相比，报纸广告制作简单、费用低廉、发布方便，是目前最广泛最普遍的广告形式，是大小企业的首选。因此，写好报纸广告文案是广告人员必须具备的基本能力。

一、报纸广告文案的特点

报纸广告十分重视标题的创作。大卫・奥格威曾经指出："标题是大多数平面广告最重要的部分，它是决定读者是不是读正文的关键所在。"具有高度浓缩性的标题，可以引起消费者的注意，并激发其购买产品的浓厚兴趣。总结报纸广告文案的写作，可以看出其中包括以下几方面的特点。

1. 发展成熟

报纸是现代广告中历史最为悠久的大众传播媒介，最早的有意识的广告文案写作也是从报纸广告开始的，所以现代报纸广告文案的发展最为充分也最为成熟。

2. 重要性强

报纸是供受众阅读的媒介，报纸广告文案也是以阅读为主的广告形式，因此广告文案的作用就显得尤其重要。

3. 快速及时

大多数报纸都是日报，广告文案交给报社后第二天就能见报，就能立即将广告信息传播给目标受众。这对于促销广告尤其能够起到立竿见影的作用，能在短期内产生广告效应。分类广告更是以短、平、快见长，是中小企业喜欢的广告形式。

4. 信任度高

报纸广告依靠报纸所具有的新闻性、权威性，无形中提高了读者对报纸广告的信任度。这一点对于大版形象广告是很有作用的，可以收到较好的效果。

5. 信息量大

报纸广告的版面大，有条件将企业或产品的信息更多地传达给公众。在制作关于企业形象宣传、新产品上市等内容的广告时，可以更详细地介绍企业或产品，避免了广播电视广告容量小的不足。

6. 覆盖面广

报纸的发行量大，有的可达上百万份，阅读人数则至少有几百万，因此信息的覆盖面很大。而且，报纸广告可以被长期保存，可以被相互传阅，还可以被认真仔细地阅读，因此可以使广告信息得到更好的渗透，发挥好的效果。

7. 费用低廉

相对于广播、电视等无线电波广告的高昂收费标准，报纸广告收费相对低廉。虽然电视广告功效好，但收费太高，对于中小型企业来说，往往可望而不可即。而报纸上的小型广告，在预算不多的情况下也能够多次刊登，发挥重复刺激效应。

8. 写作难度大

报纸广告文案的写作难度比较大，因为报纸广告文案直接以文字面对受众，而且这些文字又承担着吸引受众、说服受众的任务。报纸广告能否有效，主要看广告文案的写作水平。

9. 结构完整

报纸广告文案写作和其他以文字为主的文案写作一样，有比较完整的结构，应包括标题、正文、附文、广告口号等。由于报纸广告文案具有版面灵活、即时传播等特点，除了结构最为完整以外，所有广告文案的表现方法和表现形式在报纸广告文案中都可以使用。

10. 文图互补

报纸广告文案往往与图片配合使用，以达到相互补充的效果。由于报纸印刷技术的进步，制作图形或照片越来越简单，现在很多报纸广告都配有图片或照片。图文并茂，既展示了产品的形象，又增强了视觉效果，美化了报纸版面。这也是报纸广告发展的趋势。

11. 文案可长可短

报纸广告文案有长有短。分类广告由于版面很小，所以文案都很短，一般在十几个字或几十个字之间。形象广告因为要较全面地反映企业或产品的优势，树立品牌形象，所以可制作较长的文案，有的甚至有几千字到上万字之多。随着新闻竞争加剧，报纸的版面越来越多。广告主也日益成熟，除了追求及时的短期广告效果，他们还将注意力放到企业形象广告上，不惜重金购买报纸的整版或半版版面，发布长文案，以求得在社会上树立良好的企业形象，从而获得长期广告效应。

二、报纸广告文案的写作要求

（一）报纸广告文案的标题

现在可阅读的媒体很多，一个人一天要接触大量的文字读物，加上工作压力的加重和生活节奏的加快，人们已经没有很悠闲的心境来欣赏一篇广告，即使看新闻也是先浏览标题，碰到自己感兴趣的标题才可能继续看正文，对待广告就更是如此。因此，报纸广告要引起读者注意，就必须有好的标题，用标题来吸引读者。制作报纸广告的标题要从以下几个方面考虑。

1. 突出新闻价值

读者对新闻是比较感兴趣的，广告中使用具有新闻价值的标题，能够唤起读者的注意力。如：

海尔热水器再领21世纪热水器发展新潮流——海尔健康热水器通过国家级技术鉴定

这个标题完全可以作为新闻消息的标题使用，很有新闻价值。如以下广告标题。

有一种格调，将冲击你的瞳孔
有一种力量，直达你的血脉
有一种精确，将护卫你的身心
你的品位，你的车
满载全球193个国家的荣耀，12月10日瞩目登场，恭请期待（某汽车品牌）

再如自然饮益肝口服液的广告标题：

排毒＋调养＝益肝新突破

传统的保肝药只有排毒作用，而自然饮益肝口服液除了排毒外，还可以调养，这是一种新的突破，有一定新闻价值。再如：

发现一瓶好水（黑松天霖水）

这个标题本身就是一则新闻。谁发现一瓶好水？发现一瓶什么好水？这是读者要关注的问题。

新闻式标题可在两种情况下使用。一是信息本身就是一则新闻；二是为强调广告信息的价值，人为地赋予其新闻性。

因为是在报纸上发布，所以可以尽量使用新闻标题，这样可以从形式上给人以新闻的感觉，增强可信性。

2. 彰显承诺的利益

把产品给消费者带来的利益点放在标题中，或是以一个与消费者利益相关联的问题作为标题，使消费者感觉到这个广告与自己有关，其中正是自己需要的产品或服务，甚至使消费者有“踏破铁鞋无觅处”的感觉，迫不及待地要阅读正文。例如：

花很少的钱便能美食一顿（某餐馆）
给你百分之百的自信（某除臭剂）
为了你的双手在明天更娇嫩，别忘了在今晚抹一点达尔（某护肤霜）
你可在一个屋顶下办完所有金融业务（某银行）
使您的腰身变小，但不会使您的钱包变小（某内衣）
一星期享受七天（某香烟）
用 500 元购 1 000 元黄金的机会（百货商店）

以上这些广告标题都突出了给予消费者的利益，使消费者在阅读标题时就能知道自己能获得怎样的利益。“花很少的钱便能美食一顿”，对于囊中羞涩的人来说，显然是一种诱惑。有狐臭的人是很不自信的，甚至不敢进入公共场所，那么除臭剂能“给你百分之百的自信”，让你大大方方地出入各种社交场所。身体肥胖的女性在减肥方面的投资是很大的，这往往成为她们的经济负担，因而“使您的腰身变小，但不会使您的钱包变小”的内衣广告标题显然很有诉求力。

3. 强调产品卖点

在标题中强调产品的卖点，用卖点打动消费者。注意这个卖点一定是有销售力和说服力的，它一定是有力量的卖点，具体可以是产品性能的优越、价格的低廉、使用的安全方便、服务的周到细心等。如：

买上海桑塔纳轿车，一年内不限里程免费保修（桑塔纳轿车）

把轿车售后服务承诺作为卖点，让消费者吃了一个定心丸。再如：

一个月的误差不会超过一秒（手表）
更容易洗，更容易干，能吸收更多水分，也能用得更长久（尿布）
去吧，去吧，让头屑一点不剩（海普夏尔去头屑洗发水）
你想用它来割破自己的脸吗？那是绝对不可能的（伊斯特曼剃须刀）
鸽子牌香皂令你的肌肤如奶油般细腻（鸽子香皂）

以上这些广告标题都强调了产品的卖点，这些卖点也是产品的核心竞争力，对消费者是很有吸引力的。

4. 引起读者兴趣

兴趣是最大的动力。只有对产品或服务感兴趣，才可能有购买欲望，才可能产生购买动机。比如，“为美国人抹眼泪已经有 50 年了”，这个标题使人产生兴趣。谁为美国人抹眼泪已经有 50 年了？读者自然会往下读，才知道原来是克里纳斯纸品公司生产的餐巾纸。类似这样的标题是很能引起读者兴趣的。又如：

由美丽的姑娘制成的美丽内衣（法兰西百合内衣）
保持住胸部的曲线，你就保住了一切（西斯塔内衣）
你会使别的垂钓者瞠目结舌（詹姆士·海顿父子渔具）
用照片叙述你一生的故事（美国摄影家协会）

如果你能挑出毛病，我们将送你一卷胶卷（阿克法胶片）

在尘世和天堂之间没有我们干不了的事（美国宇航局）

每日两次，约会前再一次（某牙膏）

5. 激发读者好奇心

1998年法国世界杯足球赛前夕，TCL彩电在《羊城晚报》上刊出了一则广告，标题为：

98世界杯第33支参赛队

球迷都知道1998年世界杯足球赛共有32支参赛队伍，怎么又突然冒出一个第33支参赛队，自然会感到新奇，而看了正文就会知道原因了。又如：

把你家的狗拴牢，不然它会自己跑到卡莱克公司的（宠物食品）

这个广告标题让人感到好奇，为什么狗会自己跑到公司呢？从正文可得知，因为该公司生产的狗粮很好，所以如果不拴好的话，狗就会自己跑去的。

（二）报纸广告文案正文的形式

在第五章中所讲的广告正文写作原则和要求，在报纸广告的正文写作中完全适用。但报纸的跳读性很强，浏览性也很强，所以必须增强广告正文的可读性和趣味性，这样才能使忙碌的读者有兴趣将广告读完。可读性是对文字的要求，趣味性则是对内容的要求，趣味性要求将文案写得生动形象、灵活多样。为了增强可读性和趣味性，报纸广告正文可以采取以下形式展开写作。

1. 故事体报纸广告

在大量报纸广告中，直白地宣传产品的广告比比皆是。这样的广告文案既没有可读性，也没有趣味性。这也是读者反感广告的原因之一。如果在讲故事的过程中介绍产品信息，让读者在阅读的愉悦中了解产品，岂不是高明之举。如美国近代著名广告大师乔治·葛里宾为箭牌衬衫写的广告文案。

我的朋友乔·霍姆斯，他现在是一匹马了

乔常常说，他死后愿意变成一匹马。

有一天，乔果然死了。

五月初我看到一匹拉牛奶车的马，看起来像乔。

我悄悄地凑上去对他耳语："你是乔吗？"

它说："是的，可是现在我很快乐！"

我说："为什么呢？"

它说："我现在穿的衬衫有一件舒服的衣领，这是我有生以来的第一次。以往我衬衫的领子经常收缩，简直在谋杀我。事实上有一件就把我窒息死了。那就是我死亡的原因！"

"天哪，乔，"我惊讶失声，"你为什么不把你衬衫的事早点告诉我？我就会告诉你关于'箭牌'衬衫的事。它们永远合身而不收缩，甚至织得最紧的深灰色棉布衬衫也不收缩。"

乔无力地说："唉！深灰色棉布是最容易收缩的了！"

我回答说："可能是，但我知道'戈登标'箭牌衬衫是不缩的。我正穿着一件。它经过机械防缩处理，收缩率连1%都不到！此外，还有箭牌所独有的'迷淘戛'特适领！"

"'戈登标'每件只卖两美元！"我的谈话达到了高潮。

乔说："真棒，我的老板正需要一件那种样子的衬衫。我来告诉他'戈登标'的事，也许他会多给我一夸脱燕麦。天哪，我真爱吃燕麦呀！"

口号：箭牌——机械防缩处理。

如果没有箭牌的标签，

那它就不是箭牌衬衫。

箭牌衬衫，

机械防缩处理——如有收缩不合，免费奉送一件作赔。

作者用丰富的想象构思了一个人与马对话的故事。乔·霍姆斯由于衬衫领子收缩而窒息死亡，死后变成了马，当它知道箭牌衬衫经过机械处理而不会收缩，高兴得要去告诉老板，以求获得更多的燕麦饲料。作者在奇特故事中不露痕迹地融进了防缩衬衫的种种性能，使故事很有可读性，像一个童话，让读者在入神的阅读中感受故事的趣味。

故事体广告正文多采用第三人称，客观地把故事告诉读者。有时也用第一人称，自述所见、所闻、所经历，显得亲切自然。

2. 传说体报纸广告

传说体广告是利用民间故事的形式来撰写广告文案。传说在民间有广泛的群众基础，上千年的口口相传，使老百姓对民间传说有特别的感情。如果将产品信息融入民间传说之中，将能更好地传播广告内容，更有效地影响公众。如浙江省萧山第四酿酒厂为乐泉古酒所做的广告。

相传两百多年以前，浙江省萧山县赭山镇有一位姓陆的秀才，在自家园里挖了一口深井，竟有六股泉水同时涌入井口。井水源源不断，水质清澈透明，味道清甜。在满满一碗水中投入六枚铜板，水却不会外溢。用这水沏茶，茶杯上也不留茶迹。当时有个恶霸企图霸占这口井，陆秀才不畏强暴，同恶霸展开了斗争。他临死前，为保住了这口井而感到欣慰，嘱咐子孙将这口井取名叫"乐泉"。

现在萧山第四酿酒厂在乐泉边上又打了一口深井，用乐泉水制成的乐泉古酒味道醇厚、甜美可口，是酒席宴上理想的饮料。欢迎各大公司、酒家、饭店到厂品尝选购。

文案使乐泉古酒成为一种富于传奇色彩的商品。用民间传说来写作广告文案，无疑增加了商品的神秘感，使商品更具有吸引力。

3. 比较体报纸广告

因为报纸有版面的优势，广告正文可以写得长一些，所以比较体也很适合报纸广告写作。

书与酒，价格相同，价值不同

一套书的价格只相当于一瓶酒，但价值及效用却大为不同。尤其，用一瓶酒的代价，买一套最新的书以了解管理知识和有效的管理技巧，使你的企业能够提高效率、增加利润、快速成长，无论如何都是值得的。因为，酒香固然令人陶醉，但不过是短暂、刹那的美妙；书香却是咀嚼的品味，历久弥新、源远流长。

一本好书，能为你带来智慧与启示，让你解惑去忧、触类旁通、左右逢源。所以，与其花钱买醉，不如斗室书香。《企业管理百科全书》，正是为每位经营者准备的，它是140位经理、学者智慧的结晶，由20位专家联合编纂。拥有一套《企业管理百科全书》，任何企业管理新知将伸手可得，真正是对付经济不景气与同业竞争最有利的武器。

广告把书与酒进行比较，说明一套书的价格与一瓶酒相当，而价值和效用却大为不同，从而让消费者明白“与其花钱买醉，不如斗室书香”。

还有隐性对比式的广告，就是并不明显地流露比较意图，而是将对比隐藏在字里行间。这样对比显得含蓄，不露锋芒。如沃克斯威琴微型轿车广告。

想想小

我们的微型轿车并无多少新奇之处，
不要十几个学生一起挤在车里。
加油站的伙计别问汽油流在哪儿，
甚至不会有人注视我们的形状。
事实上我们这种廉价小车的某些用户会觉得以下这些算不上什么高效率：
一加仑汽油行驶27英里；
耗用五品脱而不是五夸脱汽油；
从不需要防冻剂；
一副轮胎行驶40 000英里。
只有当您挤进窄小停车场，或更换小值保险卡，
或支付小额维修账单，或折价以旧换新的时候，
您想起了“小”。

这则广告被西方誉为“60年代最著名的广告”，它就是隐性对比式广告。比如：“从不需要防冻剂”，言外之意，别的轿车需要防冻剂；“一加仑汽油行驶27英里”，意味着其他轿车用一加仑汽油行驶不了27英里；一副轮胎行驶40 000英里，暗示别的轿车以一副轮胎肯定行驶不到40 000英里；这种轿车还拥有可以“挤进窄小停车场”“更换小值保险卡”“支付小额维修账单”“折价以旧换新”等优越性，也是其他轿车所不具备的优势。

4. 反复体报纸广告

在广告正文中重复意思相同的句子，形成反复和强调，给读者更深的印象。

如乐寿牌云南咖啡广告文案。

乐寿牌云南咖啡从第一粒原料豆就保证了品质的优良，所以每一滴都浓醇馥郁。

乐寿牌云南咖啡的每一工序都把好质量关，所以每一滴都浓醇馥郁。

乐寿牌云南咖啡在保质期内都能使您品尝到最新鲜的咖啡，所以每一滴都浓醇馥郁。

上例反复重复的是“每一滴都浓醇馥郁”，强调咖啡的味道好。通过这样的重复，使读者记住了广告的主要信息和产品卖点，强化了企业的核心竞争力。

5. 新闻体报纸广告

报纸本身就是传播新闻的媒体，刊登新闻消息是报纸的分内之事。如果广告也用新闻形式写作，那么它的可信性就会大大加强。如海尔热水器的新闻体广告。

海尔热水器再领21世纪热水器发展新潮流

——海尔健康热水器通过国家级技术鉴定

日前，海尔健康系列热水器顺利通过省科委组织的国家级技术鉴定。鉴定会上，海尔健康热水器9大系列30个品种的新产品以其分体线控、出水断电、超强节能、零水压等先进技术，赢得了与会专家的一致好评。尤其是磁化除垢技术在热水器中的应用开创了健康洗浴的新纪元，赢得了与会专家的高度评价。经过严格的审查、评议，专家们确定海尔健康热水器3大系列8种产品达到国际先进水平，6大系列8种产品达到国际领先水平。

…………

目前，海尔热水器已成为市场上最畅销的产品。据中国城乡多级市场调查，海尔热水器1—10月份市场占有率稳居燃气及电热水器行业之首，且竞争优势日益提高。

业务电话：××××××××

如果这则广告没有后面的业务电话，读者真会把它当作新闻报道来读。可见新闻体广告文案的效果是非常好的。

在写作新闻体报纸广告文案时，一定要遵循新闻特点和规律，那就是新闻所报道的内容，必须是真实的，也要具备新闻的五要素，即事件中的时间、地点、人物，什么原因导致事件发生，结果又如何。对其中的人名、地名、时间、情节、细节、数字、引语，要进行核实。

（三）报纸广告文案的附文

报纸广告文案的附文除了要写清楚厂商地址、电话、电报挂号、传真、网址、电子邮箱等联系方式外，还要热情主动地号召、催促、鼓励消费者赶快购买产品或服务。就如同送客时再亲切地说上几句叮嘱的话一样，给读者留下美好印象。诸如“凡需要以上产品的用户，请您认准××商标”“我们还竭诚为您代办邮购业务，邮购地址：××××，联系人：×××”“我们期待着您的光临”“希望我们能真诚合作，实现共同发展，互惠双赢”等。

三、报纸广告的版面运用

报纸版面空间大，排版灵活，所以版面形式很丰富，这就为报纸广告在形式上提供了发挥的余地。报纸广告由版面空间、文案、画面组成，报纸广告必须在一定的版面空间里来表现一定的文字和画面。

报纸广告的版面运用分为：跨版、整版、半版、双通栏、单通栏、半通栏、报眼、报花。由于版面的不同篇幅、不同位置，文案内容和写法也不同。

（一）报花广告

它只是一个非常小的版面，除了可刊登企业名称、商品名称、电话之类的内容之外，不可能再容纳其他更多信息。因此只要将主要内容用简明的方式表现出来就行（见图 6-1 至图 6-2）。

图 6-1　中国联通报花广告

图 6-2　雅戈尔衬衫报花广告

图 6-1 文案：

中国联通，联通时空

中国联通石家庄分公司　咨询电话：10010

图 6-2 文案：

雅戈尔杯追寻“老字号”的足迹有奖征文、老照片

奖品由人民商场雅戈尔专柜提供

联系电话：7022535 7029312

由此可见，报花广告的文案是很简单的，有的只写品牌和企业名称及咨询电话，有的只写品牌名称和销售地点及电话，有的只写一句广告口号和办事处地址及电话，有的只写一句促销口号和商家名称及电话。在这些报花广告中，商品名称和联系电话是不可少的，促销口号则根据具体情况而定。

（二）报眼广告

报眼位于报纸第一版右上角位置，十分抢眼也十分重要。如果放置新闻内容，那么是要将重要的消息放在这里发布的。作为广告版面使用时，其权威性、新闻效果、时效性仍然很强。

报眼广告文案在字数上要比报花广告多，但因为版面不大，比其他版面又相对要少，所以报眼广告以文案为主，使其占据核心地位。写作报眼广告要注意以下几点。

（1）要体现具有新闻价值的信息内容。

（2）文案语言风格要体现理性的、科学的、严整的倾向。

（3）广告标题和正文应倾向于新闻形式。

（4）选择醒目的标题，标题以新闻式、承诺式、实证式为佳。

（5）使用短文案，少用感性诉求方式，特别不能用散文体、诗歌体、故事体等形式，以免冲淡报眼位置本身所具有的说服力和可信性。

（三）半通栏广告

报纸中的通栏，是指与一个整版宽度相同，面积不到半个版的排版方式。例如都市报和晚报，一个版面的宽度是 28 厘米，那么一个 4 厘米通栏，指的是宽度为 28 厘米、高度为 4 厘米的报纸面积。

也有人认为，单通栏是指八分之一的版面，即宽度与报纸宽度相同，高度是报纸版面高度的八分之一。

半通栏即十六分之一版，是基本栏的一半。因为版面小，就应该用醒目的标题和醒目的图片、特殊的文案和编排来吸引受众。由于文字和内容少，所以半通栏中的标题很重要，它是吸引读者的主要因素，所以一定要写一个好的标题。

（四）单通栏广告

单通栏广告即八分之一版广告。在目前报纸广告的版面运用中，单通栏广告是最为常见的一种。因为这样的版面运用，其篇幅大小处于人们感觉中的正常状况，有一定的版面说服力。

（五）双通栏广告

双通栏广告即四分之一版广告。这样的版面给广告文案写作提供了较大创作空间，只要符合报纸广告表现的语言风格、表现形式、表现结构，都可以在这里使用。

（六）半版广告

一般将半版、整版、跨版等一并称为大版画。利用版面的实力以及运用编排而营造气势，是半版广告的重要立足点。

在这个立足点的前提下，广告文案的写作应特别注意：

（1）可以利用大画面来表现广告内容。虽然是大版面，但不一定要用很多文字。

（2）同时适合感性诉求和理性诉求。感性诉求时，要用大标题、少正文文案、重点性附文方式，营造品牌形象和气势上的吸引力；理性诉求时，一般是对大企业的介绍，或对某产品或服务的全方位的体现。

（七）整版广告

整版的版面空间以宏大的气势给人以一种内在的震慑力，广告主体的实力和气魄得到了展现。整版版面同时也给予广告表现以最大的创意空间和表现空间。

广告的整版版面有以下三种用法。

（1）第一种用法是在整版的版面上运用介绍性的文字来对产品系列或企业的各个方面做介绍。这种用法，以广告文案为主，配上少量画面作陪衬，甚至可以没有画面。文案运用介绍形式对广告主做详细的、全方位的介绍。这种形式，对于刚刚进入市场的产品是合适的。但如果已经在市场上有一定的品牌形象，产品已进入成长和成熟期，这就不是一种恰当的表现形式。因为，这时候的主要诉求期望是加强品牌记忆，因此应该运用第二种方式。

（2）第二种用法是以大创意、大气魄、大画面、大标题、大文字和少文字来进行感性诉求。在目前的整版广告中，这样的广告表现越来越多，因为对于处在成长期的企业、产品、服务或者重大事件的推广（如企业成立、商店开张、周年志喜），都可以运用这种方式来体现。运用这种方式特别要注意的是，广告文案应起到点睛作用，并且要与广告画面风格相协调。

（3）第三种用法是利用报纸的新闻性和权威性，采用报告文学的形式来提升企业的形象。这种形式是以广告文案为主，并且为了体现企业的大气魄，一般都用整版表现。这种方式应该是我国特殊的广告现象。

（八）跨版广告

就是将一个广告作品刊登在两个或两个以上的版面上。一般有全页跨版、半页跨版、大四分之一跨版等几种形式。跨版能体现广告主的大气魄、厚底子，是财力雄厚的企业乐于采用的。

第二节　杂志广告文案

杂志广告印刷精美、纸张上乘、色彩鲜艳、图文并茂，具有大图案、小文字、形象化特点，而且针对性强、精读率高、传阅率高、保存时间长，具有得天独厚的条件，被称为“印刷媒体之王”，越来越受到广告主的重视。杂志广告文案比报纸广告文案更为独到。

杂志广告有明确的读者对象。杂志种类繁多，从出版时间上看，有周刊、旬刊、半月刊、双月刊、季刊；从内容上看，涵盖政治、军事、娱乐、文化、经济、生活、教育等。专业性杂志针对不同的读者对象，安排相应的内容，就能受到不同读者的喜欢。

一、杂志广告文案的写作

（一）广告风格要与读者阶层一致

目前我国杂志可分为三种类型，即专业性杂志、综合性杂志和休闲性杂志。专业性杂志读者的知识水平和文化素养较高，在这类杂志上做广告，语言要典雅、庄重，具有一定的专业性，切忌庸俗、花哨、低俗。综合性杂志涉及面较广，读者成分复杂，在这类杂志上做广告要考虑让不同层次的读者读懂文案，并善于把握不同读者的共同利益点。休闲性杂志的阅读面较广，或以热门话题吸引人，或以独特风格吸引人，在这类杂志上做广告，语言要平易近人、通俗易懂。例如《三联生活周刊》的一则房地产广告文案。

> 当周围人都习惯以你为中心，想有片林子一个人静静地享受孤独么？
>
> 枫丹白露林边的家，给懂得享受孤独的人。
>
> 是的，你喜欢身边人都以你为中心的感觉。不过，你也喜欢独处的乐趣。
>
> 当电子邮件、电话、会议、饭局、聚会，让你身不由己的时候，
>
> 也许你会渴望有一个地方，可以关掉手机，屏蔽一切与工作、应酬有关的事或人，一个人静静地待会儿。
>
> 来吧，朝阳公园东门边有一片枫丹白露林，没有城市烦嚣，只有轻轻的风响，密密的林子，斑驳的树影，幽幽的小径……有时，能享受一个人的世界是莫大的幸福。
>
> 东润枫景，发现居住的真意。

有品位有情调的人才能享受孤独，衣食无忧的悠闲阶层才能有情绪享受孤独时的那份属于自己的独处与宁静，让自己的心绪从喧嚣中沉淀下来，在与大自然的交流中细细品味和咀嚼生活感悟和心灵独白。那些朝不保夕、整日为生计奔波的人，是没有这份心境的。而《三联生活周刊》的办刊宗旨正是“以敏锐姿态反馈新时代、新观念、新潮流，以鲜明个性评论新热点、新人类、新生活”，其读者对象主要是受过高等教育、关心时代发展进程、不断从中寻找自己的新型知识分子。他们是在推动社会发展进步中起积极作用的主流人群。他们有较宽的视野，敏感于社会变革；有与时代发展同步的新观念；有自己的专业领域，喜爱阅读专业杂志。因此，东润花园房产在该杂志上投放广告，正好迎合了这样高层次的读者群，并且广告格调也很

高，效果自然很好。

（二）广告要有详细具体的内容

由于杂志媒体与报纸相比，具有更高的精读率和传阅率，所以杂志广告在内容上比报纸广告更加详尽具体，但要注意讲求实效，少说废话。如《读者》上的力士美容洁面乳广告文案。

展现生动美丽的一面

谁会喜欢木头娃娃那种硬邦邦、毫无生气的感觉呢？

人人都渴望拥有一张生动娇柔的面孔。全新的力士美容洁面乳，蕴涵天然成分，配方纯净温和，为您缔造娇颜，让您真正拥有生动娇柔的面容。

力士美容洁面乳，真正彻底洁净，而无须担心碱性成分刺激面部的娇嫩肌肤，并能有效促进皮肤的新陈代谢，使皮肤润泽而富有弹性。

均衡型：

- 含天然芦荟精华，纯净温和，能有效去除分泌过剩的油脂。
- 保持皮肤爽洁舒适，柔软细润。

保湿型：

- 含天然小麦胚芽油，营养滋润，保证面部皮肤特有的水分不流失。
- 使皮肤幼滑娇嫩，富有弹性。

全新力士美容洁面乳，给你面部前所未有的轻柔呵护！并展现生动美丽的一面，使你更有自信！

文案首先介绍了力士美容洁面乳的功效，然后又详细介绍了产品的两种不同型号——均衡型和保湿型，最后鼓动消费者去“展现生动美丽的一面”。文案详尽具体，给读者一个详细全面的印象。

（三）理性诉求和感性诉求并用

因为杂志广告版面空间大，可以刊登内容比较长的广告，这样就有可能进行理性或感性诉求。可以是单一的理性诉求，还可以是单一的感性诉求，还可以是二者结合的诉求。

例如姗拉娜青春修复露在《读者》上所做的广告，其文案便是采用了理性诉求形式。

哇！小痘痘不见了

预防青春痘——姗拉娜青春修复露

姗拉娜青春修复露含优良的抗脂溢杀菌去粉刺活性物，温和不刺激，可调节皮脂的过剩分泌，加快皮肤的修复，避免青春痘的复发与产生，从而达到治本的效果。

姗拉娜青春修复露含强力的保湿因子和高效的渗透剂，具有重建表皮、促进修复、避免脱水的效果，可舒缓皮肤的刺激感。

姗拉娜青春修复露最适合于以下皮肤的护理，对于有产生青春痘、粉刺倾向的皮肤；对于已产生青春痘、粉刺的高度油性皮肤。

去除青春痘，护理油性皮肤——姗拉娜止痘系列产品，给您提供正确的选择：

- 预防过程（略）
- 消除过程（略）
- 护理过程（略）

这一广告采用理性诉求方法，从理论上介绍了产品的功能，让消费者理解广告并接受产品。思想问题解决了，接下来就是购买行动了。

（四）以图为主，图文并茂

杂志广告印刷精美，所以应该充分发挥图片的作用，尽量用图说话。在以图片为主的杂志广告中，文字只起到解释和补充画面的作用，或起到点明主题的作用，让读者能看懂画面的主题。对印刷效果特别惹人注目的广告，文字的撰写更要简洁、清晰、醒目，与画面的格调相一致。具体来说，图文并茂的杂志广告应注意以下几点。

（1）以图为主的杂志广告文案，要简明扼要、提纲挈领、点到为止，文字尽量少，把吸引受众的任务交给视觉冲击力强的画面（见图 6－3）。

图 6－3　风影洗发露的杂志广告

这个杂志广告文案的文字很少，将人们的视觉吸引到了主体画面上来。

远离头屑，告别干燥。风影滋润保湿配方新上市。

（2）要用最少的文字表现最丰富的内容。

（3）将广告文案在版面中的编排效果体现得更加充分，用大标题字体来吸引受众目光。

（4）广告文案的主要任务是解释画面中的产品内容、特点、附加价值，文案与画面之间要有内在对应。

（5）诉求形式要根据杂志特定受众的价值观和阅读习惯进行选择。如体育杂志、时尚杂志、青年杂志上的广告，要迎合这些读者的兴趣，而不能用很学术化的方式进行诉求。而对于专业杂志，因为读者是专业人员，所以用专业术语表现，反而会产生亲近感。

二、杂志广告的版式

（一）杂志广告的各种版式

杂志广告的版式通常分为全页、半页、四分之一页、跨版或多页专辑、指定版位（封底、封二、目录对页、封面）等几种。在设计上，杂志广告有出血和不出血两种处理方式。出血的版面是广告作品用尽整个版面；不出血的版面是广告在版面四周留有空间，只用版面内的空间。出血的广告作品可以给人以画面突破版面空间而向外扩展的感觉，很有张力，给人更多的想象余地。

（二）封面及特殊版式的广告文案

封底、封二、目录对页、封面这四种杂志版式，都属于指定版面。其中封二和目录对页，虽处于杂志内芯，但因其独特的位置，受众的关注率较高，具有一定优势，文案写作自由度也较大。封面和封底广告，因为位置特殊，所以文案写作要受到一定约束。封面以画面为主，文案就很简洁，最多也只能表现品牌名称或特征；封底的广告文案要相对体现大众化特征，不要有太多的专业性字眼。

第三节　报刊广告文案的文体类型

除了前面已经介绍的报刊广告文案的类型外，还有以下几种类型可供参考。

（一）叙述体报刊广告文案

用叙述的语言对产品进行客观介绍的报刊广告文案，语言质朴，无过多修饰。

百乐多中性果胶

Zeelaadia 生产一种独特的装饰用果胶系列，命名为百乐多。它用水稀释后可以形成优质果胶，在冷冻以后仍易于切割。另外，百乐多果胶保持了原有水果的色香味。有三种口味可供选择：草莓味、无味和杏桃味。

百乐多混合果胶是百乐多系列产品中的一种，它是一种极好的装饰用果胶，液状百乐多混合果胶易溶于水，使用时您只需加入一定的水稀释即可（见产品说明）。装饰时您可用手涂刷，也可使用喷涂器。由于百乐多果胶有极好的易溶性，加热时也不会黏结盘底。

百乐多喷涂果胶专为喷涂器设计，它有快速结胶之特性。该果胶也有草莓味、杏桃味和无味三种选择。

这一则广告用叙述体客观地介绍了百乐多中性果胶的性能和制作方法及过程，没有渲染，但是语言朴实，具有可信性。

（二）引证体报刊广告文案

引用获奖证书、证人证言、专家鉴定等材料来说明产品品质的广告形式。例如下面的范例：

古井贡酒

古井贡牌古井贡酒，是中国最早的八大白酒之一。它以“色清如水晶，香醇似幽兰，入口甘美醇和，回味经久不息”的独特风格，蝉联第二、三、四、五届“中国名酒”称号，荣获金质奖。1988 年荣获巴黎第十三届国际食品博览会金夏尔奖，被誉为“酒中牡丹”。

（三）文学体报刊广告文案

报刊有版面的优势，可以从容地运用文学形式撰写广告文案。如太阳神口服液的广告文案。

孩子，妈妈能给你的真的不多……

12 岁，我就离家读寄宿中学了。那时正是春荒季节。每次返校前，妈妈总能变戏法似的弄出一小袋米来，再让我捎上一罐咸菜，这便是那时山里孩子一星期最奢侈的伙食了。送我上路时，妈妈那爱怜的眼神里总是盛满了愧疚与无奈。岁月荏苒。今天，我才读懂了妈妈的眼神，她仿佛喃喃地对我说：“孩子，妈妈能给你的真的不多，但那可是我能给予的全部啊。”火柴很小，散发的光亮也很微弱，但它真的是在竭尽所能燃烧着——就像妈妈。

这是太阳神口服液的广告，它是用类似小说的形式写的，有人物、有对话、有情节、有时间、有描写、有议论，将一个童年时代的故事娓娓道来，有一定的文学性。

（四）论证体报刊广告文案

论证体广告文案，先提出问题，接着分析问题，最后解决问题。

【思考与练习】

一、思考题

1. 报纸广告文案有什么特点？
2. 报纸广告文案有什么写作要求？
3. 报纸广告文案正文的形式有哪些？
4. 报纸广告版面有哪些种类？报纸广告文案各有什么写作特点？
5. 杂志广告文案有什么特点？
6. 杂志广告有什么版式？
7. 报刊广告有哪些类型？

二、课堂训练

资料

丹阳肯帝亚木业地板

企业简介

肯帝亚木业有限公司成立于 2003 年，是奥地利肯帝亚国际集团在中国的投资项目。肯帝亚国际集团创建于 1913 年，总部坐落于有着“音乐之城”美誉的萨尔茨堡州首府萨尔茨堡。公司将秉承肯帝亚国际集团在全球推行的“关爱全球幸福生活”的品牌经营理念，向中国大众用户提供将奥地利传递文化底蕴与优美音乐内涵同优异生产工艺品质相融合的强化复合木地板。通过使用我们的产品，使越来越多的中国消费者了解奥地利博大精深的音乐文化底蕴，感知肯帝亚优良的产品和服务，从而来共同关爱全球幸福生活。

产品介绍

肯帝亚地板是以现代时尚科技创造的新一代绿色环保地板，款式独特时尚，极具个性化，纹理清晰，色泽亮丽，为现代时尚生活增添了无限创意。

广告目标

增进产品销售，提高企业形象。

广告目标对象

消费大众。

必要列入事项

产品 Logo。

训练要求：

(1) 为该产品各做一则报花广告、报眼广告、八分之一版广告。

(2) 为该产品创作 5 条广告口号。

第七章

广播广告文案写作

【本章重点】

1. 广播广告文案的结构
2. 广播广告文案的写作要求
3. 广播广告文案的文体形式

【学习要求】

1. 掌握广播广告文案的结构
2. 掌握广播广告文案写作要求
3. 掌握并熟练运用广播广告文案的文体形式进行写作

在众声喧哗的广告媒体中，广播广告依然保持着独有的地位。无论媒体多么层出不穷，无论新媒体多么喧闹翻新，谁也无法取代广播媒体的广告作用。而广播广告文案也是一个独特的文种，有其自身的写作规律和要求。本章介绍广播广告文案的结构、文体形式和写作要求，希望同学们通过学习能写出理想的广播广告文案。

第一节　广播广告文案概述

一、广播广告文案的含义及特点

（一）广播广告文案的含义

广播广告是以广播工具为传播媒介、以语言和音响作为诉求符号、诉诸受众的听觉系统的广告形式。广播广告由语言、音乐、音响三个要素构成。

语言是广播广告的核心部分，产品或企业的广告信息要借助有声语言传播给受众。一则广播广告可以没有音乐和音响，但绝对不能没有语言。

音乐用于创造优美的收听环境，渲染广告的气氛。没有音乐的衬托，广告会显得单调乏味。如果是情感诉求的广播广告，配上一曲令人难忘的乐曲，就更能增加广告的感染力。音乐不仅仅是广播广告的衬托，而且也是信息表达方式。广播广告音乐将广告主题和内容用音乐或歌词表达衬托出来，以唤起受众的注意与联想，是广播广告最有效的诉求符号。

广播广告中的音响，是除了语言和音乐以外的所有声响，是塑造广告形象、体现广告主题的辅助手段。

音响是广播广告的主要表现手段之一，能够传递广告信息，增强表现力和感染力，还可以创造一个声音环境，甚至是叙述一件事，或表达特定的思想感情。音响的叙事性是明显的，如在广告中听到汽车发动机的声音就知道车开了。音响通过听众的联想来丰富表现，弥补没有形象画面的欠缺。商品和企业还可以确定自己特定的音响来作为标志。

使用音响要有特色，使其从语言和音乐中脱离出来，还要和其他广告的音响加以区别。音响特别要讲究真实准确，使听众如临其境。音响还要与语言、音乐巧妙配合。

音响包括自然音响（如海浪的喧嚣声）、环境音响（如大街上的汽车喇叭声）和人物音响（如掌声、笑声、喧闹声），其作用是创造现场感，把受众带入一个特定的情景中，让人有身临其境的感觉。如泸州大曲酒广播广告文案。

（《祝酒歌》由强渐弱……）
泸州大曲，中国名酒，
浓香，醇和，酒中泰斗。
（斟酒声）
为老山英雄庆功，
为革命先辈祝寿——
请干了这杯泸州大曲酒！
（碰杯声）
巴拿马荣获金奖，
驰名中外历史悠久。
（斟酒声）
庆贺女排凯旋，
欢迎各国朋友——
请干了这杯泸州大曲酒！
（碰杯声）
泸州大曲，陈年老窖，
祝您节日快乐，祝您事业成就，
祝您新婚美满，祝您健康长寿——
请干了这杯泸州大曲酒！
（忙乱的碰杯声，音乐混入）
泸州大曲酒，您的好朋友！

这则广播广告文案以《祝酒歌》为线索，通过诗一般的语言和音响效果的处理，把一幅幅激动人心的画面串联起来，既宣扬了泸州大曲酒出类拔萃的品质，又强化了酒的人文价值和意义。斟酒声和碰杯声的巧妙穿插，既烘托了祝酒的热烈气氛，又抒发了时代激情。这个广告中的音响效果对信息的成功传播起了决定性的作用。

广播广告的脚本就是广播广告文案，它是制作广播广告的依据，规定了广播广告的人物、情景、对话、音乐、音响等内容。如可口可乐公司雪碧汽水广播广告文案。

（蝉鸣起伏……）
男孩：渴，渴……
（闪烁的音响）
女孩：晶晶亮，透心凉……
（喝一口，吸干声，如清凉的水淋头）
男孩：哇！
男：哦！雪碧，当今生活，无论是宴会、旅游、运动……到处有你清凉的奉献！
（孩子笑声，青年欢乐声，摩托艇驶过，一个海浪，又一个海浪……）

在这一则广告文案中，有人物对话声和欢笑声，有自然界的蝉鸣声和海浪声，有摩托艇驶过的现场环境声。这些都要在文案中明确写出，制作时按照文案要求录制就行了。

（二）广播广告文案特点

广播广告文案最重要的特点，就是让听众听得清楚、听得明白。因此，广播广告文案应具备以下特点。

1. 通俗易懂

通俗易懂就是要让老老少少听得懂，这就要求语言生活化、口语化。要做到通俗，就要注意以下几方面：一是将单音节字改为双音节词，以便读起来匀称顺口；二是将书面语改为口头语；三是不用同音不同义的词，避免混淆和误解；四是使用短句子；五是名称要用全称而不用简称，少用缩略语；六是内容要浅显好懂。

广播广告类似于人际间的口头传播，但它又不是面对面的口头传播。所以，要尽量不用书面语、缩略语和倒装句。广播广告中的口语有时会起到意想不到的效果。如获得第五届全国优秀广告作品展广播作品类铜牌奖的天津助听器广播广告，广告文案中巧用口语，十分通俗、风趣，使广告达到了理想的效果。

售货员：大爷，您买啥？
大爷：啥，减肥茶？我这么瘦再减就没了。
售货员：……大爷，买什么您自己挑。
大爷：咋的，还得上秤约？
售货员：大爷，您老耳背，我给您介绍一个新伙伴儿。
大爷：啊？要给我介绍个老伴儿。不行喽，家里有一个啦。
售货员：大爷，我给您介绍这个，保证您满意。
大爷：啥，助听器？嘿，我就是来买助听器的。
男旁白：天津牌助听器，让聋人不再打岔。

这里的“啥”“上秤约”“耳背”都是口语，“您买啥”“减肥茶”“伙伴儿”“老伴儿”是容易引起打岔的谐音。这些民间口语化的语言为广告文案增添了趣味性。

听众在收听广播广告时注意力往往并不集中，因此广播广告应简明扼要、突出重点，切忌面面俱到。同时，为便于口播，还应当根据各种商品的特点安排语言的韵脚、平仄，以求发音响亮，具有明快的节奏感，读起来朗朗上口。又如Sunday电讯广播广告文案《母子篇》。

甲：喂，妈，最近还好吗？波士顿天气冷了，小心身体。

乙：我很好。但是你爸爸又去见那个女人，几天没回家了。呜……你要乖一点呀，阿明。

甲：阿明？我是阿强呀！妈，你别吓唬我，自己儿子的名字也忘了！

乙：阿强？我的儿子叫阿明，你不是我儿子？

甲：什么？我不是你儿子?! 莫非我是那个女人生的？你养育我这么多年，让我三十几岁才知道自己的身世。你不觉得很残忍吗？啊，怪不得移民也剩下我在香港。

乙：我儿子才二十岁。你究竟是谁？

甲：噢，我又拨错号码了……（人声渐弱）

男旁白：Sunday1622，每逢 Sunday 免费拨去美国，拨错号码也没有损失。

查询请拨：21138000。

广告利用一个误会，宣传了 Sunday1622 给公众带来的实惠。所用语言都是老百姓的大白话，即使内地人也能够听得懂。

2. 简洁生动

广播广告时间都比较短，一分钟能说 150 个字，所以在一个广告中容纳不了很多文字。因此，一定要尽量简洁，多用短句子和动词。生动则是为了增强吸引力，从而使语言形象可感，具有节奏韵律。如兰州啤酒广播广告文案。

叫一声哥哥你慢些走，
喝一杯咱的兰州啤酒。
人生路上手挽手，
高高兴兴朝前走。
好啤酒，好啤酒，
兰州啤酒最风流。

这一则广告文案看起来很直白，实际上它运用了当地民歌语言，让当地消费者感到很有亲和力。

3. 营造情景

声音只是单一地依靠听觉来传播，也只能依靠听觉来调动受众的想象。所以，营造立体化的情景，突出整体氛围，规定特定情景，是十分重要的。营造特定情景，可以在以下三方面下功夫。

（1）适当运用修辞方式，使文案的语言生动、活泼、形象感强。

（2）注意感叹词的运用和语气的不同处理。

（3）与音乐、音效相结合，使人声、音乐、音效三者形成一种通感效果。

如中华牙膏广播广告文案。

（鸟叫，溪水声渐起，轻音乐混入……）

女声（亲切地）：早上好呵听众们，起床以后您刷牙了吗？用的什么牙膏？我告诉您，中华牙膏有果香的浪漫，用了以后会有清新的感受，您试试看。

（秋虫齐鸣，舒缓的音乐混入……）

女声（轻柔地）：亲爱的听众，晚上好，临睡前可别忘了刷牙哟。装了假牙的朋友，睡前取下您的假牙浸泡在美加净假牙清洁液中，明天早晨，您又有一副焕然一新的假牙了。晚安。

这个广告看起来像公益广告，实际上是公益形式的商业广告。配上鸟叫、水声、虫鸣、轻音乐，如同给刚起床的人送来一股清新的空气，使人心情舒畅一整天，而晚上再伴随着牙膏的芳香进入甜美的梦乡。

4. 开头精彩

广播广告稍纵即逝，如果一开头就抓住听众，这则广告就成功了一半。因此好的广播广告就需要在开头上下足功夫，以吸引听众。如猎犬牌防盗报警器广告的开头。

一个寂静的深夜，（音乐进入，塑造环境）
一个窃贼的身影，
（突然响起警铃声）
…………

这则广告曾获全国广播广告一等奖。它一开头就设下一个“悬念”，紧紧抓住了听众的注意力，同时伴随着音乐和音响效果，使人们不由自主地听下去。

5. 多用设问和反复

广播广告文案要有意识地用重复来强调产品和品牌的名称，加强对听众的影响，使其加深印象、增强记忆。如在一个刚刚进入市场的产品的广告里，主要的诉求目的是新产品的认知及品牌概念的建立。这时候的广播广告文案就要有意识地反复强调产品的名称或产品的利益点，以便能给受众深刻的印象。

三星照相机的一则广播广告文案《教学篇》，就是有意运用了反复，加深受众对品牌的记忆。

（男）老师读：S-A-M-S-U-N-G，SAMSUNG。
（女）学生译：三星。
（男）老师读：C-A-M-E-R-A，CAMERA。
（女）学生译：照相机。
（男）老师读：SAM-SUNG CAMERA。
（女）学生译：三星照相机。
（男）老师读：SAM-SUNG CAMERA IS VERY GOOD。
（男女）齐说：三星相机盖了帽了。
音乐起（厚重的男声）：SAM-SUNG CAMERA。

为了唤起听众的注意力，广播广告还应经常使用设问的修辞手法。例如以下这则广播广告文案。

听众朋友：
您想使自己的皮肤保持光滑柔嫩，爽洁舒适吗？
您想使自己的头发保持光泽柔软，富有弹性吗？
请您使用上海制皂厂生产的新型洗涤用品——蜂花液体香皂。
…………

这是使用了对照和设问的修辞手法。又如：

"四面荷花三面柳，一城山色半城湖。"

朋友，您到过风景秀丽的济南大明湖吗？

您用过大明湖牌浆状合成洗涤剂吗？

济南轻工化学总厂生产的大明湖牌浆状合成洗涤剂，是同类产品的佼佼者，曾三次评为全国质量第一。

…………

以上两则广告中的设问，都容易引起人们的兴趣。

在写作文案时，在运用反复的修辞手段时，要注意重复使用同一词、句、段，以强调或突出广告的主题。

甲：欢迎选用××国营厂从日本引进的先进流水生产线为您提供的……

乙：仙曲707组合式双卡收录机。

甲：仙曲707组合式双卡收录机。

乙：小型便携式。

甲：仙曲707组合式双卡收录机。

乙：用发光二极管显示放电平。

甲：具有调频、调幅、立体声耳机插孔、转录五蕊插座、睡眠定时、自动电平控制等功能。

乙：音质美、款式新！

这则广告对商品名称重复了三遍，其效果肯定比一遍强。另外，诸如商标、厂家名称、地址、联系方法等，亦可重复一到两遍，让听众听清记牢。

二、广播广告文案的结构

（一）广播广告文案的格式

严格意义上，完整的广播广告文案由标题、正文、附文和口号四部分构成。但在播放中可能听不出哪部分是标题、哪部分是正文，或者正文、标题和口号被混在一起播出。播音员不可能告诉听众这是标题、这是正文、这是口号。有时甚至没有标题，直接播送正文。由于广告口号往往是在广告的最后播出，所以口号尚容易分辨出来。附文主要是联系方式等内容，因此也能听出来。尽管如此，在写作中还是应该写全构成要件。

1. 标题

与其他媒体的广告标题一样，广播广告标题也应该突出主要内容，如产品名称、企业名称、品牌名称、促销方式、广告主题等。虽然标题一般不播出，但是作为一个完整的文案，标题还是应该有的。

2. 正文

正文是广播广告的主体，根据不同产品和主题以及不同的题材和体裁有不同写法。其写作原理和一般广告文案正文的写作类同，只是在加入音乐、音响、语气、口吻、情绪等元素时要有说明，这一点是其他媒体的广告，如报纸杂志广告文案所没有的。正文的形式可用对话体、诗歌体、小品体、散文体、解说体、快板体等。

3. 口号

因为广播广告使用的是诉诸听觉系统的声音符号，由播音员用醇厚悦耳的声音播出，所以广播广告口号要写得富有鼓动性和感染力、有激情、能感动听众。

4. 附文

广播广告附文中的内容是听众与企业进行联系的直接渠道，因此写作时一定要简明清楚。电话号码、电报挂号、邮编、账号、电子邮箱、联系地址等都要写得明白无误，防止产生歧义而影响联络。

（二）广播广告文案的结构

广播广告文案一般不长，多数是短文案。这主要受以下三个因素影响。

1. 广播广告的规格

广播广告主要有三种规格——30 秒、15 秒和 5 秒，有些专题广告可以突破这个长度。在写作广告文案时，应先了解广告的时间长度，将文案控制在规定时间内播完。

2. 播出时的语速和语气

为了保证广告的传播效果，文案播出的语速不能过快，要保持一定的节奏，这就直接影响到广告文案的篇幅。如果不考虑背景音乐和音响，按照每分钟 150 字的普通语速，30 秒广播广告最多可以播出 75 个字，15 秒最多可以播出 40 个字，5 秒可以播出 15 个字。写作时可以根据这个标准控制文案的长度。

3. 音乐和音响

音乐和音响既可以为人声语言提供背景，以避免广告的单调乏味，又起着推进广告展开、突出主要信息的作用。因此，在决定广播广告文案的篇幅时，应考虑是否使用音乐、音响及其出现的位置以及在整个广告中所占的时长。

第二节　广播广告文案写作要求

一、传播主体要具体化

在广播广告文案中，传播主体往往被具体化为广告中的某一角色。这一角色应该是企业、商品、服务的知情者，商品使用的先驱者、受益者，消费内行，某一领域的权威等。如“矛盾”洗衣粉广播广告文案。

旁白：听众朋友，我叫圆方，今天的广告节目仍然由我来主持。这次呢，我请大家听一小段小品，然后根据小品的含义，猜一地名和厂家的产品。

（音乐效果——）

卖者：各位父老乡亲，咱有钱的捧个钱场，没钱的捧个人场。

众人：……

卖者：我这盾坚固无比、世上无双，任何锋利的东西都刺不破它。

众人：……

卖者：来来来，大家再看看我这矛，是世界上最锋利的，没有它刺不破的。

众人：……

老者：用你的矛刺你的盾，怎么样啊？

卖者：这……

众人：哈……

旁白：听众朋友，听了“自相矛盾”这个小品，想必你已猜出地名和厂家的产品了。

众人：开封！矛盾牌洗衣粉。

旁白：对，地名是全国著名的矛盾城开封。开是开放的开，封是封闭的封。厂家的产品是开封日用化工厂以“矛盾”为商标的名牌系列洗衣粉。

广告中的“圆方”既是节目主持人，又是广告的播音员，也是买矛盾牌洗衣粉的消费者。他对矛盾牌洗衣粉很了解，以三重身份向听众介绍这个产品，听起来亲切，拉近了与听众的距离，增强了可信性，消除了陌生感。

二、语言要形象生动

要使听众一听就懂，就应该避免内容的抽象化、概念化，而要具体化、形象化，让听众通过生动具体的广告文案，运用自己的想象，获得视觉感受。

语言的形象化，就是化抽象概念为具体的事物。如“漂亮”就是一个很抽象的概念，在文案中可以使之形象化。如一则羽绒衣的广播广告文案：

冬天，银装素裹。大街小巷，游动着穿红白蓝黄各色羽绒服的人群。那红的，像华贵的牡丹；蓝的，像散发着幽香的兰花；黄的，像傲霜的秋菊。她们装扮着梨花世界的人们，给银色的大地增添了绚丽的色彩。

通过这样的描写，听众对“漂亮”就有了更具体形象的理解，好像那满大街的“漂亮”景象就展现在自己面前。

三、要有角色引入

广播广告文案不但可以将传播主体具体化为某一角色，还常常将受众具体化为某一角色，借此表达受众的需求、疑问。如一则广播广告文案的开头：“谁呀？”“芳芳，是我！”“呀，是兰兰。”这段对话引出了两个人物，接下去，主人“芳芳”就充当起传播主体的角色，向客人“兰兰”介绍起她刚买的煤气灶。

四、用多种听觉艺术形式渲染主题

广播广告为了增强趣味性和对受众的吸引力，往往借用广播媒介的多种节目形式进行表达，如广播剧、相声、快板、评书等。所以，广告文案人员在日常生活中也应积累对各种听觉艺术形式的知识，掌握多种文体的写作方法和技巧。

五、内容要集中精练

在广播广告文案的写作中，罗列的事实越多，给听众的印象可能会越模糊。因为广播广告是在短时间内一句接一句地播出，无法重听前面所播出的内容。而且，人的瞬间记忆是相当有限的，文案越长，听众能记住的东西就会越少。因此，广播广告文案的写作要求结构简单、内容集中。如汉弥顿手表广播广告文案。

汉弥顿手表是美丽的象征，汉弥顿手表带给你高雅的气质。
您要买世上最薄的自动手表吗？
您要买防水最好的游泳表吗？
请选购汉弥顿！

广告主要表现手表美丽、高雅、超薄、防水的品质，集中在这四个方面诉求，结构很简单，内容也很集中。

六、语言要亲切感人

广播信息的交流常常是在电台与听众两者之间进行的，似乎每一个节目都是为某一个特定的听众播出的。广播广告文案应充分利用这一点，营造播音员与听众之间的谈话氛围。在这样的氛围中，播音员与听众之间距离越近，广播内容就会越贴近听众，广告信息就会自然而然地得到传达。还可以利用音乐和音响，一方面烘托商品，通过特殊的音响来强化人们对商品的认识；同时创造一个温馨、和谐的接受环境，使听众听得舒心，听得愉悦，在轻松的享受中接受广告信息。如天津海鸥表广播广告文案。

亲爱的听众，报告您一个好消息：在1984年度全国机械手表质量考核会上，天津手表厂的海鸥女表名列第一，海鸥男表获得第二名。

就此，天津手表厂金厂长向听众讲几句话：(讲话录音)

我们天津手表厂生产的海鸥牌女表，在1983年、1984年两年全国质量评比当中都获得第一，最近又获得天津市“跃进杯”最佳产品奖。在此，我代表天津手表厂全体职工，向购买、佩戴海鸥女表的同志们表示祝贺。

广告一开始，播音员首先用一句“亲爱的听众”拉近了与听众的距离，最后又请手表厂负责人向购买、佩戴海鸥女表的同志们表示祝贺。整个广告亲切自然，犹如朋友之间拉家常，让听众有一家人的感觉。

广播广告文案要想起到劝服听众的作用，就要善于同他们建立情感联系。而不能像是在板着冷冰冰的面孔，采用居高临下的口气教训人。亲切、诚挚的话语，最能激发听众的感情，引起他们的共鸣。

七、突出产品或品牌名称

广告的目的之一就是宣传产品和品牌。然而，由于广播广告在一次播放过程中不能重复播出，有时候听众还没听懂产品名称，广告已经播完了。因此，在写作文案时要有意识地突出产品名称，让听众记住产品品牌。前面讲的反复和重复就是一种有效的方法，此外还可以在文案和口号中或在人物对话中强调产品名称，以加深听众印象。例如狮牌油漆广告文案。

男：火炉方显真金色。

女：武汉是我国三大火炉之最，狮牌油漆经受考验。

男：风雪岂能动容颜?

女：武汉的冬天风雪严寒，狮牌油漆色泽不减。

男：是钢就不难分辨。

女：黄鹤楼是水泥钢材结构，狮牌油漆使它看上去和古代木质结构一样。

这篇广告文案虽然在写作技巧上不敢恭维，但它三次强调了狮牌油漆的功能和名称，容易让人记忆。有些广播广告写得花里胡哨，看似很优美很具诗意，但受众听完后还不知道是什么产品，这岂不白费了工夫。

第三节　广播广告文案的文体形式

广播广告文案的形式很多，有直陈体、新闻采访体、现场转播体、广播剧体、戏剧体、小品体、对话体、诗歌体、歌曲体、戏曲体、故事体、小说体、散文体等。具体采用哪种方式是由广告产品、广告内容以及广告创意决定的，同时也受广播媒体特点的制约。由于广告内容的丰富多彩，广告创意的千变万化，广播广告文案的表现形式也就多种多样。这些表现形式，均以有声语言为表现手段，从而形成了广播广告文案独有的表现形式。

一、直陈体

以直接陈述的方式写作的广告文案。这是广播广告中最常见的，也是最基本的表现形式。特点是简便、快捷、时效性强，而且价格低廉。缺点是形式简单，容易使人觉得枯燥，但这可以通过在文案写作上下功夫来弥补，还可通过充分发挥语言的感染力和播音员的播音技巧，以及利用音乐和音响的配合来弥补。如下面这则广播广告文案。

在包公的故乡——合肥，有一口古老的井，取名廉泉。相传，清廉之士饮了廉泉之水，甘甜爽口，明目清心。

而今的合肥有一座现代化的啤酒厂。该厂生产的廉泉啤酒，清亮透明，酒香味纯，以其独特的风格深受消费者欢迎。在上海、在天津，参加 1987 年全国饮料评定，经群众投票打分，专家审查，获得了上海的健乐奖和天津市场畅销啤酒之美称!

廉泉啤酒，不负廉泉盛名。

这则广告文案，由播音员将广告内容直接陈述出来，形式比较单调，但却以创意新颖和语言简洁响亮取胜。创作者巧妙地把廉泉啤酒与历史名人及古老的传说联系起来，不仅使品牌得到了强化，而且使产品披上了浓郁的文化色彩，从而深受听众欢迎。

二、对话体

为了发挥广播媒体声音诉求的特点和优势，广播广告经常利用对话形式进行广告宣传。一般由两个或两个以上人物采用一问一答或一唱一和的方式，或由一男一女各饰演一个相关的角色，形成象征性的买卖关系、同伴关系、邻居关系、同事关系等。同时可以营造各种特定的气氛和场景。

例如美多牌收录机广播广告文案。

（音乐起）
妹妹：姐姐你听，这声音多美啊！
姐姐：不是“多美”，是“美多”。
妹妹：姐姐，你听，这声音多美啊！
姐姐：告诉你多少次了——不是“多美”，是“美多”。“美多”牌收录机，懂吗？
妹妹：噢，我懂了，“美多”牌收录机发出的声音多美啊！

这篇文案通过姐妹对话将产品的品牌名称和产品特性传达给听众，对话中的人物各扮演着特定的角色。

三、解说体

也称说明体，即以第三者的身份对产品的性能、特点以及联络方式进行冷静的介绍。解说员是站在中立的立场上，既不代表企业，也不代表消费者。这样的文案给人以客观可信的感觉。解说类广播广告大致分为以下几种类型。

（1）单人播送形式，就是由一个播音员在特定的音乐、音效背景下，向受众传达广告信息。例如舒尔麦克风广播广告文案。

（雷电巨响……）
声音的震撼力，并不在于音量的高低。
（流水声……鸟鸣声……）
而在于它是否真实、自然，长久地感动了您。
（帕瓦罗蒂《我的太阳》前奏）
美国舒尔麦克风的名字，代表着纯粹自然的原音效果和异乎寻常的优质与耐用。这就是为什么世界优秀的表演艺术家及专业音响人士信赖舒尔产品长达 70 多年之久的缘故。
（帕瓦罗蒂原唱）
美国舒尔麦克风，崇尚科技，追求自然。在乎您的感受。
（爆炸声……）

这类文案的优点在于解说者可以采用全知视角即相当于客观叙述者的身份，对产品或企业进行自由的介绍；缺点在于沉闷、单调，易让受众产生厌倦情绪。所以在创作这类文案时，要尽可能利用音效和音乐来避免单调。

(2) 现场解说形式，即通过音响造成现场背景，在这个背景下进行解说。例如可以用体育实况转播的形式，由解说员在介绍比赛时捎带穿插进广告内容。如沈阳红药广播广告文案。

各位听众！各位听众！辽宁人民广播电台听众朋友们：现在我们在沈阳市人民体育场，向您转播辽莹队同东宝队足球比赛的实况。现在比赛已进入到了关键时刻。好球！辽莹队18号断球，带球突破，过了一个队员，又过了一个队员，第三名上来阻截，东宝9号队员倒地铲球。不好！18号摔倒了，看样子摔得不轻啊。不要着急，我们有部优产品沈阳红药。

这则广告很巧妙地将体育解说和产品广告结合在一起，既诙谐有趣，又有很强的现场感，真实得毋庸置疑。

(3) 现场编排广告，费用便宜，效果也很好。如下面这则广播广告文案。

今天上午，十点三十分，居住在台北市中山区新生路二段54号的一对夫妇——田国因、王美娟生下了一个白胖的小宝贝。森永公司特送森永皇冠奶粉一罐，表示贺意。您想养育聪明伶俐的婴儿吗？请大家不要忘记森永皇冠奶粉。

这则广播广告利用产妇生产的事件作为背景，在现场宣传产品。

(4) 采用游记形式进行制作的广播广告。它设置浏览旅游胜地的场景，糅音乐、诗歌、散文为一体，声情并茂，好像导游在现场解说。我们将这种广告形式亦称为现场式广播广告。如辽宁人民广播电台播出的一则广播广告文案。

本溪水洞游记

(出本溪水洞赞歌——压混)

滴水叮咚奏仙乐，云雾缭绕舞彩带；

若在人间寻仙境，请到本溪水洞来。

裴晓云这优美动听的歌声，把我们带进了人间仙境——我省著名的游览胜地本溪水洞。

我们在银河码头登上游船。

(歌曲隐没，出实况汽船声)

导游员解说：我们九曲银河洞的自然情况，分为五宫、三峡、九曲、二门等七十多景……现在游船进入银河宫……现在游船进入芙蓉峡……

在将近五十分钟里，我们饱览了九曲银河的七十多个景点。这里微风拂面，四季如春，泛舟其中，真有梦幻仙境之感。游船回码头，我才如梦初醒。啊！真是“钟乳奇峰景万千，轻舟碧水诗画间。此景只应仙界有，人间独此一洞天”。

收听这样一个广告，如同跟随一个导游在游览本溪水洞，有身临其境之感，让人神往不已。

(5) 现场节目式广播广告文案。如日本寿司饭店SANMRY威士忌酒广播广告文案。

解说：各位晚安，“百人音乐会”这个节目由制造洋酒具有60年历史的寿司饭店向您提供，欢迎收听。

音乐：肖邦作品，溪流，鸟鸣。

解说：人生短暂，艺术长久，优秀的作品经得起悠久岁月的考验。同样，发挥杰出创造力而生产的优秀威士忌，也经得起岁月的检验。具有60年传统的世界名酒SANMRY，是日本最适宜酿造洋酒的地方山崎出品的。这个在木桶内无声透明的东西夜以继日地沉睡着，10年、20年、30年，随着时间的流逝越陈越香。

音响：清脆的开木樽声。

解说：朋友们，酒桶已经打开了，满室都飘荡着一股SANMRY的芳香。看！一滴滴像琥珀一样发出光芒。陈年的好酒，正像是古典音乐的馥郁。

音乐："咕咕"斟酒声，冰块落入杯中的"叮当"撞击声。带着田园色彩的舒缓乐曲轻轻飘荡。

解说：您现在最好的伴侣是一杯放有一块冰的世界名酒SANMRY和一首世界名曲，让自己完全沉浸在美妙的境界里。

这里有清脆的开木樽的声音，好像播音员就在酒窖中，现场感很强，也很真实。

四、谜语体

谜语体广告即先在广播中设置一个谜，然后再说出谜底。此广告形式类似于悬念广告，能引起人们的兴趣和注意力。如下面这则广播广告文案。

（音乐混入）

女：世界上什么东西最长又最短；最快又最慢；最可分割又最广大；最不受重视，又是最可惋惜的？它使一切渺小的东西归于消灭，它使一切伟大的东西生命不绝？

男：法国思想家伏尔泰的这个谜语曾经把多少学者难倒，亲爱的听众，您也动动脑子，猜猜这是何种珍宝？

女：噢，您不知道？那就请您佩戴上孔雀牌手表，它会帮您解开这个谜底，这就是时间的奥妙。

男：也许，您也知道时间的重要，可您怎样掌握时间的分秒？国家一级名表——孔雀牌手表，会帮您夺得准确无误的分秒！

广告一开始，由女声提出一系列的问题，引起听众关注，再由男声配合烘托，最后揭开谜底。既引人入胜，又很好地介绍了孔雀牌手表的优质性能。

五、歌曲体

广播广告中，运用歌曲形式写的广告文案，配上乐谱，由演员演唱，在广播里播出，会收到很好效果。

还有歌曲与对白组合式广播广告文案。如纯粮大曲广播广告文案。

（电影《红高粱》插曲《酒神曲》起）

唱："九月九酿新酒，好酒出在咱的手，好酒——"

男：好酒，纯粮大曲！

女：纯粮大曲，好酒！

男：纯粮大曲1985年在江西白酒评比中名列第一。

女：纯粮大曲荣获 1988 年全国首届食品展览会金奖。
唱："喝了咱的酒，上下通气不咳嗽；喝了咱的酒，滋阴壮阳嘴不臭。"
男：纯粮大曲由江西修水恒丰酒厂生产。
女：纯粮大曲为千家万户喜庆节日助兴。
唱："喝了咱的酒，见了皇帝不磕头……"
男：酒，酒，酒，请喝纯粮大曲酒。
唱："好酒，好酒……"

这是套用大家都很熟悉的《红高粱》电影插曲创作的歌曲式广播广告文案，并采用男女对白形式，演员情绪饱满，很有感染力。

六、诗歌体

诗歌在中国是很古老的文学形式，对仗工整、富有韵律、含蓄深邃，很受人们喜爱。利用诗歌创作广播广告文案，也很受消费者的喜欢。现在多用自由体诗歌形式创作广告文案，如耐斯系列抗衰老美容化妆品广播广告文案。

带着母亲的梦翱翔

曾几何时，
母亲不再有青春的梦；
而你
是母亲梦里的翅膀。
海阔天空
任意翱翔，
偶然栖息
才恍然想起，
母亲期盼的眼神。
当母亲节又将到来之时，
你何不收起翱翔的双翼，
回头看看展翅的地方。
那儿，亲情浓浓，恒久不变；
那儿，曾是你力量的源泉。
表达爱心要及时，
在这属于母亲的日子里，
虽仅馨香一瓣，
却带给母亲无限的满足和欢乐。
当你再度展翅而去，
愿你带着母亲的梦翱翔。
耐斯系列抗衰老美容化妆品替你表达敬爱之心！

耐斯系列抗衰老美容化妆品广告利用母亲节告诉天下儿女们，无论你的翅膀多长，无论你飞得多远，母亲永远是你起飞的地方。提醒他们在这属于母亲的节日里，不要忘了用耐斯系列抗衰老美容化妆品给母亲献去一份孝心。文案写得真挚感人，让天下远飞的儿女们萌生出对母亲的敬爱之心。

七、小品体

小品是这些年来兴起的艺术形式，深受老百姓喜欢。用这种形式创作的广告文案也受到了听众的喜爱。小品体与对话体有些类似，也要运用人物对话，但与对话体也有不同之处，它更注重情景的逼真性和情节的曲折性。情景的逼真性通过具有现场感的音响和人物的角色化加以体现；情节的曲折性意在抓住听众的注意力，要求通过一定的故事情节来表现广告内容。如利华汽车有限责任公司广播广告文案。

夫：（高兴地唱）十五的月亮，照在家乡照在边关，宁静的……

妻：哎呀，张华，你还唱呢，我都急死了。

夫：怎么啦？

妻：我开的那辆豪华小轿车被撞坏了。

夫：（吃惊地）什么？车被撞坏了，那人伤着没有哇？

妻：人没有受伤，就是我的车……

夫：哦，车撞坏了着急也没用。快送去修哇！

妻：我不知道哪儿能修进口车呀？

夫：哦，我听到湖北电视台的广告节目里播过，青山区有一家中外合资企业叫“利华汽车有限责任公司”，是专门修进口车的。

妻：你没看到，我那车呀给撞得不像样了！

夫：哎呀，别担心，撞得再坏的车，利华公司也能修得像新的一样，缺什么进口的零部件啦，他们都能提供。

妻：嗨！你倒像个搞宣传的。

夫：这不，我把地址都记下了，你念念。

妻：（自己念）哦，武汉市青山区工业三路 32 号。

夫：你去之前，先拨电话 663332 联系一下。

妻：假如从武昌开车去的话呢？

夫：向红钢城的方向开呀，到青山饭店向右拐，上冶金大道，顺路前进，上工业三路，再右拐走 700 米就到了。

妻：（笑），嘿，张华，你把这广告记得真清楚啊！

夫：嗨，（笑着说）谁让我夫人是个司机呢！

（夫妻以热烈的笑声结束）

这看似是一个对话形式的广告，但其实运用了戏剧小品的形式。因为其中有人物，有情节，有场景，有矛盾的冲突和解决，还有戏剧情景，就像一个小型舞台剧一样。

八、日记体

日记体广告文案即以日记形式创作的广告文案。如台湾地区PUMA（彪马）运动鞋广播广告文案。

（男声）

我是个庸庸碌碌的上班族。不过在平淡的生活中，我倒有一样法宝——PUMA。

星期一，我喜欢走仁爱林荫道来公司，借以平和我的“星期一忧郁症”。

星期二，故意挑公司后的小巷道，多绕些路，只为了听听附近住家起床号的声音。

星期三，我会从小学旁经过，看看年轻的生命活力，顺便感怀一下我自己消逝的天真童年。

星期四，我索性来一段慢跑。

（旁白渐弱）

广告口号：快乐的走路族——彪马运动鞋。

在广告角色星期一到星期四的日记中，体现出彪马运动鞋带给消费者的快乐感受。

九、戏剧体

利用戏剧形式创作的广告文案。戏剧在中国有几百年的历史，老百姓喜闻乐见，尤其对于传统剧目，老百姓更是耳熟能详。运用传统戏剧中的人物和故事情节来宣传产品，也不失为很好的广告形式。如成都彭县羊羔美酒广播广告文案。

（京剧探马上场锣鼓——）

探马：报——启禀丞相，司马懿十五万大军离西城四十里安营扎寨。

诸葛亮：再探！哎呀，想我西城乃是一座空城，这便如何是好。噢——噢——噢——有了，想我诸葛一生从不弄险，唯有设下空城之计，方可骗过司马懿，来呀——

老军：丞相有何吩咐？

诸葛亮：命尔等速备琴棋，设于城楼之上。

老军：是。

诸葛亮：慢，再取羊羔美酒，摆设西城之外，准备犒赏司马大军。

老军：丞相，这种羊羔美酒上哪儿弄去呀？

诸葛亮：老夫听说成都彭县羊羔美酒厂，已经酿制出这一传统美酒。前日，老夫已命人采购回来，后营搬取。

老军：是，后营搬取成都彭县羊羔美酒啊！

（一段京剧锣鼓）

这是利用诸葛亮唱《空城计》的传统戏剧来演绎的酒广告，采用原剧中的内容来表现产品信息，给人留下较深的印象。

十、广播剧体

广播剧是利用广播的特点，以语言、音乐和音响为手段，由机械录制而成的戏剧形式。它不包含舞台剧的视觉手段，只有听觉手段，并以此充分调动听众的想象力，使之必须直接参与创作，从中获得特殊的艺术享受。此外，由于失去视觉效果，使广播剧在展开情节时获得更大的时空自由，从而使幻想、梦境、回忆等成为广播剧理想的题材。由于广播剧只包含听觉手段，故不宜表现人物众多的场面、复杂而多头绪的情节，要求线索单纯清晰、人物集中、内容精练。由于广播剧欣赏方便，因此以广播剧形式制作的广告深受听众欢迎。如美国《时代》杂志广播广告文案。

——对不起，先生，半夜三更你在这儿干什么？

——看见你太高兴了，警官先生。

——我问你在这儿干什么？

——我住得不远，那边，第四幢楼……

——先生，别废话了，请回答我，你在这儿干什么？

——哎，别提了，我本来已经上床睡觉了，可是突然想起来白天忘了买本《时代》杂志看。

——你穿的是什么？

——衣服？睡衣呀！哎哟？走的时候太慌张了，我老婆的睡衣，很可笑吧？

——上车吧，我送你回去。

——不行，没有《时代》杂志，我睡不着觉。我睡前都要躺在床上看看“电影评论”“现代生活掠影”这些栏目……

——好了，好了！快点吧，先生！

——我试着看过其他杂志，但都不合胃口。您知道《时代》杂志发行量一直在上升吗？

——不知道，我知道罪案发生的情况。（汽车发动声）

——像我这样的《时代》杂志读者多得很，比如说温斯顿·丘吉尔，你呢？快快，不好了，快停车，你总不能看着我穿我老婆的睡衣就这样去警察局吧？

——你到家了，下车吧！（停车声）

这是一个很简单的广播剧，只有警察和夜游者两个人物，通过警察和夜游者的对话展开戏剧冲突。夜游者是一个没有《时代》杂志就无法入睡的人，体现《时代》杂志的诱人之处。

十一、快板体

快板是典型的民间艺术形式，节奏感强，朗朗上口。用这种形式制作广播广告也很奏效。如沈阳市南溪日杂商品店经销的地漏广播广告文案。

地漏好

听众朋友，您听我给您唠唠，
我把这地漏向您做介绍。
这个地漏好啊地漏妙，
地漏的浑身都用这个塑料造。
它耐腐蚀，不生锈，
经久耐用寿命高。
住楼房的都需要，
把地漏安在厨房的下水道，
哦嘿，它的作用可真不小，
概括起来有两条。
这第一条是防止臭气往外冒，
厨房清洁卫生空气好；
第二条，能杜绝污水杂物堵塞下水道，
省得您哪临时低头弯腰一个劲地用手往外掏。
安上地漏厨房里地面整洁又干燥，
下水道畅通无味不堵不漏不跑也不冒，
保证您在厨房里呀，
一年四季煎炒烹炸一股子香味往外飘，
一楼的住户也能高枕无忧睡大觉。
地漏好，地漏妙，
它防臭防毒有特效。
全国首创独一家，
国家专利已得到。
您要问这地漏它在什么地方卖？
告诉您，沈阳市南溪日杂商品店它经销。

快板体广告节奏明快，读起来上口，听起来悦耳，因而也是广播广告常采用的一种形式。

快板体广播广告的写作要领有以下两点。

（1）合辙押韵，节奏感强。快板体可以采用偶韵（逢双句押韵，首句可入韵也可不入韵）、排韵（句句押韵）和随韵（几句换一韵）等方式。句子以七言句为主，也可用三言句和五言句。三言句、五言句最好能成双成对出现，才易朗读。有时也可根据需要加旁白。

（2）抓住产品的实质。快板体广告文案切忌信马由缰、不得要领。要善于抓住实质性问题加以发挥和演绎。

十二、故事体

故事体广播广告即通过在广播广告中讲述一个故事来传达广告信息。如杭州孔凤春珍珠霜广播广告文案。

人物：

蒋加伦，中国海洋生物学家。

彼得·沙拉文，医生。

伯克，澳大利亚生物学家。

（狂风巨浪……音乐）

伯克：船要翻了，加伦，你看怎么办？

蒋加伦：快！扣紧救生圈，快跳海！

（狂风巨浪声、跳海声、游水声……）

解说：（直升机声）这是一个真实的故事。1983 年 2 月 3 日，国家海洋局第二海洋研究所助理研究员蒋加伦，同澳大利亚生物学家伯克驾驶一只小船在南极爱丽丝海峡考察。不幸遇难落水。

（混播）

直升机飞行员的呼号：戴维斯站，发现伯克和蒋加伦先生！发现伯克和蒋加伦先生！请指示！请指示！

地面：马上救人！马上救人！

解说：他们冒着狂风在零下 15 摄氏度的水中搏斗了半个小时才爬上岸。他们在冰天雪地中等候了五个小时才被直升机搭救到戴维斯站医务室。

蒋加伦：（自语）怎么办？难道只有截去手指和脚趾这一条路可走吗？不！不！不能！我不能将我的手指、脚趾留在南极……哎，我出国前在杭州买了一瓶孔凤春珍珠霜，它的说明书上写着，能生肌润肤，促进皮肤的新陈代谢。

解说：蒋加伦每天坚持三次涂擦孔凤春珍珠霜。不久，他的手和脚有知觉了，皮肤也红润起来了，严重冻伤的手脚奇迹般地得到恢复。这真乐坏了这些在冰雪世界里孜孜追求事业的人们。

医生：奇迹！奇迹！（音乐）没想到杭州孔凤春珍珠霜有这么大的作用！

蒋加伦：我也没想到孔凤春珍珠霜能使我的手脚起死回生。以后我们再来南极，要多带些杭州孔凤春珍珠霜！

这也许是一个真实的故事，借用这个故事渲染杭州孔凤春珍珠霜的功效，令人信服。

十三、相声体

相声是中国老百姓所喜闻乐见的文艺形式。广播广告运用相声形式进行创作可以产生幽默风趣、生动活泼、引人入胜的效果。例如黑劲风牌电吹风广播广告文案。

甲：问您一个问题，您喜欢“吹”吗？

乙：您才喜欢吹呢！

甲：您算说对了，我的名气就是“吹”出来的。我能横着吹、竖着吹、正着吹、反着吹，能把直的吹成弯的，能把丑的吹成美的，能把老头儿吹成小伙儿，能把老太太吹成大姑娘。

乙：嚯，都吹玄了！

甲：我从广东开吹，吹过了大江南北，吹遍了长城内外。我不但在国内吹，我还要吹出亚洲，吹向世界！

乙：呵！您这么吹，人们烦不烦哪？

甲：不但不烦，还特别地喜欢我，尤其是大姑娘、小媳妇抓住我就不撒手。

乙：好嘛，还是大众情人儿。请问您尊姓大名？

甲：我呀，黑劲风牌电吹风！

乙：嘿，绝了！

（掌声，拉下）

相声体广告文案写作的关键在于如何抖亮“包袱”，并将“包袱”与产品联系起来。这篇文案利用“吹”字的歧义性，有意诱导听众产生误会和悬念，通过大量的铺垫后再猛然抖开“包袱”——黑劲风牌电吹风，让人在意外中接受产品的信息。当人们的思维兴奋点集中于品牌名称时，其效果要强于多次单调的重复。

十四、独白体

独白体广播广告即采用角色独白来介绍对产品的感受或情感。该角色可以是广告商，可以是消费者，也可以是播音员以第一人称演播。如以下这则广播广告文案。

（快嘴、活泼的小姑娘）本姑娘现在不在家，去“小豆苗”了！（活泼的音乐）

在“小豆苗”里，最忙的是眼睛，最累的是嘴巴，最快活的是我！

（歌声）“小——豆——苗”。

小豆苗大概是儿童食品店，利用小姑娘的身份说出了儿童对这种食品的喜爱程度，对小孩子很有诱惑力。

其实，广播广告文案的写作形式很多，根据不同分类标准又有很多种形式，这里不能一一举出。总之，充分发挥好广播媒体的特点，利用语言、音乐、音响三要素进行有机合理的创作，就会写出感动人心、有很好效果的广告作品。

【思考与练习】

一、思考题

1. 广播广告文案的特点是什么？
2. 广播广告文案的结构是什么？
3. 广播广告文案有哪些写作要求？
4. 试述广播广告文案的形式及写作特点。

二、课堂训练

资料

海南养生堂农夫果园饮料

企业简介

养生堂有限公司是一家以生产和经营健康产品为主的现代化高科技企业，其总部设在浙江省杭州市。公司成立十年来，产业已经横跨饮料、食品、保健品、生物制药四大领域，顺利完成适度多元化发展战略，并且正在努力成为国内一流的跨行业、上规模的大型民营企业。十年之间，养生堂成功创立了龟鳖丸、朵而、农夫山泉、清嘴、成长快乐五大知名品牌。公司特有的养生堂商标为驰名商标。农夫山泉瓶装天然水为中国名牌产品。养生堂以“诚心、高效、务实、奋进”的精神训导员工，以市场为导向，以消费者为中心，想消费者之所想，急消费者之所急，致力于造福人类的健康事业。

产品介绍

农夫果园为橙、胡萝卜、苹果或菠萝、芒果、番石榴的混合果汁饮料，每天补充人体所需的维生素。

广告目标

(1) 提升品牌知名度，培养消费者对品牌的忠诚度。

(2) 促进产品销售量的提升。

广告目标对象

有一定消费能力的年轻消费者。

必要列入事项

产品 Logo。

训练要求：

(1) 为海南养生堂农夫果园饮料创作两种形式的广播广告文案。

(2) 按照广播广告每分钟 150 字的播出速度，检查你写的文案是否符合时间长度要求。

第八章

电视广告文案写作

【本章重点】

1. 电视广告文案的特点及构成
2. 电视广告文案格式
3. 电视广告文案的表现形式
4. 电视广告文案写作要求

【学习要求】

1. 掌握电视广告文案的特点及构成
2. 掌握并熟练运用电视广告文案格式进行创作
3. 掌握并熟练运用电视广告文案各种表现形式进行创作
4. 掌握电视广告文案写作要求
5. 了解中外电视广告的异同

电视广告是运用电视技术表现广告内容的一种形式。它是目前所有广告媒体中效果最好、影响面最大、感染力最强、科技含量最高、制作最复杂、成本最大、可以利用所有艺术手段，包括影视、文学、音乐、绘画、书法、雕塑、动画等，集画面、声音、字幕为一体的，对观众的视觉和听觉同时产生影响的广告形式。这些特性为电视广告传播效果带来了优势，所以有远见、有实力的企业都不惜重金购买电视媒体，这也为电视广告文案的写作提出了新的任务和要求。本章介绍电视广告文案的特点、构成、格式、表现形式及写作要求，同时对中外电视广告做了比较研究。

第一节　电视广告文案概述

电视广告是运用电视技术表现广告内容的一种广告形式，是目前所有广告媒体中效果最好、影响面最大、感染力最强、科技含量最高、制作最复杂、成本最高的广告形式。同时它也是可以利用包括影视、文学、音乐、绘画、书法、雕塑、动画等在内的多种艺术手段，集画面、声音、字幕为一体，对观众的视觉和听觉同时产生影响的广告形式。这些特性为电视广告传播带来了优势，所以有远见有实力的企业都不惜重金在电视媒体上做广告，这也为电视广告文案的写作提出了新的任务和要求。

电视广告文案，是为拍摄电视广告而写作的文字脚本，它包含广告语言、镜头说明、音乐音响要求等内容。

一、电视广告文案的特点

（一）文本格式化

电视广告文案与纸刊杂志广告文案有很大不同，其格式化很强。如果是分镜头脚本，便由广告语言、画面设定、音乐音响说明三要素构成；如果是电视文学剧本，则要考虑动作感、画面感、流动感，保证文案语言都可以用镜头来表现；如果是拍摄工作台本，则还要画出每一个分镜头画稿，即分镜头的形象，以便在拍摄中按照工作台本提供的表现思路进行。

（二）语言大众化

电视广告是面对最广大的受众传播的，这样的受众也是最大众化的群体。但受众在看电视时身心都处于放松状态，对广告的接受是不经意的，他们不会集中精力来解读广告内容。所以电视广告文案的语言一般都很大众化、口语化、日常化，没有太多书面语言和深奥的道理，以便让受众在不经意中就能明白。

在电视广告中，人物独白和人物对话更偏重于生活化的、朴素的语言。而旁白或解说，可以是娓娓道来的叙说，可以是抒情味较浓重的朗诵，也可以是逻辑严密、夹叙夹议的议论。由于电视媒体的大众化接收特点，因此电视广告的旁白一般倾向于叙说形式，“说”的特征仍然十分明显。

至于字幕，因其文字特征以及电视画面构图的美学原则的要求，一般要采用较为书面的语言形式。电视媒体虽然是综合性的媒体，但由于其视觉影响力大于听觉影响力，因此更多用字幕形式表现广告内容的主要的、关键的部分。

（三）结构残缺化

报纸广告文案可以由标题、正文、附文、广告口号或准口号组成，而电视广告则不要求五项俱全。它类似于广播广告，不一定有标题，不一定有附文，可能一开始就是正文，结束时则出现广告口号，甚至有时只有一句广告口号。如“恒源祥，羊羊羊”，没有标题，没有附文，仅此一句口号，就把恒源祥的品牌做得全国知名。

（四）文案隐没化

观众在阅读报纸广告时能看见完整的文案，而看电视广告时，只能看见画面和字幕，看不见完整的文案文本，所以就感觉没有看见正文。这就是电视广告文案与报刊等平面广告文案的明显区别。电视广告文案并不直接与受众见面，因为它不是广告作品的最后形式，而只是为导演进行再创作提供的详细计划、文字说明或蓝图，是电视广告作品形成的基础和前提。所以说，其正文就是拍摄电视广告的脚本，虽然隐藏在电视画面的背后，但导演只有据此才可能拍出广告片来。

（五）语言断续化

电视广告是由画面和声音组成的，声音包括人物对话、内心独白、画外解说等。如果将广告语言单独写出来，就可以看到语言是不连贯的，中间有断层，跳跃性很大，不符合语言逻辑。这就是电视广告的语言特点。因为电视最大的优势是画面，为了充分发挥这个优势，就要尽量让画面说话。凡是画面能够表现的内容，就不要用语言表达。电视广告是“声画结合”的艺术，受众可以通过画面获得文案所没有表达的信息，并且了解信息的内在逻辑关系。所以，电视广告文案不必一句接一句出现，上句与下句之间也不必完全做到语法正确、逻辑严密，只要在与画面的配合中完整地传达广告信息就可以了。画面不易表现的内容，才用语言来表达。具体的、形象的、可感的、可视的内容都要让位于画面，抽象的、理性的、概念的、附加的内容才留给语言表现。也就是说，凡是画面能够说清楚的东西，就可以省略语言，因此语言看起来就不很连贯，这也是电视广告与报纸广告的区别之一。

（六）声画对位化

声画对位是电视广告的又一特点。声画对位是指声音和画面要保持基本一致，进行有机的结合，以声音配合画面、补充画面、增强画面的表现力。不能让声音和画面形成南辕北辙的局面，不能使声音和画面没有关系。当然，声画对位并不意味着对每一个画面都进行解释，电视广告毕竟不是连环画。一般来说，只有当画面难以理解时，才需要进行解释。如复杂的机械设备，观众确实看不懂，就要进行解释。例如国外有一则汽车电视广告，介绍汽车性能和原理时，画面出现的是用玻璃钢制作的模型汽车，文案则对汽车的每一个性能和部件进行详细的解释和说明。此外，广告文案和广告画面要根据电视广告脚本和故事板的要求，各自承担自己的传播职能。画面表达信息不明确的地方，就由文案来表达；画面本身已经建立了正确的上下文关系，表达了明确的信息，就不要再把过多的文字塞进文案中。

（七）诉求感性化

电视广告由于声画结合、声情并茂、感染力极强，所以往往运用感性诉求方式，调动观众情绪，并形成现场的“连带效应”。连带效应是由电视观众行为决定的。群体性的收看行为容易引起群体间情绪的相互影响，这时如果有人提出购买广告中的产品，就会得到群体响应。这就是连带效应的结果。用感性的诉求方式，便能促生情感的同化，煽动群体情绪。因此，可以运用感性手法，如名人代言、生活情景、广告歌曲等，形成感性共鸣，强化广告效应。

（八）角色和环境具体化

电视广告文案的传播主体也常常是广告片中的具体角色，与广播广告不同的是，广播广告需要暗示或明示角色的身份，而电视广告由于让角色直接在画面上出现，所以角色的身份不需要语言或文字暗示。但电视广告需要将语言环境和受众角色具体化。

1. 语言环境具体化

大部分电视广告文案都有具体的语言环境。这种语言环境有时通过文案直接交代，有时通过画面来表现。

2. 受众角色具体化

电视广告中也常常直接出现受众的角色，并且让产品的使用者和购买者同时出现。如洁诺牙膏电视广告中，妈妈陪“小明”去找保护牙齿的“邵教授”，“邵教授”借此机会向他们介绍洁诺牙膏。店中的妈妈和“小明”都是受众的形象，妈妈是潜在的购买者，而“小明”是潜在的使用者。

（九）形式多样化

电视广告文案可以使用一般广告文案的所有表现形式，如文字、画面、文学、舞蹈、书法、音乐、雕塑、建筑等，都可在其中运用。但是应尽量少用广播广告文案的表现形式。因为，一方面广播广告文案受传播方式的局限，表现形式不够丰富；另一方面广播广告文案常常采用对话、相声、评书、快板等形式，是为了充分发挥广播“听觉艺术”的特点，因此往往有些夸张和直白，如果原样移到电视广告文案中，就过于夸张和滑稽了。虽然电视广告中也可以用这些形式，但必须符合电视媒体可视性、形象化的特点，如此才能发挥电视媒体的作用。

（十）叙事镜头化

“蒙太奇”是法文 montage 的音译，原系建筑学术语，本义为构成、装配。苏联电影界首先将其借用到电影方面，意为电影镜头的剪辑和组接技巧。蒙太奇包括剪辑，但又不完全是剪辑。剪辑只是把镜头素材中的冗长、拖沓的部分剪掉，使影片内容更加集中，有强烈的戏剧效果；蒙太奇是一种美学原则，它贯穿在从编导的艺术构思到摄影、录音、剪辑等整个制片过程中，并且通过剪辑使上下镜头之间产生新的关系和意义。

蒙太奇理论奠基人爱森斯坦认为：“两个蒙太奇镜头的对列不是两数之和，而更像两数之积。”有时前后几个镜头的跳跃性比较大，但观众能凭借自己的思维连接镜头，体会其中所表达的含义。所以创作者可以避免用多余的画面和语言，从而使叙事紧凑有力。

英国著名导演希区柯克为了说明这一问题，举了卓别林一部短片《流浪者》为例。

> 镜头一：监狱大门，一个看守人走出来贴了张通缉告示。
>
> 镜头二：一个瘦高个的男人在河里游泳后，发现岸上的衣服不见了，放在原地的是一套囚衣。
>
> 镜头三：在火车站上，卓别林穿着一条过于长而肥大的裤子走来。

这几个镜头的组接，引导观众自己去思考、想象，之后判定这个穿着又长又大的裤子的人就是逃犯。

电视广告文案撰稿人要善于运用蒙太奇手法进行创作，利用镜头与镜头的衔接组合、画面与声音的对位与分立来揭示商品的个性特征或企业的形象特点。

电视广告的语言具有直观性、形象性，容易转化为视觉形象。如索尼电视广告脚本。

> 长沙发上一男青年在看电视。电视在画外，人物为正面形象，下同。男青年旁多了一个女青年。中间又出现一个活泼可爱的男孩。这对男女逐渐老了。沙发上又多了他们的儿媳和两个孙子。广告口号：“这是索尼”。

这则电视广告脚本，全部采用视觉语言和蒙太奇手法，通过动态画面进行叙事，使企业对消费者的承诺化为可见的视觉形象。这个承诺就是：索尼电视机可以伴随三代人，虽然岁月流逝，但索尼电视质量不变，款式永不过时，三代人都喜欢。广告口号只用四个字，便强化了索尼品牌。广告没有任何语言说明，完全是视觉形象的组接，十几秒钟跨越了三代人的生活，这就是蒙太奇的效果。

二、电视广告文案的构成

电视广告脚本有两种类型，一是文学脚本，二是分镜头脚本。文学脚本是分镜头脚本的基础，分镜头脚本是对文学脚本的分切与再创作。前者由文案作者撰写，后者由文案作者或导演完成。电视广告文案一般以分镜头脚本的形式出现，其构成要素包括广告标题、广告长度、广告内容、广告镜头、解说词、音乐音响等。如果以文学剧本形式出现，就不需要这么多构成要素。

（一）广告标题

电视广告的标题不会在电视中出现，只是作为文案的标题，起提示或标签的作用。因此写作中并不很重视标题的推敲，一般写为“产品或企业广告某某篇”即可，如《中国银行广告·麦田篇》《中国银行广告·竹林篇》《中国银行广告·女孩篇》。

（二）广告长度

电视广告很受时间的限制。文案中要标明该电视广告的时间长度。电视广告长度分为60秒、45秒、30秒、15秒、5秒。

一般情况下，5秒时段的电视广告片，其广告目的通常是为了加深受众对广告信息的印象，以及让人们记忆广告主的特定形象。因此，5秒时段的电视广告片，只能表现产品外观和标版，语音上只能容纳广告口号和品牌名称。一般运用瞬间印象体的表现形式，以一闪而过但印象十分强烈的、能具有某种冲击力的画面，来强化企业或品牌的形象。采用瞬间印象体的广告文案，一般直接表现企业或产品品牌名称，也可以用简短的、诉求力较强的广告口号来表现。如以下广告口号。

维维豆奶，欢乐开怀。（维维豆奶）
雀巢咖啡，味道好极了。（雀巢咖啡）

10秒和15秒时段的电视广告片，目的是要在短时间内对广告信息做富于特色的传播，一般是基于企业或产品品牌的某个较为明显的特征进行展开，特别是要重视产品独特的销售卖点。单一而具有特色的诉求，是这两个时段的电视广告片的特征。因此，它适合以名人推荐体、动画体、新闻体以至悬念体表现形式进行表现。也可以用生活情景体进行表现，但故事不能展开，只能设计一个生活化的场景，对产品的独特效果等信息进行简要的示范。

一般的生活情景体电视广告片，其长度通常为15秒和30秒。15秒的电视广告在场景的铺垫上、生活情节的展开上都有所限制。30秒的电视广告可以较充分地展开特定的生活情景，有较为完整的故事情节。60秒的电视广告，可以从多角度表现产品的功效、利益点，在表现形式上可以进一步运用名人推荐体、消费者证言体、示范比较体以及生活情景体，也可运用简短的广告歌曲体。

60秒电视广告片赋予广告文案以相当的表现时间，因此，可以展开完整的故事情节，表现更丰富的广告内容。在广告文案的字数、长短等方面可以有宽松的余地。而在30秒的电视广告片中，语言则要控制在65个字左右，效果最好。一般而言，电视广告中每一秒钟的字数不能超过2个。

（三）构成内容

这一部分应写出广告的构成要素，包括画面、镜头、字幕、对白、独白、解说、音乐、音响等。要把诉求重点、主要画面、广告口号在这里表现出来。产品信息、企业形象、价值观念等内容也要在这里展现。

（四）广告镜头

从拍摄技术上讲，有推、拉、摇、移、跟、甩、升、降等方法。而广告镜头主要指广告画面，它是电视中最小的构成单位。一个画面也可称作一个镜头，但一个镜头有时就不止一个画面。从视觉构成要素来说，画面又是由人、物、景、光、色这五个要素构成的。

人和物是拍摄对象，也即被摄主体。人是广告影片中角色的扮演者，又称演员。物即是广告中出现的物体。景是指广告片中事件发生的具体环境，包括被摄入镜头的自然环境及在摄影棚内由人工搭建出的景物，有时也可以利用特技来进行创造。

光即摄影用光，如果没有正确配置的光，就不可能出现富有艺术表现力的镜头。光决定着拍摄对象的色彩、影调、形状、轮廓和表面结构。

色调又称基调，是一部广告片的基本调子。摄影师为了表现广告片的主题思想和总体风格，在摄影之前首先要考虑画面调子，以求渲染气氛，造成强烈的艺术感染力。所以对于摄影师来说，为一个广告片完成构思并准确地制定全面的摄影基调，是十分重要的。色调可分为暗调、中间调、平调、明调、软调、硬调等。

此外，广告镜头还包括拍摄方法和镜头种类等方面。

（五）广告解说词

解说词是对画面的补充和解释，可以是人物对话、内心独白、旁白，也可以是字幕。

大部分电视广告的文案，是用片中人物对话来表现的。如香港地区地下铁路系列电视广告中的一则广告，主要以一位老和尚和一位小和尚的对话来表现。

小和尚：师傅，是时候了。
小和尚：噢，师傅……
老和尚：前路看得通，何故要匆匆？
小和尚：时辰刚刚好耶，师傅……
老和尚（画外音）：心中有数，搭地下铁路，说着说着就到了。
字幕，广告口号：搭地下铁路，说着说着就到了。
小和尚：师傅，要放生的那只龟，还未到耶……

电视广告文案中可以用画外音的方式表现。画外音分为两种：广告片中人物内心独白、第三者客观陈述。如菲梦丝（FAMOUS）国际减肥美容机构的企业广告，全部文案都采用片中人物内心独白的画外音的方式表现。

认识 FAMOUS 很久了，
他很有名，
但总是把女人看得
比什么都重要。
别人怎么说他我不管，
（以下用画外音和字幕两种形式表现）
不过他总是用专业和耐心
保护着我。
认识 FAMOUS 很久了，
有 FAMOUS 才看得到出色的我。
广告口号：曲线窈窕非梦事。

字幕也是电视广告文案的一种常用表现方式，尤其是某些以“无声”画面来创造特殊传播效果的电视广告，更是经常使用字幕这种形式。如三菱汽车一则强调独特、自由、个性的电视广告，除广告口号为字幕加画外音外，文案的其他部分都由字幕表现。

（字幕）
我思想，
我自由，
我是绝色，
我要独特。
不一样是我的名字，
MITSUBISHI LANCER COLORFUL。
（画外音）
不一样是我的名字，
MITSUBISHI LANCER COLORFUL。

（六）音乐与音响

电视广告中的音乐可以增强画面气氛，使主题更加鲜明突出。音乐在剪辑技巧中所起的作用是，运用一条连续的音乐可以使一系列互不连贯的镜头产生流畅演进的效果。

音响是广告片中的声音语言，是配合画面对广告信息所做的补充。如产品在使用中所发出的声音、大自然的声音、人的活动声音等。与广播广告中的音响不同的是，广播中的音响是为了交代环境、营造气氛、渲染主题，而电视广告中的音响不必起交代环境的作用，因为画面已经把环境交代得很清楚。如国外一则宣传交通安全的电视广告中，两辆车相撞时发出的惊心动魄的音响，给观众造成心灵的震撼，之后不再出现声音，非常沉静，好像整个世界都沉浸在悲伤之中，观众的心情也沉到了最底层。所以电视广告中的音响只是为了营造气氛、渲染主题，以便给人留下更深的印象。

第二节　电视广告文案格式

一、电视广告拍摄计划书

严格来说，电视广告拍摄计划书不是电视广告文案。但为了全面介绍电视广告文案的写作，姑且把它放到这里进行介绍。

电视广告拍摄计划书是为电视广告的拍摄所设计的方案、说明、要求，包括广告定向、广告定位、广告主题、广告片时间、广告音乐及选用该音乐的理由、脚本内容、画面设计、制作重点、字幕制作等，也可以包括镜头、镜头与镜头的组合、镜头与声音的组合等内容。它能给导演一个全面的概念，使创作思路、制作要求、广告片的风格都清楚地展现在导演面前，体现了广告主和创作者对广告片的理解和要求。例如下面一则范例。

产品名称：中华牌高级香烟——“金装中华”

广告定向：“金装中华”是华夏之精华，“金装中华”体现了中国优质烟草的特醇口味。要让世界上所有“烟民”品尝到“金装中华”的醇和口味，人人抽它，人人赞它。

广告定位：将国内香烟消费者中的“绅士”级人士从“万宝路”“健牌”等外国

香烟牌子中夺过来。就好像日本人宁愿抽“柔和七星”“国际七星”等国产烟而不抽外国烟，这样既注重民族感情，又能收到经济效益。还要面向国外消费者，力图将“金装中华”打入国际市场，弘扬中华烟草之精英。

广告主题：通过“悠久、和睦、气派”三种情调来体现“金装中华”。

悠久——“金装中华”的“中华”是悠久的国度，暗示“金装中华”是久盛不衰的牌子。

和睦——“金装中华”令人心情舒畅，精神倍佳。

气派——一种高级的享受。

广告片时间：20秒。

配片音乐：悠扬、爽朗、明快的丝竹音乐。

——悠扬：体现“金装中华”及中华国度的雍容大方。

——爽朗：体现“和睦”气派。

——明快：体现享用“金装中华”成功人士奋发向上、不断进取的精神境界。

——用丝竹音乐的原因：

(1) 丝竹音乐很能表达中华古国的精神面貌，使人联想起悠扬的华夏文化。

(2) 在人的听觉上，区别于目前在外国牌子香烟广告中流行的现代“金属音乐”，给人清新的感受，易记忆，也能使外国消费者产生诸多联想。

脚本内容：

男旁白：万里长城、黄河、长江、黄帝陵、兵马俑、桂林山水六大名胜体现了五千年的中华文化。

女旁白：“金装中华”可将您带到神奇的中华大地。

最后画面字幕：金装中华
特醇口味
与众不同

画面设计：运用长焦广角等特技手法，将万里长城等六个名胜古迹组成六组视觉形象，将观众带到对中华名胜的奇妙感受中去。最后打出字幕：金装中华，特醇口味，与众不同。

制作重点：这是情调型的广告片。其重点有以下两点。

(1) 拍好六组名胜镜头：要运用各种拍摄技巧手法，从各个角度反映名胜的迷人之处，该雄伟的雄伟，该浪漫的浪漫，该平和的平和，各组名胜要有感人之处。而统筹六组画面的必须是“悠久、和睦、气派”的基调，目的在于反映中华文化的雍容典雅。

(2) 配乐的制作：根据各组画面的不同而不同，有的用鱼跃龙门、有的用高山流水、有的用江南小调，总之要体现中华名胜的奇妙神韵。

二、电视广告分镜头脚本

分镜头脚本由电视广告文案而来，是供电视广告片、电影广告片、广播广告等使用的广告演出本子。广告脚本由广告创意和制作人员编写，其内容除了要说明广告主题、广告构思、拍摄要求、音乐音响、演员要求、表达形式等之外，还要说明广告表演的台词、旁白、动作、表情、语气、道具等各种要素，以及画面的详细描述。电视广告脚本把拍摄的内容和手法更加具体化了。如下例电视广告脚本。

广告名称：东方航空公司。

广告客户：东方航空公司。

广告长度：30 秒。

设计说明：

东方航空公司在前一年的广告中着重强调该公司实力，广告诉求点是安全感。经过一年的宣传，东方航空公司已得到大众的信赖，人们普遍树立起这种观念：乘坐东方航空公司的班机，安全、可靠。

经过大量的调查，该公司发现同行业的其他各家航空公司也在做诉求点相同的广告，考虑到大众对本公司的安全感已树立起信心，因而确定了今年广告的另一个诉求重点是“服务一流”!

本广告设计就是通过一般小故事来说明东方航空公司一流的服务态度，让大众体味到一种亲切、温馨的气氛。乘我们公司的飞机，就好像在自己家里一样舒适，会得到无微不至的关怀。

表达形式：故事板。

演员要求：要求专业演员。一位有风度的中年男士、妻子及女儿；空姐一位；主角是男士。

画面主打色彩：蓝、白。(天空和飞机)

拍摄地点：机场。

画面配乐：开始和结尾均用飞机起飞的实况，有力、有气势。中间镜头可用轻松、温馨的钢琴小曲。

本片着重表现演员的演技，通过一个故事，反映东方航空公司的周到服务。本片的目的是创造一个舒适、温馨的气氛。

画面说明：

镜头一：机场全景。东方航空公司的一架飞机正慢慢着陆，镜头慢慢拉近机身。

要求在阳光灿烂的晴天里，上午 9 点左右。

镜头二：特写。飞机在镜头前横空穿过，“东方航空公司”的字样、标志出现，从右到左。(切)

镜头三：接着拍飞机着陆，在飞机的右前方拍。

镜头四：中景。机舱内，旅客们陆续站起来，离开机舱。一位中年男士站起来，面带微笑地走向镜头。(切)

镜头五：机舱内旅客移动缓慢，男士低头看机舱外的人，在寻找……

镜头六：镜头透过机窗，拉近出口处，一位年轻的女士带一小女孩在等人。

镜头七：男士手提旅行箱，兴奋地走向妻子、女儿，把女儿举起来……放下女儿，在口袋里找东西——送女儿的礼物。

镜头八：男士面部特写。找不到礼物后的沮丧、烦躁的表情。他把小礼物丢在机舱里了!

镜头九：这时一位空姐手拿着男士落在机舱里的礼物走过来，送还给男士。

镜头十：男士惊喜的表情；女儿高兴的小脸，抬头看父亲；妻子喜悦的心情……空姐微笑地转回身。

镜头十一：飞机起飞，从左到右，出现“东方航空公司”字样（特写）。

画外音（男声，中音，充满激情）：“东方服务，无微不至！”

又如菊花电扇电视广告片（30 秒）分镜头脚本。

画面说明：

镜头一：一个活泼可爱的小男孩侧立在一片朦胧的菊花地中。男童手中举一个纸风车，用嘴一吹，小风车立刻“哗哗”地转动起来。左上角叠印菊花牌商标图形。（男童用逆光，长度 3 秒）

镜头二：（慢转）一个气势磅礴的大瀑布。（长度 3 秒）

镜头三：镜头推向被风吹动的游人的飘逸头发、裙子，游人在尽情享受大自然带来的清凉。（长度 4 秒）

镜头四：（特写）小草被风吹动的画面。（长度 2 秒）

镜头五：（切换为中景）一片大草原（草要较高），被风吹动的滚滚草浪，草浪被风压下时露出白羊的头。远处出现缠着红包头的牧羊姑娘。（长度 3 秒）

镜头六：镜头慢转为漫山遍野盛开的野菊花大全景。（长度 3 秒）

镜头七：（切中景）一条小路两边开满黄色的野菊花，两个活泼可爱的孩子从远处小山坡跑过来，女童头戴野菊花的花环，小男孩手中拿着一个转动着的纸风车。（可加柔光镜，长度 4 秒）

镜头八：两个小孩跑的慢动作，镜头最后推向小男孩手中的纸风车。（长度 3 秒）

镜头九：一个字一个字地在第八个画面上打出字幕：菊花电扇，风凉世界。（字幕打在画面的侧面，长度 5 秒）

解说词：

自第七个镜头起配抒情优美动听的女播音员配音：“清凉世界何时来，待到菊花开。”

第九个镜头用很有气势的男播音员加混响效果配音：“菊花电扇，风凉世界。”

音乐：

第一个画面，小男孩用嘴一吹，配小风车“哗哗”转动的音响效果。

音乐慢转为原上海电视台制作的菊花电扇广告歌曲《清凉世界何时来，待到菊花开》的主旋律。加不同的变奏，要求优美、动听。

三、电视广告文学剧本

电视广告脚本分为分镜头脚本和电视广告文学剧本，后者是以文学剧本的形式写作的电视广告文案，也就是直接把设想的电视广告形象用文字表述出来。它读起来像是一篇文学作品，实际上是一个拍摄提纲。虽然没有分镜头内容，但是语言具体形象，用镜头叙事，使每一句话都是很具体的动作或形象，因此不用分镜头脚本也能拍摄。如下面这则电视广告文案。

南方 125 摩托车·草原篇

一望无际的草原上传来一阵急促的马蹄声和催马扬鞭“驾”的焦急吆喝声。

地平线上跃出两位策马飞驰的牧民。

他们纵马狂奔，闯进了草原医院的护栏。

牧民神情紧张地边敲窗户，边大声地喊着："大夫！大夫！"

一个医用救护箱挎在了医生的身上。

医生用脚发动南方125摩托车，手加油门。

牧民连忙打开栅栏，医生飞车冲出。

牧民跨上马，调头疾追。

摩托车、骏马奔驰在辽阔的草原上。

医生驾车冲过河溪。

牧民策马直追。

遇到沟坎，医生飞车一跃而过。

马匹却在沟边踌躇不前。

摩托车终于飞驰到蒙古包前，

夕阳西下，南方125摩托车醒目地停在蒙古包外，

牧民们焦急地在等待着。

忽然一声婴儿高亢的啼哭声震动了静寂的草原。

母子平安。牧民们脸上露出兴奋而宽慰的笑容。

日落草原，南方125摩托车停立在蒙古包外，格外醒目。

结尾字幕：有多少南方摩托车，就有多少动人的故事。

这则电视广告文案，虽然没有分镜头脚本，但是动作性很明显，很容易转化为电视形象。又如美国贝尔电话公司电视广告文案。

一天傍晚，一对老夫妇正在吃饭，电话铃响，老妇人去另一房间接电话。回来后，老先生问："谁的电话？"

老妇人回答："是女儿打来的。"

又问："有什么事？"

回答："没有。"

老先生惊奇地问："没事？几千里打来电话？"

老妇人呜咽道："她说她爱我们。"

两人顿时相对无言，激动不已。

出现画外音："用电话传递你的爱吧！"

这则广告文案如同一个短篇小说，人物、故事、情节、场景、对话俱全，动作性和画面感也很强，不用分镜头脚本就能直接拍摄。

四、电视广告工作台本

电视广告工作台本也称广告故事板，它是借助美术手段对广告文案所做的画面和文字说明，是具体表达电视广告创意的故事式图画，又称广告创意效果图或故事画纲。为使广告创意说明的表现力更真实、具体，更具视觉上的感受，通常在拍摄制作电视广告之前要由专人来绘

制电视广告的故事板。故事板的作用主要是将文案进一步视觉化。绘制故事板对创作人员整理自己的创作构思很有好处。同时，使用电视广告故事板也便于向客户说明广告创意。另外，故事板还为电视广告的制作提供了拍摄依据。故事板的绘制，要求每幅画面都合乎文案创意逻辑，流畅自如，能完整表现广告文案的内容，以便使广告拍摄能够按广告文案创意的要求来完成。

工作台本中的画面不仅反映了剧本内容，同时也扩展了剧本的戏剧张力。广告中的各种角色的性格、场景的描写以及剧情的矛盾冲突，都可通过画面来表现。

工作台本的要求是：要写成画面和声音对列的格式，以取得看与听同步的效果。一般程序是左右平行而下：左边写画面部分，包括字幕、场景、画面形象以及对导演、美工人员、演员的简明提示；右边写音响部分，包括解说词、人物语言、音乐、歌曲、音响效果以及如何对广告内容进行处理的简单提示。最右边是分镜头画面草图，提示导演的拍摄思路。如南方黑芝麻糊的电视广告工作台本（见表 8－1）。

南方黑芝麻糊

广告脚本

镜头一：（遥远的年代）麻石小巷，天色近晚。一对挑担的母女向幽深的陋巷走去。（画外音，木屐声，叫卖声）“黑芝麻糊哎——”（音乐起）。

镜头二：（叠画）悬在担子上的小油灯摇摇晃晃……

镜头三：深宅大院门前，一个小男孩使劲拨开粗重的樘栊，挤出门来，深吸着飘来的香气。（画外音，男声）“小时候，一听见芝麻糊的叫卖声，我就再也坐不住了……”

镜头四：挑担的一头，小姑娘头也不抬地在瓦钵里研芝麻。另一头，卖芝麻糊的大嫂热情地照料食客。

镜头五：（叠画）大锅里，浓稠的芝麻糊不断地滚腾。

镜头六：小男孩搓着小手，神情迫不及待。

镜头七：大铜勺被提得老高，往碗里倒着芝麻糊。

镜头八：（叠画）小男孩埋头猛吃，大碗几乎盖住了脸庞。

镜头九：研芝麻的小姑娘投去新奇的目光。

镜头十：几名过路食客美美地吃着，大嫂周围蒸腾着浓浓的香气。

镜头十一：站在大人背后，小男孩大模大样地将碗舔得干干净净（特写）。

镜头十二：小姑娘捂着嘴笑起来。

镜头十三：大嫂爱怜地给小男孩添上一勺芝麻糊，轻轻地抹去他脸上的芝麻糊残迹。

镜头十四：小男孩默默地抬起头来，目光里似羞涩、似感激、似怀想，意味深长……

镜头十五：（叠画）一阵烟雾掠过，字幕出（特写），“一股浓香，一缕温暖”。（画外音，男声）“一股浓香，一缕温暖。南方黑芝麻糊。”

镜头十六：（叠画）产品标板。

镜头十七：推出字幕（特写），“南方黑芝麻糊，广西南方儿童食品厂”。

广告工作台本

时间：约 20 世纪 30 年代的一个晚上。地点：江南小镇街巷。

人物：小男孩、挑担卖芝麻糊的妇女、妇女的小女儿。片长：30 秒。

表 8-1　　南方黑芝麻糊电视广告工作台本

镜号	景别	镜头运动	画面内容	广告词（台词）	音乐效果	画面设计
1	全	下移	卖黑芝麻糊的妇女，挑担向街巷深处走去，她的女儿跟在其后。	妇女叫卖声："黑芝麻糊哎!"	音乐起	略
2	特		芝麻糊担子上的油灯有节奏地摇动。			
3	近		男孩从门内跑出。出画。	男声："小时候一听见芝麻糊的叫卖声，我就再也坐不住了。"		
4	近	右摇	女孩用木棍搅动芝麻糊锅。芝麻糊担子。妇女从锅中舀芝麻糊盛在碗内，递给一位老太婆。	妇女叫卖声："黑芝麻糊哎!"		
5	特	拉中	锅，热气。			
6	特		男孩搓手、舔唇，迫不及待的样子。			
7	大特	下移	勺倾，热乎乎的芝麻糊流出。接碗。			
8	大特		男孩喝芝麻糊。			
9	特		女孩窥视。			
10	近	右摇	妇女接过碗。			
11	特		男孩舔碗。			
12	特		女孩掩嘴善意地笑。		音乐止	
13	近	下移	妇女给男孩又加一勺芝麻糊。			
14	大特		男孩留恋、回味。			
15	特		热气自右入画。			
16	叠画		包装精美的黑芝麻糊。商标、商品名、厂名。	左下角叠字幕：南方黑芝麻糊。叠字幕：一股浓香，一缕温暖。男声："一股浓香，一缕温暖。南方黑芝麻糊。"		
17	特写		推出字幕。	"南方黑芝麻糊广西南方儿童食品厂。"		

电影广告比电视广告时间要长，制作更精美、更情节化。电影广告文案的特点是，情节结构紧凑而又单纯，人物力求集中，剧情曲折生动，事件不宜过多。观众看电影时，没有时间停下来揣摩、思索，所以电影广告剧本更注重情节，以事件的发展来推动剧情的发展。电影广告在表现方法上要注意通俗化，剧情的进展要交代明白，使观众能看懂、听懂。

又如“芙劳拉”电视广告创意脚本。从该脚本中可以看到电视广告创意脚本的构成要素，对学生学习电视广告创作很有借鉴意义（见表 8-2）。

表 8-2　　“芙劳拉”电视广告创意脚本①

客户		盖尔玛（上海）商贸有限公司	篇名	花神篇
产品		芙劳拉化妆品	片长	45 秒
制作		河南先觉广告文化传播有限公司	电话	0371-66667066
镜号	时间	摄法	画面	字幕/声效
1	3″		俯视全景：一朵花里躺着一位酣睡的美丽的仙子，她就是花神 Flora（芙劳拉）。	
2	2″	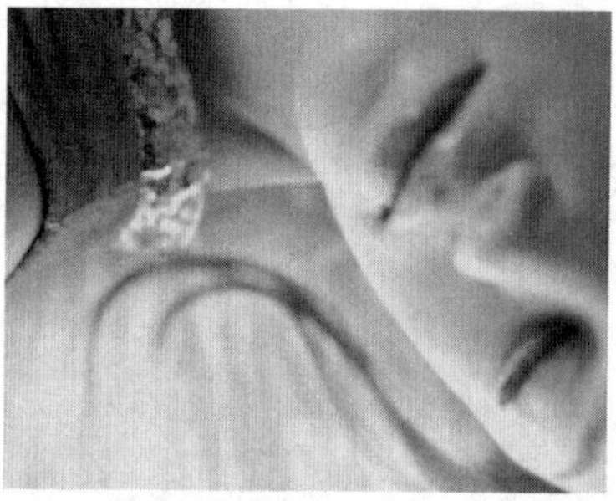	特写：睡梦中花神唯美的面庞。	
3	2″		转：花神缓缓睁开眼睛。	男：Who is my wake-up call?（是谁把她唤醒?）
4	2″		镜头转换，原来的一片花海缓缓飘浮着撒向人间，花神也身浮其中。	男：The original……（原来……）

① 河南先觉广告文化传播有限公司提供。文案著作权属先觉广告公司所有，未经许可，不得使用其中任何内容。

续前表

镜号	时间	摄法	画　面	字幕/声效
5	2″		花神看着眼前飘来的花朵神情凝重。	女：Follow me，I will be a new lease of life with you.（跟我来，我将与你一起重获新生。）
6	2″		她伸出一只手，手指轻轻拨动。	女：Let your dancing in my fingers.（让你在我的指间轻舞。）
7	3″		Flora 转动身姿，向上飘浮旋转，只见很多花朵也随着她的身体转动飘舞。	
8	2″		Flora 摆动着衣襟带着花朵撒向人间，装点世界。	女：I will try my best to dress the world in this newborn .（我会尽我所能，装扮这初生的世界。）
9	2″		Flora 微闭双目甩了一下头。	女：Turbidity and fade over to meet the arrival of spring.（褪去浑浊与不堪，迎接春天的到来。）

续前表

镜号	时间	摄法	画　面	字幕/声效
10	2″		很多花组成一条路，引导着花神 Flora 通向一个美丽而奇幻的世界。	
11	3″		Flora 瞬间就飘了过来，看到一个嵌满钻石的球体浮在一个台子上，于是伸手过去……	
12	3″		球体发光，幻化出一瓶化妆品，Flora 拈出一些膏体来。	
13	3″		Flora 把化妆品涂抹在脸上，脸上荡起光环样的涟漪……	
14	2″		光晕划过，一组芙劳拉化妆品明星产品在花神面前时隐时现。	

续前表

镜号	时间	摄法	画　面	字幕/声效
15	2″		花神的皮肤似乎美白了许多，她陶醉其中，表情愉悦。	
16	3″		转换侧坐的花神Flora身体发光幻化为金黄色。	
17	2″		镜头拉开，花神金色的身体融入芙劳拉标志里，品牌形象“Flora”稍稍定格展现。	
18	2″		镜头又拉开，标志已贴到一瓶化妆品上。	
19	3″		镜头再拉开，系列芙劳拉化妆品完美展示。	

第三节　电视广告文案的表现形式

一、故事情节型

故事情节型电视广告即以讲故事的方式表现产品的特点或功能。故事情节型广告一般有人物、对话、情节、环境、事件冲突、细节描写等内容，并有一个发展和转化过程，最后以一个完美的结局使观众得到心理上的满足。

故事情节型广告要求情节设计简单明了，不能喧宾夺主，湮没广告主题，使用的环境、人物、情节应与产品存在有机联系。此外，故事要有高潮，剧情要连贯且合乎逻辑，尽量少用旁白，多采用画面和音乐吸引观众。

这类电视广告利用故事情节来吸引观众，传达产品或企业的信息。其特点是：有一个完整的故事线索；有一个特定的环境（较为具体的时间、地点、场合）；有若干具体的角色（人物形象）；有一定的戏剧性（有曲折、有巧合）。例如 2000 年香港龙玺广告节上的惠普打印机电视广告文案。

镜头一：博物馆内一老一少的两名警卫的中景，镜头固定，背景是一幅文艺复兴时期的名画。

镜头二：深夜，两警卫守护着名画，周围是红外线防盗装置，可谓戒备森严。

镜头三：老警卫打着瞌睡的小全景，摇至年轻警卫打瞌睡的小全景。

镜头四：老警卫用手把自己拍醒，左手指向画右。近景。

镜头五：年轻警卫肚子的特写，传达出衣服过于紧绷的信息。

镜头六：扣子崩落到地下的特写。

镜头七：老警卫以为有人来偷画，由于过度紧张而迅速拔枪并指向年轻警卫的滑稽动作，年轻警卫举起双手。中景。

镜头八：两人忽然挤眉弄眼，并若有所悟。近景。

镜头九：惠普 DeskJet 打印机打印出一幅画，与博物馆之收藏品一模一样。

镜头十：漫画式字幕出现，老警卫头顶冒出："真不像话！"年轻警卫头顶吐出："印得真像画！"

镜头十一：收藏室全景，空无一人，只有那幅名画。

镜头十二：两人一左一右扶画微笑着睡着了。中景。

镜头十三：名画及红外装置的中景。警报响起。

镜头十四：空空的画框。字幕："哈！小偷上当了。"

镜头十五：两人挂画。（全景）字幕：真画在这儿！

镜头十六：打印机全景。字幕及男声配音的画外音同时出现——"印得好像，不如印出真相。惠普打印机。"

镜头十七：商品名称及公司网址的字幕。

作品在短短 30 秒里利用短小的镜头语言，叙述了一个完整的情节，在轻松幽默的气氛下展现了惠普打印机的优点，即打印出的画面自然、清晰、绚丽、逼真。

有一种故事型电视广告，是把广告编成系列故事，分若干阶段播放，以达到长期吸引消费者的目的。

案例 1：雀巢速溶咖啡广告系列故事片

如 1990 年麦卡恩-埃里克森环球广告公司为雀巢公司名为“品尝者的选择”的速溶咖啡制作完成的一套广告片，就是一套别具风格的广告系列故事片。

这个咖啡广告的主角是一对青年男女，由两位专业演员扮演。

第一个广告于 1990 年底出现在观众面前。其中的女士偶然敲开男士的门要求借一点咖啡，二人因此相识。

第二个广告描绘了女士归还咖啡的情景。

在第三个广告片中，男士出现在女士的家里，边喝咖啡边聊天。这是他们的第二次约会。此片的结尾以女士嘟起双唇的动作定格。据麦卡恩公司创作部主任的解释，这个动作是求吻的示意。如此浪漫，接下去又将如何？

直到 1992 年 9 月 17 日，第四个广告片才上映，继续这个没讲完的故事。正当这对男女显得热乎起来时，突然闯进另一位男士。此公似乎也对那位女士一见钟情。究竟他们的恋情能否经得起“第三者”的插足？又要看下回分解。受众就这样被吸引着不断关注该产品系列广告。雀巢公司速溶咖啡营业部主任说，只要观众对这个故事感兴趣，“品尝者的选择”广告系列片就要继续下去。

二、示范验证型

示范验证型电视广告是用商品本身的事实来说服消费者，通常采用当众示范、科学解析、实验验证、说明原理等方法，让消费者看到或领悟产品的结构构造、物质组成、生产过程、效果原理等，使消费者了解产品，从而相信广告并信赖产品。如获第五届全国优秀广告作品展电视影视作品广告金奖的乐百氏纯净水广告，就应用了这种形式。一滴水从上到下经过 27 层过滤净化，使消费者更易体会到纯净水的纯净品质，对产品产生好感和信任。

又如陈佩斯代言的立白洗衣粉电视广告文案。

镜头一：飞机上，空姐为每一位乘客分送食品，乘客们往自己的盘子里盛面条。

镜头二：陈佩斯坐在乘客席上吃面条。

镜头三：飞机颠簸，旁边的乘客将面条扣在陈佩斯身上，把洁白的衬衣弄脏了。

镜头四：服务员和那位乘客赶紧为陈佩斯擦干净。

镜头五：陈佩斯说：“没事，没事，我有它。”

镜头六：立白洗衣粉特写。

画外音：“立白洗衣粉，特有强力去污因子，更快、更洁、更方便。”

镜头七：陈佩斯把自己关在厕所里光着脊梁洗衣服。

镜头八：厕所外面有几个人等着上厕所：“快点，快点。”

镜头九：陈佩斯在厕所里不紧不慢烘烤洗干净的衣服。

镜头十：外面敲门，陈佩斯开门，见一女士站在厕所门外，陈慌忙用衣服遮住了身子。

镜头十一：陈佩斯衣服整洁地坐到原位上，身旁的黑人乘客惊讶地“啊”了一声。

镜头十二：陈佩斯向乘客们介绍说：“立白。”

画外音：“立白洗衣粉。”

字幕：更快、更洁、更方便。

这就是利用消费者在生活中使用产品的过程，演示了产品特有的功效，突出其“更快、更洁、更方便”的品质。

三、人物推介型

在电视广告中让人物现身说法，演示使用商品时的情景，制造出使用现场和使用过程，会给观众以真实感，使观众受到电视广告人物的影响，对产品产生好感。具体可采用专家引证式、名人推荐式或普通人的推荐等形式。

专家引证式是利用专家对某一方面知识具有的权威性影响，以其客观公正的介绍和科学的论断为依据，去说明产品的特点和好处。普通人的推荐有时也能起到良好的效果，如家庭主妇推荐“味精”，厨师推荐美味食品，由于他们的身份地位与消费者极为接近，更能引起共鸣。

名人推荐型是请社会名流来推荐产品，利用名人效应，使人们由崇拜名人转向对产品产生好感。中国足球队踢进世界杯大赛后，洋教练米卢成了中国的名人，于是金六福酒企业就请米卢代言金六福酒广告，产生了很好的效果。又如下面两则名人推荐型电视广告文案。

蓝天六必治牙膏电视广告

清晨，小品演员李嘉存手持漱口杯具迎面向镜头走来，一面走一面向观众诉说着：“我的牙，全托蓝天六必治的福了，一点毛病没有。牙好，嘿，胃口就好，身体倍儿棒，吃嘛嘛香，您瞅准了，蓝天六必治！”

由于李嘉存淳朴厚道的气质给人很可靠的感觉，所以他做的广告也很受消费者欢迎，广告效果自然会很好。

四、解决问题型

在电视广告中先提出遇到的问题，然后解决问题，在此过程中展示产品或服务的特性或优势。此类广告往往以科学试验的形式展示商品功能上的科学性和可靠性，具有较强的说服力。如这则电视广告。

海飞丝洗发水电视广告

（一对男女青年合撑一把伞，亲昵地走在小雨中）

男旁白：第一次约会，碰到下雨，本来是很浪漫的，（懊丧地）可是……我的头皮屑……（女子作不悦状）（欣喜地）还好，我看到了“海飞丝”广告。

画外音（配合画面）：洗发水比较试验，一星期后，没有用海飞丝的一边还有头皮屑，用海飞丝的一边，就看不见头皮屑。

画外音：P&G，世界一流产品，美化您的生活！

这则广告中先出现一个严重问题，男女青年第一次约会就出现了令人尴尬的头皮屑；然后解决问题，使用海飞丝之后，免除了沮丧和烦恼。广告把爱情、头皮屑以及海飞丝相关联起来，很好地突出了产品的特点。

五、巧借剧情型

一些电视剧或小说中的情节故事、人物形象家喻户晓，甚至一时成为人们关注的话题。电视广告以这些人们熟悉的情节内容、人物形象作为广告的噱头和依托，可以引发人们的兴趣。

如镇脑宁的电视广告中，《渴望》中刘大妈的扮演者说："《渴望》播出这么长时间，还有不少观众惦记着我，说王沪生气得我经常头疼。这不，又寄来了镇脑宁。不过，要真头疼，就用得着了。"此广告把剧中人物与现实演员混同起来，把剧情与广告结合起来，实为手法高超。既宣传了商品，又不露痕迹，比直露的正面宣传更易被人接受。

又如长春中麒广告设计有限公司制作的万通筋骨片电视广告文案。

药匣子和妻子正在吃饭。

妻子：哎，匣子。

药匣子：哎。

妻子：刘总这两天咋不叨咕腰腿关节疼了呢？

药匣子：用了点我给他配的偏方。

妻子：吹。

药匣子：吃了点我给他配的药膳。

妻子：接着吹。

药匣子：喝了点我给他配的补酒。

妻子将筷子往桌上一拍：再吹！

药匣子被呛了一下：嘿嘿，主要是我给他吃了万通筋骨片。（面向观众）腰腿疼请服万通筋骨片。（神秘地）一般人我不告诉。

旁白：通化万通药业。

这则广告巧妙地利用刚刚播过的电视连续剧《刘老根》中的药匣子和其妻子的形象，利用人们对喜剧小品演员范伟的熟悉和喜爱，以引起观众注意，产生好的效果。

六、生活情景型

生活情景型电视广告即在电视中创造一种生活情景，以人物的生活经验和生活模式来影响消费者，或改变人们的态度。这类广告贴近生活，令消费者感到亲切、自然、放松。此外也可选取生活中的一个片段或一个细节，把产品宣传融入现实生活之中，使消费者在亲切自然的情景中接受广告信息，在情感上拉近与产品之间的距离。生活情景型广告中选取的片段，要自然贴切，生活趣味浓厚，具有感染人的力量。如杉杉西服的电视广告。

杉杉西服电视广告

画面：一女士在路上款款而行，后面缓缓驶来一辆轿车。突然，路边滚出一只足球，并冲出两个踢球的男孩。轿车猛然刹住，从车上下来一位端庄潇洒穿西装的男士。他捡起足球递给男孩，然后上车而去。女士目睹一切，心中赞道（画外音）：“好一个穿杉杉西服的男子！”

画面推出杉杉集团标记，并伴以旁白：“杉杉集团。”

该广告选取生活中的一个场景或一个情节来演绎故事，宣传产品。场面不大，人物不多，但很好地再现了生活情景，很有生活气息。

七、动画表现型

利用卡通或动画的形式制作的电视广告。它利用浪漫手法，表现商品特性，传达服务信息。动画可以充分发挥想象力，把复杂观念作形象化处理，以表现一些抽象问题，所以特别适合表现夸张、幻想及儿童题材和情节。它不仅对儿童具有独特魅力，对成年人也有吸引力。例如让动物有人的感情和行为，让物体在空中运动，让药片排列成文字等。动画在表现以摄影机难以表现的抽象的产品和商标时，具有演员无法达到的表现力。

例如荣获 1992 年上海国际动画电影节广告单项奖的白云边酒电视广告，就以一组清新、雅致的水墨动画表现了酒的香醇高雅的品位和神韵。

画面一：古朴的衬底上映出“公元 759 年秋，诗仙李白游洞庭湖……”的文字。

画面二：水天一色静静的湖面上，一叶扁舟缓缓驶入，踏碎了月光的倒影。

画面三：李白伫立船首，微风吹拂着衣衫，一簇簇芦花从船头闪过。

画面四：秋叶飘零，李白卧于船首，船轻轻地在洒满月光的湖中行驶。

画面五：水中的月影像是巍峨的高冠，李白捻着胡须仰天吟诗：

“南湖秋水夜无烟，
耐可乘流直上天？
且就洞庭赊月色，
将船买酒白云边。”

画面六：朦胧月色中，小桥后、茅亭间亮着几点暖暖的烛光，酒幌随风摇曳。

画面七：李白卧于酒坛边，邀月对酌。

画面八：静静的月色荷塘，一只蜻蜓乍起，随即又落在荷叶上。

画面九：船下倒置的空空的酒坛中滴下一滴酒于水中。酒香诱来几条鱼儿，泛起阵阵涟漪。

旁白：白云边酒由此得名。白云边酒，历史悠久。白云边酒，香醇高雅。

画面十：又一滴酒滴于水中，在水纹散开处，化出“白云边”三个字，接着又化出白云边酒的酒瓶造型。

画面十一：古香古色的衬底上映出字幕：白云边酒厂，中国湖北松兹。

这则广告片，很多画面是不容易用镜头表现的，如：“船下倒置的空空的酒坛中滴下一滴酒于水中。酒香诱来几条鱼儿，泛起阵阵涟漪”“又一滴酒滴于水中，在水纹散开处，化出‘白云边’三个字，接着又化出白云边酒的酒瓶造型”。这些画面只有通过动画才能很好地加以表现，这时就体现了动画技术的作用。

又如上海光明牛奶《追逐新鲜篇》也是利用动画，设计了奶牛在菜园里收割大白菜、在田地里收割水稻、在河边钓鱼、在果园采摘草莓等场面，表现了光明牛奶的新鲜品质。

八、TPO 编排型

所谓 TPO 广告，是指利用节目编排技巧，有机地把 time（时间）、position（场所）和 occurrence（事件）三者联系起来，根据接收对象所处的时间、场所的不同，连续播放。例如美国可口可乐公司在芝加哥电视台播出的 TPO 广告就颇为成功。

> 清晨。7：30，早新闻节目前，向上班前的公务人员传输这样一个信息：紧张繁忙的一天已经开始，出门前喝一杯可口可乐，将会使您的工作节奏更流畅，精神更饱满。
>
> 上午。9：30，《家庭百事》节目前，一曲清新明快的乐曲奏完，女节目主持人笑容可掬，手持一罐可乐上场，提醒正在家操持家务的主妇们：别忘了把可口可乐放在冰箱里，晚上您的先生和孩子回家，如果喝上一杯冰镇可乐，既冲掉一天工作学习带来的疲乏，又能感受到你对家人的温柔爱心。
>
> 午间。12：20，气象预报节目的最后一个画面消失，电视屏幕里又不失时机地劝告在公司午餐的公务人员：今天天气酷热，午饭后喝一杯可乐，解渴消暑，使身心愉快，积聚充沛的精力，然后去井井有条地处理下午的大堆事务吧。
>
> 晚间。10：10，一场精彩的棒球比赛休息时间，看台上人头簇拥，突然，镜头推近，一看客作昏厥状。随后，观众十分熟悉的两个男女电影明星出现，播送一段对话：今天可热得够呛，你们看，刚才那位女士可能中暑了，据气象报告，明后几天气温比今天还要高，可乐的消费也会高上去，请打电话到可口可乐零售商店去，通知他们快些多送几箱新鲜可乐，储存起来，以供不时之需。下面就是零售商店的电话号码……

这种广告形式在不同的时间、地点、场所反复进行传播，从心理上加强人们的记忆，强化了可口可乐的品牌形象。更重要的是，它改变了传统电视广告中高密度、强刺激、单一硬性灌输的做法，把广告信息与人们的生活时段联系起来，有很好的促销效果。

九、口号宣传型

把产品中最有价值、最能满足消费者需要的信息，用准确、鲜明、生动的文字概括出来，形成有吸引力的广告口号。这样的电视广告，时间都不长，主要是诉求广告口号，配合几个画面，把口号响亮地表达出来，以影响观众。

> 万家乐，乐万家。（万家乐电器）
>
> 拥有金鱼，拥有爱。（金鱼电器）

病口不治，笑口何来？华素片快治人口。（华素片）

要想日舒，请服日苏。（日苏药品）

东奔西走，要喝宋河好酒。（宋河酒）

十、小品演绎型①

“小品”一词最早出现于晋代，本属佛教用语。《世说新语·文学》中有“殷中军读小品”，刘孝标注：“释氏《辨空经》有详者焉，有略者焉。详者为大品，略者为小品。”鸠摩罗什翻译《摩诃般若波罗蜜经》，将较详的二十七卷本称作《大品般若》，较略的十卷本称作《小品般若》。可见，“小品”与“大品”相对，指佛经的简本。因其篇幅短小，语言简约，便于诵读和传播，故备受人们青睐。明万历三十九年（公元1611年），王纳谏编成《苏长公小品》，最早将“小品”作为文学概念使用，大体上指篇幅短小、隽永新异的散文体。

戏剧小品是近年来中国戏剧中出现的新的艺术形式。它是一种比独幕剧更加短小精悍、灵巧活泼的“微型剧”，具有以下几种艺术表现特征。

（1）同独幕剧相比，戏剧小品所选择的事件更小、更单纯，同时它又遵循“以小见大”“以少胜多”“浅中见深”的原则。如小品《一分之争》就是以一则小事来反映道理。买主明明钱包里有一分钱，却硬是掏出一张50元的票子难为乡下来的卖菜人。结果弄巧成拙，因小失大，把钱包丢失在卖菜人身边。当卖菜人把钱包交还给买主时，买主惶愧之余，拿出两元钱酬谢对方，被卖菜人谢绝：“刚才争（一分钱）是争在一个理上，现在把钱包还给你也还在一个理上……”

（2）不拘泥于生活表象的真实，敢于并善于运用夸张手段，将生活原型加以放大，使人们对社会生活中某些不良现象看得更清楚，感受得更深切，从而激起参与意识，产生改革弊端的愿望与行动。

（3）在戏剧结构上不求完全、不求完整，只是独具慧眼地对生活中意味深长的事件以及那些微妙而有社会意义的人物关系投下一瞥。戏剧小品善于在平常的、司空见惯的事物中找出某种异常、反常的现象，再从这异常或反常的现象中揭示出某种具有普遍意义的真理。

（4）使用简洁而风趣的台词。由于戏剧小品表演时间短，艺术效果的产生必须快，所以台词应简洁风趣，就像投入河里的石子，立即溅起水花；像点燃的爆竹，顿时发出清脆的响声。

这些年将戏剧小品形式借用到电视广告中，以制作一些短小精悍、有戏剧冲突、有人物关系、富有戏剧性的电视广告作品，为电视广告增添了一个新颖有活力的品种。如爱妻号洗衣机电视广告文案。

在一个农家小院里，妻子正在洗衣服。

丈夫（跑过来）：哎，咱们家是不是该添一个……

妻子（欣喜地）：儿子？

丈夫：是爱妻。

妻子（诧异状）：什么？你想犯错误？

---

① 参见：百度百科“小品”词条．［2019－05－10］．http：//baike.baidu.com/view/1409.htm#sub1409；王英夫．戏剧知识100问．北京：华乐出版社，2001.

丈夫：哎呀，是爱妻号洗衣机嘛。

旁白：松下爱妻号洗衣机，更新、更全、更美好。

广告歌：爱妻号……

这则广告制造了一个小小的戏剧冲突，使夫妻之间产生了误会，但很快就得到了解决，一台爱妻号洗衣机也被买回了家，使这个家庭充满了浓浓的爱意。

如果电视广告选择喜剧明星来表演电视小品，会更受人们的喜欢。如广州立白洗洁精电视广告文案。

一个温馨之家。陈佩斯扮演的丈夫——“二子”，躺在床上跷着二郎腿看报纸。

妻子准备洗碗，发现没有洗洁精了，便对丈夫说：二子，洗洁精用完了。

丈夫：啊？我马上去买。说完戴上摩托车安全帽出门。

妻子：等等。知道买什么牌子的吗？

丈夫：不伤手的立白洗洁精。

丈夫出去不久又回来了（抱歉地）：立白的，卖完了。

妻子抚弄着自己的手：那……

丈夫：你的手要紧。为了你的手，让我来。

丈夫用热水洗碗刷盘，疲惫不堪（自言自语）：立白，立白，明天，我一定要把立白洗洁精买回来。

画外音：立白洗洁精。

字幕：不伤手配方，广州立白。

陈佩斯是活跃在喜剧小品舞台的著名演员，表演的很多喜剧小品深受观众喜欢，由他出演的电视小品广告自然也受到人们喜爱。在这则广告中，戏剧冲突是妻子要洗碗，没有了立白洗洁精。怎么办？当然是赶紧去买。然而却卖完了。这是戏剧的发展，也是主要矛盾。解决的办法是丈夫为了爱护妻子的纤纤秀手，只好自己洗碗，结果累得筋疲力尽，使剧情达到了高潮。最后丈夫发誓，明天一定要把立白洗洁精买回来。字幕中出现“不伤手配方，广州立白”，突出了产品特点，达到了诉求效果。

前面提到的由范伟代言的万通筋骨片电视广告，戏剧冲突更为明显一些。妻子知道丈夫在瞎吹，就一直打断丈夫的话。在妻子忍无可忍的时候，丈夫才说出了实话，原来他给刘总的是万通筋骨片。广告的结尾给观众一个圆满的答复。

十一、亲情诉求型

由于现代社会生活节奏的加快、竞争环境日益严酷、人际关系越来越淡漠，人们普遍感到人情和亲情的缺失。于是，在忙碌的生活中，人们更需要家庭的温暖和亲情的慰抚。人们可以没有金钱，但是不可以没有人间真情。于是，亲情诉求的广告更加能够引起人们的感情共鸣和心理体验。这就为广告创作提供了另一个创意思路，就是利用亲情唤起公众的情感体验，从而对产品产生好感和印象。

如百事可乐电视广告《选择篇》。

这则广告虽然是在宣传百事可乐，然而也表现了母子亲情。它利用亲情诉求传达了一个永恒的主题——天荒地老，亲情不老。这样的主题对任何人都有感染力。

十二、主题寓意型

电视广告的魅力来自创意，没有创意就没有生命力。创意的关键之一就是要有创新意识，最忌讳人云亦云，落入俗套。创作者要有独特的构思，以新鲜取胜，同时要给观众留下想象的余地。读者经过回味，便会产生深刻的审美体验，留下较深的印象。

例如中国人民保险公司上海分公司的电视广告文案。

镜头一：（特写）两条金鱼在鱼缸里悠闲自在地游来游去。

镜头二：（叠化到中间）金鱼缸安稳地放在架子上。

镜头三：（拉至全景）突然，鱼缸从架子上跌落下来，掉在地上摔得粉碎，水、鱼和玻璃碎片四处飞溅。

镜头四：（特写）一条金鱼在地上来回翻腾，奄奄一息。

镜头五：（全景推至中景）地上的水、金鱼和玻璃碎片逐渐聚拢起来，顺着落下的轨迹回复到架子的原来位置上，玻璃碎片合拢成鱼缸，两条金鱼像往常那样在水缸里自由自在地游来游去。

镜头六：（用特技叠上字幕）“参加保险，化险为夷”。

镜头七：（叠化到全景）拾元的人民币迅速一圈圈排开。

镜头八：（全景用特技叠出字幕）中国人民保险公司上海分公司。

这则广告巧妙地运用了联想这一心理机制。金鱼缸的突然跌落、粉碎，能使人联想到“天有不测风云，人有旦夕祸福”的俗语，而金鱼缸的神奇复原使人自然联想到参加保险对人身安全和财产的保障作用。比起那些只喊“天有不测风云，我有人民保险”等口号的广告，其感染力和说服力要强得多。

十三、制造悬念型

电视是一个综合的媒介，集声光效果与戏剧表演于一身，具有高度的渗透力与动态效果。由于绝大多数观众在收看电视节目时，对广告的收看完全是不经意的、被动的，因此，电视广告一开始就必须引起他们的好奇、兴奋等情绪。如德国某汉堡包广告，一连十五天重复播放这样一幅画面：一个小孩胖胖的两条小腿行走在海滩上，留下两行浅浅的脚印。但除了画面之外，没有一句语言说明。到了第十六天，画面终于有了变化，小孩每走一步，脚印中便跳出一只汉堡包。一串脚印换来一串汉堡包。

这则广告的成功在于悬念的运用。当广告画面上出现由胖胖的两条小腿留下的脚印时，观众看后由于不解其意，好奇之心马上被调动，开始颇有兴趣地猜测广告的内容。当第二天、第三天同一个画面又出现时，观众更觉莫名其妙，好奇的情绪就转为专注的注意，猜疑也转为对释疑的积极思考。当第十天、第十一天，一切依然如故时，观众的思绪完全被“悬”了起来，解释疑团、寻根究底的强烈欲望，驱动着人们更加全神贯注于广告内容。到了第十六天，观众的胃口被吊足了，那一个个可爱逗人的小脚印下才跳出一个个同样可爱诱人的汉堡包来。至此，悬念解开，噢，原来是汉堡包广告。真是“千呼万唤始出来”的汉堡包。

十四、宏大场景型

宏大场景型电视广告是用宏大的场景来渲染气氛、烘托场面、影响公众。这类广告没有完整的故事情节，而是通过不同场景的组合切换来凸显产品的卖点，或者宣传产品的附加价值。场景式广告主要有两大类场景。

（一）生活场景

这类文案的写作关键，一是要注意场景的生动性。如意大利足协曾拍摄的一则宣传足球运动的广告片，一只足球牵动了不同年龄、不同职业的人，他们都以自己特有的方式踢球或顶球，连修女也能做出很专业的技术动作，场面十分活泼生动。二是要注意增加广告片的生活情趣，使之产生强大的感染力。

（二）宏大场面

宏大场面以气势恢宏的场面对受众的视觉、听觉和心灵造成巨大震撼。文案创作者在撰写这类广告文案时必须注意宏观场面的推进与调度，增加拍摄、制作的可行性。

场景式电视广告文案中场景的组合有如下几种方式。

1. 顺承式

顺承式即以时间先后来组合不同场景。

2. 串珠式

串珠式即将画面按照某一意念串接在一起。画面虽然各不相同，但以一个主题贯穿始终。如河南电视台播出的30秒台标广告文案《大佛篇》。

镜头一：飞满红霞的天空。

镜头二：奔流的黄河。

镜头三：壮观的洛阳龙门大佛。

镜头四：古建筑屋脊上的岳飞砖雕和龙纹砖雕。

镜头五：门神形象，即河南瓦岗寨英雄秦琼和尉迟敬德。

镜头六：南阳汉代石画像。

镜头七：洛阳白马寺。

镜头八：舞狮子。

镜头九：编钟。

镜头十：河南电视台台标。

这个电视广告用一根主线把不同的镜头串联在一起，这根主线就是黄河文化，以此揭示了河南电视台传承中华文化的宗旨。

3. 跳接式

跳接式即广告中各画面间无先后、相似、对比等关系，跳跃性较大，但画面的风格、格调保持一致，给人以广阔的想象空间。如河南电视台的台标广告文案《黄河标志篇》。

镜头一：一群服色各异姿态不同的青年男女，衣服上都有一个河南电视台的台标，即黄河标志。

镜头二：路边冰糕箱上印的黄河标志。

镜头三：从幼儿园里出来的一队小朋友，头上戴着黄河标志。

镜头四：修鞋机上的黄河标志。

镜头五：下岗女职工卖馒头车上的黄河标志。

镜头六：工人正在往墙上刷黄河标志。

镜头七：放学小学生的帽子和书包上的黄河标志。

镜头八：一对恋爱的青年男女的牛仔裤上的黄河标志。

镜头九：在路边玩滑板、跳皮筋以及在水边嬉戏的女学生身上的黄河标志。

镜头十：跳舞者、洗车者、打手机者、旅游者、踢球者、扫马路者、电焊工人、警察等人的身上的黄河标志，以及农民在田地里耕出的黄河标志。

字幕：你我他，所有人的河南电视台。

这则电视广告片中的画面之间没有对比和承接关系，但是通过风格一致的不同画面突出了广告主题，即河南电视台是所有人的，是为所有电视观众服务的。这也是河南电视台的理念和宗旨。

十五、营造意境型

意境型广告抓住产品或品牌的个性特征，为其注入情绪、感觉和审美因素，使之产生情景交融的意境和神韵。如河南电视台的台标广告文案《泼墨篇》。

镜头一：一滴墨汁在宣纸上化开。

字幕：仰韶文化。

镜头二：一支画笔在宣纸上挥毫泼墨。

字幕：大禹。

镜头三：画笔继续作画。

字幕：老子。

镜头四：画笔流畅地画着山水。

字幕：庄子。

镜头五：画笔继续作画。

字幕：吴道子。

镜头六：画笔作画。

字幕：李商隐。

镜头七：画笔作画。

字幕：杜甫。

镜头八：画笔作画。

字幕：韩非子。

镜头九：印拓出河南电视台台标。

字幕：五千年的文化，五千年的空间。

镜头十：完成的中国山水画。

字幕：问鼎中原，风光无限。

镜头十一：河南电视台台标。

这则广告是以河南历史文化名人为主题线索，把不同的镜头画面串联在一起，形成了一个完整的作品，让人联想到上下五千年的中原文化和纵横十万里的锦绣河山。它既宣传了河南文化，也弘扬了中华历史，很具历史纵深感和文化空间感，营造了很深邃的文化意境。

十六、曲艺歌唱型

曲艺型电视广告是以曲艺说唱的形式创作的广告，它运用人们喜闻乐见的艺术形式传播广告内容，影响消费者的认知，使公众对产品或服务产生好感，从而激发消费动机，促成购买行为。其形式有相声型、快板型、歌唱型、鼓词型等。

歌唱型广告是以演唱的形式表达广告内容。这种类型的广告容易引起消费者共鸣，还可利用歌曲来增强记忆效果。国内外许多名牌商品，都巧妙地利用广告歌提高产品知名度。

歌唱型广告的广告歌词应浅显易懂，易唱易记，能够紧扣广告主题；旋律要优美动听，新颖独特，并符合消费者的欣赏习惯。演唱时要有自己的风格，主旋律要反复出现，以此增强消费者的注意。如香格里拉饭店的电视广告，旋律很优美，唱出了香格里拉的品牌。

又如上海李奥·贝纳广告有限公司为可口可乐（中国）饮料有限公司制作的雪碧广告也是采用歌曲的形式。

没有甜言蜜语，
没有浪漫。
这个特别日子，
期待他的表示。
透心凉，
感觉这样清爽。
自信写在脸上，
思绪完全晶亮。

这个广告由萧亚轩和杜德伟来演绎，更是能够让年轻的追星族动心。

相声型广告是以相声的形式创作的广告。相声是中国近百年来活跃的艺术形式，由几代相声艺人发展，现在已经成为很成熟的曲艺形式，很受老百姓欢迎。而相声型广告也很能引起公众的注意。如冷酸灵牙膏电视广告文案。

甲：咱们相声演员伶牙俐齿的什么都能吃。

乙：我给你吃冰棍、冰糕、冰淇淋冰死你。

甲：想吃就吃。

乙：我给你吃火锅、肉汤、热馒头热死你。

甲：想吃就吃。

乙：我给你吃柠檬、生葡萄酸死你。

甲：想吃就吃。

乙：我给你吃米糖、面糖、麦芽糖甜死你。

甲：想吃就吃。没辙了？我有冷酸灵牙膏，冷热酸甜想吃就吃。

乙：我给你吃红烧铁球、宫保铁钉、清炖铁丝撑死你。

甲：啊？你以为我是炼钢炉呀？

画外音：冷酸灵牙膏，冷热酸甜，想吃就吃。

相声利用插科打诨和抖包袱方法，很好地传达了广告主题，起到了吸引公众、增强记忆的效果。

十七、幽默诙谐型

幽默诙谐型电视广告运用幽默滑稽的情节与场景，使受众在娱乐中接受广告所传达的产品或企业信息。例如香港益力多乳品电视广告《猜拳篇》。冰箱里只剩下一支益力多，爸爸与儿子靠猜拳来决定谁喝。爸爸先输了一局，改口说要三局两胜，但是又输了，结果却又耍赖。儿子向妈妈告状，爸爸只好“缴械”。

构成幽默的方法是多种多样的，归根到底有两条途径：一是意外；二是不协调。上述例子中，爸爸居然与儿子争喝益力多，十分不协调，让人感到意外，所以惹人发笑；爸爸输了以后又像孩子一样耍赖，更让人忍俊不禁。

又如一则外国电视广告。一个船员掉入大海，三位好心的美人鱼过来施救，经过人工呼吸，终于把船员救活了。这时她们不但不及时把船员送上岸，却抢着脱船员的裤子，原来是船员穿的牛仔裤很漂亮，吸引了美人鱼。这里的意外在于美人鱼们的反常行为，当人们知道美人鱼脱人家裤子的原因是喜欢船员穿的牛仔裤时，都不禁觉得好笑，同时也为广告的创意叫好。

再如台湾的阿 Q 方便面广告。村子里忽然传来了撕心裂肺的叫声，正在村外巡逻的警察以为发生了案件，就跑进村营救。进村后才发现，原来是一个年轻人在吃阿 Q 方便面，面很辣，以致他“哇哇”大叫。通过这种一惊一乍的方式，让消费者在笑声中记住了产品，也记住了产品的优良品质。

十八、正邪枪战型

在电影分类中，有警匪片和武侠片。电视广告中也有警匪片和武侠片。正邪枪战型电视广告是运用警匪电影形式制作的广告片，以快节奏动作制造惊险、打斗、枪战、追杀场面以获得刺激效果，加深受众印象。正邪枪战型电视广告也包括某些强调动作的闹剧。如成龙的警匪广告影片，以及美国西部牛仔风格的广告影片。这些广告片中的角色多是匡扶正义的流浪英雄、警察、黑社会头目、妓女、大姐大、收保护费的地痞流氓等。通过英雄与匪徒的殊死搏斗，最终正义战胜邪恶，表现了广告主题，并使消费者认识了产品和品牌。又如获得第 44 届戛纳国际广告节全场大奖的笛塞尔牛仔裤电视广告文案。

镜头一：这是一个叫小石镇的典型西部小镇的清晨。

镜头二：善良、友好、乐于助人的英俊男子，跟他美丽端庄的妻子和他们可爱的宝宝一块醒来。

镜头三：在小镇另一处，既卑鄙又肮脏的坏蛋史利姆在一妓院里醒来，身边躺着一个丑婆。

镜头四：史利姆酒醒后感到头昏脑涨。他看了看这个妓女，把床单扔在她身上，吃力地把衣服套在自己肥大的身躯上。

镜头五：英俊的男主人公穿上他的笛塞尔牌牛仔裤，和妻子吻别。

镜头六：出门后，他帮助一位老妇人穿过马路。

镜头七：与此同时，史利姆笨拙地来到楼下，抢了一个小女孩手中的棒棒糖，朝威士忌酒瓶猛击一拳，将一只狗踢出门廊。

镜头八：这两个人在街上碰头了。一场枪战决斗在所难免。这个只有一条大街的西部小镇太小了，无法同时容下他们两人。

镜头九：他们拔出枪对射。

镜头十：英俊的男主人公倒地身亡。

镜头十一：史利姆挖着鼻孔准备着继续作恶。

字幕：笛塞尔牛仔裤，为了生活一帆风顺。

这是一则60秒情节性电视广告片，故事情节比较完整，有如一部微型美国西部枪战片。广告采用平行蒙太奇手段，将英俊的男主人公镜头同坏蛋史利姆的镜头交互穿插，以形成强烈对比，使英雄牛仔的悲剧形象引起人们高度的同情和崇敬。虽然英雄倒下了，但英雄的牺牲给人们留下了更深刻的印象，更能引起人们对英雄的惋惜和对坏人的痛恨，同时使受众对笛塞尔牛仔裤也更加关注了。

牛仔是古典好莱坞西部片中传奇式的英雄人物，他们见义勇为、主持正义、我行我素、勇往直前，成为美国民族精神的象征，深受爱戴和景仰。因此，牛仔形象常被用来作为广告的形象符号。笛塞尔牛仔裤广告通过英雄牛仔的悲剧形象，以曲折惊险的情节，使产品具有了象征意义。穿上笛塞尔牛仔裤，人们会感到自己也是一个牛仔英雄，一个主持正义的男子汉。广告不仅满足了消费者的物质需求，也满足了他们当一回英雄的精神需求，使核心诉求得到了强化。

十九、江湖武侠型

江湖武侠故事是中国文学中比较独特的艺术形式，在世界文学宝库中放射着瑰丽的光芒。江湖武侠电影更是在世界电影中独树一帜，不仅表现了中国功夫，也反映了中国武侠文化，受到世界电影观众的青睐。影片中的白衣，洞箫，长剑，女侠客，刚毅、坚韧、独行、仗义的男侠士，都成为武侠影片中的角色符号，演绎着一个又一个动人心魄的故事。由于武侠电影很受欢迎，广告界也开始借用武侠电影的手法创作拍摄武侠广告，并获得了很好的效果。如上海同盟广告有限公司为上海太太乐宴会酱油制作的影视广告文案《竹林篇》。

镜头一：宁静的竹林里，一位江湖侠客从腰间拔出了一瓶太太乐宴会酱油，浇在热气腾腾的猪肘子上。顿时猪肘子色香味俱全，十分诱人。

镜头二：竹林里有一种诡秘的人的活动声，引起了侠客的注意。

镜头三：一位神秘的白衣女侠从竹林上空飞过。

镜头四：两双筷子在猪肘子上翻飞，争夺美食。

镜头五：一男一女两个侠客在竹林里飞跃争斗，刀光剑影，难分胜负。

镜头六：一双筷子钉在竹身内。

镜头七：女侠获胜，她将手中的筷子插入猪肘子。

镜头八：女侠饱餐了美食，用嘴唇清理了筷子上的油腻。

画外音：太太乐宴会酱油，鲜香好功夫。

镜头九：太太乐宴会酱油瓶外包装。

镜头十：女侠抢过酱油瓶飞走了。

镜头十一：太太乐宴会酱油商标。

字幕：高品质，好滋味。

这则广告类似一部武侠片。因为有了太太乐宴会酱油，猪肘子就有了好滋味，引来了女侠客的争抢，于是两位武林高手龙凤相斗，演出了一幕侠士争夺酱油的好戏。

第四节　电视广告文案写作要求

由于电视广告媒体的特殊形式，所以对电视广告文案也有一些特殊要求。

一、发挥画面优势

电视是一种视听传播媒介，既有图像，又有声音。但是，吸引观众的首先是画面。如果广告画面枯燥乏味，吸引力就会减弱。例如有些广告，画面上主要是生产过程和机器设备等，观众对这些是不会感兴趣的。

发挥画面优势，就是要用画面讲故事。如台湾意识形态广告公司为台湾黑松企业的韦恩咖啡制作的电视广告文案《周公篇》。

镜头一：一辆汽车在隧道里行驶。

镜头二：司机难以抑制困倦，就用拳头击打坐在副驾驶座上的白胡子老头“周公”。

镜头三：司机瞌睡得把头趴在了方向盘上。

镜头四：司机击打“周公”。

镜头五：司机还是瞌睡，又击打“周公”。

镜头六：司机拿出一听咖啡喝。

镜头七：汽车猛刹车，把“周公”甩了出去。

字幕：周公，拜拜。

镜头八：咖啡产品包装。

画外音：韦恩咖啡，隆重上市。

镜头九：汽车安全地行驶在隧道里。

这则广告前几个镜头都是司机瞌睡了就击打“周公”，公众也能理解此举是为了提神，直到产品名称出现，观众才恍然大悟，这样就突出了咖啡的提神作用。

电视广告要发挥画面优势，用画面突出主要信息，抓住观众的注意力。具体的、直观的信息主要通过画面来表现，而抽象的信息则通过解说来传达，画面与声音相互补充，使观众获得更丰富的信息。

二、先声夺人

电视广告片能否吸引观众的注意力，最初的二三秒钟极为重要。因此，广告的开头要富有特色，做到先声夺人，一下子就吸引住观众。

例如获第16届中国时报世界华文广告奖的由奥美广告公司制作的统一辣阿Q桶方便面电视广告文案。

画外音：快来啊，快来啊——

镜头一：村子外面，一个警察四处张望，然后向村里跑去。

镜头二：两个农民大概知道发生了什么事情，看到警察慌张的样子，忍不住都笑了起来。

镜头三：警察跑进村。

镜头四：一个年轻人正坐在门口吃辣阿Q桶方便面。由于太辣，就一边香喷喷地吃，一边大喊大叫。

画外音：啊辣！太辣！辣！

镜头五：产品外包装。

字幕：狠辣上市，大碗满意。

这个广告一开始就用先声夺人的手法吸引了人们的注意，加上警察慌张的样子，更是造成一种悬念。受众不知道发生了什么，于是对广告更加关注。

为了吸引观众，广告的开头应该选择新颖独特的角度，比如报道某个事件、解决一个问题、展现一个精彩场面等，或者可采用正反面强烈对比。

三、重复产品名称

对于有些广告，观众能记住其中的内容，却记不住商品名称。这意味着广告没有成功。因此，要想办法突出产品的名称。人们的记忆活动，一般对最初或最后得到的信息的印象比较深，所以，应该在广告的前几秒钟，就出现产品的名称，在广告结束时再出现一次，来加强印象。

如上海李奥·贝纳广告有限公司为可口可乐（中国）饮料有限公司制作的雪碧电视广告文案。

镜头一：一个活力四射的女孩在美发店为客人剪发。

画外音配歌：没有甜言蜜语。

镜头二：她看看手表，收起工具准备下班。桌子上放一瓶雪碧。

画外音配歌：没有浪漫。

镜头三：女孩向同事打招呼告别。

画外音配歌：这个特别日子，期待他的表示。

镜头四：女孩在马路边等车，一辆车开过来停下。车门打开，一个青年送上一束鲜花。

男青年：再给我一次机会好吗？

镜头五：女孩深深喝了一口雪碧，说："我不希望有这样的机会。"

画外音配歌：透心凉。

镜头六：另一个男孩慌慌张张跑来。

画外音配歌：感觉这样清爽。

镜头七：该男孩送给女孩一朵漂亮的玫瑰。

画外音配歌：自信写在脸上。

镜头八：女孩愉快地接过玫瑰，说："就要这一朵。"

画外音配歌：思绪完全晶亮。

镜头九：女孩一转身，幸福地扑在男孩身上。

镜头十：雪碧瓶的外观形象。

字幕：晶晶亮透心凉。

这个广告中，在镜头二、镜头五、镜头十，三次出现雪碧的产品形象。该广告是由四个广告组成的系列广告，雪碧出现了十几次。这样反复出现，就能给公众留下很深的印象。

四、突出诉求重点

由于播放时间很短，因此电视广告的信息容量受到很大限制。一般电视广告片的长度以15秒和30秒居多，所以在一则电视广告中要做到面面俱到是不可能的，必须突出重点。如盛世长城国际广告有限公司为嘉里粮油商务拓展（深圳）有限公司制作的金龙鱼调和油电视广告《变革篇》文案（见图8-1至图8-4）。

图8-1　金龙鱼的1∶1∶1（一）

图8-2　金龙鱼的1∶1∶1（二）

图 8－3　金龙鱼的 1∶1∶1（三）

图 8－4　金龙鱼的 1∶1∶1（四）

镜头一：一面飘扬的红旗，上面写着“1∶1∶1 是怎样炼成的”。

画外音：1∶1∶1 是怎样炼成的？

镜头二：一家三口伸长胳膊做出了 1∶1∶1 的形状。

镜头三：大圆盘里装着八种粮食。

字幕：八种天然植物菁华。

镜头四：一家三口在灶台前伸长胳膊做出 1∶1∶1 的造型。

画外音：汇聚八种植物菁华，以独特配方调制而成。金龙鱼第二代调和油帮助打造 1∶1∶1，营养均衡，更健康。

广告主要内容是要突出 1∶1∶1，于是所有画面就用夸张的手法来表现 1∶1∶1 的主题。从演员夸张的动作中，突出了诉求重点，让人记住了金龙鱼的 1∶1∶1。

五、画面要有特色

画面是显现电视广告内容的主要手段，无论是镜头抓取角度，还是画面的构图、色彩、组合等，都应有较好的视觉效果。如玉兰油电视广告文案。

镜头一：一个女孩俯卧在按摩床上。

镜头二：按摩小姐走过来捋了捋盖在女孩臀部的毛巾。

镜头三：按摩小姐踩在女孩光滑的背上。

镜头四：按摩小姐双脚一滑，摔在地上。

镜头五：玉兰油产品外观。

字幕：玉兰油多效呵护沐浴乳。

画外音：润滑肌肤，来自玉兰油沐浴系列。

表现女孩肌肤润滑的最好方法是用画面说话，而其中最能说明问题的就是按摩小姐从女孩背上掉下来的画面，体现出玉兰油真的很润滑，以至于按摩小姐一踩上去就摔了下来。真是“此时无声胜有声”，多少语言都不如这样的画面有说服力。

六、发掘声音潜力

电视广告的声音包括音乐、音响、人物语言。广告音乐，要能够渲染气氛，打动观众情感。广告音响，要能从另一个侧面突出商品的特点，对画面起补充与深化的作用。广告语言包括两个方面：一方面是画面中的语言，如人物对白与独白；另一方面是画外音，如广告解说等，要根据画面内容恰当运用。一般来说，广告中的人物语言比画外音更容易引起观众的兴趣。如杭州捷群广告有限公司为祐康食品集团有限公司制作的祐康水饺广告，配合筷子在画面上的动作，发出“唰唰唰”的声响，很有节奏感。

七、用好字幕

字幕也是电视广告中一种重要的表现手段。为了构成对观众的多重刺激，加深观众的印象，有些电视广告就主要使用字幕来表现。经常的做法是把广告口号打成字幕。如祐康水饺电视广告，用简单的字幕突出了水饺的特点和品质（见图 8-5 至图 8-10）。

图 8-5　祐康水饺广告字幕：小鲜，浅尝即止

图 8-6　祐康水饺广告字幕：中鲜，意犹未尽

图 8-7　祐康水饺广告字幕：大鲜

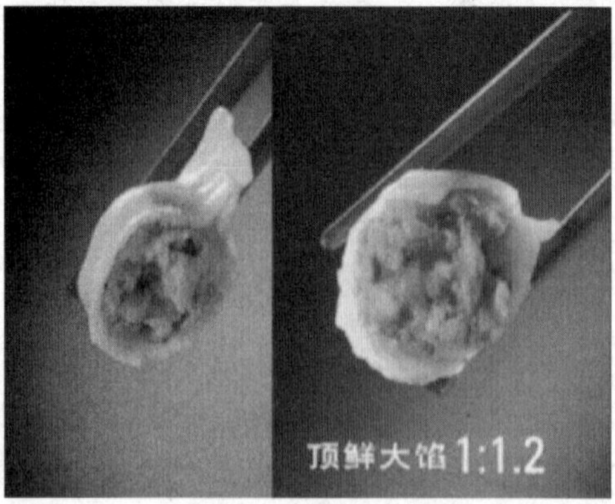

图 8-8　祐康水饺广告字幕：顶鲜大馅 1∶1.2

图 8-9　祐康水饺广告字幕：馅多了-鲜多了

图 8-10　祐康水饺商标

八、广告词要简练

电视广告惜时如金，所以广告语言应尽量精练，切忌废话和套话。应用尽量少的语言传递尽可能多的信息。

电视广告词的写作要注意以下几点。

（1）写好人物独白和对话，因其特征是"说"，就应生活化、朴素、自然、流畅、口语化。

（2）对于旁白或画外音，可以是叙述，可以是朗诵，也可以是逻辑严密、夹叙夹议的理论说教。

（3）以字幕形式出现的广告词要体现书面语言和文学语言的特征，并符合电视画面构图的美学原则，具备简洁、均衡、对仗、工整的特征。

（4）标语口号要尽量简短，具备容易记忆和流传、口语化、语言对仗、合辙押韵等特点。

第五节　中外电视广告比较研究

在 20 世纪 80 年代国门刚刚打开的时候，对于看惯了国产电影的中国人来说，能在某个小圈子里看一场外国电影，尤其是奥斯卡获奖电影，真是兴奋异常。那时人们没有认真思考过为什么喜欢看外国电影，只知道外国电影好看。而如今的学生对于外国广告的兴趣，就如同当年人们对外国电影一样浓厚。

中国影视广告存在什么问题？外国影视广告魅力何在？与中国广告比较，外国广告有什么相同和不同之处？这些问题对中国影视广告有什么借鉴意义？对此，本节从故事性、冲击力、诉求方式、画面处理、广告风格、广告伦理等几个方面进行了初步思考。

一、广告故事性比较

中华民族是一个很会讲故事的民族。《三国演义》《水浒传》《西游记》《红楼梦》等享誉世界的古典名著，讲了那么多或扣人心弦或催人泪下的优美故事。然而在电视广告中，却没出现多少让人感动的故事，似乎广告人的讲故事能力被限制在广告主所要求的销售目的中了。由于在电视媒体上投放广告需要大量资金，所以电视广告被做得很短，对于善于讲大故事的中国人来说，在几十秒钟里似乎很难讲好一个完整动人的故事。故事性相对就差了许多。

外国不仅有莎士比亚、海明威、莫泊桑、托尔斯泰这样的故事大师，外国广告讲起故事来也很精彩动人。在一个短短的十几秒钟到几十秒钟的电视广告里，人物关系、故事情节、开头结尾完整得令人叫绝，并且常常善于运用欧·亨利式的小说结构，即制造故事悬念，然后创造一个既在情理之中又在意料之外的结尾，使人看了恍然大悟不禁捧腹。由此便能产生极佳的广告效果。

如丰田汽车在美国播出的电视广告。

镜头一：大街上匆匆走过的人腿。一个修长美腿的摩登女郎穿着美丽的短裙，与体形平庸的女人擦肩而过，形成对比。

镜头二：儿童好奇的目光。

镜头三：老年男人专注的目光。

镜头四：中年男人追逐的目光。

镜头五：一个汽车司机欣赏的目光。

镜头六：女郎自信地不无炫耀地继续往前走。

镜头七：那个汽车司机的目光仍然追逐着女郎。

镜头八：女郎陶醉地走着，身后扬起汽车急刹车时溅起的水花，显然是刚才那辆汽车出事了。

镜头九：女郎窃喜的表情。

镜头十：又一辆汽车开过来，司机的目光被女郎吸引。

镜头十一：司机把头伸出窗外盯着女郎。

镜头十二：女郎旁若无人地优雅地走着。

镜头十三：又一个急刹车的声音从女郎身后传来，女郎嘴角有一丝幸灾乐祸的神态。她不动声色地甩了一下头发，仍然目不转睛地走自己的路。

镜头十四：这时一辆崭新丰田轿车开过来，引起了女郎的注意。

镜头十五：轿车从女郎面前驶过。

镜头十六：女郎忍不住转过脸看丰田轿车，头却撞上了路边的电线杆，仰面倒地，高跟鞋飞了出去。

镜头十七：飞来的高跟鞋砸在丰田轿车的顶上，司机无奈地笑了笑。

镜头十八：轿车一溜烟开走了。出现字幕“Look out for the corolla”（注意新的花冠）及产品 Logo“TOYOTA”（丰田）。

一个女孩走在大街上，由于漂亮，引起人们的极大关注，甚至出现了两起汽车交通事故。这样一个吸引众人目光的回头率很高的女孩，却被一辆丰田轿车吸引，以致撞在电线杆上人仰马翻，这对趾高气扬的她来说真是个讽刺。这样一个意想不到的结果，让人忍俊不禁。整个故事充满了戏剧性，既讲了一个完整故事，又表现了产品的内在品质和魅力。

反观一则被收入 2003 年中国广告作品年鉴的捷达汽车电视广告。

镜头一：古代斗牛场。

镜头二：木头栅栏。

镜头三：站在场中央的斗牛士。
镜头四：汽车冲出栅栏。大众汽车标志。
镜头五：斗牛士用脚在地上画了个半圆。
镜头六：汽车冲到斗牛士跟前。
镜头七：汽车牌子“JETTA GIX”。
画外音：新科技，体验激情。
镜头八：汽车和斗牛士争斗。
字 幕：强劲、灵敏、环保。
镜头九：斗牛士喘气状。
镜头十：汽车牌子“捷达”。
镜头十一：汽车冲过来，斗牛士扔掉手中蓝布。
镜头十二：汽车牌子“捷达”。
镜头十三：汽车冲过来，斗牛士坐在地上。
镜头十四：汽车牌子“捷达”。
镜头十五：汽车冲到斗牛士跟前，戛然而止。
画外音：捷达，解决之道，成功之道。一汽大众。

广告讲了一个汽车战胜斗牛士的故事，既不精彩也不惊险，结尾平淡。与上一则汽车广告故事相比要逊色很多。

二、广告冲击力比较

威廉·伯恩巴克提出的ROI理论中，强调了广告应该具备的三要素，即关联性、原创性、冲击力。前两者容易做到，而要创作出具有很强冲击力的广告，让人过目不忘，就有一定难度。

国外广告在这方面做得比较好，它往往用大画面、大制作、大冲击、大动作来刺激观众的神经，给观众很强的震撼，使其在观看之后很久仍然被广告中的画面所感染。如一则为饭店小吃拍摄的广告，可以动用飞机、警车，满大街追逐。另一则汽车广告，可以在航空母舰和潜艇上进行拍摄。中国人喜欢看外国广告，原因之一可能就是它有很强的冲击力。如下面一则英国的涂料电视广告文案。

镜头一：一架武装直升机在山谷上空飞过。
镜头二：两架直升机交叉飞过天空。
镜头三：飞机内，武装人员在地图上锁定目标。
镜头四：空中俯瞰一座孤零零的城堡。
镜头五：武装人员跳出飞机，沿绳滑下，破窗而入。
镜头六：武装人员在大楼内搜索，突然踢开一扇门，向里面疯狂扫射。
镜头七：炸弹炸开一扇门，烟雾向室内弥漫。
镜头八：子弹打在豪华吊灯上，发出碎玻璃的声音。
镜头九：墙上一个老镜框被打落在地。

镜头十：洁白的墙壁上，留下一串串弹孔。

镜头十一：两个老太太在优雅地吃着比萨。其中一个老太太吹了吹比萨饼上面的尘土，对武装人员说："你们这些客人怎么回事？这是唐纳路十四号。"

镜头十二：武装人员的头儿说："十四号？唉，我们找错门了。对不起。"

镜头十三：几名武装人员抬过两位老太太坐的沙发，说："夫人们，我们会把你家修复如新的。"

镜头十四：他们解开背包，拿出涂料，开始涂抹墙壁，嘴里吹着轻快的小曲。

镜头十五：武装人员的头儿端着咖啡对两位老太太说："现在，夫人们，我们就像没有来过一样。"

镜头十六：这位头儿看了看手表，向队员们说："伙计们，我们该走了。"

镜头十七：几只喝空了的咖啡杯堆放在一起。

镜头十八：武装人员一个个纵身跳出窗户。

镜头十九：涂料包装袋。字幕：美化家居，不留痕迹。

这哪里是广告，分明是特工警匪片。其中的紧张气氛让人很难想象它是一则广告，更不会想到是涂料广告。当观众最终看明白的时候，那种释然放松的感觉会让人久久难忘、回味无穷。

同样是涂料广告，立邦漆在中国投放的广告则充满温情，在一群各种肤色的小孩儿屁股上抹各种颜色的漆，配上轻快的音乐，制造轻松愉快的气氛。但其中的冲击力和震撼效果就远远没有英国那则广告强烈和持久。

国外还有一则宣传交通安全的公益广告。

在一个小酒馆外面，几个朋友在喝啤酒。其中一个男子打手机说："谢谢你不要小费。我该出发了。"然后向另一个朋友要啤酒喝。那人说："多喝一杯会出事的。"这人回答："我开车回家很多次了，从来没碰到车祸。"他喝完啤酒，扔掉空瓶子又说："我得走了，回头见。"他和他的儿子坐进汽车。儿子问他："你觉得还好吗？"父亲回答："是的，我很好。也许最后一杯啤酒不该喝的。"说完这话就上路了。儿子说："喂，爸爸，那边是警车吗？"父亲说："不管他。"父子俩笑着向前开去。当汽车行驶到一个十字路口时，侧面驶过来一辆大卡车，"嘭"的一声，将父子俩的汽车撞得粉碎。小酒馆外面，他的朋友接到一个电话，只听他的朋友说："喂……他刚才还在这儿……"气氛一下子凝重起来，其他朋友也都屏住了呼吸。此时出现字幕："如果您酒后开车，那么您就是个大傻瓜"。

这一则广告的冲击力是非常强烈的，尤其在撞车的一刹那，会使所有观看广告的人受到震撼，以至于本能地屏住呼吸，心跳加快，同时为那对父子的不幸而惋惜万分。

再看看硬派武打演员李连杰代言的步步高超级 VCD 电视广告文案。

镜头一：李连杰开车行驶在路上。

镜头二：车水马龙的繁华大街。

镜头三：一个五六岁的小女孩单独横穿车流拥挤的马路。由于手中的气球飞了，所以她就站在斑马线中间仰望飘飞的气球。

镜头四：一辆大型工程车向女孩驶了过来。

镜头五：李连杰吃惊的表情。他纵身跃出汽车，飞过许多车顶。

镜头六：空中出现一台 VCD，李连杰按下了 VCD 按钮，大街上的汽车全停了下来。

镜头七：李连杰抱起小女孩，化解了一场危险。

镜头八：小女孩按了一下 VCD“播放/暂停”按钮，汽车启动，道路交通恢复正常。

李连杰：超级功夫，步步高超级 VCD!

字 幕：超级功夫，步步高超级 VCD!

画外音：步步高电器!

这在中国广告中算得上是“功夫片”了。但是看惯了功夫片的中国观众，都知道这仍是花拳绣腿，生活中不存在、逻辑上不真实、情理上说不通。李连杰能在空中飞行吗？也许广告是想用李连杰的超级功夫来比喻 VCD 的功能，而观众看到的也只是它的暂停功能。VCD 的暂停功能在产品中果真如此重要吗，以至于必须用这种手段来表现？

李连杰的这则广告还算是有冲击力的。而我国绝大多数广告是软性的。周润发也是硬派演员，他代言的 100 年润发奥妮皂角洗发水，演绎了情人之间的百年情缘，充满了温情和怀旧情绪。成龙代言的金正 VCD，表现了成功需要不断努力的主题，和他在警匪片中的硬汉形象不能相比。

三、广告诉求方式比较

在诉求方式上，外国广告用画面表现产品，中国广告用叫卖表现产品。外国影视广告更善于运用画面语言，调动演员表演技巧，或者用故事情节来传达广告主题和产品信息。而中国影视广告更喜欢用语言文字来表现内容，如演员对话、内心独白、画外音，如果有声语言不足以表现，就用添加字幕的方式，来一两句广告口号或产品名称。这也许是因为我国广告人秉承了太多的古代叫卖式广告传统，不叫卖就说不清楚。

下面是阿根廷 Bsygon 杀虫剂电视广告文案《门篇》。

镜头一：一群蟑螂势不可当地冲向一个房门。

镜头二：一位女士身穿睡衣惊恐万状地大叫着冲出房间。

镜头三：又一群蟑螂冲向另一个房门。

镜头四：又一位女士身披睡袍惊恐万状地跑出房间。

镜头五：第三批蟑螂冲向第三个房门。

镜头六：蟑螂在房门前停了下来。

镜头七：突然，蟑螂调过头失魂落魄地尖叫着逃走了。

镜头八：杀虫剂包装。

字幕：新型 Bsygon 杀虫剂，药效持续一周。

这则广告的全部语言只是惊叫声，最后加上一条字幕广告口号，就把广告要诉求的主题和产品优势及特点说得明明白白，而且生动形象，也不乏震撼力，让人很难忘怀。

同样是杀虫剂广告，中国广告人是这样做的。

镜头一：击鼓。

画外音：升堂——

镜头二：一只害虫到县衙告状："大人，你要为小民做主啊。"

镜头三：县官说："有什么样的冤情，快快报上来，老爷我给你做主。"

镜头四：害虫说："金象，金象它杀了我们全家。"

镜头五：县官大怒，一拍桌案："啊？什么样的杀虫剂这么厉害？岂有此理。把它给我带上来！"

镜头六：几个衙役抬着一个硕大的金象杀虫剂瓶"嗨哟嗨哟"上来了。

镜头七：杀虫剂包装上的金象冲县官喷了一口烟雾。

镜头八：县官说："不好，快跑！"

镜头九：县衙一片狼藉。县官有气无力地说："来不及了。"

字幕：金象牌强力杀虫剂。中国总代理：厦门升祥贸易有限公司。地址：厦门升平路3号。电话：××××××。

画外音：金象显身手，害虫不再有。

这则广告真是充分利用了电视时间，不仅角色之间有反复对白，还把公司名称、地址、电话号码都说清楚了。

有人认为，中国观众理解能力较低，不用语言文字就看不懂广告。那么，电影大师卓别林的早期电影全是无声的，为何中国观众却看得很明白？问题出在什么地方？其实应该是电视广告编导和演员的能力较低。只有表演不到位，没有理解不到位。只要你表演准确了，观众是能够理解的。正因为脚本写不到位，导演导不到位，演员演不到位，所以只好用语言文字来帮着到位。

当然，可能还有广告主的因素。广告主花了大价钱请人拍广告，总想趁此机会把想说的都说了。虽然演职人员极力表现，广告主总觉得没有把话说完，就借用语言文字来补充和说明。这样一来，广告就平添了许多蛇足和枝杈，显得不够精练。

有人说，如果我们学习外国的表现形式，广告不叫卖了，广告主能答应吗？其实，广告目的是给观众留下深刻印象，只要观众记住了你的产品，达到促销效果，叫卖不叫卖又有什么关系呢？外国的广告没有叫卖，产品不是也卖得很好吗？

四、广告画面比较

在画面处理上，外国电视广告更简洁、流畅；画面之间很连贯，逻辑性也很强；画面与画面的逻辑组接也颇受重视，跳跃性很小。蒙太奇的运用是为了讲故事，它不仅是一种电影技巧，更多是体现作品的思想，表现广告的主题。中国广告人也使用蒙太奇，但画面滚动太快，不同镜头组合在一起，使人眼花缭乱。制作者似乎不懂得"三秋树"的效果，更愿意追求"二月花"的繁华，导致画面凌乱，而受众记不住广告内容。

先来看一则外国某胶水电视广告文案。

镜头一：修道院里，两个年轻修女向教堂走去。

镜头二：她们发现雕塑小天使的"小牛牛"断开掉在地上。

镜头三：其中一个修女把它捡起来，在小天使身上对接了一下，另一个修女难为情地用手半掩住自己的脸。

镜头四：她们用手绢把“小牛牛”包起来，送给老嬷嬷。

镜头五：老嬷嬷打开手绢，用审视的目光看了两个修女一眼，然后拉开抽屉。

镜头六：胶水瓶特写。

镜头七：老嬷嬷端着蜡烛匆匆向小天使走去，两个修女跟在后面。

镜头八：老嬷嬷将“小牛牛”在小天使身上对接了一下，以核实是从小天使身上掉下的。一个修女向另一个修女悄悄挤了个媚眼。

镜头九：老嬷嬷在“小牛牛”断裂处涂上胶水，然后粘在小天使身上。

镜头十：老嬷嬷放心地点了点头，转身走开了。

镜头十一：一个修女顽皮地将“小牛牛”转了个方向，使“小牛牛”向上翘起。

镜头十二：胶水特写。广告口号。

镜头十三：修女跪在神像前忏悔。

该广告画面非常连贯，逻辑性很强，故事没有任何跳跃，观众看不出有多少蒙太奇的痕迹，就像站在现场一样，旁观故事的开始、发展和结束。

反观中国南孚电池的电视广告文案。

镜头一：两节南孚电池旋转出字幕：坚持，就是2008北京奥运会。

镜头二：一群人在欢呼。

镜头三：两个女孩激动地拥抱。

镜头四：写着“北京赢了！2008”的红旗在飘动。

镜头五：人们站在卡车上挥舞红旗。

镜头六：欢乐的人群在相互泼水祝贺。

镜头七：两节南孚电池旋转出字幕：坚持，就是中国人心中永远的世界杯。

镜头八：正在进行足球比赛的足球场。

镜头九：欢乐庆祝的人群。

镜头十：两个男子在打手机，似乎在向朋友报告喜讯。

镜头十一：一个女孩在激动地哭泣。

镜头十二：舞动的红旗，上面写着“北京赢了!”

镜头十三：两个男子拥抱在一起。

镜头十四：女孩激动地哭泣。

镜头十五：两节南孚电池旋转出字幕：坚持，就是与世界经济接轨。

镜头十六：地铁奔驰而过，从地铁里涌出密密麻麻的乘客。

镜头十七：超市里，一个女孩在选购商品。

镜头十八：两个男子在用望远镜观光。

镜头十九：高楼林立的城市。

镜头二十：几个青年人在召唤朋友。

镜头二十一：两节南孚电池旋转出字幕：坚持，快乐的动力源泉。

镜头二十二：一群青年骑车行驶在垂柳吐翠的郊外土路上。

镜头二十三：成群的燕子飞过天空。

镜头二十四：一家老少三代人在广场上放风筝。

镜头二十五：卡通形象平面：一家三代喜气洋洋。

字幕：南孚聚福全家福。

镜头二十六：两节南孚电池旋转出字幕：坚持，就是胜利。

画外音：坚持，就是胜利。南孚电池。

镜头像万花筒似的快速滚动，既没有故事情节，也没有人物关系，更看不出南孚电池与2008北京奥运会有什么联系。南孚电池是赞助了奥运会，还是为奥运会加油？让人看不懂。总而言之，画面太花哨，闪动太快，叫人不知所云。

五、广告风格比较

外国广告经常使用暴力场面或者力度很强的画面来刺激观众，以求给人留下深刻印象。中国广告也许秉承了传统文化中温文尔雅的气质，因此画面处理得更温情唯美。

如英国Snirnoll酒电视广告文案就采用了好莱坞电影中的追杀模式。

在酒馆里，一对男女青年遭到类似于黑手党的武装人员追杀。女青年受伤倒地，男青年背起女孩从窗口逃走。镜头变换成轮船，两人在甲板上又遭到追杀，男女青年纵身跳入大海。镜头一转又到了火车上，女青年从飞驰的火车底下被男青年拉进了车厢，不巧又碰上了追杀人员。镜头再次转换，两个人又开着一辆越野吉普车在原野上逃命，武装人员也驾驶着飞行器在空中用激光枪扫射。吉普车被打翻，两人只好逃进一座小城，在狭窄的街道上奔跑。武装人员仍然驾驶飞行器追杀。男女青年最后被追进一间小屋门口，匪徒也正巧赶到。几个人奋力撞开门的一刹那，镜头又回到开始时的酒馆。男青年倒地，女青年扑了上去，画面定格，一种叫Snirnoll的酒瓶赫然占据了画面的主体位置。这些追杀、逃命，原来只是为了一瓶酒。

再看另一则外国饮料电视广告文案。

帆船在海上失事，两个船员被海浪抛到了沙滩上。当两人苏醒过来后，看见不远处有一瓶饮料。这是救命饮料，它意味着生和死的抉择。两个船员拼命跑过去，为此打得不可开交。当一个船员几乎被另一个掐死的时候，他抓到了一块石头并向对方头上砸去。他满意地获得了这瓶饮料。胜利者还没来得及享用战利品，脊梁就被飞来的长矛刺中，可怜地倒下了，手中仍握着那瓶用生命换来的饮料。这瓶饮料被人抽走了。一只戴着花环的脚不紧不慢地走过镜头，原来是一个美丽的土著少女拎着那瓶饮料走来……

这两则广告都是为了给观众留下更深刻的印象，因而采用了武力和打斗场面，增加广告的冲击力。

而中国东莞景湖花园房产电视广告文案则充满诗情画意。

镜头一：夜晚，一轮硕大的圆月悬挂在别墅楼顶。

镜头二：年轻的母亲沉浸在梦乡。

女童画外音：妈妈，看湖累了。

镜头三：年轻的父亲沉浸在梦乡。

女童画外音：爸爸，喂完鱼睡了。

镜头四：夫妻侧卧在床上，湖水的光影在床的周围荡漾，小鱼在光影里畅游。

镜头五：小女孩正在做甜美的梦。

女童画外音：清清的湖水是我的枕头，满天的星星是我的被子。

镜头六：一枚蒲公英在空中飘飞。

女童画外音：花园里的蒲公英飘进我的窗里，树林里的小鸟还在为我歌唱。

镜头七：小女孩睁开眼睛，伸手接住闪光的蒲公英。

镜头八：天亮了，从窗外射进来灿烂的阳光，照在小女孩的床上。两只鸽子从窗外树林里飞过，小女孩坐起来，欣赏窗外的景色。

女童画外音：住进景湖花园，每天一个美梦。

镜头九：画面又回到夜晚，几枚蒲公英在窗前飘飞。

女童画外音：东莞，最温柔的诗篇，景湖花园。

镜头十：景湖花园商标。

外国广告崇尚个人英雄主义，一个人可以拯救世界。中国广告则崇尚温情，喜欢表现温馨亲情、怀旧之情、乡情、友情。

六、广告伦理比较

中国文化的核心是儒家的伦理道德，即仁义诚信。宁为玉碎，不为瓦全，宁可身死，不能违仁，这形成了中国文人精神文化的精髓。这种思想在中国广告中得到了充分体现。如爱立信电信电视广告文案。

儿子给父亲买了一台新电视，对父亲说："爸，给您换台大个儿的，遥控，您坐哪儿都能换台。"儿子打开微波炉，说："妈不在了，您一个人吃饭别老凑合。给您买个微波炉，又快又省事。"儿子打开一个按摩器，说："您腰腿不好，闲暇时用这玩意儿揉揉，特舒服。"这时楼下有汽车喇叭声，儿子推开窗户，说："爸，我得走了，有事儿呼我。"

父亲不快地说："又不能在家吃饭了。"

儿子说："哪儿吃不是吃啊，以后再说。朋友多，天天都有饭局，您那就别操心了。您待着啊，我走了哦。"

父亲无语。儿子似乎意识到什么，走到门口时放慢了脚步，转身看了父亲一眼。父亲拿起一张报纸坐在狭长的屋子里，是凄苦的身影。儿子还是关上门走了出去。父亲走到窗前，望着汽车开走了。

这时门响了，儿子走了回来，说："我跟他们说了，今天我哪儿都不去。爸，咱们先做饭。吃完饭我陪您杀两盘，好长时间没跟您下棋了。"

父亲开怀的笑容。

字幕：沟通就是开怀。爱立信，电信沟通，心意互动。

这则广告宣扬了中国文化中的“孝道”。尤其丧偶的老年人，子女不在身边，所以很孤独。虽然子女可以从物质上给予他们充分的满足和照顾，但是现代生活中的老年人更需要的是精神上的关怀和沟通。只要能和儿女进行沟通，老人就会感到愉快和幸福。爱立信电信广告宣传这种精神，表现了企业对老年人的关爱以及对中国传统文化的弘扬，从而树立了企业的良好形象。

西方文化也讲仁义诚信，但更看重现实利益，当仁义诚信与现实利益发生矛盾的时候，仁义诚信忠孝伦理都可以抛到脑后。在广告中，为了宣传产品特点和魅力，可以让主人公违背诺言放弃操守而追求自己的享受。这过分夸大了产品对人的异化和控制，人成了商品的俘虏。

如英国某啤酒电视广告文案《新鞋篇》。

> 母亲脚上穿着一双破旧皮鞋。儿子陪母亲上街，看到商店里一双新鞋，母亲非常羡慕，对这双鞋大加赞赏。这情景让儿子看在眼里记在心里。然后他就拼命挣钱，背柴、烧炭、放羊、喂猪，弄得浑身都是泥，终于挣到一枚硬币，买回了那双鞋。在回家的路上他遇到一个小酒馆，看着那冒着白沫的诱人的新鲜啤酒，他实在忍不住了，就买了一杯喝了起来。这时母亲挎着藤筐来到儿子身旁，儿子从那双新鞋的包装盒上撕了一块纸垫在母亲透了大洞的鞋底里，母亲激动不已，紧紧地和儿子拥抱在一起。就在这时，那个卖啤酒的女服务员从母亲眼前走过，母亲看到自己曾经羡慕的那双新鞋却穿在女服务员的脚上，母亲惊诧地睁大了眼睛……

另外一则外国啤酒广告中讲了一个儿子与父亲的故事。

> 父亲就要死了，儿子问父亲还有什么要求。父亲提出想要一朵当地的某种鲜花以及想吃蜂蜜等，儿子都答应了。为满足父亲要求，儿子上树摘花时从树上掉了下来，采蜂蜜时被蜂蜇伤。后来父亲说想喝一种品牌的啤酒，儿子就到很远的地方去买。在回来的路上遇到持枪匪徒追杀，儿子都化险为夷。可是临到家的时候却挡不住啤酒诱惑，忍不住把酒喝了。牧师跑出来告诉他，他父亲已经不行了。当儿子匆匆忙忙回到家里，父亲听说儿子回来了，突然坐了起来，要喝他买回来的啤酒……

在中国人的观念里，父子亲情和母子亲情重于泰山，任何感情和欲望都无法胜过这种感情。为了这种感情，子女或父母可以赴汤蹈火而在所不辞。而在西方的这两则广告中，儿子彻底被商品异化了，成了商品的俘虏。在充满诱惑的啤酒面前，母子亲情和父子亲情都显得苍白无力。这与中国文化是格格不入的，也是不能被中国人接受的。

事实上，在商品社会中，人不是为了生活而消费商品，而是为了消费商品而生活，通过消费某种商品来实现生活目的，达到某种满足。例如穿名牌服装、开名牌汽车、赶时髦、追流行、玩时尚，或是为抬高身份，炫耀财富，或是为表现自我，彰显个性。人失去了自由，变成商品的奴隶，被商品所控制。例如在一则啤酒广告中，所有的人喝酒之后都好像穿上了红舞鞋，双脚跳个不停。站着的人在跳，坐着的人也在跳，打台球的人在跳，看报纸的人也在跳，就连刚进来的漂亮姑娘也是跳着掏钱买啤酒。这其中显示了啤酒对人的控制，人在啤酒面前完全失去了自制能力。

当然，在中外的公益广告中，都宣扬美好的社会公德或人类共同遵守的道德准则，如祈祷和平，反对战争，反对种族歧视，提倡博爱、团结互助、消除贫困等。但是在外国商业广告中，在利益至上思想的支配下，商品成了世界的主宰，伦理就显得微不足道了。

【思考与练习】

一、思考题

1. 电视广告文案的特点有哪些？
2. 电视广告文案的构成要素有哪些？
3. 电视广告的长度要求有哪些？
4. 电视广告解说词的表现形式有哪些？
5. 电视广告中的音乐音响起什么作用？
6. 电视广告分镜头脚本的构成要素有哪些？
7. 电视广告工作台本的构成要素有哪些？
8. 电视广告文案的表现形式有哪些？各有什么写作特点？
9. 电视广告文案有哪些写作要求？
10. 根据你的理解，论述中外电视广告的差异。

二、课堂训练

资料

泉州九牧王洋服时装有限公司

企业简介

九牧王洋服时装有限公司创建于1989年10月，总部位于泉州经济技术开发区。公司一直致力于中高档男士系列服饰的开发生产，产品尤以款式优雅、品种丰富、用料考究、做工精细、品质超群而著称。其中九牧王西裤素有“中国西裤第一品牌”的美誉，是业界公认的“西裤专家”，2000年至2004年连续获得全国西裤同行业销量第一。

产品名称

九牧王洋服

广告目标

公司形象广告，吸引一流人才加盟九牧王。

产品定位

30岁至45岁中青年男士。

广告目标对象

成功男士，白领阶层。

品牌形象

大气，智慧，沉稳，经典，以品质为代言。

广告口号

心所至，天地从容。

荣誉

中国驰名商标、中国名牌产品、中国十大公众认知商标、中国十大最具影响力品牌、国家免检产品、2000年至2004年全国西裤同行业销量第一。

资料索取

http：//www. jiumuwang. com。

训练要求：

（1）为该服装创作不少于10种形式的电视广告文案。

（2）把你创作的电视广告风格与国外贝纳通服装广告及Sisley服装广告进行比较。

（3）根据某个电视广告片写出分镜头脚本。

第九章

消费类广告文案写作

【本章重点】

1. 消费类广告文案特点
2. 各种消费类广告文案的写作

【学习要求】

1. 掌握各种消费类广告文案写作特点
2. 运用所学知识对各种消费类文案进行写作

广告面对的人群是消费者大众，而广告宣传的商品大多数也是日常消费品，因此消费类广告占据了广告的一个大类。作为广告专业的学生应该掌握消费类广告文案的写作，这也是广告人的一项基本功。本章介绍消费类广告文案的特点、各类消费类广告文案的写作等。

第一节　消费类广告概念

消费品是指消费者为满足日常生活需要所购买的商品，一般由消费者个人或家庭成员购买和消费，消费量和购买量都很大。

消费类广告主要指日常用品类的广告，如食品、饮料、酒类、服装、化妆品、药品、家电和房产等，涉及老百姓日常生活的方方面面，与老百姓生活息息相关。根据消费者的购买习惯和购买行为，消费品可分为以下几类。

（1）日用品，指满足日常生活所需的基本生活资料及日用小商品。消费者即用即买，购买时只花很少精力去进行比较和选择。如洗涤用品、卫生用品、饮料、副食品等。

（2）选购品，指消费者在购买时，要花一定时间对商品的价格、质量、性能等方面进行比较鉴别后才决定购买的商品，如服装、家具、彩电、空调、音响、冰箱等。它们一般具有较高的价格、使用时间长、对消费者的生活影响较大，因此消费者在购买时都很慎重。

（3）特殊品，指消费者愿意花大量时间进行考察、比较、选择、决策的高价位商品，要求消费者进行理性消费，如高级化妆品、汽车、别墅、名牌服装等。它们可以代表一种高品质的生活。

由于不同类型商品针对的消费者不同，所以撰写消费类商品的广告文案时，首先要根据商品类型来确定目标消费者，然后根据消费者的类型来确定其消费习惯和消费心理，最后决定广告文案的诉求策略。如对价格不高、消费者购买频繁的日用品，在广告文案中要更多地承诺购买的便利性，而价格低廉的优势就显得不是很重要；对于特殊品，由于消费者并不急需，可有可无，所以要强调产品的附加价值以及能够带给消费者的精神满足，以唤起其购买欲望，同时激发潜在消费者成为现实消费者，实现刺激消费者的目的。

第二节　消费类广告文案特点

消费类广告文案有以下几方面特点。

（1）消费品的使用者主要是个人和家庭，因此消费者个人是消费品广告文案的主要诉求对象。不同性别和身份的人在家庭中的角色不同，在消费过程中所起的作用就不同。女性消费者是菜、米、油、盐、肥皂、饮料等必需品的主要购买者，男性消费者则是耐用品购买的决策者，如房子、汽车、家电等。因此，在写作广告文案时，首先要明确对谁说话，要说服的是谁。

（2）消费者更愿意购买自己熟悉的、反复使用的商品。这种对商品的熟悉感和使用习惯，既来自商品，也来自广告。因此广告文案要保持定位的稳定性、内容的连续性、风格的一致性，在消费者心目中形成长期固定的印象，使商品在消费者心中保持“第一”的位置。

（3）消费类商品与人们的生活息息相关，每天都离不开。它深入人们生活的方方面面，构成了人们的主要生活内容，如洗衣、做饭、睡觉等。所以在广告文案中，再现日常生活情景、生活片段，表达生活内容，更能深入人心。广告形式也要更贴近消费者，更容易被消费者接受。如莲花味精、雕牌香皂、立白洗衣粉等都是运用生活情景创作的广告，收到了很好的效果。

（4）消费品广告铺天盖地，人们每天要接触大量这类信息，而能记住或留下深刻印象的则很少。所以消费品广告要想对消费者产生影响，广告文案就必须有特色有个性，让人过目不忘。对于消费类商品，人们更关注的是商品的安全性、可靠性、有效性，所以广告要给人以真实感、安全感、信任感，以获得公众的信赖和好感。如杭州捷群广告有限公司为祐康水饺制作的电视广告，虽然表现的是非常普通的食品，但由于画面处理上颇具独特性，给人留下很深的印象。

（5）生活日新月异，人们每天要接触很多新鲜事物，人们的消费方式和生活观念也在不断变化。所以消费类广告也要经常提供新的信息，使消费者看到产品在更新换代，从而增强对产品的信心。如宝洁公司的飘柔洗发水广告，总是有新的内容出现。

第三节　饮食类广告文案写作

20 世纪的中国人，多数是为吃饱饭而奔波，人们对饮食类商品关注的更多是口味和价格。只要好吃，价格又便宜，就有消费者光顾。所以那时的饮食类广告文案的诉求重点是好吃和省钱。进入 21 世纪之后，人们基本上解决了温饱问题，城乡人民生活水平得到了很大提高，人们不再只满足于好吃和便宜，更要吃出品位。现代人的饮食方式和生活方式得到了很大改变，趋向于感性化、多样化、个性化。

饮食类广告文案的写作要突出以下内容。

（一）快餐概念

现代社会快节奏的生活方式，使人们产生对各种快餐食品的需求。各种快餐食品应运而生，方便面、各种速冻食品、半成品等不断被研制、开发并占据消费市场。快餐食品得到了大多消费者的欢迎。因此在广告中要灌输快餐概念，说明快餐给忙碌的人们带来的便利和好处，强调产品的省时、方便、随意等卖点，以获得更多消费者的认同。

例如康师傅香辣牛肉面《川剧变脸篇》的电视广告片的文案（30 秒）：

> 平常演出总是挺忙，吃方便面那是经常的事。我总选择康师傅香辣牛肉面。哎呀，那份痛快的辣呀，就跟四川老家的一样。筋道的面条，香浓的味道，令人回味无穷。还有不同的辣味选择，嗯，都是同样的精彩。香喷喷，火辣辣，康师傅香辣牛肉面。

又如下面几例：

> 最方便的早餐。（美国斯莱德麦片）
>
> 要想不慌不忙用早餐，请用上海芙蓉方便面。（芙蓉方便面）
>
> 方便自如！鲜咸合一！（拿波里通心面）

（二）强调文化

中国饮食文化源远流长，形成博大精深的文化体系，这对外来饮食者是很有吸引力的。随着中国与世界各国各民族的频繁交往，中西方文化的融合，饮食文化也被越来越多的西方人接受和欣赏。外国的饮食文化也逐渐进入中国，中国人尤其是年轻一代对外来食品的异域口味表现出较强的偏好，如肯德基、麦当劳等。

（三）注重天然

现代人更关注个人健康和食品的美味。个人健康关系到食品的环保和营养，于是绿色食品受到消费者的青睐。美味关系到人们对食品品质的追求，要求食品不仅好吃，而且还要有营养。当工业化因素逐渐进入所有人的生活时，消费者对工业时代所带来的负面作用开始产生担忧，这种担忧在消费食品时的明显表现是：追求纯天然和绿色，要求食物完全不使用食品添加剂，要求绿色蔬菜不使用化肥等。注重食品的天然和绿色概念，使人们在消费时出现两种心态：第一，对纯天然食品的趋之若鹜；第二，对食品生产企业生产流程的充分关注。只有严格按照生产要求、相关规定去做，保证食品质量，才能打消消费者的消费担忧。

例如光明牛奶，广告的诉求落点在“好奶出自好牛”上。它的一系列广告作品都围绕这一点进行，为光明牛奶的品质做了有说服力的阐述。如《百分百好牛篇》电视广告片中，一队队健壮的乳牛排着整齐的队伍在进行体能测试。其广告文案如下。

> 到底光明的牛是怎样选出来的呢？测体能、看外形、量体重、查视力、考智力。百分百好牛，出百分百好奶。好牛好奶 100%。
>
> 不努力成不了光明的牛。

再如：

> 和雏菊一般新鲜娇嫩。（七月乳制品公司炼乳）

与鲜牛奶一样易于吸收。（七月乳制品公司炼乳）
永远是从最鲜的牛奶中提炼。（七月乳制品公司炼乳）
今天你喝了新鲜牛奶吗？（三元牛奶）

光明牛奶强调牛的健壮，好牛产好奶；七月乳制品公司炼乳和三元牛奶则以新鲜取胜，以天然新鲜为诉求点，迎合了当今消费者的需求。

（四）口味诱惑

传统饮食文化讲究色、香、味、器、形、名、境。在广告文案中也要注意突出这些元素，以满足人们对食品的感官要求。饮食也是一种艺术，饮食过程更是一种享受。甚至有些人愿意自己动手调制适合自己口味的食品，享受自己的劳动果实。大卫·奥格威就对食品广告提出忠告："要以食欲为诉求中心来创作广告，如果可能，就在广告中提供一些菜谱或者食用方法，家庭主妇总是在寻找新的烹调方法来调剂家人的饮食。但不要把烹调方法写进广告的正文，要把它独立出来、要突出、要引人注目。"

如草帽比萨饼电视广告文案。

画外音：让我们开始这则广告。
首先请闭上眼睛。
现在，想象一下一张美味无比的比萨饼带给你的快感。
那是草帽比萨饼，
这么浓郁的芳香，
这么甜软的口感，
上面覆盖着一层鲜鲜的奶油。
这么鲜美。
现在，请睁大眼睛。嘿！
你梦见的草帽比萨。
你能想象的最美味的比萨——草帽比萨。

以下一些广告口号也突出食品的味道。

挡不住的诱惑。（佳宝九制陈皮）
开心果，一嗑就开心，一吃更开心。（某开心果）
美味带动，情难自控。（营多方便面）
统一面，非常面，好吃又地道，非同寻常的好面。（统一方便面）
康师傅方便面，好吃看得见。（康师傅方便面）
四川特产，口味一流。（天府花生）
口味独特，回味无穷。（郁乐冰果）
口味让您吃惊。（国外某食品）
棒不棒，您尝尝；好不好，您试试。（古船系列面粉）
你越吃越想吃。（杰克斯饼干）
苦苦的追求，甜甜的享受。（伊利雪糕）

这些广告口号强调的都是口味，从口味上来吸引消费者。由于同类产品很多，同质化越来越突出，因此消费者很难区别产品之间口味上的微妙差别。而广告就是要将自己产品与同类产品之间在口味上的差别告诉大家，引导消费者做出选择。

（五）保健价值

现代人更关注个人健康和食品品质。例如广告文案可以强调食品低糖、低热、低脂、少盐的特点，迎合人们对健美的要求。近年来，市场上各种营养食品、保健食品、减肥食品的大量涌现，正符合了人们对食品在保健方面的需求。

补钙新观念，吸收是关键。（龙牡壮骨冲剂）
宝宝的成长，离不开淮莲健儿粉。（淮莲健儿粉）
常服生命力，生命有活力。（生命力营养品）
维他命最多的米。（香港维多米）
粒粒皆精选，滴滴尽精华。（香港南顺公司花生油）
你不妨去看一看那些强壮的小男孩正在吃什么！（美国通月公司麦饼）
把美味和营养卷起来。（康莱蛋酥卷）

这些广告口号是从营养角度进行诉求的，对那些注重营养的消费者来说很有说服力。

（六）历史要素

人们旅行到一个陌生地方，都愿意打听当地有什么风味特产和传统小吃，如南京板鸭、金华火腿、四川火锅、兰州拉面、上海冠生园小吃、西安羊肉泡馍等。人们在消费食品的同时也是在消费当地文化。针对这种心理，有些食品广告把食品所蕴含的文化和历史作为诉求主题。如高碑店豆腐丝包装广告，背景衬底是北宋张择端的《清明上河图》，不仅增强了产品的历史感，而且具有很浓的文化味，其广告文案如下。

标题：昔日宫廷御膳，今日你我美食

正文：高碑店豆腐丝始于宋代，为贡品御膳。它富含人体需要的多种营养成分，鲜香纯美，口感独到，为现代工艺制作出的传统佳肴。

高碑店豆腐丝是宋代创制的，既是贡品御膳，又是美味佳肴，自然会获得消费者的信任，增强了广告的说服力和产品的销售力。

（七）情感投入

广告中的感情投入关系到人们消费时的心理感受。因此，有些食品广告通过加入情感因素，给食品以附加价值。如月饼代表团圆，面条表示长寿，水饺意味节庆，粽子表达纪念等。

相思一样，情深一片。（相思梅食品）
浓情蜜意，尽在其中。（灵芝蜜）
瑞士最佳风味，只给最爱的人。（金帝巧克力）
一袋“古松”一袋情，丝丝真情系“古松”。（古松牌三鲜伊面）

再如台湾统一企业的广告文案《母亲节篇》。

只要真心付出，就是最大的快乐！
用妈妈的爱和关怀，
联结屋檐下的每一颗心，

爱自己的家，
也爱天空下的每一个家，
让妈妈的笑容更加灿烂！
统一企业提醒您，
真心付出，
把爱分享！

这是统一企业的形象广告，把对母亲的爱倾注到产品诉求中，体现出企业对传统孝悌文化传播的重视，为企业树立了良好形象。

（八）流行时尚

随着社会进步和生活水平提高，人们不仅关注饮料的解渴功能，更关注饮料所体现出的流行时尚。如可口可乐和百事可乐，体现了美国文化，是流行于全世界的时尚饮品，受到了全世界青少年的喜爱。

饮料广告文案中，茶和咖啡主要在产品口味纯正上下功夫，可乐和非可乐汽水饮料主要以产品的个性和时尚的内涵吸引消费者，矿泉水、蒸馏水、太空水则多以自然、纯净为诉求点，果汁和乳酸菌饮料更注重营养的丰富和均衡。

如七喜的广告文案。

标题：七喜——非可乐
正文：比可乐更胜一筹。
新鲜，纯净，爽口。
不含过多的糖分。
饮后没有异味。
具有可乐的一切优点，并且比它们更多。
七喜，非可乐，唯一的非可乐。
广告口号：新的生活时尚的倡导者。

七喜的广告文案的诉求点是新鲜、纯净、爽口，是新生活时尚的倡导者。黑松天霖水广告文案强调的是无可替代的水，满足人类基本需要。

（九）张扬品位和感觉

有些广告并不宣传产品本身品质和优势，而是彰显消费者的感觉，用这种感觉来感染其他人，很有品位和意蕴。如光阴茶语系列广告文案。

25岁以后，我从不告诉别人我感到孤单

突然不知道该往哪里走。
在黑夜与白天交接的边缘，
这个城市看起来如此陌生。
我站在人群中
想不起在哪里失去了自己，
从那天起我不再讨论孤独这个话题。

每天晚上我都在地铁里遇到那个拉琴的人，
我从不看他的眼睛。
我开始喝茶，
在晚上
我看到茶杯里有一轮月亮。

在这个陌生城市的傍晚，“我”总感到孤独。可是还有人比“我”更孤独，就是那个每晚在地铁里拉琴的人。“我”从不看他的眼睛，是因为发现了自己的浅薄和无病呻吟。于是“我”开始喝茶，在品茗过程中，“我”看到了生活的希望和光明前景。

秋天的谷雨

突然意识到，秋叶已经落了一地。
在“致爱丽丝”的琴声里，
生命化成音乐的碎片，最后的舞蹈
竟也洒脱不羁。我意识到，生命为了重生
在欢快地死去，竟坦然到不向后望最后一眼。
落叶飞过窗子，飞向自己毕生塑造的林荫地。
灰色的天，青色的地，天地间
金黄的影飘飘摇摇，绿色的音讯袅袅传来。
泡好一壶明前光阴，
端起来，不自觉间走进叶雨，
怅怅然，盼着哪怕一片，落入杯中
与光阴融合……
衣裙从落叶上拂过，手里端着的
是一杯秋天的谷雨……

谷雨是春天的节气，农谚说：“过了谷雨，种瓜种豆。”谷雨是新生命的开始。然而，秋叶的舞蹈，是为了生命的重生。在悲秋的气氛中品茶，却感觉到了秋天的谷雨。

有时候，取悦自己是那么简单

记得那是在一家韩国餐馆，
我们在吃一种奇怪的菜。
他们告诉我你出国了。
我开始笑，一直笑，
因为我不知道怎样掩饰自己的失态；
然后我抱怨这空调太冷，
因为我开始止不住地颤抖。
路过一间茶馆，
为自己点了一杯光阴绿茶，
茶叶居然在杯子里忘情跳舞。

我笑了起来，
有时候，取悦自己是那么简单。

在“我”情绪不好的时候，茶叶在杯子里跳舞，带来了活跃气氛和生机，使“我”的心情好起来，取悦自己就这么简单。

水温 98 度，茶叶在水中复活

当我终于知道了答案，
我没有为谁祝福。
我只把自己锁在沉默里。
没关系，
生活依旧美好，
只是这美好需要你不断忘掉过去。
正午
我为自己泡了一杯茶，
茶叶突然间复活，
在水中绽放开生命。
天热得让人有些糊涂，
阳光直射着我的脸，
泪就那么流了下来。

在自己遭遇挫折满腹惆怅之时，茶叶在水中复活，绽放出生命的活力，这让“我”激动不已，走出沉默与失意的阴影。

这几则广告文案用自由诗的形式，把喝茶人当时的感觉、思绪很细腻地表达出来，让人感受到品茶犹如品味人生，有无穷的韵味。

第四节 烟酒类广告文案写作

一、酒类广告文案

中国是酒的故乡。中国制酒源远流长，品种繁多，名酒荟萃，享誉海外。黄酒是世界上最古老的酒类之一。在三千多年前的商周时代，中国人独创酒曲复式发酵法，便开始大量酿制黄酒。在约一千年前的宋代，中国人发明了蒸馏法，从此，白酒成为中国人饮用的主要酒品。

中华民族五千年历史长河中，酒文化一直占据着重要地位。酒是一种特殊的食品，是物质的存在，但酒又融于人们的精神生活之中。酒文化作为一种特殊的文化形式，在传统的中国文化中有其独特的地位，从文学艺术创作、文化娱乐到饮食烹饪、养生保健等各方面都深刻地影响着中国人的物质生活和精神生活。

中国文学史上借酒咏志的作品很多，如：“李白斗酒诗百篇，长安市上酒家眠。天子呼来不上船，自称臣是酒中仙。”（杜甫《饮中八仙歌》），“醉里从为客，诗成觉有神。”（杜甫《独酌成诗》），“俯仰各有志，得酒诗自成。”（苏轼《和陶渊明〈饮酒〉》），“一杯未尽诗已成，诵诗向天天亦惊。”（杨万里《重九后二月登万花川谷月下传觞》），“雨后飞花知底数，醉来赢得自由身。”（张元干《瑞鹧鸪》）。酒醉而成传世诗作，这样的例子在中国诗史中俯拾皆是。

“葡萄美酒夜光杯”的景色，“借酒消愁愁更愁”的感伤，“对酒当歌，人生几何”的洒脱，“莫使金樽空对月”的气概，“酒逢知己千杯少”的喜悦，“绿酒一杯歌一遍”的心情，“酒不醉人人自醉”的意境，“醉翁之意不在酒”的妙喻，“今朝有酒今朝醉”的无奈，“牧童遥指杏花村”的伤感，“红酥手，黄縢酒”的苦痛，“一醉方休”的淋漓痛快，《祝酒歌》的狂欢豪放，《酒神曲》的豪迈粗犷，千百年来多少文人墨客饮酒诵诗，留下佳作无数。酒也给了多少英雄豪杰惊天的壮举，赐予文化以浓郁的生活气息。曹操“煮酒论英雄”，李白“举杯邀明月”，辛弃疾“醉里挑灯看剑”，苏东坡“把酒问青天”，李清照“浓睡不消残酒”。历史与文化赋予了酒以无穷无尽的典故，让酒成为历史与现代永远说不完的话题。

在各个国家，酒同样都有其历史与文化上的象征意义，无论是白酒、葡萄酒还是啤酒，悠久历史都能为它增添恒久魅力。因此，酒类广告文案往往以酒的生产历史作为创意出发点，创作意蕴隽永的作品。酒作为一种最能够寄托情感的商品，还代表着喝酒人的某种情感和个性。因此，酒类广告文案也往往在品牌、产地、历史、口味等基本内容之外，将酒与受众的感受相联系，营造一种温馨、热烈、沉静、庄严的氛围。同样，与之相联系的消费者的个性也常常在文案中得到充分的张扬。文化、情感、历史、时间是酒类广告文案的四大主题。

（一）注入文化因素

如获得2001年全国报纸优秀广告奖“广州日报杯”食品饮料类银奖的水井坊酒的广告文案，就是用历史和文化作为卖点，唤起人们对水井坊酒的信赖。

风雅颂。

传世风雅，美酒之颂。

曲水流觞，气蕴芳华，把酒临风，岁月优哉。

六百年传世风雅，成就水井坊酒道之大德与至美！

正直而恭俭、廉而谦者，宜唱“风”，豪饮；

广大而静疏、达而信者，宜咏“雅”，大饮；

宽而好礼、柔而正者，宜歌“颂”，盛饮！

水井坊之泱泱酒道，共君齐品风雅颂尔！

水井坊，世界上最古老的酿酒作坊之一，全国重点文物保护单位。水井坊酒，活文物原址酿造，始于元末，历经明清，六百余年不间断岁月磨砺，造就出此等陈香飘逸、甘润幽雅之绝卓酒品。

颂曰：水井坊，中国白酒第一坊！

风雅颂，是中国诗歌文化的精髓。在广告中，水井坊酒将风雅颂作新的诠释，让饮酒者沉浸在棋琴书画间，陶醉在水井坊六百年历史里，同时也赋予了酒更多的文化内涵。

（二）注入情感因素

将人间美好的情感注入广告中，用情感因素引起消费者的感情共鸣，是很多酒类广告的做法。如孔府家酒电视广告文案。

千万里，千万里我一定要回到我的家。

我的家，永生永世不能忘记。

孔府家酒，叫人想家。

这个广告中凝聚着一种浓厚的游子思乡情结，这种思乡情节让多少漂泊在外的游子思念故乡、思念亲人，唤起了人们千万里也要回到家的决心，也赋予了酒更多的文化价值。

也有一些酒类广告文案将历史、情感、个性融为一体，包含了更丰富的内容，同时也更能够引起受众深切的感受。如美国当代著名的广告文案撰稿人大卫·埃勃特为 Chivas Regal 威士忌酒写的一则平面广告文案。

因为我已经认识了你一生。

因为一辆红色的 Rudge 自行车曾经使我成为街上最幸福的男孩。

因为你允许我在草坪上玩蟋蟀。

因为你总是在厨房里腰上围着茶巾跳舞。

因为你的支票本在我的支持下总是很忙碌。

因为我们的房子里总是充满书和笑声。

因为你付出无数个星期六的早晨来看一个小男孩玩橄榄球。

因为你坐在桌前工作而我躺在床上睡觉的无数个夜晚。

因为你从不谈论鸟类和蜜蜂来使我难堪。

因为我知道你的皮夹中有一张褪了色的关于我获得奖学金的剪报。

因为你总是让我把鞋跟擦得和鞋尖一样亮。

因为你已经 38 次记住了我的生日，甚至比 38 次更多。

因为我们见面时你依然拥抱我。

因为你依然为妈妈买花。

因为你有比实际年龄更多的白发，而我知道是谁帮助它们生长出来。

因为你是一位了不起的爷爷。

因为你让我的妻子感到她是这个家庭的一员。

因为我上一次请你吃饭时你还是想去麦当劳。

因为在我需要时，你总会在我的身边。

因为你允许我犯自己的错误，而从没有一次说“让我告诉你怎么做”。

因为你依然假装只在阅读时才需要眼镜。

因为我没有像我应该的那样经常说“谢谢你”。

因为今天是父亲节。

因为假如你不值得送 Chivas Regal 这样的礼物，还有谁值得？

这篇文案没有标题，画面是一瓶 Chivas Regal 酒，酒的旁边有一张卡片：“给爸爸”。作者自己说：“这篇广告是关于 Chivas Regal 酒的，但也是关于我和我的父亲的（我确实有一辆红色 Rudge 自行车）。这是一个冒险，对一些人来说，它是感伤的，但是我知道，另外一些说它生动的人有他们自己的经历。如果你要为它写一个标题，你就会发现为什么我没有写。”

这是在父亲节这天，儿子送给父亲一瓶 Chivas Regal 酒时写给父亲的文字，也是为该酒写的广告文案。文案回忆了自己 38 年来受到父亲的呵护和关爱，写出了送给父亲礼物的 24 个理由，表达了儿子对父亲的爱戴之情。

以下是一些诉诸情感的酒类广告口号：

喝襄樊义酒，交天下朋友。（襄樊义酒）
日照特曲，祝您幸福。（日照特曲）
为成功喝彩。（威士忌）
高朋满座喜相逢，酒逢知己古井贡。（古井贡酒）
枝江酒，老朋友。（枝江酒）
喝杯青酒，交个朋友。（贵州青酒）
真情品位，尽在其中。（中国劲酒）
岁月流金，爱我所爱。（金剑南）
天地人和，古井贡酒。（古井贡酒）
有情有义喝郎泉。（郎酒）

（三）注入历史因素

对酒类产品而言，生产历史和储存年代常常被作为评判的标准。于是很多酒类广告文案都将诉求点放在酒的创牌历史和生产历史上。

如马爹利酒电视广告文案《金燕子篇》。

标题：马爹利金燕传奇

正文：在法国近郊马爹利干邑世家一望无际的酒库上空，散发着一股醉人芳香，流传着一个动人故事。每年，有超过100万公升的上等干邑白兰地在漫长的酝酿过程中不断升华到空气中，成为对天使的奉献。大约300年前，这种芳香，将一只燕子深深吸引，依恋不舍。最后，它终于化身金黄，超越平凡。每年初春，数以千计的燕子都在这里悠然翱翔，而金燕子也依然不断出现在每一瓶马爹利干邑白兰地之上，标志着法国马爹利。

广告口号：干邑世家，经典无价。

马爹利酒的这篇文案，通过一种诗一般的语言、一个遥远的童话般的故事，将酒的悠久历史和经典品质诠释得十分感人。

又如轩尼诗酒平面广告文案。

始创精神，灵感启发众生。

法国轩尼诗1870年首创X.O佳酿，被誉为世界酒坛创举，成为高级干邑之标准。时至今日，轩尼诗仍是X.O干邑的典范与灵感。

文案突出了轩尼诗酒的悠久历史和高贵品质。“1870年首创”“世界酒坛创举”“高级干邑之标准”“典范与灵感”，使法国轩尼诗酒成为世界公认的高级酒品。

再如波旁酒广告文案。

第一瓶波旁酒问世时别的波旁酒只有一半高。
第一瓶波旁酒问世时美国的历史才开始上演。
第一瓶波旁酒问世时美国的历史还只被当作时事事件。
第一瓶波旁酒问世时肯塔基还被称为西部。
比那些年轻而又傲慢的波旁酒更顺口。
1796年，我们的波旁酒是最好的“中央热力设备”。

我们的配方从1796年沿用至今，千万不要把它和冰镇薄荷酒等同视之。
写信来，我们将免费告诉你如何使用冰镇酒桶。
从1796年开始一直如此（未包括19世纪20年代那段暂时的不愉快）。
如果你一时想不起它的名字，请问问查斯特·亚瑟当总统时问世的第一瓶酒吧。
都110岁了，还天天被关着。
如果我们能够更“落伍”更“陈旧”，我们会想办法的。
我们“落伍”了吗？
遥远的过去吹来一阵疾风。
给父亲一些比他那条裤子还早的东西。
第一瓶波旁酒面世时，户外看板尚未面世。
这瓶特酿的波旁酒是由牛拉着开始铺货的。
上市50年才有冰块！

这则文案只说了一件事情，那就是波旁酒的悠久历史，悠久得和美国一样古老。在它问世的时候，世界上很多东西还没有发明。这足以让人对它的历史肃然起敬。

下面是一些包含历史因素的酒类产品广告口号。

唐时宫廷酒，盛时剑南春。（剑南春酒）
醇香古今醉，天地尽逍遥。（逍遥醉酒）
千古佳酿，万代留香，中华酒宗，汝阳杜康。（杜康酒中华酒宗系列）
往事越千年，陈酿白云边。（白云边酒）

（四）注入时间因素

与注入历史因素一样，将产品的创牌时间或酿造时间作为卖点，彰显产品生产过程的复杂和漫长，也是很好的表现。如波旁酒广告文案。

来一瓶用9年时间酿造而来的美酒。
听听它是怎么酿成的？
你有9年的时间吗？
藏在旧仓库的橡木桶里9年，我们的时间保证。
9年的时光已流逝，它刚刚面世。
漫长的9年在桶中，一瞬的光彩在杯中。
大陆漂移比这种酒的酿造还要快。
母系社会产生了威士忌，父系社会将它酿成波旁酒。
我们只能慢慢做，别无他法。
风儿雕刻山峰，时间雕刻波旁酒。
每个月的15号，我们会把编号1394－M的橡木桶
向左旋转15度。我想你应该知道。
年轮增加了，冰川融化了，而我们的波旁酒还在等。

一瓶酒经过9年才生产出来，真是够漫长的了。它的生产比大陆漂移还要慢，风雕刻山峰，时间雕刻波旁酒，冰川都融化了，波旁酒还没有生产出来。这虽然有些夸张，但的确让人

感受到这种酒的生产需要一个漫长的过程，从而提升了它的品质。

下面是一些以时间为诉求点的广告口号。

悠悠岁月，醇情依旧。（古绵纯酒）
人生百年，难忘湘泉。（湘泉酒）
百年人生，难得糊涂。（百年糊涂酒）

二、烟类广告文案

由于各国对香烟类广告控制得比较严格，所以香烟类广告受到了很大限制。但尽管如此，还是有一些香烟广告。香烟广告的特点是：简洁、明了、注重传达香烟口味的信息，突出香烟所代表的个性、身份与地位。

（一）烟草广告文案的主题

烟草是多数成年人不可缺少的物质和情感需求品，伴随着人的一生。青年时期，雄心勃勃，纵论天下，大有“问苍茫大地，谁主沉浮”之气概。而立之年，初步创业，稍有成就，品烟相庆。步入老年，功成名就，阅尽世事，追求自然之道，在回忆与喜悦中安享暮年。此外，追求环保健康也是烟草广告的主题。

1. 成功主题

成功主题情结属于理想、抱负、励志型，是对自己人生的一种定义与渴望，对事业与人生境界的追求。如红河香烟的“万牛奔腾，红河雄风”所展示出的气势，七匹狼的“与狼共舞，尽显英雄本色”的豪情，黄果树的“纵横山水”所体现的抱负，红旗渠的“民族精神，创业典范”“胜己者，胜天下”的创业精神等，江山“成功人士指点江山”，红塔山“山高人为峰”，红河“乘红河雄风，破世纪风浪”等。这种情结的广告句式工整，气贯长虹，读来激情澎湃，催人奋进。

2. 喜庆主题

喜庆情结永远是中国人向往的主题，好喜乐庆自古有之。结婚是喜事，怀孕是“有喜”，成功要庆喜，世纪千年是“千年之喜”，喜庆情结在生活中随处可见。烟草商利用喜庆心理创造烟草品牌，也获得了很大的成功。如石狮的“石狮相伴，吉祥平安”，哈德门的“哈德门一开，好运自‘燃’来”，双喜的“双喜，双喜，人人欢喜”“中华盛世，双喜临门”，好日子“天天都是好日子”，钓鱼台“稳坐钓鱼台，好运自然来”。

3. 回归主题

回归是人类要求回归本真的自然心理，是压抑于心灵深处的本原的爆发，它是追求自然与回归的本能和渴望。人的一生无论走多远，无论成就有多大，最后都要回归生命的本真。当今社会竞争激烈，现代人心灵的疲劳与价值的多元化，催生了回归情结在一部分主流人群中萌芽。解放自我，放飞心灵，香烟成为释缓压抑紧张心理的工具。如白沙的“鹤舞白沙，我心飞翔”，红梅的“唯有红梅香如故”，利群的“心灵的旅行”，人民大会堂的“往事如烟，回味无穷”等。

当年，贵州中烟顺应形势提出“纵横山水——黄果树”的品牌广告语，开始了黄果树品牌的推广。它准确把握住了都市消费者的生活趋势和脉搏，迎合现代人的追求，倡导一种“回归自然，释放自我”的生活方式。该广告语一经推出，令广大消费者眼前一亮，连续两年被评为行业“十佳广告语”。

4. 健康主题

健康主题是人们对于健康的要求，追求香烟更天然、原生态。如诞生于1995年的七匹狼品牌，历经多年发展，已跻身全国重点骨干卷烟品牌行列。他们创作的“通”系列广告，以“吐纳有度”的智慧和“脱胎换骨”的决心，开创了“生态绵柔香”全新品类；“纯”系列是凭借其低焦技术积淀，以“低焦油，高品味（位）”为理念，“典雅香韵，纯然境界”为全新品牌口号，于2011年打造的低焦卷烟标杆系列。又如：中南海（北京）“时尚健康的品位”，大红鹰“烟草本来的味道”，玉溪“青山绿水，碧玉成溪”，人参“生命源，人参烟”等。这些广告语都宣扬了“纯”的生态理念。

5. 未来主题

人人都有对未来的憧憬与设想，因此烟草广告也不乏这方面的诉求。如：春雷“春雷畅想新世纪”，红塔山“新世界的和谐率先领略”，五叶神“一人一世界，实干闯未来”，黄金叶“黄金叶伴君黄金事业”。

6. 公益主题

中国从1995年开始禁止烟草厂商通过印刷品和广播电台做广告。然而近几年一些烟草企业通过钻法规空子和玩文字游戏的方式，在媒体上大做广告。2005年2月，国家有关部门对五家以上国内烟草企业在中央电视台播放的形象广告叫停，理由是有宣传烟草的嫌疑，或者是广告中出现了烟草商标。烟草的品牌沟通能力受到削弱，这无疑给烟草企业戴上了紧箍咒。在这种背景下，有些烟草广告避开了商业广告，而做成公益广告。

如曲靖卷烟厂连续在《经济日报》中缝做的公益广告：

高标准、严要求、做贡献、创一流
建设中国特色社会主义
深化改革是国有企业的唯一出路

这些广告既规避了大众传媒对香烟广告的限制，又传播了企业公益形象。

又如大红鹰用代表企业理念的“胜利之鹰”来宣传品牌，让人记住了胜利之鹰，也记住了大红鹰。如下面两篇文案。

其一：《雪山篇》。

胜利是一种高度
你从哪个世纪升起
寒冷、稀薄的空气
是不是竟令你着迷！
不求闻达，但求体验旷世独立
绝壁永远高耸
胜利 也无休无止
别忘了——
世上尚有许多未知高度
选择向上

大红鹰——胜利之鹰

其二：《金字塔篇》。

胜利是一种尊严
无数人 还有骆驼
远道而来看你
风沙剥蚀下
从未剥蚀的尊严
眉宇间
是通往未来的黄金大门
矗立永远
每个人都有天生的尊严
以尊为荣
大红鹰——胜利之鹰

在政府“禁烟”行动中，大红鹰集团不但没有遭禁，反而实现了自己的超越。在中央电视台和香港凤凰卫视等高频度播出“大红鹰——胜利之鹰”系列形象广告，大开大合的表现手法和极强的张力、冲击力，与大红鹰一贯的大品牌路线高度一致。“大红鹰”品牌文化的基本内涵是：对高目标的百折不挠追求，永不满足、自我超越的进取精神。“胜利之鹰”彰显了大红鹰的品牌形象，丰富了大红鹰的品牌内涵，也将在相当长时期内成为励志的代言词，实现了与消费者的心灵沟通。

烟草产品不能做广告，就用企业的文化来推广；企业的名字不允许在广告上出现，就用“胜利之鹰”来涵盖“大红鹰”百折不挠、自我超越的品牌内涵。自重新开发成功以来，“大红鹰”卷烟销售年增幅达99%，连续七年居同类产品增幅之首。中国卷烟品牌相对于消费者“第一次提及率”，“大红鹰”位居前三名。①

下面是一些知名香烟的广告语：

白沙——鹤舞白沙 我心飞翔
红金龙——思想有多远 我们就能走多远
黄果树——纵横山水
芙蓉——天地永恒 芙蓉相伴
哈德门——哈德门一开 好运自“燃”来
金许昌——燃烧激情岁月
红旗渠——胜己者 胜天下
七匹狼——与狼共舞 尽显英雄本色
熊猫——熊猫是兽中珍品 此烟是烟中珍品
中华——尽显尊贵 唯我中华
双喜——龙凤呈祥 双喜临门

① 参见：大红鹰集团——它山之石也可攻玉．[2019-05-10]．http：//info.a.hc360.com/2006/02/22164528993.shtml.

牡丹——唯有牡丹真国色
中南海——时尚健康的品味
江山——成功人士 指点江山
芙蓉王——传递价值 成就你我
红塔山——山高人为峰
苏烟——中国苏烟 尊贵经典
玉溪——腹有诗书气自华
云烟——红云映辉 吉祥如意
阿诗玛——钟情专一 气质超群
红梅——老朋友 总有新感觉
南京——吐纳豪情 品味南京
人民大会堂——往事如烟 回味无穷
黄金龙——黄金龙在手 越抽越有
红杉树——卓然红杉树 超越天地间
黄鹤楼——历史名楼 当代名烟
一品梅——芳香献社会 真情满人间
黄山——一品黄山 天高云淡
好日子——天天都是好日子
迎客松——迎客松 友谊之树常青
将军——弹指间尽显将军本色
八喜——八喜临门 万事如意
山城——激情 沉默 都是你从容的选择
光明——追求卓越 共享光明
钻石——至醇至诚 钻石永恒
吉祥——吉祥相伴随 如意你我他
壹枝笔——燃烧激情 写意人生
石家庄——追求最新时尚 享受超卓品味（位）
钓鱼台——稳坐钓鱼台 好运自然来
五叶神——一人一世界 实干闯未来
石林——石林雄踞天下 名烟更著风流
茶花——世事如过往云烟 人生似烂漫茶花
三塔——走遍千山万水 独钟大理三塔
三峡——品味三峡 物我两忘
东方——日出东方 天地辉煌
豫牌——冰清豫洁 悠悠我心
豫烟王——王者气派 中原至尊
东方红——神州共携手 笑迎东方红
国烟——国质天香
盛唐——金碧辉煌 一代盛唐

（二）烟草广告文案写作存在的问题

1. 广告语知名度低于品牌知名度

有些烟草广告语知名度很低，多数烟草广告语不为人所知，甚至品牌知名度大于广告语知名度。广告语是品牌推广的重要手段，消费者对于广告语的未知或模糊，反映了品牌推广的缺陷。一个响亮的广告语必然对品牌推广起到极大的推动作用，而烟草广告语的创作还有很长的路要走，路漫漫其修远兮，广告人需要努力再努力。

2. 容易引起知识产权纠纷

我国虽然出台了知识产权保护法、商标法等一系列保护知识产权的法律法规，但是烟草行业有关知识产权的争端仍然不断。云南卷烟阿诗玛、红塔山曾在菲律宾被抢注，黄鹤楼商标也在台湾险些被他人抢注。而烟草广告语也频频出现纷争。如 2002 年，南宁卷烟厂公开征集广告语，出现“天高几许？问真龙”的知识产权之争；龙岩卷烟厂与香港益安贸易公司关于“与狼共舞”广告语的争论，都应该引起高度重视。

3. 烟草广告缺乏文化内涵

广告语是为品牌服务的，是反映品牌文化的一面旗帜。广告语在服从品牌文化的前提下，应该在文字风格、格调等方面与消费群体的情感相契合，应该反映品牌的文化内涵。而在广泛的广告语征集活动中，这些应征的作者是否真正理解品牌文化，创作的广告语是否真正体现了品牌文化内涵，值得关注。

4. 恶俗广告语影响了烟草广告的质量

广告语应当体现品牌塑造的长远战略，而某些企业存在短视行为，特立独行地推出看似效果明显的恶俗广告，伤害了企业形象。如至尊南京香烟品牌的广告语“至尊南京，厅局级的享受”，就有宣扬官员等级的封建意识，让人反感，让老百姓望而却步。

第五节　服饰类广告文案写作

服装类商品的基本功能是满足人们的保暖需要，而装饰类商品则为了满足人们对美的追求。随着生活水平的提高和社会的进步，人们更关心服饰类商品的审美价值和附加价值。服饰广告中较常见的主题是时尚、流行、品牌等诉求。对高档服装来说，质地优良、制作精美、身份象征是广告诉求的主要内容。尤其是人们对名牌服装的追求，使服装广告出现了巨大的市场。根据消费者对服饰类商品的消费需求，服饰的品牌、款式、质地、个性永远是广告受众最为关心的信息，也是服饰广告最有效果的主题。因此，大部分服饰类广告文案都以此作为诉求重点。

例如，广告大师大卫·奥格威的传世之作——美国哈特威衬衫广告，其文案如下。

穿哈特威衬衫的人

（画面为一位戴黑眼罩的相貌堂堂的男士）

美国人最后终于开始体会到，一套好的西装若配上一件大量生产的廉价衬衫而被毁坏了整个效果，实在是一件愚蠢的事。因此在这个阶层的人群中，“哈特威”衬衫就日渐流行了。

首先，“哈特威”衬衫耐穿性极强——这是多年的事。其次，因为“哈特威”的剪裁——低斜度及“为顾客定制的”衣领，使得您看起来更年轻、更高贵。整件衬衫不惜以人工剪裁，为了使您更为“舒适”。

下摆很长，可深入你的裤腰。纽扣是用珍珠母做成——非常大，也非常有男子气，甚至缝纫上也存在着一种南北战争前的高雅。

最重要的是，“哈特威”使用从世界各角落进口的最有名的布匹来缝制他们的衬衫——从英国来的棉毛混纺的斜纹布，从苏格兰奥斯特拉德来的毛织波纹绸，从英属西印度群岛来的海岛棉，从印度来的手织绸，从英格兰曼彻斯特来的宽幅细毛布，从巴黎来的亚麻细布。穿了这么完美风格的衬衫，会使您得到众多的内心满足。

“哈特威”衬衫是缅因州的小城渥特威的一个小公司的虔诚手艺人所缝制的。他们老老少少已在那里工作了整整114年。

您如果想在离您最近的店家买到“哈特威”衬衫，请写张明信片到“C. F. 哈特威，缅因州，渥特威城”，即复。

从这篇文案的第一段可以看到，文案没有孤立地强调“哈特威”衬衫的效果，而是从衬衫与西服的关系上，说明好衬衫对着装整体效果的重要性。然后文案分别从耐用、高雅、质地等方面详细介绍了衬衫的独到之处。

强调名牌、潮流、时尚、潇洒、风度、神韵、风采、豪情、气概、酷、帅、爽，也是服装广告的共同特点。这些能够表现男子汉风格的词语给服装以更多的附加值，招揽男性消费者的青睐。如下面一些服装广告的广告口号。

吕宋，更显您的风度！（吕宋牌服装）
超前享受，率领潮流！（佳衣牌服装）
让你成为情人眼里的西施！（佳衣牌服装）
银都时装，国际名牌！（银都牌时装）
时代目标追“真舒”，“真舒”风采魅全球！（真舒牌羊毛衬衫）
不求天子地位，但求天子风度！（天子牌服装）
当一回王子，轻松潇洒！（王子牌西装）
潇洒离不开飘鹰，飘鹰使你更潇洒。（飘鹰牌服装）
潇潇洒洒雪梦莱，年年岁岁有风采！（雪梦莱牌服装）
创造流行，展示潇洒豪情之气概！（绰约服装）
摩登精品，全新感受，身份象征！（意大利摩登服装）
登雅西装有风度，助您登上成功路！（登雅牌西装）
弘扬男士精品，一展男士风采！（皮尔·卡丹牌服装）

内衣是女性追求美的又一服装选择，虽然内衣并不外穿，但是爱美的女性还是把内衣当作表现自己青春、性感、魅力、成熟、曲线的载体，很认真地选择适合自己的款式。内衣广告则迎合女性这种心理，从展示女性青春、性感、成熟、魅力、身材、曲线等方面进行诉求，称赞女人穿上内衣后的美丽，给女性以鼓励和赞美。请看如下内衣广告口号。

曲线美＋内衣美＋性感美！（丽丽牌内衣）
梦的韵律，梦的色彩！（丽丽牌内衣）

塑造您特有的天使美，追求您朦胧的性感美！（丽丽牌内衣）
丽丽文胸，款款动人！（丽丽牌内衣）
安莉芳内衣，发自内在的魅力！（安莉芳牌内衣）
华歌尔，超凡的成熟美。（华歌尔内衣）
天使的姿彩。（丘比特内衣）
穿上“伯莎”无疑就是穿上了青春。（伯莎牌紧身胸衣）
把你的目光停留在“麦登弗姆”上。（麦登弗姆内衣）
“麦登弗姆”使你的美梦成真。（麦登弗姆内衣）

牛仔服是全世界男女都喜欢穿的流行服装，其本来是美国西部牛仔骑马放牧时为求结实、耐磨、耐脏而设计的，但由于款式独特、充满青春活力、富有朝气，因而受到各国青年的喜欢。虽然现在牛仔服已成为流行时尚，但广告文案还是更多强调服装的款式、耐穿、耐洗、潇洒、自由、无拘无束，凸显其所特有的西部风格。

鞋类广告中通常以舒适和个性为主题。如某儿童鞋的广告口号“像母亲的手一样柔软”，强调的是舒适。耐克鞋广告口号“Just do it”表达的是一种个性。又如台湾广告人为阿迪达斯运动鞋所做的广告。

鞋子，就是路

穿一双不好的鞋子，在一条平坦的路上跑，结果感觉上还是等于在一条坏路上跑；穿一双阿迪达斯的鞋子，在一条坏路上跑，结果就等于在一条平坦的路上跑。

这里的主题依然是“舒适”，不过撰文者能根据穿鞋者的切身感受，将鞋子与路作类比，使“舒适”的主题表述得更为形象突出。

第六节　化妆品、首饰类广告文案写作

从物质上说，使用化妆品是为了保养肌肤，使肌肤更润泽、更光滑、更舒服。从精神上说，化妆品能满足人们对美的追求，反映人们的审美心理，能弥补生理上的不足，给人们以自信，美化人们的生活，使美的更美。因此，化妆品广告的诉求内容应该包括以下两个方面。

（一）强调化妆品的护理功效

护肤是化妆品的基本功能，也是化妆品的核心价值。只有实现护肤，皮肤才娇嫩美丽。因此化妆品广告首先要强调护肤作用。可以从传统医学角度、现代科技角度等方面诉求产品的防皱、防晒、抗衰老、祛黑斑、保湿、增白、养颜等功效。如美加净防晒护肤系列的报纸广告文案。

阳光下的绿荫

首创“三重防晒配方”（紫外线吸收剂、高效滤光剂和天然植物菁华——芦荟提取液）的美加净防晒护肤系列产品能有效防止晒伤、减少晒黑，爽而不腻，防晒、增白、保湿多效合一，像一片随身的绿荫在阳光灿烂的日子里给你全面、细心的保护！

这篇文案紧紧抓住美加净防晒护肤系列“三重防晒配方”特色，强调了该化妆品可以保护肌肤免受阳光照晒的护理功能。

（二）强调化妆品的美容功效

化妆品的消费对象主要是女性，她们使用化妆品的目的更多是美容，让自己漂亮美丽。年轻女性用了化妆品更年轻；中年妇女用了化妆品能够去皱养颜，留住青春；老年人用化妆品是为了减缓衰老。因此，化妆品广告文案往往从使用者心理需求出发，诉求产品的美容效果，或用美女明星做代言人，用实证和演示方法渲染产品的功效，以此抓住消费者，促其采取购买行动。

如名门闺秀美肌精平面广告文案。

标题：美肌的哲学

正文：如果，你是一位追求魅力的女性，

那么，肌肤之美，将成就你的梦想。

名门闺秀美肌精，蕴涵神奇的大自然能量，

银杏、珍珠、灵芝、红景天……精华凝聚，

为肌肤注入鲜活能量源，每一滴，都蕴藏着肌肤的至爱。

肌肤细胞从此变得鲜活、充盈，富有青春生命力！

让肌肤远离衰老、晦暗、细纹、松弛等问题的困扰，

在一天天的改变中，肌肤日臻完美。

你，越来越美！

广告口号：名门闺秀，充满魅力的女人。

以下是一些以美容功效为诉求点的化妆品广告口号。

虹雨把青春的梦想与追求糅成永恒的美。（虹雨化妆品）

令您在任何场合，都特别清丽动人！（虹雨化妆品）

肌肤柔嫩的良液，清洁卫生的宝贝。（宝贝化妆品）

美加净燕窝润肤霜，天然滋润充满生机！（美加净化妆品）

可蒙化妆，美的世界！（可蒙化妆品）

当您眼角出现皱纹时，申花防皱霜会令您焕然一新，重现朝气！（申花化妆品）

岁月留苍老，“黑马”葆青春！（黑马化妆品）

修护明眸娇颜，重拾流金岁月！（依柔化妆品）

雅芳，全新的感觉！（雅芳化妆品）

女性魅力来自丽花丝宝！（丽花丝宝化妆品）

你希望在五十岁时还年轻吗？（少女牌化妆品）

苗条天姿，来自洁士！（洁士化妆品）

首饰广告也是以感性诉求为主，突出商品的美化功能，赞扬佩戴者的高雅气质，唤起人们对首饰的美好联想，引起良好的心理感受。广告主题可以是热爱生活，热爱生命，关爱自己，爱护他人，对生活和人生充满希望等。如下面这两则饰品广告文案。

其一：《饰物聆听篇》。

女性感性独白：
聆听不代表沉默，
有时
安静也是一种力量。
铂金气质，
自然优雅。
与铂金相遇，
稀有机会，
就在各大金店。

其二：《饰物空间篇》。

感性女生内心独白：
给自己一点空间，
有时
简单也能让人满载而归。
铂金气质，
自然优雅。
与铂金相遇，
稀有机会，
就在各大金店。

这些广告文案都有非主流广告的特点，并不直接宣传产品的功能和优点，而是从感性上影响消费者的观念，潜移默化地说服公众。

第七节　日用小商品广告文案写作

日用小商品是指日常生活中经常使用的必需品，如牙膏、牙刷、洗衣粉、肥皂、香皂、剃须刀、厨房厕所清洁剂等。这类商品成本不高，价钱便宜，是消费者习惯性购买的商品。消费者在购买时投入的精力很少，往往是凭借个人使用习惯购买，所以写作时要注意以下几方面原则。

（一）注重功能诉求

这类小商品的消费者很重视产品功能，因此广告文案要说明这类商品能给他们的日常生活带来的利益。如柔宝光漂洗衣粉广告文案。

柔宝光漂洗衣粉，不仅具有传统洗衣粉的“水洗”特强去污功能，还含有独特的“光漂原子”，当衣服洗净后或穿着时，通过光线的作用自动深入纤维内部，能彻底分解消除顽固污垢，杀光衣物上的细菌。柔宝光漂洗衣粉是环保洗衣粉，对皮肤绝无伤害。

…………

这段文案强调了洗衣粉去污能力强、光漂洗涤和不伤皮肤等功效，都是消费者比较关心的问题。

（二）营造生活气氛

日用小商品与人们的日常生活紧密相关，因此这类广告应注意贴近生活，注重营造日常生活气氛。如金龙鱼1∶1∶1广告，一家三口在厨房炒菜的时候，用胳膊比画出1∶1∶1图形，在吃饭时又比画出1∶1∶1图形，甚至在野外还比画出1∶1∶1图形，反复强调金龙鱼调和油的优势和特点，给人留下很深印象。

（三）展示使用情景

日用小商品使用简单，不需要介绍使用方法。但是如果在广告中展示使用情景，让消费者看到商品在使用过程中给消费者带来的益处，看到商品能够简化家务劳动和提高工作效率，也是很好的诉求策略。如汰渍洗衣粉电视广告。主妇洗衣服时，白衬衣上的黑领子怎么也洗不干净，心里很烦，就说："油腻腻，怎么洗?"然后汰渍洗衣粉出现了，把领子洗得干干净净。这就突出了洗衣粉的强力去污的功效。

第八节　医药及保健品类广告文案写作

医药是关乎人民生命健康的特殊商品，所以在做医药广告时一定要熟悉并遵守国家的相关法律和法规，如《中华人民共和国广告法》《广告管理条例》《药品广告审查办法》等，不要闯入医药广告的禁区。

由于虚假医药广告太多，影响了消费者对医药广告的信任度，所以很多医药广告失去了影响力。因此，医药广告更要加倍小心和注意。它不能像其他日用品那样大呼小叫药品的名称来唤起消费者的兴趣，而要向消费者明白无误地告知药品的主治功能和适用范围，提醒他们正确使用。此外还要与企业形象联系起来，更多地塑造企业形象，建立企业形象在消费者心中的地位，获得公众的信任。医药类广告要丰富表现手法，强化企业和产品定位，增强内容的针对性、说服性、可读性，避免使用抽象的医学理论或术语来解释复杂的医药机理，使消费者不知所云。医药广告文案写作应从以下几个方面考虑。

（一）理性诉求

生病吃药对于每个人来说都是必须认真对待的事情，不敢有丝毫的马虎。因此消费者在购买药品时往往很理性地进行对比选择，确定最适合自己的药品和医疗单位。于是，在写作医药广告时，一定要摆事实讲道理，从理论上简要地说明药品的性能和适应症状。

1. 药品信息型

通过摆事实、讲道理，展示药品的功能和特点，从理论上对消费者产生影响，激发他们的逻辑思维，达到说服的目的。如排毒养颜胶囊的广告文案。

> 健康人的脸色，一般是红润而富有光泽和弹性。
>
> 但是，当毒素侵害人体，面部就会出现如痤疮、颜面色斑等症状，或是脸色苍白、枯黄、面色无华……想要拥有健康人的脸色，当然先要进行排毒调理。
>
> 排毒养颜胶囊，通解调补，专业排毒。一方面，通过通补结合、升降得宜的处方配置，排出、解除体内毒素，调理人体紊乱的代谢；另一方面，通过调节机体状态平衡，使气血流畅、气机条达、阴阳平衡，使皮肤血液增多，皮肤细胞活力增强。从而

达到调内养外，促进身体健康平衡的目的。

脸色红润象征健康与魅力。

脸色好，人缘更好，生活更轻松！

现在开始，认准属于你的“专业排毒”品牌——排毒养颜胶囊。

这则文案首先使人们理解了脸色会苍白、枯黄、面色无华的病理原因，同时也介绍了排毒养颜胶囊的药理药性，让有此病的人产生信任好感，增强了广告的说服力。

2. 解除病痛型

有病的人对自己的健康是很关注的。如果广告从患者病情入手，引起患者对广告的兴趣，然后切入广告正题，介绍药品的功能，就能获得患者的认同和接受。如百服宁广告文案。

午后三点半，怎么办?

嘀嗒……嘀嗒……壁上的时钟毫不留情地走着，老张额头上的汗珠也越流越多，打电话四处求救兵，却均无结果。眼看三点半就快到了，怎么办?

对许多工商界人士而言，午后三点半是最敏感的时刻，调头寸、轧票子，急得团团转，真如热锅上的蚂蚁。

工商业社会，由于处处讲究时效，分秒必争，锱铢必较，因此弄得人人紧张，无怪乎喊头痛的人也越来越多了。头痛有损健康，更阻碍事业，因为失眠、倦怠、注意力不集中、食欲不振、心神不宁等现象也常与头痛相伴而来，对您的为人做事都会产生不利的影响。

午后三点半如何过关？我们恕难给您一个满意的答复。但是若您有了头痛的麻烦，我们却能给您提供一个绝佳的对策——

由必治妥大药厂精心研制的百服宁具有两大特色：

(1) 不含剧药（如比林系、咖啡因等），是不会危害人体的镇痛良药。

(2) 独具必治妥大药厂专利的 ADA 成分，能促进吸收，迅速渗入血液，发挥疗效，且对胃酸有缓冲效果。

百服宁治头痛效力快，是您的锦囊妙“剂”!

百服宁保护您无痛、健康、快乐!

这是针对工商业界人士头疼疾病进行的有效诉求。由于职业特殊而引起的头疼疾病困扰着他们的工作效率和生活质量，因此他们对头疼疾病深恶痛绝，希望能够得到一种好药解除病痛。百服宁正好具有这样的疗效，当然会受到有头疼疾病人士的欢迎。

下面一则广告文案也主要以药品功效为诉求。

痰何容易——避尔咳特效化痰露

要彻底化痰止咳，唯有避尔咳。它所含的特效化痰素，迅速化解积聚气管内的有害顽痰，药效强劲。不含麻醉成分，安全可靠。避尔咳特效化痰露对各种因支气管炎、过敏及伤风感冒引起的咳嗽同样有效。有避尔咳，化痰止咳就像说话一样容易。

广告口号：话未完就止咳。

（二）感性诉求

在产品差异性越来越小的市场上，有时很难找到独特的销售主张。所以，医药广告越来越多地运用形象策略，通过树立良好的品牌形象来影响消费者，采用感性诉求方式与消费者进行有效沟通，在感情上产生共鸣，让他们感到广告是在真心实意地为自己着想，感到企业是在为解除患者病痛而努力。

例如邦迪创可贴“成长难免有创伤”系列平面广告，改变传统诉求产品功能的策略，将产品功能与人生成长经历联系在一起，给产品注入了人文关怀因素。广告通过揭示成长过程中容易发生的现象，如孩子哭闹着要家长买玩具、小朋友们为了一点小事怄气、暗恋中的小伙子看到心上人和男友约会，揭示出邦迪的理念和主张：一切创口，邦迪为你愈合。通过这些表现，让消费者感到邦迪是和自己一起承担成长创伤的知心朋友。除了人文关怀之外，邦迪还利用国际事件与广告进行有机的关联，使其具有政治关怀色彩。如在一幅利用金大中与金正日握手的照片作为画面的平面广告中，广告口号是“邦迪可以黏合一切”，寓意朝鲜南北和好的前景。而在另一幅由克林顿与其夫人希拉里跳舞的照片为主要画面的平面广告中，两个人之间被撕开一道裂痕，广告口号写道：“有时我们也无能为力”。

邦迪这种表现方法撇开了药品广告惯常的宣传疗效加功能的做法，减弱了消费者的厌恶心理。消费者在会心一笑的同时记住了邦迪并对该商品产生了好感。

下面是一些较好的医药及保健品广告口号。

大石化小，小石化了！（结石通片）

惠氏全新包装，全面营养保障 。（美国惠氏药厂）

每天送你一位新“太太”。（太太口服液）

口不服，心服。（楚天舒护心贴）

生命相托，健康承诺。（万泽医药）

（三）企业形象

由于医药行业存在大量虚假广告，使人们对医药广告失去了信任，医药广告也失去了诉求力。所以，有些企业就做形象宣传，树立企业形象，让形象深入人心。消费者认同了企业形象，也会认同企业的医疗服务和产品。如安利（中国）公司报纸广告文案。

标题：一个待人以诚的真实故事

副题：得了全世界的钱也未必快乐，看着别人一天一天好起来，心里有着无限的满足

正文：余先生夫妇加入安利已逾10年，是安利大家庭中的长辈，他们的长者风范温暖着每个人的心。最初，余太太加入安利当直销员，任职商行经理的余先生曾为此大表反对，认为不值得为那些“鸡毛蒜皮”的酬金而累坏了身子。但余太太的想法却不一样，她说加入安利不全为钱，能够帮助他人达成心中理想才是最大报酬，目睹自己朋友的生活得以改善，心中的喜悦实在难以形容。他们的待人以诚也赢得了别人的爱戴：有陌生的安利朋友在滂沱大雨中递上雨伞；有家在别处的直销员特意登上他们搭乘的班车，为的只是短短车程的片刻交流……这些种种，都丰富着余先生夫妇的人生，更叫他们立志坚守安利的事业，十年如一日，永不放弃。

广告口号：接触真诚，同享丰盛。

这里表现了安利公司对消费者的关心，不只为利，用心沟通、帮助他人、同享快乐，这是安利的企业理念。

这里要郑重说明一点的是，保健品不是药品，不能当药品销售。保健品广告一定要注明是保健品，不要以药品名义做广告，不要欺瞒消费者。

第九节　家电类广告文案写作

家用电器是指家庭日常生活中使用的以电作为动力的器械产品，包括彩电、音响、冰箱、空调、家用电脑、洗衣机、电风扇、微波炉、电饭煲、VCD机、电熨斗、吸尘器等。家用电器属于理性购买商品，消费者购买时往往很重视品牌影响力，同时对质量、价格、服务等方面也要认真考虑，在品牌之间反复比较。因此家电广告通常以品质、功能、价格、服务、品牌形象、企业实力为诉求重点。如美的空调报纸广告文案。

多一层空气滤网，多一重健康保障

美的“智灵星”分体空调，四层滤网，空气好，更健康

烦嚣都市，处处弥漫着污浊的空气和有害的离子尘埃。美的“智灵星”为您的健康着想，四层超级空气滤网比普通空调更多一层防护。精细滤网：过滤大粒灰尘；活性炭层：清除细小灰尘；双层静电滤尘网：阻隔带电微粒。美的“智灵星”，物超所值的舒适享受。

其他优点包括：

- 全新流畅圆弧设计，安装方便。
- 高效节能，比普通空调省电10%。
- 制冷、制热强劲，热冷比高达120%，同类之冠。
- 真正“人工智能”，“I feel”电脑控制。

现在的消费者比以往任何时候都关注自己的健康，家电的环保功能就受到很大重视。冰箱是否环保、微波炉放射的微波对人体是否有害、空调是否对空气有污染等，这些都成了人们购买时关心的内容。美的“智灵星”空调广告文案以功能、品质为诉求点，详细介绍了四层滤网对净化空气、保障健康的作用，相信这样的诉求对消费者是会产生正面影响的。

又如小天鹅第三境界双绿色冰箱广告文案。

双绿色革命，如鱼得水

鱼儿离不开水。小天鹅第三境界双绿色冰箱的问世，使食物如鱼得水。它引进日本高新技术，充分保持食物水分和营养成分，掀起一场内外保鲜的双绿色革命，进入“保鲜，冷冻，冷藏”第三境界的新阶段。

——外绿：“全无氟”全面呵护生活环境。

——内绿：急速冷冻托盘，保证食物原汁原味；蓄冷托盘，停电16小时照样保鲜；自动除霜功能，保持食物水分；远红外除臭，食物不串味。

幸福家庭，生活总是新鲜的！

现在的产品差异化越来越小，产品稍微有一点点差异就可以把它放大，作为广告文案的诉求点。这篇文案的诉求重点是冰箱的保鲜功能，作者善于在功能诉求的基础上提炼产品的差异化主题，以“双绿色革命”“第三境界”说服消费者。其实这些特点可能别的冰箱产品也有。如所谓的“外绿”，是说冰箱无氟泄漏。事实上，其他冰箱也都无氟泄漏。而所谓“三境界”的保鲜、冷冻、冷藏功能是冰箱的最基本功能，难道其他冰箱没有吗？这就是文案人员的机智，即所谓优先占位的定位方法。

第十节　房地产广告文案写作

对于城市人来说，能有一套属于自己的房子是梦寐以求的事情，他们往往穷其一生积蓄才够买一套房子，甚至还要向亲朋好友借钱，向银行贷款。所以，买房是非常理性的消费行为，是一项复杂性购买，往往要经过收集资料、分析比较、考察调研、交付定金、首付房款、办理贷款、内部装修、乔迁入住、住后评价等环节。在这个过程中，消费者投入了大量精力和财力，反复论证研究，征询意见，最后才下决心购买。因此，房产购买绝不是一时的冲动，既要基于房产广告，也要对广告内容进行认真阅读和鉴别。可以这样说，消费者不会仅仅因为房地产广告而产生购买欲望。房地产广告不会直接产生促销效应，只起到招引或告知消费者的作用，让消费者对该楼盘产生兴趣，进而到售楼处咨询洽谈，实地查看楼房户型，考察所在地段及周围环境情况。

因为房地产的这种特殊性，广告除了如实理性地介绍房产本身信息以外，还要挖掘房产的附加价值，正所谓“卖房子不说房子”。房产的附加价值包括房产所处的地理位置、环境状况、交通情况、社区成熟度、周边单位情况、购物方便程度、房产的增值潜力、周围开发前景，还包括人文因素、心理因素、社会因素等。如历史文化因素和地理环境给业主带来的心理影响，包括风水文化、龙脉文化、山水文化、地理走向等。还有些广告从亲情、孝心、成功、身份、虚荣、炫耀等方面叩开消费者的心扉，让消费者产生物有所值、心所向望、期盼已久、踏破铁鞋、蓦然回首的感觉。

房地产广告大概有以下几种诉求策略。

（一）房产优势

以房产自身魅力作为卖点来吸引消费者。如下面这则房地产广告文案。

广告主：台湾肖邦房产

标题：我住肖邦，你住哪里？

正文：您不能不买肖邦的五个理由：

1. 长谷新都心百亿造镇的独特魅力！

到过新都心的人都知道，只有长谷建设才会如此用心经营这么一座相容相和的人本住宅特区！长谷新都心 NO.5 肖邦，更是长谷建设最具代表性的住宅典范！您一定要来看看！

2. 四面临路的壮阔吉地，人旺财旺旺！

买房子除了要精挑细选之外，更要考虑其发展潜力！肖邦基地四面接临 21 米裕诚路、一条 17 米及两条 8 米计划道路，不但可以坐拥增值，动线采光更是一级棒！

3. 五座公园的充沛绿氧，让您尽可以大口呼吸！

肖邦的住户最幸福！四周有河滨公园、鼎泰公园、19 号公园等五座公园层层环绕。与公园为邻的感觉，就像天天在度假！

4. 独一无二的乐景中庭，让生活就是乐章！

八项精心规划乐景中庭及附设之钢琴教室，就像钢琴诗人肖邦的浪漫气质，让您的生活处处是乐章！

5. 大乐量贩荣耀进驻，肖邦主妇心中大乐！

肖邦北邻 15 000 坪国丰购物中心计划区，南接 37 号公园预定地，加以大乐量贩店（民族路、明诚路口）预定将于××年底营业，繁荣远景与民生便利，全让肖邦一手掌握了！

这一则广告介绍了肖邦房产的五个优势，即肖邦是典范住宅、出行方便、周围五座公园有充沛绿氧、乐景中庭让你的生活具有艺术家气质、北邻的 15 000 坪国丰购物中心是主妇们的购物天堂。

其实，哪个房产的户型、结构、造价、品质都没有太大差别，所以房地产广告就用房产以外的优势作为卖点，增加房地产的附加值。

（二）环境优势

从环境入手进行房地产诉求，强调居住环境的优雅、风景的美丽，使人足不出户就能享受到惬意的自然风光，陶冶心情，净化心灵，犹如度假一般舒畅。如台湾海悦房产广告文案。

广告主：海悦房产

引题："海景"是上帝赋予海悦最珍贵的资产，也即将成为阁下最值得炫耀的资产

主题：现在颁发海悦主人终生成就奖

正文：270°全方位海景客厅、主卧、餐厅、浴室甚至厨房，处处都能欣赏全世界最美丽的壮阔海景、观音夕照……

豪华主卧室：

赏景大扇落地窗之外，双槽式柜面洗脸柜、男女主人更衣间、谈心区、观星区更是海悦主人的专属特权。

观海大浴室：

主卧浴室附有观海大角窗，您可以一边欣赏海畔夕阳，一边享受按摩浴缸，舒畅身心的曼妙滋味……

挑空大客厅：

挑高 4.5 米的高阔格局，世界美景全幅让入客厅内，与主人的高阔格局相得益彰，比豪华别墅还气派。

连厨房也有海景：

一般的厨房很难有景观，海悦的厨房正是最佳观海包厢，并衔接 2.2 米的大型工作阳台，是女主人大展身手的好地方。

占星大师文牙评论海悦风水：后方山势环抱，形局秀丽；前方河海平洋铺开，蓄积财气。

全岛唯一270°观海城堡——“海悦”登峰大户今天公开。

SRC 钢骨结构，户户按摩大浴缸，楼高 4.5 米。

温水泳池，1 500 坪私人健康俱乐部，共同女佣、保姆。

独立出入口，三户两部电梯单纯尊贵，多项进口名牌建材。

在自己的家里，在客厅、主卧、餐厅、浴室甚至厨房，主人就能观赏全方位海景，欣赏全世界最美丽的海洋景观和观音夕照。豪华主卧室是主人更衣、谈心的地方，阳台是最佳观星台，大浴室可以边享受浴缸按摩、边享受海畔夕阳，大客厅可以欣赏世界最美的景致，连厨房都是最佳观海包厢，这样的房屋怎能不让人赞叹和动心。广告把自然风光融入房产价值之中，提升了房产的品位和内在品质。

（三）豪华气派

对于成功人士来说，他们并不注重房屋价格的便宜，也不注重经济实用。豪华气派更是他们追求的目标，这样的房产才能彰显他们的身份和财富。因此广告主要应介绍房产的品位和档次，说明房产能够作为主人身份的衬托。如台北丽宝经典房产广告文案。

SORRY，台北豪宅

让台北豪宅黯然失色不是我们的本意。

让每一位主人幸福享受，

才是丽宝经典的初衷。

一栋人性豪宅懂得友善它的主人，

看过丽宝经典您不会羡慕叫价上亿冰冷森严的台北豪宅，

也不会收藏只顾养眼的宫廷建筑。

真正的豪宅懂得更贴近生活，

让不同年纪的主人都能在这里舒适生活。

我们的新家，是不是国王住的地方？

谢谢上帝！送我一个爱丽丝仙境花园。

这里的房产并不是冰冷森严的台北豪宅，也不是只顾养眼的“宫殿”，而是很贴近生活、很人性化的“国王住的地方”，是“仙境花园”。如此人性化又是国王住的地方，价格自然不菲。这样的诉求不是针对普通老百姓的，只有那些家财万贯的富人才会对此产生兴趣。

（四）意识形态

在广告中宣扬一种价值观念和意识形态，来改变和颠覆原有的价值观和传统意识。这种价值观念和意识形态是否正确，我们暂不评说。事实是，在现代消费社会，它引导了新的住房意识和消费潮流，产生了作用。因此，我们只讨论文本现象，不做价值判断。如 GELSS 建于果岭上的上层建筑（北京）广告文案。

上苍，上界，上谕，上层

上苍，不仅是偶像，是存在于世间的爱。

上界，对超越生死轮回界线人生观的世俗理解。

上谕，自然万物的规律，违背这一起码原则将受到惩罚。

上层，受人尊敬的苦行僧，以普度人民疾苦为己任。

我们希望内心善良，生活美好，

我们选择舒适居所，

我们追求真、善、美。

名利场。风月场。角斗场。

在名利中淡泊名利，在风月中远离风月，在角斗中停止角斗，出淤泥而不染是上层境界。

文案从概念入手，诠释了一个远离闹市的“上层建筑”，让业主“在名利中淡泊名利，在风月中远离风月，在角斗中停止角斗”，这样才是出淤泥而不染的上层境界。

（五）浪漫欧风

在中国的房地产建设中，有很多欧洲建筑风格的别墅。也许因为别墅是从欧洲发源的，所以欧洲风格就成了建筑商和广告人追捧的目标。许多广告也以欧风作为卖点，极力渲染欧洲情调，什么巴黎柱、法国式广场、欧式公园、西餐厅、健身房、酒吧间，俨然到了国外。如新世界豪园广告文案。

它的源头在十九世纪

走过430米长的林荫大道（路面每块石头均由手工打磨），来到3 000平方米的喷泉广场，面对嬉戏欢歌的流水、跌宕多姿的棕榈树，让思绪在十九世纪欧洲贵族时光里尽情徜徉，而那颗为物质主义浸淫已久的心，也终于恢复平静。3 000平方米，相信足以让您释放心灵，释放自己！新世界豪园一期别墅及尊贵会所认购登记现已开始，敬请亲临沙河西路西新世界豪园会所售楼现场参观登记。

（六）家的召唤

对于年轻人来说，结婚等于成了家，但不等于有了家。没有房子能算个家吗？住单位不是长久之计，租房总是寄人篱下，只有买了房才算有了真正属于自己的家。人们对家的渴望与生俱来，家是避风港，家是安乐窝，家是幸福的温床，是一切努力的出发点和归宿点。人的一生都在为这个家而忙碌着。因此，谁不想有一个温馨、舒适、宽敞、美丽的家！于是，对家的渴望就成了房地产广告诉求的主要内容。如以下这则四季花城广告文案。

相互依着，日子是温暖而甜蜜的

刚来深圳时，相互支持着生活。

在每个清晨和夜晚，没有人知道，

他们有过多少甜蜜，多少磨难，

或者，是没有人在乎。

现在，日子慢慢好起来，

他们也有了更多想法。

但爱情将越来越明媚。

没有人会怀疑，
这个下午已是阳光灿烂。

有评论说这则广告文案的创意是最具生活细节的创意。这是蓝创广告公司继东润枫景之后又一原创性力作。文案写得很温馨很眷恋，就像秋天午后的阳光一样，让人产生很浓的想家的感觉。

（七）怀旧情愫

虽然人们都在尽情享受现代都市带来的物质文化生活，然而总忘不了逝去的褪了色的往昔岁月，那些岁月为我们留下了很多忘不了抹不掉的珍贵记忆。缅怀逝去的岁月，回忆难忘的过去，成了现代人一个很浓的心结。在缅怀与回忆中慰抚疲惫的心灵，在缅怀与回忆中把玩成功的果实。这就为房地产广告又开辟了一个诉求切入点。例如星河湾房产的系列广告文案。

和中世纪的娴情在一起

到星河湾，和好房子在一起。
英国绅士的谈吐，离不开提起，
法国贵族的习尚，专注于时事。
和好房子在一起，中世纪的娴情在这里汇集。

和历史的文明在一起

到星河湾，和好房子在一起。
曾经的尼罗河，诞生了世界的文明，
曾经的塞纳河，左右多少思想的碰撞，
和好房子在一起，
造就一个居住意义上的新文明。

和盛世中的繁华在一起

到星河湾，和好房子在一起。
巴尔扎克走了，梵·高来了，
小小的咖啡馆承载了几多繁华。
和好房子在一起，
精神的繁华总能溯回到物质的繁华上。
贵族、中世纪、历史的文明、思想、文学、艺术……
一个汇集了如此多诱人字眼的地方，
怎么会不让人心向往之呢？

又如四季花城房产的广告文案。

放心吧，孩子们从来不缺少欢笑

放下书包，孩子们从来不缺少欢笑，

他们可以在滑板车上，
或者是在门前的沙堆里，
或是在滑梯上，让欢笑满溢。
放下书包，孩子们从来都是欢笑的天使，
当你看到他们，会不会觉得开心。
所以，现在请不要打扰我们，
让欢乐继续上演，直到
你已找回久违的童年。

（八）子女教育

子女教育很重要，受到每个家庭的重视。消费者购买房产也要考虑子女就学条件，一是子女上学的便利性，二是文化氛围。住所附近的学校反映了该地区的文化教育水准。近朱者赤，近墨者黑。临近优秀学校居住，自然会对孩子成长有很好的榜样作用。有些房产周围有很多很好的学校供业主选择，房地产广告就可以在这方面做文章，选择合适的卖点促进销售。如深圳桃园居房产广告文案。

七岁可上清华！

七岁的孩子上清华，这似乎有些不可思议，但在宝安桃源居，这确实是事实。9月29日深圳清华实验学校入驻桃源居举行签约仪式，明年9月开学。学区总占地16万平方米，规划有清华幼儿园、小学、初中、高中。所有学校均按国家标准设置，师资力量一流，针对桃源居业主采用优先、优价、优惠入学政策。

社区内，不仅为孩子准备了教育一体化的配套设施，还附设子女家政培训中心。在这里，无论您孩子的年龄大小，都能找到人生中每一个阶段的在校学习机会，让您体会到真正大社区给您带来的方便与优越。

原来在桃园居里面就有清华实验学校，桃源居业主可优先、优价、优惠入学。这对于每个有子女的家庭来说应该是有吸引力的，他们自然会考虑这一优势。

（九）生活细节

描写房产所在小区内的生活细节，用细节和场景营造小区的生活氛围，塑造一个适合现代人居住的其乐融融的生活小区形象，让消费者感觉到这里的生活是温暖和甜蜜的，正是自己要选择的居所。如深圳四季花城房产广告文案。

只是一把折扇，却可以让人年轻很多

好看的折扇，扭秧歌用的折扇，老人们喜欢的折扇，
常常在四季花城舞动的折扇。
不会孤单的折扇，
永远快乐的折扇。
一把折扇认识了另一把折扇，
一把折扇帮助另一把折扇，

折扇越来越多的日子，

折扇像一首快乐的歌。

文案反映了小区居民业余文化生活的丰富性。透过这些好看的折扇、扭秧歌用的折扇、老人们喜欢的折扇，人们感受到居住在这样的小区是不会孤独的、是快乐的。

（十）成熟社区

社区成熟度是房产标价的重要指标，也是广告传递给消费者的利益点，是对消费者的承诺。因此许多房产广告就以社区成熟度作为诉求内容，让业主认识到在该社区能方便满意地生活。如广州丽江花园广告文案。

每天，都会遇到邻居，遇到朋友，遇到小孩……

从容，是生活的唯一韵律。活得出众，活出生活优雅节拍。棕榈滩掬水别墅，邻近便捷和优越，每项配套设施，只为更方便愉悦的生活贴身打造。感觉是酣然的，离家咫尺之遥，银行、邮局、医院、学校错落有致；踏出家门，消闲、购物、美食信手拈来，随意选择本身已是享受。私家泳池，网球场，住客会所内，身心皆陶醉于另一境界。这只是生活的基本，却是别人眼中的奢侈。每天，阳光或星星透过玻璃天窗到家中探访；私家花园旁的潺潺清溪与家中音乐和唱；月色下，沿着宁静长街读夜的温柔；聪明屋智能配置体验至高别墅典范。棕榈滩掬水别墅的家，活出高一点的生活定义，自然而然，感一份与众不同，绝不会遇到些许麻烦。

这是精信广告公司为广州丽江花园棕榈滩掬水别墅创作的广告文案。该文案从几个方面介绍了丽江花园社区的成熟程度，如银行、邮局、医院、学校错落有致，消闲、购物、美食信手拈来。每天，都会遇到邻居，遇到朋友，遇到小孩，就是没有陌生人。这些都显示了丽江花园的完美与成熟。

（十一）人与自然

有些房地产所处的自然环境非常好，形成人与自然的和谐共融，让人居住在都市却能接近自然，能够在日常生活中与自然融为一体，成为大自然的一员。房地产广告可以此为诉求点。如广州左岸房产系列广告文案。

左岸，我的收藏室

那是临水的居所，可以在窗边眺望小船浅浅划过。在看得到风景的房间中，不知道风是在哪一个方向吹。

在左岸，湖光山色即是你的收藏室，满目的风华景致即是你收藏室里最为弥足珍贵的极品：

一草、一木、一鸟、一鱼、一叶、

一花、一石、一船、一桥、一星、一月……

湖光山色揽纳你如居如室，

左岸，身与心的停靠所在，

灵魂憩息的彼岸。

左岸，我的冥想室

在左岸，三面临水，八面来风。在水与风的邀约中，灵魂将浪漫地飞翔，思绪将自由地呼吸。

在左岸，湖光山色即是你的收藏室，满目的风华景致即是你收藏室里最为弥足珍贵的极品：

一草、一木、一鸟、一鱼、一叶、
一花、一石、一船、一桥、一星、一月……
湖光山色揽纳你如居如室，
左岸，身与心的停靠所在，
灵魂憩息的彼岸。

左岸，我的视听室

左岸依水而筑，清溪从门前漫过，涟漪随脚印迭起，人文与自然得以完美结合，满溢自由和飞扬气度。

在左岸，湖光山色即是你的视听室，自然天籁之音，即是你视听室里永恒的曼妙音乐：

风声、雨声、溪流声、瀑溅声、江涛声、
叶落声、花语声、鸟鸣声、虫吟声……
湖光山色揽纳你如居如室，
左岸，身与心的停靠所在，
灵魂憩息的彼岸。

在这里，房子不仅仅是房子，家也不仅仅是家。文案创造者的思路与视角很独特，要品位，更要出位。创意简约清新，现代自然，强调了人与自然的难舍难分。

（十二）人文情怀

塑造社区的人文情怀，以人性化生活居所招徕消费者，让人感觉到很浓的人间温暖和人文关怀。如深圳蔚蓝海岸房产广告文案。

我不认识她，我只知道，她和我住同一栋楼。
深圳气候怪，说下雨就下雨。
出电梯口时，我发现外面下着雨，很大。
我站那儿走不走地犹豫着。
她进来了，
顺手把雨伞和一个温暖的笑递给我。
那个下午的半天里，我都为自己住这个地方兴奋。
挑上一个好家，
遇上一些好人，
这种感觉蛮不错。
伞好轻，好透明。她长什么样子？好像一身白裙？

她住哪一层呢？
伞怎么还？

这则广告文案中，有生活细节，也有邻里关怀。在这样充满人情味道和人文关怀的社区里生活，自然会心情舒畅。

当然，这样的广告文案可能有叫好不叫座的尴尬，写作时要谨慎对待。

（十三）甄别客户

任何产品都有自己的定位，只有符合产品定位的人才可能转化为现实消费者。因此，房地产广告不能一厢情愿地挽留客户，而是要有礼貌地请非目标消费者走开，让真正的消费者留下。这样做并非傲慢，反而显示了企业的真诚和磊落，能起到出奇制胜的效果。如沈阳万科花园新城广告文案。

这是一个万科花园新城的广告，
假如你还不知道它在哪里，
假如你还需要在广告的右下角看位置示意图，
那么，翻过这一页吧，朋友。
第二期 105～200m²，3 100 元起价，Tel：××××××
…………

这一则广告看上去好像谢绝了很多客户，但实际上却留住了大量目标消费者。因为从房产的质量、价格、地段以及消费者对房产情况的了解程度等方面，可以甄别出实心实意想买房子的真正客户。文案表面上是对非目标客户说的，但每一句又都是给目标客户看的，让目标客户感受到这才是自己要买的房子。

（十四）历史文化

历史文化永远是广告的主题。中国建筑有几千年的历史，中国文化更是古老辉煌。将历史和文化融入房地产广告中，增强了房地产的文化厚重感及历史渊源感，为其赋予了文化色彩和生命力。如北京耕天下房产广告文案。

500 年前，它还是一株年轻的龙柏，
站在树边的中国人姓朱，号永乐。
古树后的石门是地祇坛南门——棂星门，
始建于明朝嘉靖十一年（公元 1532 年），
正是法国法兰斯瓦一世迁居卢浮宫的第四年。
500 年后的今天，在中国朋友家的圆弧观景厅内，
我们读起了多年前的旅居故事。
…………

文案从明代古柏到国外 16 世纪的卢浮宫，无不透射出历史文化内涵，让人不禁对这里的深宅大院有颇多感慨。

（十五）亲情诉求

房子是家的符号，有了房子才有家。在家庭里生活的是亲人，亲人之间更需要温暖的家。在有了一定物质基础之后，人们更需要亲情的维护，需要爱的升级。因此，房产广告要注重亲

情诉求，用亲人之间至纯至真的爱来打动消费者，号召消费者用温馨舒适的房子表达对亲人的关爱。如丽江花园系列广告文案《是时候，让爱家升级》。

是时候，让爱家升级

孩子是不期而至的天使。他眉头皱了，他眉头开了，你的天灰了又蓝了。早上带他去晒醉心湖边的阳光，下午可以和他在桃园沐空气浴，晚上又在自家阳台上对星星唱情歌。别担心他会孤独，沿路都有爱他关心他的目光，沿路你也会找到关于养育孩子的共鸣和分享。只因为这里是丽江。有了孩子，不想给他更好的吗？

是时候，让爱家升级

和一个人越是亲密，就越多地了解自己。就像共处的空间里，处处都有对方的痕迹。相约在福特玛捉迷藏，却发现选了同一牌子的花生酱做接头暗语；分头去赴朋友的生日会，兜里揣的小礼，都是香雪梵溪的书籍；还会在傍晚到欧品闲逛，蜡烛正配对方的华器……住到一起才发现，本来是两个人风马牛不相及，却真的是一半一半，合二为一。两个人的家，不想拥有更好的吗？

是时候，让爱家升级

对父母的爱，在自己做了父母之后才更有感觉。就让他们都搬过来吧，天伦之乐是在每天的点滴中积蓄的。从妈妈帮你带小孩的细致中，从爸爸耐心熬的鱼粥中，从他们和孩子在院子里的嬉戏声中，你都能感觉到幸福，是那样容易充溢了心灵，浸润了眼睛……阖家欢聚，不想享受更好的吗？

广告从对子女、对爱人、对父母三个方面，诠释了作为一个男人的责任。他应该爱护家人，为家人撑起一把伞，夏天为他们遮阳，冬天为他们挡雨。房子就是最好的伞。

【思考与练习】

一、思考题

1. 消费类广告文案有哪些特点？
2. 饮食类广告文案要突出哪些内容？
3. 饮食类广告文案写作为什么要注重文化和历史要素？为什么要张扬品位和感觉？
4. 酒类广告文案写作为什么要注入情感因素？
5. 简述从大红鹰广告文案看中国烟草广告应该如何做。
6. 简述中高档服装广告文案应该如何写。
7. 化妆品广告文案应该从哪些方面进行诉求？
8. 药品广告的理性诉求主要写什么内容？
9. 药品广告文案为什么要采取企业形象诉求策略？
10. 药品广告文案应注意哪些问题？
11. 房地产广告文案有哪些诉求策略？各是什么意思？

二、课堂训练

资料一

江苏格朗灵空调器

企业简介

江苏格朗灵空调有限公司是澳大利亚格朗灵空调有限公司（GRUNDIG AIR CONDITION CO. LTD）投资的专业生产家用和商用中央空调的澳洲独资企业，总部位于澳大利亚的悉尼市，工厂位于江苏省姜堰区工业园区内，拥有各类专业工程技术人员，技术力量雄厚。本公司本着“以人为本”的经营理念，坚持“团结奋进、开拓创新、务实高效、争创一流”的格朗灵精神，与国内外各界朋友携手共进，立足国内，走向世界，共创美好未来。

产品介绍

格朗灵房间空调器——分为挂壁式和落地式。格朗灵家用系列产品，采用世界名牌旋涡式压缩机、高效换热器及其他主要零部件，具有强劲制冷、制热、辅助电加热、换气、送风、杀菌、除湿、湿度设定、定时开关、睡眠等功能。超薄机型设计，人性化控制，高品质低噪声运行，高效节能，安装方便，广泛适用于别墅、公寓、家庭、办公室、商场、工业及商业领域。

广告目标

以广告促进销售，从而树立全新的格朗灵品牌形象。

广告目标对象

一般消费者。

必要列入事项

产品 Logo。

训练要求：

为江苏格朗灵空调器创作一篇报纸广告文案。

资料二

杭州娃哈哈非常可乐饮品

企业简介

杭州娃哈哈集团有限公司是中国最大的饮品企业，在全球饮料企业排名中也与可口可乐和非常可乐等国际知名企业共同跻身于五强之列。娃哈哈的触角几乎涉及饮料行业的所有大类，娃哈哈品牌的含乳饮料系列、瓶装饮用水系列、果汁饮料系列及“非常”品牌的碳酸饮料系列已拥有较高市场占有率，娃哈哈香瓜子等新产品也受到消费者青睐。从 1998 年起，娃哈哈在“中国饮料十强”中各项经济指标均排名第一，是国务院批准的 520 家国家重点企业之一。“娃哈哈”商标为中国驰名商标。

产品介绍

非常可乐是娃哈哈公司在广泛市场调研的基础上，根据中国人的口感研制的可乐型饮料。含气量高，口感好，不添加防腐剂，更符合现代消费心理。目前，非常可乐以其独特的民族特色，已成为中国老百姓幸福生活的象征。

广告目标

宣传非常可乐为中国人带来幸福欢乐新生活，塑造并推广中国人自己的可乐饮料形象，推动民族食品饮料业不断发展进步。

广告目标对象

全中国所有向往幸福欢乐生活的人们。

必要列入事项

产品 Logo。

训练要求：

为杭州娃哈哈非常可乐饮品创作5条广告口号、一篇电视广告分镜头脚本，并有创意构思说明。

第十章

服务、娱乐、文教类广告文案写作

【本章重点】

1. 服务类广告文案写作
2. 娱乐类广告文案写作
3. 文教类广告文案写作

【学习要求】

1. 掌握服务类广告文案的写作
2. 掌握娱乐类广告文案的写作
3. 掌握文教类广告文案的写作

第一节　服务类广告文案写作

服务业又称第三产业。第三产业的兴起是一个国家经济发展的重要标志。服务行业出售的不是有形商品，而是无形服务，包括智力服务和体力服务。如旅游、交通、医疗、法律、理财、家电维修等都是智力服务，餐饮、理发、按摩等是体力服务。随着第三产业的兴起，服务类广告越来越多，大概占生活消费类广告的60%。由于各行各业特点不同，其广告诉求的方法和侧重点也不同。下面就服务行业广告文案写作进行讨论。

一、旅游业广告文案

旅游业广告应以旅游项目自身特点作为诉求，将旅游点的优势进行放大渲染，再加上旅游点的历史文化要素和人文内涵，打造旅游文化品牌，塑造旅游企业形象，赢得消费者的好感和认同。

自然景观广告主要宣传景区的自然风光和地貌特征，如喀斯特地貌、岩洞、天池、火山口以及形成的地质原因，增强科学内涵。

人文景观如寺庙、道观、古栈道、古战场、古建筑、皇陵、故宫、长城等。广告要以人文历史文化作为卖点，以历史名人典故或神话作为内容，让历史的光辉吸引人们的旅游渴望。

此外还有返璞归真的自然游。城里人愿意到纯净的农村和山里，睡农民的土炕，吃农家的饭菜，享受农家乐趣，感受农民的质朴，体验原汁原味的农村生活。

旅游业广告文案写作应注意两点。

1. 展示最美的东西

与其他广告一样，旅游广告也需要把旅游景区最美最独特的一面展示给旅游者。大卫·奥格威说过："旅游者不远千里而来，不是为了看那些自家门口就可以看到的东西。要把你的国家最能吸引旅客之处拿来做广告。"如新加坡旅游广告文案。

一、夕阳西下，新加坡依然魅力十足。

星光下的晚餐如梦如幻，芬芳的美酒香飘河畔，奔放的迪斯科挥舞热情，夜色中的大都市依旧生机盎然。这就是新加坡。

二、不会潜水也悠游。

不会潜水也能饱览海底世界风光，目睹食人鲨迎面掠食的刺激景象；不会潜水也能漫游于群鱼之中，悠游海底的奥妙世界。这就是新加坡。

三、脚底按摩师的神奇指上功夫，令我周身舒畅；小提琴手十指流淌出的音乐，则让我心动不已。

空气中，茉莉花香弥漫，交织着如诉如泣的音乐。一缕莫名的感动，萦绕心扉。唉，离情依依。这一天终将来临，我也终将离去；再多的不愿意，也只能化作千百个回忆。浓浓的神秘风味，异国情调的街头舞蹈，穿梭于繁华之间的三轮车。还有那位让我尚未离去，怀念之情就已缠绕心头的小提琴手……怎一趟难忘的奖励旅游！盼望不久的将来就能重温这点点滴滴。

四、滚滚浪花一波一动，承载着一船的欢愉，然而，是那书法家流畅的笔墨线条，深深触动着我的心绪。

站在甲板上，清冽的空气里，隐隐透着沁人的柠檬香。远处，一排排的棕榈迎风起舞；血红的夕阳霞光遍洒这片近赤道的天空。行驶中的游艇，在海面上拖曳成一道长长的白色水痕，令我想起那位书法家的专注笔触，如斯行云流水，悠游自在。临别的思绪就在这滚滚浪花中，慢慢荡漾开来……怎一趟难忘的奖励旅游！一切是那么别具风味与色彩！盼望不久的将来就能重温这点点滴滴。

这则旅游广告以优美的文字从四个方面描绘了新加坡让人心醉的地方：迷人的都市夜色如梦如幻，悠游的海底世界奥妙无穷，神秘的异国情调令人陶醉，依依惜别之情让人流连忘返。这样美丽的国度怎能不叫人心向往之！

2. 用公告式的方法写作旅游文案

公告式旅游文案即很简单地说明旅游景点状况和交通，以及买票等内容的旅游广告。如这一则广告。

首届××龙庆峡冰灯游览会喜迎各方游客

位于北京市延庆区的龙庆峡，风景优美，景色宜人，气候独特。几经建设，这里已设有多处风景点，寓意深刻，令人流连忘返。入冬以来，这里别具一格的冰灯又为龙庆峡平添了几分姿色。机会难得，请君观赏。

展期：1998年12月20日—1999年2月20日。

售票地点：××市长途汽车站、××旅游公司旅行社、××旅游商品公司、××中心营业部。

交通：各售票点代售旅游车票，办理包车。从××乘长途汽车直达龙庆峡，单程票价2.4元。从××乘火车至××转乘长途汽车也可。欢迎自备车辆。

游览券票价：成人3元，学生2元，200人以上团体票优惠。

备注：当地备有食宿。

二、餐饮业广告文案

据《信息时报》报道，广州至今发现的最早、篇幅最大的餐饮广告，是广州酒家的前身——西南大酒家在1936年12月3日星期六刊登在《国华报》上的广告。

1937年3月，西南大酒家开张迎客，而早在1936年12月3日，该酒家就率先在当时广州发行量最大的报纸《国华报》上刊登了一则形象广告。

一九三六年花园式最新建筑

西南大酒家求征园林配景花树栽培求老圃园林布局仰骚人

本酒家规模宏伟，设计周全。敝酒家注重园林布局，俾顾客于茶余酒后，吸清新之养气，览鲜艳之群芳，行见墨客骚人，感集于是，此园林设计极应注意者也，除选素有经验花工划策外，伏冀州人雅士锡以嘉谋。

该广告一是征求园林设计和老花工，二是自身的形象宣传。说明广州餐饮业在80年前就有了现代经营意识，注重利用广告进行宣传，招揽客人。

餐饮和旅游是联系在一起的，旅游业必然带动餐饮业的发展。因此涌现出了很多优秀的餐饮业广告。

（一）展示地方风味

有些人的旅游目的之一就是到一地品尝独特的地方小吃，感受传统的地方风味。因此这类广告文案要以饮食的地方特色为主要诉求内容，吸引远方的客人来品尝。如下面一些以此为诉求的广告口号。

借问酒家何处好，东湖乐园酒家优！（东湖乐园酒家）

新鲜风味，美食天地。（银马座酒店）

欧陆风情，诗韵醉人！（欧陆风情酒店）

纯正的欧洲风味，伴有音乐酒廊，休憩的佳处！（舒雅酒吧）

金榜有谁，三餐爽口扒猪脸；

元魁属我，四季康身补脑羹。（北京金三元酒家）

北海全鱼台北茶，京华特色菜肴佳。

金堂客点扒猪脸，三寿宾欣斑节虾。

元帅多怀脑羹味，酒人尽爱牛鞭花。

家常白玉汤圆美，好鼓掌声贯彩霞。（北京金三元酒家）

（二）展示独特风格

对于外来的餐饮项目，如开设在全国各地的四川饭店、广东饭店、湖南饭店等，广告文案要结合当地饮食习惯，并强力宣传自身风格和传统美味，以吸引当地消费者。如：

正宗潮州菜，享誉大上海！（沪上酒店）

满足您的口味！（同心酒店）

南北口味集于一堂！（同心酒店）

集传统名菜海派风味之精华，融中国烹饪现代美学于一体！（海派大酒店）

享受川香粤味风情，领略中华文化之最！（川香粤大酒店）

（三）展示老字号风采

对于本地餐饮业，广告文案要以老字号等历史和文化因素来吸引当地人和外地人，为企业建立较好的信誉和形象，形成口碑效应，同时形成长期的习惯性消费。如：

吃在夜上海！（夜上海酒店）

美食精华，尽在海轩！（粤海轩酒店）

美味佳肴大酬宾，佳朋贵友座上客！（汇成清真饭庄）

佳肴饷嘉宾，沪上不夜城！（沪上酒店）

食行进补，龙轩最好，野味海鲜，要到龙轩！（龙轩酒家）

名优特菜，河鲜海鲜，风味小吃，欢迎惠顾！（中华酒店）

中华奇味，觅天下之材！（中华酒店）

绘出民俗风情的新画卷，开创美食娱乐的新天地！（民族酒店）

享受二小时，印象三十春，传颂四百载，风流五千年！（印象酒店）

（四）展示历史文化

还有的餐饮业广告文案以文化取胜，将历史名人或历史事件典故作为诉求重点以及饭店的招牌，形成核心竞争力。如毛家饭店，就是以伟大领袖毛主席在人民心中的高大形象和人民对毛主席的崇敬作为招牌，以毛主席家乡的菜肴作为主打菜谱，打向全国市场，获得了很好的效益。又如下面一些广告口号。

雍容华贵，皇朝气派！（洋溪酒家）

昔日帝王居，今日贵宾楼。（南山宾馆贵宾楼）

系出名门，一脉相连。（大华酒店）

当然，我们的魅力无须多言。（北京皇家酒店）

京都东来顺，今日来天宫；独行涮羊肉，闻名美食城！（天宫酒店）

皇家豪华，都市风光！（皇都酒家）

（五）展示服务特点

有的饭店广告是以服务取胜，强调服务的全面周到、舒适实惠、物有所值。这样的饭店主要定位于中低档消费人群，舒服实惠是他们的追求。如：

乐在海洋，可食可玩可住！（大连海洋酒店）
到深圳，住新兴，驾车来，免费停，真实惠！（新兴大酒店）
广州中国大酒店，一切以您为中心。（广州中国大酒店）
消闲舒雅，琴声乐韵，举酒畅谈，其乐悠悠！（舒雅酒吧）
富丽堂皇，高贵不贵！（世外桃源酒店）

（六）迎合吉祥心理

有的饭店广告是迎合人们求吉祥的心理，用升官、发财、顺利、发达、和睦、幸福、好运等词语来唤起消费者的好感，赢得消费者的惠顾。如：

美好的明天，从今晚长城开始！（长城宾馆）
香格里拉——您平步青云的必然选择！（香格里拉大酒店）
跨下银马座，好运自然来！（银马座酒店）
千帆竞发扬子江，万冠云集新世界！（新世界酒店）
这个季节，一切超值享受，将由吉祥开始！（吉祥酒店）
在此办婚宴，终生都如愿！（花城酒店）
我们的星座是您的星座，我们的宾客是幸运星！（幸运星酒家）
叙友情，常相聚，福满楼！（福满楼酒家）

（七）激发情感向往

有的饭店广告则是以人间亲情、友情、爱情、乡情为诉求内容，引起人们对情感的向往。如：

今宵伴君何处去？（夜马黎大酒店）
缘自荣威起，海内存知己。（荣威大酒店）
相约新世纪，聚散两依依。（山东新世纪酒店）
离乡背井冷清清，西丽就是你的家，送给您一片温暖，献给您一片深情！（西丽酒家）
览鹏城美景，享人生温馨！（洲际酒店）
探亲访友聚何处，深圳泮溪第一家！（泮溪酒家）
山亲水亲不如老地方亲，千好万好还是老地方好！（老地方酒店）
老地方，温馨迷恋的地方！（老地方酒店）

（八）展示优美环境

以宾馆和度假区的优美环境为诉求内容，获得游客的认同。如汤泉高尔夫凯泉度假酒店广告文案。

大隐于野，岁月增添价值
——汤泉高尔夫凯泉度假酒店

人生有许多
现代生活的抉择，

等待着决定。
“但千万别在城市里下决定。”
松下幸之助
有次对着一万三千位松下同仁说，
“应该到自然中去！”
雅致的生活，
或许是摩天方厦里的
斡旋帷幄，
或许是宝车名饰的
簇缀荣显，
但一定是充分享受
阳光、空气和水……
如果人类居住的现代化
只能换来淡漠和冰冷，
那么它将一钱不值。
家是内心的归属，
而真诚的关怀和亲近，
是疲惫的心灵
最好的抚慰。
或许会出现在新闻上，
或许相会在高峰论坛上，
就这样的不期而遇，
一个微笑，一声问好。
不同的世界观，
相近的学识，
汇聚成商战里的智慧河流。
高山，
流水，
飞鸟，
叶落。
大自然的情致，
亦是人生的乐趣，
原来生活可以如此
从容。

该文案介绍了酒店的所处环境、酒店内设施、服务质量、会议场所以及自然环境等，充分展示该酒店是大型高档、设施齐全、服务周到、环境宜人的餐饮会所，是商务会议、学术研讨的好场所。

三、交通运输业广告文案

交通运输业广告是指为交通运输行业所做的广告。这类广告有的是宣传交通工具的，如汽车广告；有的则是宣传交通运输服务的。前者主要介绍交通工具，尤其是汽车的性能、安全性、档次等；后者主要宣传交通运输的安全、可靠、快捷、舒适。

（一）汽车广告

1. 高科技、人性化

汽车广告更多是介绍汽车的高科技、人性化设计，以及给人带来的安全、舒适、快捷的感受。如宇通客车广告文案。

时无间，空无间

或是对前方的向往，或是对家园的思念，旅途总是我们心头的漫长与遥远。宇通客车，以高品质带来与众不同的快捷，更有赏心悦目的内饰。人性化座椅设计，抚平乘客羁旅的颠沛，让出发与抵达温馨相连，让异乡与故土舒适相牵。搭乘宇通，时无间，空无间。

天无涯，地无角

是四季妖娆的南国，是冰雪写意的北疆，是人迹罕至的边陲，是大漠孤烟的高原，宇通客车，配备国际领先科技，适应于各种地形与路面，时刻畅跑在神州的每一处，被更多的人选择，让更多的人走得更远。天大地大，搭乘宇通，天无涯，地无角。

朝在秦，暮在楚

无论是从风韵古都的长安到白云黄鹤的武汉，还是从天府之国的成都到世外桃源的丽江，宇通，作为当代客车新标杆，纵横驰骋于华夏八方秀美之地，迅捷安全、使命必达地将旅人送往一个个憧憬之境。读万卷，行千里，搭乘宇通，朝在秦，暮在楚。

文案告诉受众，在祖国各地，在春夏秋冬，都能看到宇通客车的身影。宇通客车高品质的设计为你带来与众不同的快捷，赏心悦目的内饰和人性化座椅更能抚平你羁旅的颠沛，给你带来旅行的享受。

2. 豪华、气派

对于高档轿车，由于其定位是高端商务人士或政府官员，所以文案的风格也要符合这类人的身份、情趣、爱好、文化、心理，要渲染轿车的豪华、气派、科技、风度。如以下两则广告文案。

千里马：心有多野，未来就有多远

梦想激涌，每个成就都是起点，

雷霆动力，纵情千里。
勇者，从不满足现状；
智者，尤擅提升自我。
风不息，浪不止，追求永不停步。
千里马，一路勇往直前，
就如您一样，为了更远大的前景不断超越自我。
新一代千里马 2，内外兼修，
安全、美观、实用三者兼顾，
全面进化，更高品质，为了您的更高梦想。

千里马：心有多野，未来就有多远

海，有我的视野，没有我的速度；
风，有我的速度，没有我的内涵；
山，有我的内涵，没有我的梦想；
疾风独领，态度决定速度。
追风的，被风带走；
领风的，带着风走。

这则文案宣扬了千里马精神，即追求永不停步，一路勇往直前，为了更远大的前景不断超越自我。这正是社会精英们的不懈追求和崇尚的精神境界，文案契合了这类消费者的价值取向。同时，文案又诠释了“心有多野，未来就有多远”的广告口号，用速度、内涵、梦想作为汽车的品质，它将最终领导潮流，带着风走。又如以下这则广告文案。

上海大众

POLO：Are you POLO?
宽容，总是在置身其中后，才让人大吃一惊；
经济，通常不挂在嘴边，但在心底却早留了位；
从容，是因为能瞬间将被动转为主动；
活力，不只表现为精力过剩，有时也叫悠闲；
美貌，那种固定眼球的力量，俗称一见钟情；
内涵，往往听起来很淑女，或者看上去很绅士。

3. 性能、指标

有些汽车文案在性能、技术、指标上下功夫，如以下这则汽车广告文案。

宝来：驾驶者之车，超越平凡

210NM 是强悍的扭矩指标，它只来自宝来 1.8T 强悍的引擎。

在 1750RPM 的低转速下即可垂直越上峰值扭矩，并在 1750RPM 至 4600RPM 的超大范围内，持续保持巅峰加速状态。

尝试源源不断的动力喷薄而出，尽情释放内心涌动的激情，撞击感官的快感，撞击心灵的快感。

宝来，快并快乐着。

0.000001级精密，0间隙工艺，精密高级的材料，精细的加工，精准的接隙工艺，并通过激光焊接和自穿铆接等工艺，实现“零间隙”的最高品质要求。完美的间隙匹配使得宝来如同一个铸件，简洁和谐浑然一体，确保动力的充分发挥，运动的乐趣天然呈现。

宝来，快并快乐着。

宝来TDI，新动力时代TDI——全新涡轮增压式泵喷嘴直喷柴油发动机，CO_2排放降低20%～30%，达到EUⅢ标准，油耗降低30%，更难以置信地将超低噪声与高达240NM峰值扭矩超强动力完美结合。洁净、安静、动力、节能，全方位的出色表现，驾驭全新动力时代。

宝来，快并快乐着。

宝来汽车也是高档车，但是它在诉求高档的同时更注重汽车技术性能方面的诉求。虽然很多技术术语读起来拗口，但它却让买车人放心。理性诉求策略为汽车赢得了信赖，让人对它的感性诉求如“洁净、安静、动力、节能，全方位的出色表现，驾驭全新动力时代。宝来，快并快乐着”心怀信任。

（二）运输服务广告

人们出门远行，追求的是安全、舒适、快捷，因此对于交通服务的质量最为关心。交通运输广告应该在这方面多动脑筋，让乘客放心地接受服务。如新加坡航空公司广告文案。

她将一缕温馨的柔情带给全世界，
和蔼的空中服务员
身着一袭纱笼裙，
当她和您相逢
一绽迷人笑容，
一缕温馨的柔情。
晴空万里，朵朵白云，
你们相逢在舒适的
747B、707或737
波音机群上，
她将以最殷勤的方式招待您。
我们的女郎，
是新加坡航空公司的灵魂。

该文案主要介绍了空中小姐的服务质量，她们微笑服务、殷勤招待、充满柔情等，由此树立了新加坡航空公司的品牌形象。

又如德尔塔航空公司电视广告文案。

厨师：为什么每一位旅游者都喜欢从德尔塔飞往佛罗里达度假？因为一日三餐都可以尝到我做的多汁牛排……

侍者：哈，他们从德尔塔飞往佛罗里达度假，是为了我的香槟美酒。

厨师：是这样吗？

侍者：当然是这样。因为这种美酒在所有直达飞机上，日夜都有供应。

厨师：好，那你先尝尝我的多汁牛排……任你挑选，这是薄片烤牛排。

这则广告利用厨师和侍者对话的形式，说明了德尔塔航空公司受欢迎的原因，原来是一日三餐都可以尝到多汁牛排和香槟美酒，从一个侧面反映了该航空公司飞机上的服务质量。

四、通信、信息业广告文案

通信和信息业广告文案是指针对电子通信、信息类产品和服务的广告文案。通信和信息业广告文案主要以功能、质量、服务、价格、套餐、实惠、新奇、时髦等为诉求点，宣传由于通信的方便而给消费者带来的便利，以及给现代生活带来的新感觉和新内容。如以下这则广告文案。

广东联通广播广告·误会

女：今天下雨，我恨……你……我们……完了。再见！（中间夹杂信号中断声）

男：我……你……

另一男声：小伙子，别沮丧，这有可能是网络的问题。你为什么不试试话音清晰的 130 网？你听！

女：今天下雨，我恨透这鬼天气，你快来接我，我们晚上去看电影。好了，我说完了。再见！

男：哈哈！一打就通。话无遮拦 130！（笑声）

标版声：全省联网，一打就通。刮目相看 130，我们的努力在延伸。

这则广告中，因为通话质量不好，话音断断续续，造成了一对恋人的误会。

五、服务类广告文案特点

服务是一种无形产品，它与有形产品的生产和销售过程虽然不同，但在营销策略上却是相通的。

（一）服务的特性

1. 不可触摸性

服务是无形的实体。在服务被购买之前，消费者看不见摸不到它，也无法感受到它。如“美容手术”是一种服务，只有在做了手术之后，消费者才能见到它的效果。

2. 不可分离性

服务的生产和消费一般是同时进行的。如果服务是由人提供的，那么提供服务的人就是服务的一部分，提供服务的场所及其设施也都是服务的组成部分。并且在服务过程中，提供服务者和被服务者必须同时存在。

3. 可变性

同一种服务常常因服务提供者、服务地点和时间不同而有不同的质量、不同的价格。如同样是吃饭，在街边大排档支出的费用以及得到的服务质量与高档酒楼相比肯定会有很大的差异。即使提供服务的人和服务的地点都相同，时间不同也有可能引起服务质量的变化。

4. 易消失性

服务是不可储存的。比如保健按摩服务，按摩的时候感觉很舒服，按摩完了这种感觉可能就消失了。一家电影院在不同场次放映同一部电影，上午上座率可能只有50%，而在晚场却有许多人买不到票。

（二）服务类广告文案的主要内容

（1）服务项目优势。比同行业其他服务机构提供更多的服务项目、拥有新的服务项目等。

（2）服务内容优势。比同行业有更丰富的内容、更独特的内容等。

（3）服务效果优势。如达到意想不到的效果等。

（4）服务态度优势。如服务亲切自然、善于与消费者沟通、倾听消费者意见等。

（5）服务质量优势。如服务质量达到某一标准、得到某些奖项等。

（6）服务环境优势。如幽雅舒适的环境、先进的设备等。

（7）服务人员优势。如人员的专业素质、人员的正规培训等。

（8）服务经验优势。如经验丰富、专家指导等。

（9）服务品牌优势。如著名机构提供服务、服务品牌历史悠久等。

（三）服务类广告文案分类

可以根据人员和设备在服务中所起作用的不同，分为以人为基础的服务和以设备为基础的服务。如律师事务所是以人为基础的服务，而电脑洗车服务是一种以设备为基础的服务。由此，广告文案也可以分为以下两种。

（1）以人为基础服务的广告文案。这种广告文案应着重传达关于人的信息，突出人的优势，如：良好的专业教育、某种程度的服务水平、提供服务的经验、成功服务的先例等。

（2）以设备为基础服务的广告文案。这种广告文案应着重传达关于设备的信息，突出设备的优势，如：设备技术的先进、设备配套的完整等。

第二节　娱乐类广告文案写作

娱乐类广告文案是指针对文艺演出、电影、电视、广播等信息的广告文案。这类广告起源很早，如在1712年上演的莎士比亚的《暴风雨》的广告文案。

> 在特洛伊雷的皇家剧场，1月15日星期二上演由萨·威廉姆·德维南多以及桂冠诗人德莱顿将莎士比亚原作改编成的戏剧。在原作的基础上扩大了舞台规模，并增加了舞台服饰。未经女王特许，任何人不许进入舞台。

在这则广告中，出现了作者和改编者的名字，但没有出现演员的名字，也许原作者和改编者的名气太大，掩盖了演员的名声。另外，禁止进入舞台的内容也出现在广告当中。

新中国成立前的电影广告也很繁荣。2004年11月，一位南京市民将1947年9月16日刊有“中美合拍的抗日战争电影巨片《中国之抗战》广告”的《大公报》，捐赠给侵华日军南京大屠杀遇难同胞纪念馆。在当天的《大公报》上，上海多家影院为这部影片做了广告：

> 上海大轰炸！南京大屠杀！刀砍知识分子；活埋抗日同志；残杀善良同胞；奸淫

懦弱妇女。

中美首次合摄抗战巨片，动员中外著名摄影师多人实地摄制，罗喆予监制，佛兰克、卡泼拉编导，国防部新闻局中国电影制片厂发行。国父当年鼓吹革命声音慷慨激昂，日皇裕仁检阅侵华军队面目狰狞。

这是一则抗战宣传电影的广告，目的是唤起中华民族抗日热情，同仇敌忾一致对外。和一般电影广告一样，它介绍了影片内容和制作人员，此外有很强的政治色彩。

娱乐类广告一般要以节目内容、演员阵容、传媒形象等影响公众，引起公众期待，产生好感。尤其明星演员有很多追星族，就可以利用演员在观众中的影响力作宣传。可以是硬广告也可以是软广告，营造声势，大力炒作。

又如台北爱乐古典音乐电台广告文案。

抗议歌曲不是从罗大佑开始的

路德维希·凡·贝多芬（Ludwig van Beethoven）
每个躁郁的年代里，都曾出现贴近现实的音乐，
执政者忙着禁演禁唱，音乐家则忙着创作更多。
1805年9月，贝多芬完成他一生中唯一的一部歌剧——《费得里奥》。
即使他刻意将这则反叛的故事背景拉离现实，
他的政府仍然坚信此剧是在影射当时混乱的政局，
冷汗直流，终于布下禁令。
贝多芬的音乐和躁郁，都在台北爱乐电台播放的曲目里。
今天的流行，明天的古典。
台北爱乐古典音乐电台，
台湾最没有压力的声音。

流行音乐不是从麦可·杰克森开始的

约翰·塞巴斯蒂安·巴赫（Johann Sebastian Bach，1685—1750）
音乐教父巴赫的作品早在三百年前便风靡欧洲各地，
从街角卖面包的师傅到皇宫里的腓特烈大帝每人都能哼上两句。
他曾因为在莱比锡担任音乐教长，
必须为每个周日的礼拜作曲，而足足累积了两百多首清唱剧。
三百年前，巴赫是个绝对多产的流行天王；
三百年后的今天，他的音乐仍朗朗上口。
天王巴赫和三百年来的流行音乐，都在台北爱乐电台播放的曲目里。
今天的流行，明天的古典。
台北爱乐古典音乐电台，
台湾最没有压力的声音。

新新人类不是在西门町诞生的

沃夫冈·阿玛迪斯·莫扎特（Wolfgang Amadeus Mozart，1756—1791）

如果有人将新新人类归类为世代里难以理解的一群怪孩子，
那么莫扎特肯定是他们之中的一员。
他圆墩墩的脸上经常闪见一种不羁的神色，
他想没人能真正理解他的音乐，
他只要玩耍，追女孩子，戴奇怪的假发。
做音乐？是因为无法克制心中不断燃烧的狂野。
莫扎特的音乐和燃烧的狂野，都在台北爱乐电台播放的曲目里。
今天的流行，明天的古典。
台北爱乐古典音乐电台，
台湾最没有压力的声音。

内衣外穿不是从麦当娜开始的

天鹅湖音乐首演（1877 年）
早在麦当娜出生之前——西元 1877 年开始，
舞台上的芭蕾女伶就换上轻薄的舞衣，
踮起脚尖，不停地旋转了一百多年……
年轻女孩们在柴可夫斯基的天鹅湖音乐里，
将身子抛在半空中，裸露的皮肤碰触因汗水而潮湿的空气，
静静地旋转着他们的青春。
柴可夫斯基的天鹅湖与女孩们的青春，都在台北爱乐电台播放的曲目里。
今天的流行，明天的古典。
台北爱乐古典音乐电台，
台湾最没有压力的声音。

这几则广告传达的是台北爱乐古典音乐电台的风格，追求古典，自由开放，无拘无束，不怕压力。抗议歌手罗大佑的歌曲、麦可·杰克森（迈克尔·杰克逊）的流行音乐、新新人类的燃烧的狂野、麦当娜的内衣外穿，这些既古典又流行的音乐和思潮，在台北爱乐古典音乐电台的曲目中都有。

电影广告一般是介绍电影的主要故事、人物或情节，或者点明电影的主题或背景，以此吸引观众买票观看。电影票房如何，广告口号起到了很重要的作用。如下面一则电影广告文案。

本周电影《飞行交响乐》

有人说，爱情和事业从来就是互相矛盾的，要想取得事业上的成功，在爱情上就要做出牺牲；相反，如果想得到甜蜜幸福的爱情，在事业上很可能一事无成。这话虽不无道理，但却不尽然。影片《飞行交响乐》中飞行大队长孙建华和女友周文娟在爱情上的曲折、烦恼和幸福，对于青年朋友摆正事业和爱情的位置将会有所启示。

该文案对电影的主要故事及故事折射出的道理做了介绍，让观众大体了解了电影的主要内容。

下面是一些电影广告口号。

他不是摩西，但誓要带人类走出黑暗。(《逃出洛杉矶》)

深海斗法，大战一触即发，誓与恐怖分子决一生死。(《潜战危机》)

他为铲除邪恶，锻炼出超凡本领，他行侠仗义，获得王者神剑。(《王者之剑》)

中国版的“加里森敢死队”，智勇双全对日寇。(《远东特遣队》)

烽烟下，两个刻骨铭心的爱情烙印深深留在人世间。(《山顶上的钟声》)

决战中的较量比毅力，更比勇气，女战士的英勇显示在反法西斯的前线。(《狙击手》)

祖孙间的鸿沟是中西文化的隔阂，两者之间的沟通是否能找到共同语言？(《上海假期》)

生命中最重要的女人，是母亲还是爱人？跳动的弦音，爱欲交缠的洪流产生一种依恋，两个女人的战争谁胜谁负？(《钢琴师的灵欲乐章》)

保镖改变了淑女的人生，而保镖领悟到了“坚持到底”的真谛。(《窈窕淑女》)

讲述一个不相信圣诞老人的男孩，登上一列驶往北极的蒸汽火车寻找圣诞老人的故事。(《极地特快》)

如何让男人爱上你，怎样让女人嫁给你。(《万人迷》)

一个国王在纽约所遇到的种种经历令国王离开纽约。(《纽约王》)

电影广告要与电影内容相一致，要符合故事和主题，不要为了票房收入而哗众取宠。如下面这些广告文案。

一美女莫名晕倒，七男人强行拖入森林；等待美女的……(《白雪公主》)

一如花美女与七男人的数天惊涛骇浪般的销魂。(《八仙过海》)

七个可爱男孩和一对年轻夫妻曲折的故事：七个可爱的男孩趁年轻夫妻无防备的时候，一个接一个地进入他们的家，却被年轻夫妻制服。但最后却出现大逆转情况，丈夫被杀，年轻美丽的妻子落入七个男孩的魔掌…… 本片情节曲折精彩感人，为广大已婚夫妇培养下一代所必看之佳作!!!(《葫芦娃》)

这些广告显然是在故弄玄虚，诱骗观众。有些电影广告甚至刊登男女演员之间的八卦新闻，什么某某大腕明星与某某新秀女星在某某旅馆秘密约会等。这些都不是《中华人民共和国广告法》所允许的。

第三节 文教类广告文案写作

文教类广告包括文化教育、新闻出版、体育、科技类广告。随着我国九年义务教育的实施和高等教育的普及，学校广告也越来越多。如招生广告、形象宣传广告等，为扩大学校影响、树立品牌形象、提高学校知名度发挥了积极作用。此外，随着社会文化事业的发展和出版业的繁荣，每年有大量纸质媒体和电子媒体出版物出版，这就出现了传媒业及出版业的激烈的市场竞争。各类媒体和出版社在争取读者的角逐中，也都把目光投向了广告，纷纷利用广告宣传自己，开拓市场，争取更大的读者群。

出版类广告文案一般要写明出版物的办刊宗旨、读者人群、服务对象，以及刊物的追求目标和未来走向。如《南方周末》广告文案。

以服务改革、贴近生活、激浊扬清为特色，以正义、爱心、良知为诉求，坚持讲真话，坚持公信力。

让无力者有力，让悲观者前行。

深入成就深度。

系列广告之《笛子篇》：

标题：静有所听

正文：在这浮躁的年代，
静，也是一种责任，
在静中聆听最细微的声音，
在静中思想得到最真实的感悟。
南方周末，思想人生，思想新闻。

广告口号：南方周末，深入成就深度。

笛声穿透力很强，比喻《南方周末》敢于深刻揭露社会的负面东西。阅读《南方周末》就像在宁静的夜晚听到尖锐的笛声，使人警醒，给人启迪。

系列广告之《荷花篇》：

标题：清有所见

正文：在这精彩的世界，
清，也是一种坚持；
清，真实得以沉淀；
清，思想得以纯粹。
南方周末，思想人生，思想新闻。

广告口号：南方周末，深入成就深度。

荷花出淤泥而不染，在其他媒体随波逐流的新闻环境中，《南方周末》能够独树一帜，坚持自己深入报道的风格，主持正义和公道。

系列广告之《卵石篇》：

标题：恒有所得

正文：在这多变的未来，
恒，也是一种信心，
曾经，多少次的妥协换回失落，
曾经，多少个梦想被遗忘。
思想守恒，只因希望在路上。
南方周末，思想人生，思想新闻。

广告口号：南方周末，深入成就深度。

卵石在河道中经过千回百折的流水打磨，磨去了棱角和不平，最终形成了卵石的形状。在这个过程中经历了多少无奈的妥协和失落，但换回了自身的成熟和永恒。因为有希望，所以没有放弃，坚守自己的追求。这就是《南方周末》的宗旨：深入成就深度。

系列广告之《竹篓篇》：

标题：惑有所思

正文：在这忙乱的生活，
惑，也是一种自我；
惑，必有所思；
思，必有所惑。
一惑一思，
无言中，思想找到理性的出口。
南方周末，思想人生，思想新闻。

广告口号：南方周末，深入成就深度。

如同将思想放入竹篓中，面对竹篓里多个出口，经过困惑与思考，思想终于找到了理性的通道。

《南方周末》是很有风格的一份报纸，在全国影响很大。它一贯奉行“深入成就深度”的办报理念，不遗余力深挖社会新闻、揭露黑暗、针砭时弊、做深度报道，一纸风行二十年，受到广大读者的喜爱。上面这一系列广告文案，就体现了《南方周末》的办报方针和不懈追求。

台湾诚品书店的广告文案也是很有特色的。

新的“书”情方式——情人节书展

亚当阅读夏娃，找到上帝创世纪中不存在的秘密花园；
罗丹阅读卡蜜儿，发现哥伦布没有发现的美丽海岸线；
萨特阅读西蒙·波伏娃，发现一本不是用荷尔蒙书写的爱情白皮书；
罗密欧阅读朱丽叶，相信爱情不能得永生，但比任何事情都值得去殉教；
爱情难求，情“书”唾手可得，
今年情人节唯一可以取代玫瑰和巧克力的示爱品，
二月三日至二月二十九日，
全省五家诚品书店浪漫展出。

卡蜜儿是一个天才的美丽少女，对雕塑有无比热情，是罗丹的学生和情人，也是罗丹灵感的来源。更重要的是，她是罗丹的人体模特。卡蜜儿自身有一种悲怆的、令人难以置信的创作才能，她与雕塑大师罗丹年龄相差虽大，却无可救药地与他相恋相爱，共同创造出许多不朽之艺术作品。然而，罗丹始终割舍不了对追随许久的情人的感情，使一向追求完美的卡蜜儿无法忍受。与罗丹绝交以后，卡蜜儿陷入了孤独和疯癫之中，终于趋于毁灭。

西蒙·波伏娃是萨特的终身伴侣，与存在主义哲学家萨特用一生共同演绎了长久的、传奇的、缠绵的爱情。他们互相理解，互相支持。他们都有自己的情人，却绝不牵绊。1958 年，波伏娃与情夫分手，萨特才又回到她身边，两人的关系愈加亲密。此后 20 年，他们情爱日笃，几乎形影不离。萨特逝世之后，波伏娃搂着他的尸体不肯放手，伤痛欲绝。

文案引用亚当与夏娃、罗丹与卡蜜儿、萨特与西蒙·波伏娃、罗密欧与朱丽叶这些世人皆知的惊天动地的爱情故事，说明了爱情难求。而情“书”唾手可得，则很好地衬托了情人节书展的主题。

书报征订广告也是出版类广告中的一个大项。每年有大量的图书报刊要面向社会征订，这就需要撰写征订广告。这类广告文案要介绍刊物的特点优势、刊物内容、办刊方针、读者对象、征订方式等。

欢迎订阅××年《文摘周报》

《文摘周报》寓思想性、指导性于新闻性、知识性、趣味性之中。她广采博收，荟萃全国报刊精华，为读者提供健康向上的精神食粮。《文摘周报》强调“新、博、短”，既反映改革开放中的热点、难点，又反映一个时期广大群众关心的社会问题；既有古今中外的名人逸事和历史故事，又有广泛的生活知识和科技趣闻。《文摘周报》栏目众多，传播各方面信息，是您工作、学习、生活中的良师益友。

《文摘周报》四开八版，全国发行，每周星期一出版，国内统一刊号：CN51—0087，邮发代号61—10，报价每份0.30元，每季度3.90元。敬请新老订户到当地邮局订阅。

学校广告主要是招生广告和形象广告。这类广告要介绍学校性质、隶属、规模、师资力量、实验设备、培养出的有成就的学生、学校的光荣历史及发展前景、招生对象、报考方式、考试地点及时间等。

××大学2006年项目管理工程硕士招生

招生背景
培训目标及要求
招生对象及培养方式
适用领域
学分要求
课程设置（个别课程根据教学安排会有所调整）
学位论文工作要求
报名条件
学制学费
学习地点

服务、娱乐、文教类广告文案的写作形式很多。有务实的写法，也有务虚的写法；有以传达企业和产品及服务本身信息为主的文案，也有以传达观念、宗旨、追求为主的文案；有朴实的写法，也有前卫的写法；有主流文案写法，也有非主流文案写法。本章举出了大量文案范本，目的是让读者接触更多文案，学习和借鉴成功文案的切入点，揣摩创作者的创意思路和写作技巧，学会不同形式文案的写法。同时还要大量练习，在模仿中提高写作水平。

【思考与练习】

一、思考题

1. 旅游业广告文案的诉求点是什么？
2. 餐饮业广告文案的诉求点是什么？
3. 汽车类广告文案应该怎么写？
4. 交通运输业广告文案应如何写？
5. 通信、信息业广告文案的诉求重点是什么？
6. 服务类广告文案的主要内容是什么？
7. 娱乐类广告文案应该将什么作为诉求点？
8. 请总结出文教类广告文案的写作特点。

二、课堂训练

资料

北京龙之媒广告文化书店

企业简介

龙之媒广告文化书店，前身是北京广告人书店，成立于1995年，是全国首家广告专业书店，现在更成为全国规模最大、最具影响力的广告专业书店。总部位于北京，在广州、上海、西安、南京、成都、长沙拥有六家分店。1997年策划的"龙媒广告选书"成为深受广告同行信赖的专业图书品牌。

在专业图书销售领域，以会员制为基础，通过店面服务、同城电话订购送书上门服务、邮购服务、网上服务为全国各地的读者提供涵盖广告、设计、营销、传媒四大专业的数千种专业图书，并代理多种优秀专业杂志的销售和订阅。同时凭借专业书店的优势，为诸多高校提供专业教材选配服务以及资料室、图书馆配书服务。

企业理念

做有道德的人，做有道德的事；做有创意的人，做有创意的事；为广告人，为广告事。

企业形象定位

让龙之媒的服务，成为广告行业的发展和广告人生涯发展背后的推动力量、前进路上的伙伴。

广告目标

(1) 提高龙之媒书店在大专院校广告、传播及相关专业学生中的认知度。

(2) 提高龙之媒书店在从业人员中的知名度。

(3) 提升龙之媒书店在同业中的品牌形象。

广告目标对象

(1) 大专院校相关专业以及在职进修学生。

(2) 广告、传播等相关专业从业人员。

主要竞争者

大型综合书店及其他广告专业书店。

品牌名称释义

《汉书·礼乐志》，“天马徕，从西极”，“天马徕，龙之媒”，意即天马神俊，为招引神龙的媒介。这个美丽的传奇，隐喻了书店为广告业服务的使命，由此将企业命名为“龙之媒”。

必要列入事项

龙之媒网址：www. longmei. com. cn。

资料索取

84094088 李强。

训练要求：

（1）模仿台湾诚品书店广告，为龙之媒书店写一篇非主流广告文案。

（2）为龙之媒书店写一篇电视广告脚本。

第十一章

形象类广告文案写作

【本章重点】

1. 企业形象广告文案写作
2. 品牌形象广告文案写作
3. 服务形象广告文案写作

【学习要求】

1. 掌握各类企业形象广告文案的写作
2. 掌握品牌形象广告文案的写作
3. 掌握服务形象广告文案的写作

形象类广告在广告文案写作中占有重要地位，是广告文案中的一个重要部分。本章主要介绍形象类广告文案的写作要求、特点，通过大量案例分析，使读者对这类广告文案的写作有一定认识，掌握不同类型文案的写作格式和诉求重点。

大卫·奥格威认为，在产品同质化越来越小的现代商业中，从产品中寻找独特销售主张的做法并不适合所有企业。反之，树立企业或品牌形象，让形象深入人心，让形象成为消费者心目中对产品的识别标志，成为一面旗帜，就能够产生很强的号召力，建立起自己的忠实消费群体，使产品在市场上立于不败之地。于是，就出现了大量优秀的形象广告。这就要求广告人员能够很好地撰写形象类广告文案，掌握形象类广告文案写作的特点和要求，以适应不同客户的需要。

形象类广告可分为企业形象广告、品牌形象广告、服务形象广告等。

第一节　企业形象广告文案写作

所谓企业形象广告，是指“以塑造和提升企业形象、提高企业品牌价值为目的、配合 CI 战略的导入而对企业的理念以及企业的行为、视觉识别系统的传播。它侧重于对表现企业的人才、资金、技术、产品、管理、服务等整体形象的长期宣传，而不是一时的局部的产品宣传”①。企业形象广告是对企业非产品因素的宣传，与产品宣传是不同的，它具有整体性、系统性和长期性的特点。

创作企业形象广告时，首先要对企业形象进行定位。常用的定位方法有实力定位、理念定位、利益定位、竞争定位、公益定位。相应的企业形象广告就有认知形象广告、实力形象广告、理念形象广告、利益形象广告、竞争形象广告、公益形象广告。

一、认知形象广告文案

企业认知形象广告，是通过广告宣传，使读者对企业有个大概了解，包括企业的历史、现状、规模、人才、技术、产品、品牌、理念等。

如美国《读者文摘》广告文案。

标题：一流的业务

正文：我们能在全球广泛地存在，根源在于我们的出版物具有全世界的感染力。我们的杂志在世界各地以当地语言发行。

作为全世界最广泛阅读的杂志，《读者文摘》有 39 个版本，以 15 种语言出版，包括阿拉伯文、中文、印地文和朝鲜文。每个月世界上各个国家有超过 1 亿人阅读我们的原作及当地和国际版本的精选本。

《读者文摘》年销量为 4 000 万册，可以列为世界上最大的书籍出版商之一，并且我们还是最大的音乐制品出版商和全球销售商之一。

想成为一个成功的全球出版商，你必须了解当地市场，讲当地的语言，遵从当地人的生活习惯。这就是为什么《读者文摘》所有出版物都是全球畅销的。这也值得我们自豪。

我们通过杂志、书籍的出版发行及音像产品、旅游和金融业务，成为向全世界提供知识和娱乐方面的领先者。我们还直接或者通过《读者文摘》基金会大力支持向青年人提供艺术和文学学习机会的计划。

广告口号：《读者文摘》，我们影响全球 1 亿人。

《读者文摘》是一份很受读者欢迎的杂志，发行量也很大。该文案就是从发行量、出版语言等方面介绍了该杂志的情况，让人对《读者文摘》有一个整体认知。

二、实力形象广告文案

实力形象广告是指以企业实力为诉求重点做广告，如人才、资金、技术、设备、产品、质量、规模、成就等。用这些现实指标来说明企业具有的实力，赢得消费者的信赖，打消消费者对企业的疑虑，从而树立企业的良好形象。如海尔的“海尔，中国造”，科龙集团的“容声冰箱连续七年全国产销量第一”，春兰的“世界级品牌，春兰空调”等，都反映了企业的背景和实力。

又如 IBM 平面广告文案。

---

① 严辉武．CI 策划．长沙：中南大学出版社，2002：232.

标题：La2 xBaxCu04，它始于瑞士的IBM实验室，谁知它会止于何方？

正文：1986年1月，IBM的两位科学家J·乔治·毕诺兹和K·亚历克斯·穆勒结束了长期的探索，他们发现了一种全新的超导材料，其公式如上。

在大多数科学家感到无望而决定放弃的科学领域中，他们的突破激起了巨大的反响。

现在，IBM以及全世界的研究人员正在扩大两位科学家最早发现的成果。

虽然还无人能肯定超导研究最后将导致什么结果，但是它肯定会推动从计算机到医学等各个领域的发展。

事隔21个月之后，也就是1987年10月，毕诺兹和穆勒荣获了诺贝尔物理学奖。

我们为两位科学家感到自豪，就如同我们自己就是获得诺贝尔物理学奖的科学家。

IBM公司十分重视为科研人员提供一个多出科研成果的环境，因为这类重大突破毕竟不是纯属于IBM公司本身，而是对世界的重大贡献。

该文案以两位诺贝尔物理学奖获得者发现的超导公式作为标题，很好地显示了IBM的技术实力。一个企业的实验室里居然培养出两位诺贝尔奖获得者，自然是很了不起的事情，自然值得尽情炫耀。

三、理念形象广告文案

理念形象广告是从企业文化、企业追求、经营理念等方面进行诉求，以塑造企业整体形象。企业理念是企业的总体观念和价值追求，是企业员工共同维护的企业文化，是社会大众评价一个企业的价值指标，也是企业与消费者心灵沟通的途径。消费者认同了企业理念，就等于接受了企业，或者接受了企业的产品和服务。如海尔的形象广告“真诚到永远”，代表了海尔对消费者的承诺，代表了海尔的售后服务质量，让消费者真正买得放心。飞利浦公司的形象广告“让我们做得更好”也获得了消费者的认可。又如太阳神集团的“当太阳升起的时候，我们的爱天长地久”，长虹的“长虹以产业报国，民族昌盛为己任”，爱多VCD的“我们一直在努力”，海王药业的“健康成就未来”，诺基亚的“科技以人为本”，都反映了企业的精神追求。

如万科企业形象广告文案。

《珍视生活本质》系列之《路灯篇》。

最温馨的灯光一定在你回家的路上

如果人类居住的现代化只能换来淡漠和冰冷，
那么它将一文不值。
我们深信家的本质是内心的归宿，
而真诚的关怀和亲近则是最好的人际原则。
多年来
我们努力营造充满人情味的服务气质和社区氛围，
赢得有口皆碑的赞誉，
正如你之所见。

万科就如同你夜晚回家路上那盏明亮的灯，给你以最温馨的关怀和亲近。

《珍视生活本质》系列之《名树篇》。

再名贵的树也不及你记忆中的那一棵

越是现代，
生命的原本美好越值得珍惜。
我们深信，
虽然不断粉饰翻新的名贵和虚华
更容易成为时尚的标签，
但令我们恒久眷恋和无限回味的
一定是心中最初的那一片风景。
多年来
万科珍视和努力保留一片土地上既有的人文财富，
以纯粹的审美趣味
引领时代潮流，
正如你之所见。

这棵树就是你记忆中的那片风景，也是万科珍视和努力保留的“人文财富”。

《珍视生活本质》系列之《鹅卵石篇》。

潮流来来去去，生活本质永恒

时至今日，
朴实无华的自然情趣也没有半点贬值的迹象。
我们深信那是让人内心
宁静的永恒之美。
而怎样的喧嚣浮华与荣耀
都终将归于平常。
多年来
万科珍视自然给予的每一份馈赠，
努力营造充满本质美好的社区环境和人文氛围，
正如你之所见。

一块岩石经过千回百折的水流冲刷，最终成为鹅卵石。正如标题所说，潮流来来去去，生活本质永恒。这也是万科的追求。

温馨的灯光正等待着你的归来，家的本质是内心的归宿。房地产企业的目的是为每一个住户营造一个充满人情味的家的乐园，彰显生活的本质。广告没有炫耀房产的优势和差异，而是从人性关怀方面让人相信房地产企业的一片真诚。“多年来，我们努力营造充满人情味的服务气质和社区氛围，赢得有口皆碑的赞誉”“万科珍视和努力保留一片土地上既有的人文财富，以纯粹的审美趣味，引领时代潮流”“万科珍视自然给予的每一份馈赠，努力营造充满本质美好的社区环境和人文氛围”，这些都是万科房地产企业的经营理念。这种理念对在激烈的房地产市场上拼搏的企业和现代都市人来说都是弥足珍贵的。

四、公益形象广告文案

企业的公益形象广告，是指广告以企业关心社会公益事业、文明新风为诉求主题，宣传企业的长期理念及其对社会负责的态度，以争取消费者的认同。如哈药六厂广告口号“其实，父母是孩子最好的老师”，以及纳爱斯雕牌洗衣粉广告中表现的家人的真诚沟通，都反映了企业对社会公益事业和公众关心问题的关注。又如曲靖卷烟厂连续在《经济日报》中缝出现“高标准、严要求、做贡献、创一流”“建设中国特色社会主义”“深化改革是国有企业的唯一出路”等广告文案，既规避了大众传媒对香烟广告的限制，又传播了企业公益形象。

如以下两则台湾诚品书店广告文案。

八月，生态注视——诚品书店生态书展

反吸烟。反农药。反污染。反核能。
反添加剂。反辐射。反胶袋。反药物。
反皮草。反油脂。反胆固醇。反商。
反政治。反封建。反歧视。反战争。
植物性减压风潮，精英移出城市，
断食静坐冥想瑜伽气功流行，
文明师法原始，自然在二十世纪末
因稀有而大幅升值……

野生动物，上帝的剧本——刘其伟野生动物书展

用鹿的听觉感应异性求偶的诱惑而不是诱杀的陷阱。
用羊的触觉敏感土地的峰回路转而不是山刀的锋钝。
人与兽争的年代已过，不流血的革命期待和平。
请带着最动物的直觉，触及野生动物神秘的生命力。

这两则书展广告文案都以环保作为主题，号召人们关注生态、爱护动物、师法自然、返璞归真，创造一种真正自然纯真的生活，反映了诚品书店的环保情结。

在实际操作中，企业形象广告并不十分清楚地分为实力形象、理念形象、公益形象，而可能是三者的结合，在三个方面都有所表现。

第二节　品牌形象广告文案写作

品牌形象是企业整体形象的一个重要组成部分，是企业某一品牌产品所给予公众的整体形象感受，它融合了产品的物性因素和消费者的人性因素。

有的品牌名称与企业名称相一致，如海尔集团与海尔产品是统一的名称，这时的品牌形象既代表了产品的形象，又体现了企业的形象。有的品牌名称与企业名称不一致，如宝洁公司与

其生产的潘婷、飘柔、海飞丝洗发水以及护舒宝卫生巾等品牌，这时候企业形象就由各个品牌形象积累、叠加而成。

撰写品牌形象广告文案首先要明确品牌形象的定位，其次要对这种定位进行形象化、人性化的传达。

品牌形象定位是指品牌在消费者心目中区别于其他同类品牌的个性风格，是品牌独特性和不可替代性的基本标志。品牌形象不仅应该反映出消费者对品牌外表形象的期待，还应该反映出消费者对品牌形象及其个性特征的向往，从而引起他们的兴趣与喜爱。如国外名烟中，健牌、三五、沙龙、云丝顿、万宝路等都有自己明确的品牌形象定位。我国企业的品牌定位有时很模糊。例如，中国移动通信旗下客户规模最大、覆盖面积最广的大众品牌“神州行”，作为主攻非高端通信市场的移动通信品牌，其目标客户是普通老百姓。普通老百姓消费比较理性、果断而有计划，对价格很敏感，他们选择“神州行”主要是与朋友和家人交流沟通，以使用通话和短信业务为主。因此，“神州行”凭借自由、实惠、便捷的服务吸引了大众客户群体。但是，“神州行”品牌运营几年后发现，作为大众品牌的“神州行”，还没有形成自己明确的品牌形象，不能有效地与“全球通”“动感地带”相区隔。加上各地都发展了本地“神州行”品牌，资费很不统一，引起了客户感知不清晰、品牌形象不完善、资费体系过于杂乱等问题。于是，中国移动通信将原有的各地品牌逐渐整合到“神州行”这一品牌之下，其广告口号是：“‘省’遍神州”，把“神州行”品牌个性加以突出和放大。这说明，中国电信行业逐渐成熟，各大运营商的营销策略，都在逐步从早期的积极拓展业务品牌，向以客户为本、细分市场、潜心打造客户品牌的新局面过渡。这也说明品牌特征的重要性。

在品牌形象定位中，产品特征、品牌名称、特色包装固然很重要，在明确品牌定位之后进行广告宣传也是很重要的。在写作广告文案时，品牌特征要准确。例如中美合资的广州宝洁公司对其品牌的宣传就非常强调准确性，一切广告口号都有明确的说辞和特定个性：“潘婷——拥有健康，当然亮泽”（强调维生素 B_5 对头皮健康的作用）；“飘柔——头屑去无踪，秀发更出众”（强调去头屑的功效）。相比之下，有些品牌在宣传时总希望包含一切美好的作用：集天地之灵气、汇日月之精华、有病治病、没病健身、滋阴壮阳、延年益寿、男女适用、老少皆宜……把人人都当作目标消费者，什么都想突出，但什么也没有突出。而品牌形象定位的实质就在于找到一块足够小的市场空间，集中优势兵力，在狭小范围内突出最大的品牌个性。因此产品的利益点要小而精。[①]

企业在为品牌定位时应以市场为目标、以需求为导向、以消费心理为依据，正确设计自己的品牌形象。

再看一则由意识形态广告公司为台湾电子公司设计的企业形象广告。

标题：爸爸的铁塔，我的风筝

正文：蓝蓝的天空，是个放风筝的好日子，

但今天只有我和我的风筝……

① 参见：马丽慧．浅谈企业品牌形象的定位策略．[2019-05-10]．http：//www. 86qiye. com/famen/187/190/2006_04/178852_1. html.

妈妈告诉我，爸爸是电的英雄，
他每天都在好高好高的铁塔上工作，
不能常常回家，好辛苦！
其实我一直想做个
能飞得和爸爸的铁塔一样高的风筝，
想象自己是风筝，
飞去看铁塔上的爸爸。
明天，
我一定要做一个飞得高高的风筝，
画上我的笑脸，
飞去看铁塔上的爸爸。

爸爸是个电工，经常在好高好高的铁塔上工作。在孩子的记忆里，爸爸是电的英雄。但是今天只有孩子和风筝，这里面好像有一个没有讲完的故事：爸爸去哪里了？他怎么了？通过儿童的想象和心理，让读者对这位英雄电工产生崇敬，从而歌颂了不畏艰险顶风冒雪在野外作业的电讯工人，也树立了企业关心这类人群的良好形象。

第三节 服务形象广告文案写作

在产品质量和价格此起彼伏的竞争中，服务也成了用以争夺市场的主要手段。尤其消费者在购买高档、大件、科技含量高的商品时，可能首先考虑的是售后服务质量。因为现在的产品，其质量和价格差别都不大，唯有售后服务让消费者不放心。所以，许多企业开始大做服务形象广告。专家指出：客户服务的竞争将成为品牌成败的关键。

在家电行业，服务对于任何生产厂商来说，都是品牌建设的一个重要环节。在产品同质化的今天，服务是体现一个品牌特色的新增长点。在这个方面，康佳彩电做的广告很有独到之处。康佳的服务宗旨是“信誉高于利益，承诺重于生命”，更看重的是消费者对康佳品牌的信赖和满意。现在人们都讲星级待遇，康佳给用户提供的是五星待遇。一星是“星罗棋布”的全国服务网点；二星是“流星飞马”的服务快车穿梭城乡；三星是“披星戴月”的服务不分昼夜节假日；四星是“星级服务”规范有礼；五星是“星卡追踪”跟踪服务。这是康佳服务的新特色。

无论城乡、无论节假、无论远近、无论大小，我们都以用户为核心；有耐心、有规范、有寻访、有保障，我们以用户满意为宗旨……

这是康佳“大拇指服务工程”对售后服务的承诺。该工程拥有高效的自动化电脑管理、完善的“三包”服务体系以及设立在全国各大城市的技术维修部，这样，形成了康佳独具特色的遍及全国的“三多”服务——4 000多个特约维修点、200多辆服务快车和8 000多人的维修服务人员，可以及时为消费者服务。

此外，让康佳的用户通过“三多”服务感觉到“三少”，一个电话即可让消费者尝试到“三少”：麻烦少、漏洞少、手续少。由此，康佳形成了点面结合、辐射面广的服务网络，做到产品卖到哪里，服务就延伸到哪里。

国内企业最早确立先进客户服务意识的是家电行业。1997年“3·15”消费者权益日，荣事达率先推出“红地毯服务”，以“热情、温情、深情、真情”服务的形象定位，为消费者提供24小时上门服务。“红地毯服务”的寓意是：视用户为上帝，尊用户为贵宾。下面就是相关广告文案。

“红地毯服务”的承诺

电热水器方面：做到“八免服务”，即免费设计、免费安装、免费调试、免费操作培训、免费保养、免费定期巡检、免费安装多路供水和终身免收服务费。

洗衣机方面：一、全自动洗衣机整机品质5年免费包修；双桶洗衣机1年包修，主要电器配件4年免费包修。二、用户在三包期内遗失发票、保修卡的，可按出售日期补发保修卡，原包修年限不变。三、实行上门服务，市区一天内上门服务。四、产品更新换代后，5年内继续提供原型号的零配件。五、您对服务有何意见，请与荣事达集团南京分公司联系：(025) 4401585，也可拨打合肥荣事达集团售后服务处“红地毯”热线电话：××××××，报修电话：××××××。

同时，有多重举措保证服务质量：第一，用户可根据服务质量、服务态度、收费情况等项目在修理单上签署意见；第二，将用户维修情况整理、统计、输入资料库，进行科学管理；第三，电话回访，抽检服务质量；第四，可拨打当地“监督电话”：××××××，反映维修情况。

这种把用户当作上帝，尊其为贵客的“红地毯”服务，全面周到，让用户放心，尤其是还设有监督电话、电话回访、服务热线等服务，很好地树立了荣事达的服务形象。

企业的服务要统一管理、反应迅速，形成整体的客户服务体系，使全国有一致的服务规范和要求，还要有统一的服务广告口号。

服务形象广告要有具体内容，服务项目要落到实处，要让消费者感到企业是在实实在在为消费者服务，是真心实意为消费者着想。因此，广告文案中出现的应是切实可行的措施和能够兑现的承诺。

第四节　企业软文广告的写作

软文广告也叫软广告，有狭义和广义之分。狭义的软文广告，是指企业花钱在媒体上刊登的纯文字性广告。广义的软文广告，是指企业购买版面和媒体空间，发布的用以提升企业形象和品牌形象、提高社会知名度、扩大社会影响、树立良好信誉、促进产品销售的宣传性、阐释性文章，包括新闻报道、报告文学、深度报道、案例分析等。

软文广告的出现，是因为人们对硬性广告的抵触、对新闻稿件的信赖，以及软文广告收费低廉。相对于硬性广告而言，软文广告绵里藏针，隐而不露，于不动声色之中使读者阅读广告，读者不知不觉中掉入企业精心设计的“软文广告”陷阱。它追求的是春风化雨、润物无声的传播效果。

从20世纪90年代中后期到现在，软文广告一直受到青睐，因为它曾经以较低的成本为中国医药保健品行业的多个产品创造了市场奇迹，如好记星、肠清茶、木竭胶囊等。而真正将软文策略推向巅峰的，是软文广告创造了脑白金神话。

企业软广告一般不直接宣传产品，不讲产品的功能和优势，更不讲产品的卖点。而更多是宣传企业信息，如企业历史、企业理念、科技开发能力、企业技术力量、企业的设备情况、产品的科技含量和先进性、市场规模、销售覆盖面、社会的良好评价等。

软文广告要写得不像广告，而像通讯报道，有的还以报告文学的形式写成。这样能消除人们对广告的抵触，从而对软文广告的内容产生信赖。

但是，必须严肃强调的是，软文广告作者一定要实事求是地宣传企业和产品，不能有丝毫的虚夸和不实之词，不能欺骗消费者，不能误导消费者，不能为了蝇头小利而失去广告人的良心！

现在我国绝大多数媒体都有软文广告，包括国家级、省级、市县级的报刊、广播、电视等。它是客观存在的，因为存在，写作软文广告就成了广告人必备的一项能力。

以下是作者写作的一则软文广告，供读者参考。

心动不如行动——来自红科鞋业的报道①

"没好鞋，矮半截"，老奶奶口中的这句千年古话，道出了鞋与人的品位的关系。鞋可以让人足下生辉，鞋可以使人顿生光彩，鞋可以让灰姑娘变成尊贵皇后。人可以不戴帽，但不能不穿鞋。鞋与每个人的生活息息相关。春节将至，穿上一双体面鞋，走访亲朋好友，出入歌厅舞场，"那种感觉，怎么也忘不掉"。

更忘不掉的是红科鞋业。半年前，京都红科鞋业贸易发展公司连锁拓展，在省会石家庄开设了第一家专卖分店，这就是坐落在中山东路与平安大街相交的繁华巷口西南侧、专营意大利、西班牙等欧洲最新流行款式的精品鞋屋——红科鞋店。

红科鞋店以其品质上乘的专业化经营、热情周到的销售服务，影响和渗透着省城生活，吸引着日渐增多的消费者光临，经营效益也不断增长。在商家如林的都市，红科能有如此成就，靠的是红科人的独特经营。

1. 店厅典雅，经营上档。走进红科，如览艺术殿堂，令人赏心悦目。厅堂开阔，光线明亮，高档皮鞋琳琅满目，各样款式竞放异彩，环形鞋柜晶莹别致，左右两侧各置一张床式无背沙发墩，地面铺着缀有店标的地毯，创造了一个优雅的购物环境。

2. 专营进口，品种丰富。红科鞋业以专营欧洲名款皮鞋著称，尤以意大利、西班牙等国际上最驰名、最流行的品牌居多。如梦幻、比利尼等精品名牌，不仅款式新颖，而且造型多样。其中男式皮鞋60余种，女式皮鞋达70余种。可谓千姿百态，万种风情。

3. 货真价实，优惠酬宾。红科经营的鞋种，主要来自每年春季欧洲七国联合举办的订货展销会，经由香港总公司代理进口供货。全部经过进口商品检验，符合进口商品销售的一切手续，保证了每一双皮鞋都有合法"身份证"。与其他经营进口皮鞋的公司相比，红科的售价相对优惠。每逢年初岁尾重大节日，依照惯例，红科还要打折酬宾，以谢顾客。

4. 热情迎候，服务到位。出入红科，无所不在地感受着宾至如归的亲切。从推门进店，到选购引导，至辞别相送，都有礼宾小姐亲切的问候并陪伴始终，有如他乡

---

① 郭有献．心动不如行动——来自红科鞋业的报道．燕赵都市报，1981-01-05.

遇故知，使你流连忘返，不忍离去。购物后如果不满意或发现质量有问题，红科还一律为你保退保换兼保修。如此高质量的服务，岂不让你怎么也忘不掉红科的厚爱。

心动不如行动。红科到底如何，还请你亲自去感受一下，然后再做结论。

【思考与练习】

一、思考题

1. 形象广告分为哪些种类？
2. 企业形象广告分为哪些种类？
3. 认知形象广告文案的诉求点是什么？
4. 实力形象广告文案的诉求点是什么？
5. 理念形象广告文案的主要内容是什么？
6. 公益形象广告文案的主要内容是什么？
7. 品牌形象广告文案的主要内容是什么？
8. 服务形象广告的目的是什么？
9. 你认为我国的媒体应该发布软文广告吗？

二、课堂训练

资料

“动感地带”形象广告

广告主

中国移动

产品介绍

“动感地带”是中国移动针对15～25岁的年轻人推出的移动通信品牌，2003年3月在全国上市，目前“动感地带”的品牌代言人是周杰伦。“动感地带”品牌口号是“我的地盘，听我的！”“动感地带”不断推出的新业务（如“百宝箱”“彩信”“铃声图片下载”“彩铃”等）是“动感地带”品牌的重要驱动力。“动感地带”不断致力于品牌文化建设，“2003动感地带中国大学生街舞挑战赛”、赞助“MTV音乐盛典”和“华语榜中榜”、周杰伦的系列演唱会和歌迷见面会，以及与麦当劳正式结为联盟等都是“动感地带”品牌文化建设的具体措施。“动感地带”力求打造一个年轻人通讯自治区。“动感地带”自全国推出以来，共经历了三个推广阶段：第一阶段（2003年3月15日—4月15日），“动感地带”上市告知阶段，主题口号为“动感地带，三月全面上市”；第二阶段（2003年4月15日—9月15日），“动感地带”代言人正式推出阶段，主题口号为“玩儿转年轻人通讯自治区”；第三阶段（2003年9月15日—现在），推出“特权”概念阶段，主题口号为“亮出特权身份，就在动感地带”。具体内容请参考“动感地带”网站www.m-zone.com.cn。

产品定位

“动感地带”，年轻人的通信自治区。

广告主题

扩张我的地盘——“动感地带”形象广告。

广告目标

在“动感地带”上市一年后，“动感地带”的使命是让更多的用户入网来充实这个“我的地盘”。“动感地带”的品牌文化要蔓延至更多的年轻人，“动感地带”的产品将更加丰富，“动感地带”的品牌影响力将进一步扩大。“扩张我的地盘”将是这次广告的主题。

广告目标对象

15～25岁年轻用户群；追求时尚、崇尚个性、乐于接受新事物、容易相互影响；乐于尝试新业务、个性化业务，将是资料业务使用的主力军；具有成长性，有望成为未来的高端用户。

使用方式/场合/时机

随时随地。

主要竞争者

如意133、小灵通等。

品牌形象

时尚、好玩、探索。

必要列入事项

现有业务展示（如彩铃、彩信、游戏、短信）。

资料索取

联络人：×××，联络电话：××××××。

训练要求：

（1）你认为“动感地带”应该做成哪种形式的形象广告？

（2）完成你选择的形象广告。

第十二章

系列广告文案写作[①]

【本章重点】

1. 系列广告文案概念及特点
2. 系列广告文案的构思方式

【学习要求】

1. 掌握系列广告文案概念及特点
2. 掌握系列广告文案的主要类型及写作方法
3. 掌握系列广告文案的构思方式
4. 了解系列广告文案写作过程

在广告创作中，一般情况下是一个主题一个作品，或者一个风格一个作品。如果内容或画面变了，就再创作一个作品。但是，有时候创作者感觉到这样不能全面深入系统地表现广告内容，觉得言犹未尽，好像有些内容有些侧面还没有表达出来。这个时候就需要创作姊妹篇，这就形成了系列广告。

第一节　系列广告文案概念及特点

一、系列广告文案概念

在广告创作中，一般情况下是一个主题一个作品，或者一个风格一个作品。如果内容或画面变了，就再创作一个作品。但是，有时候创作者感觉到这样不足以全面深入系统地表现广告内容，觉得言犹未尽，好像有些内容或有些侧面还没有表达出来。这个时候就需要创作姊妹篇，假如有三个以上的姊妹篇，就构成了系列广告作品。

所谓系列广告，是指在同一广告策略指导下，经过统一策划后连续发布的主题、风格相同，画面、文字、内容有所变化的系列广告作品，数量一般在三个或三个以上。

---

① 本章主要参考并引用了《广告文案写作》网络课程内容。详见：http：//student. zjzk. cn/course _ ware/web-waxz/m/index _ m. htm.

如竹叶青茶叶平面广告文案（见图 12-1 至图 12-5）。

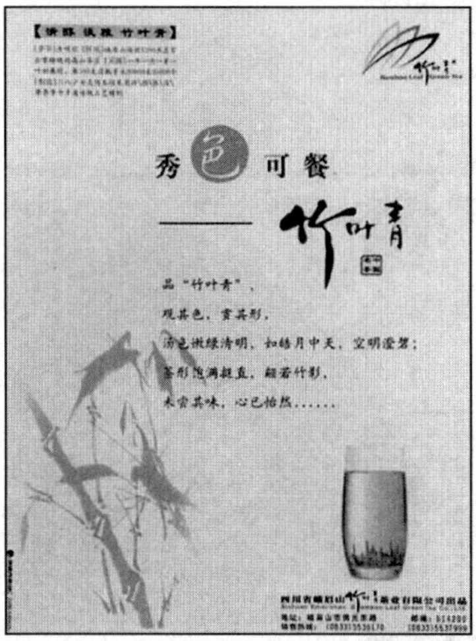

图 12-1　秀色可餐竹叶青

品“竹叶青”，观其色，赏其形，汤色嫩绿清明，如皓月中天，空明澄碧；茶形饱满挺直，翩若竹影，未尝其味，心已怡然……

图 12-2　暗香浮动竹叶青

品“竹叶青”，细闻其香，虽无茉莉之馥郁，但有山水之清芳，至纯至真，此刻，品茗渐入佳境……

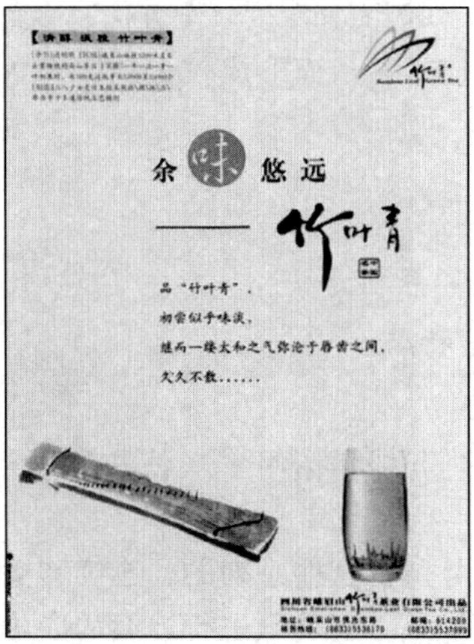

图 12-3　余味悠远竹叶青

品“竹叶青”，初尝似乎味淡，继而一缕太和之气弥沦于唇齿之间，久久不散……

图 12-4　采制“竹叶青”的季节到了

在灵秀的峨眉山麓，我们培育着一片葱绿的茶园。农历立春，雨水过后，那浸足了大地精华和仙山灵气的嫩茶芽，已悄然缀满浓密的茶树梢。一年一度，采制“竹叶青”的季节到了……

图 12-5　这才是竹叶青！

这是由五则广告组成的系列广告文案。前三则文案分别从观其色、闻其香、品其味三个侧面介绍了竹叶青茶的特点；第四则文案说明竹叶青茶有如此品质的原因，原来是浸足了大地精华和仙山灵气；最后一则文案做出总结——这才是竹叶青。

系列广告是广告创作实践的结果，其目的是为了从不同侧面和深度，全方位、多角度、全过程、立体化地表现广告主题，满足目标受众对信息的需求，从而形成较大的广告影响力和阵势。

二、系列广告文案特点

总结系列广告文案写作实践，系列广告文案具有以下特点。

（一）发布的连续性

一套系列广告中的所有作品相继或轮流发布，彼此之间时间间隔不长，使受众对全部作品形成一贯的印象。

系列广告文案一般连续刊播，这样可以形成广告气势。在这些系列的、连续刊播的广告中，广告文案用统一的主题和风格，甚至是同一种表现形式，对受众进行连续的广告宣传活动。这种连续刊播能对受众产生强烈影响，也可以全面反映广告主的企业宗旨和企业实力。

（二）内容的相关性

系列广告作品所传达的广告信息有一定的关联；或是以一个主题为中心，在不同侧面对相同广告信息用不同的表现方法来不断深化。

（三）信息的全面性

系列广告文案可以较为全面、多角度地表现广告信息，满足受众对广告信息的深度了解的需求；表现相同广告信息的多则广告文案，可以反复地体现广告内容而使广告得到有效的传播。

（四）风格的一致性

系列广告的所有作品都保持一种统一的风格，整个系列呈现出一种鲜明的风格个性。

（五）文案标题句式的一致性

系列广告文案通常采用句式相同或相近的标题。

（六）文案正文结构的一致性

系列广告的文案正文通常在篇幅、结构、行文方式上相同或相近。

（七）画面表现的关联性

系列广告往往选用在构图、色调、内涵等方面有鲜明共性的画面。

（八）表现的变化性

系列广告的主题、风格虽然相同，但它们并不是同一则广告作品的简单重复。除了在广告信息方面的变化，系列广告作品之间最大的差异是广告表现的变化，包括画面的变化、标题的变化、文案正文的变化等。

三、系列广告文案的主要类型

对系列广告的分类有不同的划分方法，有人按照系列广告的直观表现，将它分为：相同造型重复出现的系列广告，相同标题重复出现的系列广告，相同模特重复出现的系列广告，连环画式的系列广告。这种分类描述了系列广告表现方法的一些特征，但是并没有表现出各个类型的本质区别。

我们以系列广告文案的信息和形式为分类标准，对系列广告文案进行分类。

（一）信息分类

以系列广告文案信息分类，可分为信息一致型、信息并列型、信息递进型。

1. 信息一致型

系列广告的所有作品都传达完全相同的信息，但采用不同的方法来表现，可以将一个广告信息进行反复的、不同角度的表现，使同一信息的诉求深入拓展，可以避免广告文案表现的空泛和乏味，使受众对广告信息产生深刻的印象。这样的广告主要以电视或平面形式表现，因为文案内容是一致的，只是表现形式不同。

如台湾地区《捷和建设·水莲山庄·湖景》系列广播广告文案。

鲤鱼跃龙门篇

您听过鲤鱼跳跃的声音吗？这里是清晨一点的金龙湖畔，请您侧耳倾听。

多少人一辈子没有听过这种声音，住在和信水莲山庄，这个声音将回荡在您的睡梦里。天天鲤鱼跳龙门，就在和信水莲山庄。

夜猫子篇

您听过夜猫子的声音吗？这里是夜里十点的金龙湖畔，请您侧耳倾听。

如果您希望晚睡，住在和信水莲山庄，您将不会寂寞。和信水莲山庄，夜深人静，鸟比人忙。

莲花篇

您一定看过莲花开放，但是您听过莲花开放的声音吗？这里是清晨六点的金龙湖畔，请您侧耳倾听。

没错，这是一群早起的蜜蜂，正朝着莲花，叫她快开门。和信水莲山庄，愈早起床，人愈健康。

这三则文案传达的都是水莲山庄环境幽雅、安静、贴近自然的广告信息，但是分别以鱼跃声、鸟鸣声、花开声来表现，将广告信息反复传达给受众，又富于变化，使受众听来不觉得乏味。

2. 信息并列型

信息并列的系列广告文案，一般有两种表现。

一种是将广告同一主信息分解成不同侧面的分信息，在每一则广告文案中表现其中的一个侧面，或者将同一品牌的不同系列产品做并列表现。广告受众在连续阅读过程中，通过各个侧面了解到一个完整的广告内容或同一品牌的不同产品特征。

另一种是在系列广告中的第一则广告文案里概括出主要内容，而在以后的几则广告文案中，又分列出不同的侧面。

信息并列型系列广告文案可以多角度、全面地传递广告内容，让受众从各个侧面了解广告主体信息。

如康柏平面广告文案。

其一：

标题：路漫漫其修远兮，吾将上下而求索。——屈原

正文：漫漫征程，谁是真的英雄？
数千次键盘敲打，数万次显示屏开关，
各种耐热、耐湿、抗震、抗压测试……
无惧马拉松般的全功能考验，
康柏台式机、服务器，
在没有人为过失操作下，
确保平均 3 万小时以上无故障运行时间。

其二：

标题：天将降大任于斯人也，必先苦其心智，劳其筋骨。——孟子

正文：千锤百炼，尽显康柏品质，
每种康柏新产品在研制阶段，
均经过耐热、耐湿、抗震、抗压、掉落、碰撞等严格测试。

其三：

标题：三人行，必有我师焉。——孔子

正文：亲密合作，共创佳业。

我们开放式的工业标准，
得力于业界领导厂商间的密切伙伴关系。
康柏的产品可与数万种软硬件相容。
Windows 95 在研发阶段，
正是在康柏的硬件平台上做设计和测试。

其四：

标题：言必信，行必果。——孔子
正文：日月运行，亘古不变，
媲美康柏镇守如一的服务承诺。
一旦您获得了康柏扩展服务，
我们将在第 1 个工作日内给您的需求予以回复。
并保证在第 5 个工作日内圆满为您解决问题。

该系列广告从四个侧面介绍了康柏产品的耐用性、兼容性以及康柏的服务承诺，让消费者对康柏电脑有较全面的了解。四个标题分别引用古人名言名句，很有文化意蕴。

3. 信息递进型

系列广告传达彼此关联、层层递进的信息，使受众对广告信息的理解不断深入。这种系列广告文案，有的是对广告信息做进一步深入发掘，使受众由浅入深地了解广告信息；有的是完整地反映企业、产品和服务在各个不同时期的发展状况和现在情况，使受众能随着广告系列文案的深入，逐步了解广告主的发展状况。

如凤凰牌珍珠膏的系列报纸广告文案标题：

- 凤凰四季都适用
- 只需一种就行？
- 每季两瓶最适宜
- 凤凰有三大系列

这套系列广告并没有一个统一的主题信息，四则广告所传达的也并不是同一信息的不同侧面。其特点在于以标题在形式上的数字递进引导内容上的信息递进，使受众对产品的了解逐步深入。

（二）形式分类

以表现形式分类，系列广告文案可分为标题不变、正文变化型，标题变化、正文不变型，标题变化、正文变化型，此外还有标题和正文都不发生变化的情况。

1. 标题不变、正文变化型

这一类型指在系列广告文案中，用相同的标题配合不同的正文。如苹果电脑公司一套系列报纸广告的文案，所有的标题都是《因为它得心应手，您当然随心所欲》，而正文则分别介绍苹果软件在商业应用、桌面出版、配合不同操作软件这三方面的过人之处。

2. 标题变化、正文不变型

这一类型指在系列广告文案中，用不同的标题配合相同的正文。如来自瑞士的瑞泰人寿保险公司在台湾报纸刊登的系列招聘广告，四则广告正文完全相同，但是分别冠以“寻人”“征人”“找人”“要人”的标题。虽然正文相同，但是多变的标题仍然有助于加深受众的印象。

又如宝生园药品系列广告（见图 12-6 至图 12-8）。

图 12-6　宝生园药品系列广告之一

标题：怕冷吗？

正文：我爸爸说，做人要饮水思源，不可以忘本。也许就是这个缘故，有中国人的地方就会有我们。我们对中国人感到分外亲切，只因为你我同根心意近。

图 12-7　宝生园药品系列广告之二

标题：累了吗？

正文：我爸爸说，做人要饮水思源，不可以忘本。也许就是这个缘故，有中国人的地方就会有我们。我们对中国人感到分外亲切，只因为你我同根心意近。

图 12-8　宝生园药品系列广告之三

标题：困了吗？

正文：我爸爸说，做人要饮水思源，不可以忘本。也许就是这个缘故，有中国人的地方就会有我们。我们对中国人感到分外亲切，只因为你我同根心意近。

这个系列文案中，三个标题出现了变化，但是正文却没有变化，只是标题和画面有了变化。该系列广告都意在说明宝生园药品能给人及时的帮助。

3. 标题变化、正文变化型

这一类型指在系列广告文案中，每一则广告文案的标题和正文都有所变化。

如台湾中兴百货周年庆《公民篇》系列文案。

作为“消费者”比作为“公民”幸福

受不了媒体的八卦疲劳轰炸，幸好有型录可供安静阅读。福利政策被口水淹没，折扣讯息成为不折不扣的利多。谣言令人晕眩，做 Spa 是一种清醒。突然从杂食性动物变为草食性动物，是生理上的权谋不是心理上的阴谋。公平竞争和斗争的最大差异就在于，羡慕别人抢先买走 D&G 的豹纹风衣。此外，紧实乳液可向上提升、健身房可罢免坏身材、WAP 手机不只三通…… 在消费受礼遇的周年庆。

“消费正确”比“政治正确”正确

左拥优雅 Armani，右抱性感 Dolce & Gabbana，并不构成绯闻要件。即使所有人都穿克什米尔，也没有人敢罢免你的安哥拉毛衣。除了爱人有抗议你抽 Cohiba 的权利，咖啡店内保留雪茄燃烧的合法性。穿着平底胶鞋步上礼堂，三寸金属细高跟绝不因此上街头。舆论基本上不批判用鹅毛钢笔写信或者用电脑写信。此外，还可以穿睡衣去舞厅、戴棒球帽去冲浪、喝红酒配海鲜……

该系列广告文案是为中兴百货公司开业一周年庆典所创作的，标题和正文都不同。第一则是说消费者的消费行为不会受到攻击，可以完全自由消费；而公民的生活行为却容易受到八卦新闻和谣言的诋毁，所以说做消费者比做公民更幸福。第二则文案是说怎么消费都正确，只要你愿意，没有人会批判你；而政治再正确，也可能受到批评。两则文案内容基本一致，只是形式相去甚远。

4. 标题不变、正文不变型

在有些系列广告中，标题和正文都没有变化，但是版面的编排发生了变化，与文案配合的画面也发生了变化。这种表现方法一般出现在以画面为中心的系列广告中。

如中兴百货春季折扣系列广告由三则广告组成，其标题和正文都没有发生变化，均如下所示。

标题：最后的春光乍泄

正文：春眠渐渐觉晓，花季渐渐凋谢，梅雨渐渐晴朗，中兴百货春季折扣，是你最后的踏青机会。

中兴百货春季折扣系列广告，获2001年4A广告奖。三则文案的标题和正文都相同，只是所配画面不同，画面内容和构图都有不同。该广告如果没有配图，那就不是系列广告了。

第二节　系列广告文案的构思方式

根据构思方向，系列广告文案的构思有横向思维和纵向思维两种。纵向思维是按照事物发展的逻辑方向进行的思维，可以是顺向的，也可以是逆向的。横向思维是从一个思维原点出发，向周围发散的思维方式。

一、横向构思方式

横向构思方式就是运用横向拓展的思维方法对系列广告文案的主题、内容进行横向展开的构思方式。它可以从广告表现对象的各个侧面、各个角度来进行，也可以就同一品牌的不同产品进行横向表现，还可以从一个信息点出发进行放射性展开。如西安某公寓报纸系列广告文案。

其一：

回归。我们用不了180平方米的大房子……

以前买房，人们都喜欢买大房子，宽宽敞敞住得舒服，但是只有4口人的一个家，怎么能够用得了180平方米……

其实，100平方米的房子，我们已经住得很舒适了。

其二：

回归。住得有品位，价格不一定要高高在上……

宝马每个人都喜欢，有气派又有品位，但是如果买车子，实用却是最关键的，既要物美，当然又要“价廉”了。

其实，买房如买车，住得有品位，价格不一定要高高在上……

其三：

回归。享受亲情不是要“抬头不见低头见”……

成家立业后，自然而然想寻求一个属于自己的空间。但是缺少了儿女承欢膝下的父母过得会快乐吗？让父母住在离自己很近的地方，经常的探望同样会使父母笑逐颜开。

其实，享受亲情不是要“抬头不见低头见”……

其四：

回归。属于我们的生活不在郊区……

喜欢郊区的风和日丽和野外的田园美景。但是工作繁忙，哪里有那么多的时间享受路上的奔波。闲暇时能够看看自己喜欢的影碟，喝上自己喜欢的饮品，睡在自己喜欢的床上……就是莫大的享受了。

其实，属于我们的生活不在郊区……

其五：

回归。我们的骨子里没有寂寞的元素……

清风飞扬，晓月唱晚，是一种境界。可是繁华都市的霓虹靓影、歌舞升平更有魅力，青春的吸引无人能及。

其实，我们的骨子里没有寂寞的元素……

这一系列文案就是典型的横向构思的例子。文案从五个方面介绍了公寓的卖点，中等户型、价格不高、与家人住得很近、不在郊区、处在繁华的都市，这都是消费者在购房时要考虑的标准。广告从房产的卖点发散开来，使思维据此向周围扩展，全面展示了房产的竞争优势。

二、纵向构思方式

纵向构思方式是由一个信息原点开始，向纵深方向发展。这种构思方式在实际运用中，可根据广告中企业、产品或服务的发展情况进行一步步深入展开，来传递广告信息。

如台湾玛莉化工厂 G-11 药皂的系列广告文案。

（一）

玛莉 G-11 征求受害人，我们负道义责任

凡在台湾居住 6 个月以上，过去使用玛莉 G-11 药皂，有不良反应，经公立医院

医师证实，并有1975年7月1日以前之医师检验报告书者，不论症状轻重，经复检确实，每一受害人，得赔偿新台币50万元以下。

（二）

玛莉G-11征求受害人，应征人0

截至目前，无人应征受害人。

（三）

征求受害人，应征人2

有一位消费者，提出医师检验报告书应征，谓左上腿部发生红疹现象，现已指定医师进行复检。另一位消费者，因未能提出医师检验报告书，与应征资格不符，未予受理。

（四）

谁是受害人？

经医师复检证明，消费者的红疹现象，是食用海鲜所致皮肤过敏现象，与G-11药皂无关。这位消费者已自动撤回应征函件。这是应征的最后一日，逾期概不受理。

（五）

我是受害人

遍寻世界各国病例，G-11药皂并无致病的前例。三年前台湾有关G-11药皂危害的报道与传说，均查无实据。世界各地，包括台湾地区，从未禁用G-11，而且还制定使用标准。兹特将真相，公诸大众，以正视听。

这是国际工商传播公司为台湾玛莉化工厂创作的系列广告。广告首先以“征求受害人”的名义向社会广泛征求，并悬赏50万元台币，这就引起社会各界的重视。第二则文案中说没有人应征，让人们松了一口气。第三则说有两个应征者，似乎药皂确有问题，引起人们的关注。第四则说明情况，原来与药皂无关。第五则文案才真相大白，为药皂洗清了冤屈。这种构思使问题层层深入，也引起人们追踪关注。在人们的关注点达到高潮的时候，突然揭开谜底，使人们恍然大悟，从而对产品产生很深印象。

系列广告文案可以陆续发布，这样更能引起读者兴趣，调动社会人士对事件的关注程度和对问题解决的期待，这样会产生更强的社会效果。

三、纵横配合构思方式

在实际写作中，有些系列广告文案并不完全是横向构思或纵向构思，而是采用两种构思相结合的方式进行。横向构思能够拓展文案表现的广度，纵向构思则表现文案的深度。如此使文案既饱满又丰富，给人以立体之感。如实达电脑系列广告文案。

昨天篇

平实价格，轻松拥有，昨天我的儿子买了台 PC 上网

如果你想拥有一台品牌电脑，实达“梦飞”不是梦。平实的价格，畅通的销售网络，优质的服务，让寻常百姓感受一份关爱，一片热情，一种轻松拥有的满足。

今天篇

时尚小巧，世纪潮流，今天我与网友 TOM 有个约会

海水绿透明机箱，晶莹剔透；全流线外观造型，智慧小巧；主机内置音箱，蕴含激情，引领 2000 年时尚设计新潮流。

明天篇

网络生活，美好人生，明天我也上网交个友

单键上网，结合极为丰富的网上信息服务。

www. home. com. cn 建立起自己的网上家园，

www. chinaren. com 综合信息服务，

www. coolbid. com. cn 网上拍卖服务，

www. k99. com. cn 网上健康信息服务，

将使您真正享受因特网时代给您带来的一份轻松和惬意。

这个系列广告在时间上是纵向构思，即“昨天”“今天”“明天”，反映了随着时间推移，实达电脑为人们生活带来的变化；横向上又表现为分别说明实达电脑价格便宜、精巧时尚、上网便捷。文案显得立体饱满。

第四个步骤，进入每个单则广告文案的具体写作过程。文案人员要运用语言符号，将前面所规定的信息传播任务、风格、特征等各个方面进行到位的表现。

第五个步骤，是在单个广告文案完成基础上，进行系列广告文案的整体协调、配合和整合过程。

系列广告文案以完整性、同一性形成单个广告文案难以相比的魅力和气势，因此，系列广告文案在风格表现、语言特征、画面构图等方面都应该是统一的。还要特别注意系列广告文案意义的整体把握。

【思考与练习】

一、思考题

1. 什么是系列广告文案？
2. 系列广告文案有什么特点？
3. 系列广告文案有哪些主要类型？各有什么写作特点？
4. 系列广告文案的构思方式有哪些种类？

二、课堂训练

资料

EPSON 原厂耗材

广告主

EPSON

产品名称

原厂耗材

广告主题

EPSON 原厂耗材推广。

产品介绍

原厂耗材之保障。

（1）品质保障：原厂无尘纯水的制程，墨水纯净不阻塞印字头；绝佳相片打印品质，色彩亮丽，层次分明不晕染。

（2）技术保障：墨匣导流技术，喷墨顺畅不漏墨；CSIC 智能型芯片技术，实时掌握墨水存量，使用更方便。

（3）服务保障：原厂免费保固及真品辨识服务；环保回收服务。

（4）便利的通路：遍布全省的原厂耗材专卖店及全家便利店。

非原厂耗材之风险：

（1）制程可能不严谨，使墨水混入杂质，造成印字头堵塞。

（2）消耗大量墨水，重复清洁印字头，减少打印张数。

（3）减短打印机寿命，同时无法免费享受原厂保固服务。

（4）打印品质降低，无法与 EPSON 专利喷墨头控墨程序相得益彰。

广告目标

告知使用非原厂耗材的风险，建立使用原厂耗材的认知。

广告目标对象

（1）20～45 岁。

（2）重视打印机品质及功能。

（3）喜好以照片纪录生活，并与朋友分享。

使用方式/场合/时机

（1）家庭/个人相片打印。

（2）文件/作业打印。

（3）旅游/生活/聚会记录相片打印。

（4）卡片、月历、T 恤、个性化商品制作。

主要竞争者

（1）坊间耗材相容品。

（2）仿冒品。

产品定位

EPSON 原厂耗材，绝色打印。

品牌形象

Epson 先生是对色彩极为讲究且富创造力与想象力的色彩专家，他不断运用各种科技的可能性，给消费者多彩多姿的影像生活。

必要列入事项

产品 Logo。

资料索取

网址：www. epson. com. tw/imaging/index. htm。

训练要求：

为 EPSON 耗材推广上市创作一则不少于 3 篇的系列广告文案，媒体和形式不限。

第十三章

公益类广告文案写作[①]

【本章重点】

1. 公益广告的含义、特点、分类
2. 不同主题公益广告文案的写作
3. 不同诉求方式的公益广告文案

【学习要求】

1. 掌握公益广告的含义、特点、分类
2. 掌握不同主题公益广告文案的写作
3. 掌握不同诉求方式的公益广告文案

公益广告活动是一个国家民众文化道德水平和社会风气的重要体现。公益广告作为建设社会主义精神文明的一个载体，在大力宣传国家的大政方针、提倡公共道德、弘扬爱国主义、提倡尊师重教、保护自然环境等良好风尚以及促进社会文明方面发挥着重要作用。

本章对公益广告的写作理论和实践进行探讨，目的是让读者对公益广告有一个较全面的认识，掌握公益广告的写作要求和技巧，能够写出较好的公益广告，为社会公益事业服务。

第一节　公益广告概述

一、公益广告的含义

公益广告是为公众利益服务的非商业性广告，旨在传播某种公益观念、促进社会公共利益的实现和社会精神文明建设。

公益广告宣传，可以倡导正确的社会意识和生活观念，使事关公共利益的问题引起广泛

① 本章主要参考并引用了以下资料：高萍．公益广告初探．北京：中国商业出版社，1999；张成锡．迈向新世纪的公益广告．[2019－05－10]．http：//www. yan-huang. com/caaac/lecture/lecture _ 9. htm；《广告文案写作》网络课程．[2019－05－10]．http：//www. xbmu. edu. cn/kjxz/NCourse/guangaoxizuo/found/index _ 1. html；如何创作优秀的公益广告．[2019－05－10]．http：//www. zhengjien. com/xy/sj/ad/200702/1025. html；周亮．公益广告的创作的基本要求．[2019－05－10]．http：//bj. jiangshi. org/Lect/person/1181/detail/artide _ 6e46b701-c519-4dc6-913a-66c89ffceb49. html.

重视，对那些有损公众利益的思想和行为提出警示和诫勉，以净化社会环境，创造美好生活。

二、公益广告的特点

与商业广告相比，公益广告具有如下特点。

（一）公益性

公益广告最显著的特点是它的公益性而非商业性。它是纯粹意义上的公众服务广告，不含有任何商业目的，也不反映具体的商品或服务名称，即使是企业赞助播出的公益广告，也不能出现企业名称。

（二）义务性

广告主在制作发布公益广告时都是义务性的，没有任何经济回报，广告内容和广告主的商业利益没有关系，只体现投资者对社会公益事业的责任心和义务感。当然，通过公益广告也可以树立企业良好的社会形象，获得消费者的认可和信赖，使消费者对企业产生好感。

（三）社会性

公益广告的主题和效应具有普遍社会性。它反映的是社会问题，通过全社会的倡导产生社会效应。因此，它反映的问题应该具有社会性、普遍性和代表性，是普遍存在的问题，是大家都关注的问题，是影响整个社会的问题。

（四）大众性

公益广告的诉求对象是广泛的社会大众，因此受众对象具有大众性。公益广告是对大众传播，永远站在人民群众的角度去反映问题。同时公益广告必须大众化，要求表达得具体明确、通俗易懂，让大众能看懂。

（五）观念性

公益广告传播的内容是事关社会公众利益的某种观念和价值取向，通过公德意识、良好思想、先进文化、优良传统、社会规范、做人准则等意识形态内容的传播，树立健康生活、助人为乐、保护环境、热爱祖国等思想观念。

（六）教育性

公益广告的目的是以广告表现手段和艺术魅力对社会大众产生教育作用。它以倡导、规劝、警示、批评、讽刺等方式引起共鸣，达到政治手段所不及的教育效应。

三、公益广告分类

（一）根据广告发布者分类

根据广告发布者分类，公益广告可分为三种。

（1）媒体制作发布的公益广告。如电视台、报纸等发布的公益广告。这是媒体的政治、社会责任所要求的。

（2）社会机构发布的公益广告。比如联合国教科文组织、联合国儿童基金会、世界卫生组织、国际野生动物保护组织分别发布过“保护文化遗产”“儿童有受教育权利”“不要歧视艾滋病人”“保护珍稀动物”等公益广告，这类公益广告大多与发布者的职能有关。

（3）企业发布的公益广告。比如波音公司曾发布的“使人们欢聚一堂”，以及爱立信发布的“关怀来自沟通”等公益广告。

（二）根据广告载体分类

根据广告载体分类，公益广告可分为两种。

（1）大众媒体公益广告。如发布在电视、报纸上的广告。

（2）分众媒体公益广告。如户外公益广告，车站、巴士、路牌公益广告。

（三）根据广告主题分类

根据广告主题分类，公益广告可分为五种。

（1）政治政策类公益广告。其主题包括改革开放周年纪念、建国周年纪念、科技兴国、推进民主和法制、扶贫等。

（2）节日类公益广告。其主题包括劳动节、教师节、重阳节、植树节等。

（3）社会文明类公益广告。其主题包括保护环境、节约用水、关心残疾人等。

（4）健康类公益广告。其主题包括反吸烟、全民健身、爱眼等。

（5）社会焦点类公益广告。其主题包括下岗、打假、扫黄打非、反毒、希望工程等。

（四）根据诉求方式分类

根据诉求方式分类，公益广告可分为五种。

（1）正面倡导型。以正面引导的方式直接灌输公益观念。

（2）关心爱护型。以真诚的关心爱护态度传播公益观念。

（3）规劝说服型。以劝说疏导方式宣传公益观念。

（4）提醒警示型。以提醒、告诫、警示的方式，严肃地提出公益观念，引起当事人的重视。

（5）讽刺批评型。以各种讽刺批评方式对不良现象进行揭露和鞭笞，使这些不良现象得到改善和诫勉。

四、公益广告表现手法

公益广告表现手法很多，我们在这里只列举其中几种，供读者借鉴。

（一）提倡观念和号召行动

这是目前公益广告文案中使用最多的一种表现手法，它是直接向公众提倡有关思想观念并号召行动的一种公益广告。如“从小自主，长大自强”“水是生命之源”“谁言寸草心，报得三春晖”“无偿献血，从我做起”“小孩是大人的复制品”“帮助别人就是帮助自己”“从垃圾箱里拾回您的公德心”“多一份热情，多一份力量”“消费权益在你手，据理力争要开口”“绿，来自您的手”“您的家人盼望您安全归来”“保护水资源”“孩子，不要加入烟民的行列”等。倡导观念式的公益广告，其写作方法一般是讴歌颂扬、政令宣导、启发阐述等。这类公益广告文案的优点是观点鲜明、直截了当、通俗明白。但是如果运用不好，容易带有政治说教色彩，有时可能会引起人们的逆反心理，达不到预期广告效果。下面这则公益广告文案是一个比较好的范例。

你会因为兴奋而哭泣，也会因为悲伤而哭泣

在这夏季奥运会短短的 17 天时间里，让我们创造一个和平的世界。在那里，孩子和成人以及体育运动员都能分享到兴奋的泪水。

这是获得 1995 年“呼唤和平”平面广告国际大赛第一名的来自美国 Bozell 公司的公益广告。该广告借助奥运会向全世界倡导“让我们创造一个和平的世界”。当时国际奥委会正同联合国讨论，要在 1996 年亚特兰大夏季奥运会期间呼吁实现全球停战。这则广告设计了两幅图片，上图是短跑运动名将埃弗琳·阿什福德打破奥林匹克纪录并获得女子 100 米赛跑金牌时，与队友拥抱在一起激动地哭泣；下图是一位穆斯林母亲在塞尔维亚军队对波黑地区的炮击中，怀抱她的孩子伤心地哭泣。广告表达了人们反对战争、热爱和平的强烈愿望。

还有由 CNN 播出的呼吁和平反对战争的公益广告。画面上，两个幼儿亲密地在一起玩耍，下面分别写着以色列人、巴勒斯坦人。紧接着又出现波斯尼亚和塞尔维亚幼儿、伊拉克和科威特幼儿等几组儿童亲密玩耍的镜头。然后打出字幕：停止战争，为了孩子。署名：联合国儿童基金会。这则公益广告也是在呼吁世界各国，为了孩子，停止战争吧。

下面是公益广告文案《国企改革从自己开始》。

这杯茶，你想泡多长？

春天毛尖，
夏天菊花，
秋天云雾，
冬天铁观音。
反正年终奖也没多少可拿，
就这么整天泡着吧，
不过一不小心泡久了，
把自己泡成一缸没有人要的隔夜茶！
广告口号：国企改革，从改革自己开始。

这饭碗，你想捧多久？

刚买饭盒那年，
你不怕喝水学会了游泳。
带着它上夜校，两年辛苦你拼到了文凭。
用它装好吃的，三年不懈你追到了小丽。
现在它已经蓬头垢面油油腻腻，
你也想这么半死不活地拖着？
还是彻彻底底，换饭碗去！
广告口号：国企改革，从改革自己开始。

这件毛衣，你想织几遍？

儿子的毛背心，

老公的毛衣，
婆婆的毛裤，
…………
你一上班就十指不停，
业务尖子都没有你手快。
可你究竟有什么收获？
只有放下织针，
才能织出你家的锦绣前程。
广告口号：国企改革，从改革自己开始。

读者对以上文字描绘的三个场景都不会陌生，它们反映了国企职工上班时的情景。一杯茶可以相伴聊天喝半天；从家里带来的饭菜一上班就放在暖气上烘烤，干等着下班吃个热乎；打毛衣是消磨上班时间的最好方式。这样的国企怎么会有活力？要想进行国企改革，就要从每个职工开始。转变观念，发挥主人公作用，树立与企业共荣共衰思想，把自己的命运与企业联系在一起，才能促进国有企业的发展。该文案用诗一般的语言，从三个方面将国企职工的现状进行了介绍，呼吁人们支持国企改革。

（二）鲜明对比和强烈反差

这是在广告中运用对比手法，将两个具有强烈反差的社会现象进行比较，分出真善美和假恶丑，歌颂美好，鞭笞丑恶，让读者从中得到教益。如公益广告《卢旺达的最后一滴水》（见图13-1）。

图13-1　卢旺达的最后一滴水

卢旺达的种族屠杀为民众带来了无尽灾难。广告用残酷的战争现实与和平生活形成暗比，表达饱受战争创伤的人们对和平的向往，也提醒和平中的人们珍惜和平幸福的生活。

（三）展示后果和严重危害

很多公益广告是将一些不良行为导致的严重后果和危害展示给读者，形成强烈的视觉冲击，让人触目惊心，以起到警示作用；或者是以忠告或警示的方式提出一个严肃问题，提醒人们如果不停止某种行为或不采取某种行动所可能造成的后果。具体主题包括保护环境、保护动物、节约资源、行为规范、文明秩序、公共卫生等。这类公益广告有较强说服力度，能震撼人心，但手法比较沉重，创作时要考虑受众的心理承受能力。

如《未来圣诞树》环保公益广告（见图 13－2）。

图 13－2　未来圣诞树

标题：未来圣诞树

水受污染，森林被滥伐，也许下一个圣诞节……

这是一则以环保为主题的公益广告。“树”上挂的标签“年年有鱼”“材源广进”“万兽无疆”，代表着水源被污染、森林被砍伐、野兽被屠杀。于是下一个圣诞节只能用鱼骨代替圣诞树。这样的结果是触目惊心和令人惋惜的。如果人类还不警醒，如果人类还不停止破坏环境，也许这一天终会到来。

又如环保公益广告《海的女儿?》（见图 13－3）。

图 13－3　海的女儿?

《海的女儿?》公益广告警示我们，如果再不保护水资源，“海的女儿”只能眺望沙漠了。

（四）激发同情心和道义感

用公益广告展示弱者的处境和无助，展示他们对社会救助的渴望，唤起人们对弱者的同情和帮助。这类公益广告也可以用来揭露不良现象，歌颂见义勇为、扶弱济贫的精神，激发人们的道义感和本能良心。如中国福利彩票慈善救助公益广告（见图 13-4）：

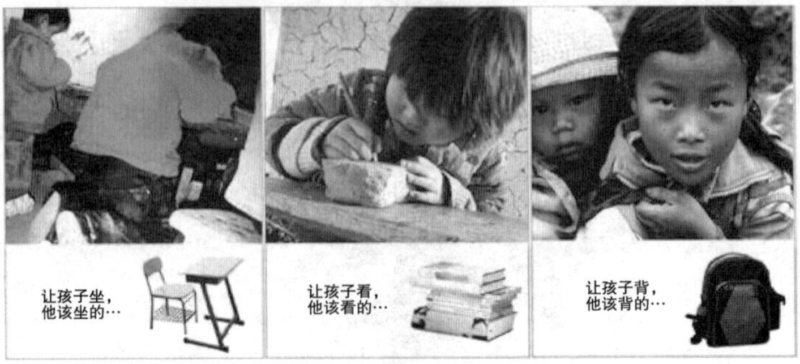

图 13-4　中国福利彩票慈善救助公益广告

图 13-4 是上海大广贸促广告有限公司创作的获得“布洛城杯爱心助学公益广告大赛”优秀奖的系列作品。第一幅作品中，小学生跪着上课，广告口号是“让孩子坐，他该坐的……”；第二幅作品中，小女孩在半截砖头上写作业，广告口号是“让孩子看，他该看的……”；第三幅是一个女孩背着小弟弟，广告口号是“让孩子背，他该背的……”。作品让人同情得心疼，尤其第二幅作品中那个女孩子在砖头上写作业时的专注状态更让人流泪。作品无意抨击什么，只是让人发出疑问：“居然还有如此贫穷的地方?!”这一系列作品让人感到，我们能够做的就是伸出援助之手，帮助这些孩子获得较好的学习条件，让他们不再跪着上课、不再在砖头上写作业、不再背着弟弟妹妹站在学校外面听那朗朗的读书声。这就是公益广告的力量!

第二节　不同主题公益广告文案的写作

一、政治政策类公益广告文案

这类公益广告一般是政党和政府发布的，是为了宣传政党纲领、政治倾向或者解释政府的方针、政策等而制作的。其主题可以有祖国统一、香港回归、“一国两制”、反对战争、爱好和平、农村改革、小康社会、建设新型农村、精神文明建设、构建和谐社会等。中国共产党在不同时期发布的政治口号都属于政治广告，如“打土豪，分田地”“打倒军阀”“打倒国民党反动派”“解放全中国”“中国共产党万岁”“多快好省建设社会主义”“建设有中国特色的社会主义”“八荣八耻”等。

如中国邮政广告公司设计的“八荣八耻”社会公益广告明信片（见图 13-5）。

这是为庆祝中国共产党建党 85 周年，经中宣部批准，中国邮政广告公司精心设计的以“弘扬‘八荣’精神，唾弃‘八耻’行为”为内容的社会公益广告明信片。

对祖国的爱是每个中华儿女血脉里遗传的基因，祖国统一是全世界华人的梦想，也是中华民族几千年来形成的凝聚力的体现。公益广告在宣传热爱祖国、国家统一方面有很突出的表现。如获得 1997 年全国广播公益广告大赛政府奖银奖的《香港回归·古钟篇》。

图 13－5　弘扬社会主义荣辱观

香港回归·古钟篇

女：一口古钟伫立在海边，斑驳的锈迹中，记录着百年的风雨、百年的离恨。

男：那是一个夏天，古钟眼睁睁看着香港从祖国的怀抱中被割让。那时天地为之黯然，山河为之神伤。

女：一个半世纪过去了，又是一个夏天，香港，这颗东方明珠，在微笑着向祖国走来。

男：听，古钟已经鸣响。这浑厚的钟声中包含着祖国的祝福。

女：雪洗百年耻辱。

男：喜迎香港回归！

大海边的一口古钟见证了中华民族的百年荣辱历史，现在古钟已经鸣响，香港胜利回归。文案以古钟作为切入点，点明了主题，描述了香港从被割让到回归的过程，饱含激情地抒写了香港回归祖国的事件。

又如以下两则公益广告文案。

"一国两制"

男：一百年前，香港，被大不列颠帝国从祖国母亲的怀抱中强行掠去。

女：江湖悲愤，群山叹息，中国人的泪水流在心里。

男：一百年后，香港在邓小平同志"一国两制"的构想下顺利回归。

女：江河欢腾，群山傲立，国人的笑声响彻寰宇。

男："一国两制"，划时代的构想。

这也是关于香港回归的公益广告，歌颂了邓小平"一国两制"构想的正确，欢呼香港顺利回归母亲怀抱。

祖国统一

男：看啊，月亮又圆了。

女：真想回家看看家乡的圆月。

男：四十年了，月圆月缺，数不清多少回。

女：记得那首诗吗？

男：小时候，乡愁是一枚窄窄的船票，我在这头，故乡在那头。

女：到现在，乡愁是一湾浅浅的海峡，我在这边，亲人在那边。

男：是啊，该回家了。

旁白：中国人最讲究团圆，最重视家庭。我们都爱这方土地、这片家园，深记着自己是华夏儿女、黄河子孙。为什么还要被分割在遥遥两岸。同盼祖国统一，同胞相聚，不再分离。

这是获得1997年全国广播公益广告大赛政府奖铜奖的作品。文案以圆月作为思乡的寄托，表达了两岸同胞对祖国统一的强烈愿望。

二、节日类公益广告文案

节日类公益广告是指运用中外传统和现代节日作为切入点创作的公益广告，它利用节日元素传播公益广告内容。中国的节日很多，有传统节日、现代节日，有农历节日，有纪念节日，等等。传统节日是中华文化的重要组成部分，每一个节日都有特定的内涵和渊源。纪念节日有更多的人文特征和文化内涵，如五一劳动节、教师节、重阳节、植树节等。这些节日都可以作为很好的公益广告载体，加载要传达的广告内容。

如下面两图所示的1999年台湾地区一则庆祝母亲节的广告（见图13-6、图13-7）。广告由两幅图片组成：其中一幅排列了24位伟人照片，广告口号为“在妈妈心中，他们只是孩子”；另一幅则排列了24个新生儿照片，广告口号为“在妈妈心中，他们都是伟人”。这些照片和文字的对应排列，突出了“母亲的伟大、母亲的爱”这一感动人心的主题。同时也揭示了一个真理：母亲的爱推动着人类进步，母亲的爱是至高无上、无私无畏的真挚的爱。

图13-6　在妈妈心中，他们只是孩子

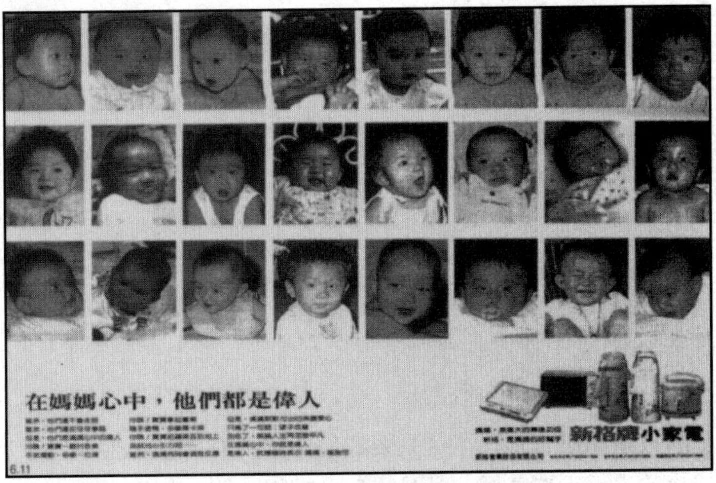

图 13－7　在妈妈心中，他们都是伟人

互联网曾报道过一则母亲节公益广告救人一命的故事。

一位善良、平凡、患糖尿病的母亲，因为每天需要三次打针和吃药而心力交瘁。“这样活着有意义吗?”这个问题她多次问自己，由此带来的心烦意乱和情绪不稳定，也给她的家庭长期蒙上了灰暗的颜色。终于有一天，她想到结束自己的生命，希望这个家不再受拖累。那时正是母亲节期间，贵州电视台播放了一则母亲节公益广告。广告中一位戴着眼镜的母亲，怀里抱着自己的孩子，一边哼着摇篮曲，一边睡着了。这个画面深深地感动了她，触到了她心灵的深处。“母爱是伟大的！我自己也是一位母亲，我的孩子也需要我啊！我如果寻死就太对不起自己年幼的孩子了。”结果她顽强地活了下来，重新燃起了生的希望，要为成长中的孩子做一个榜样。现在的她神采奕奕，常挂在嘴边的话就是：“感谢贵州电视台，特别要感谢的还是母亲节这篇公益广告的创意人！简直就是我的救命恩人。不然就没有今天的我。”

这个故事显示了公益广告对普通人的影响，说明公益广告对推动精神文明建设的巨大作用。

三、社会文明类公益广告文案

这类公益广告主要意在倡导社会文明、道德新风，提高公民的个人素质。多以忠告、提醒、警示的方式提出一个严肃的公益观念，提醒人们如果不停止某种行为或不采取某种行动所可能造成的后果。其主题可以有保护环境、爱护动物、节约用水、节约资源、关心残疾人、孝敬父母、尊老爱幼、弘扬亲情、文明秩序、公共卫生等。

如获得 1997 年全国广播公益广告大赛广播类金奖的作品。

听太阳篇之身残志坚

（海浪声，舒缓的音乐起）

女声旁白：凌晨，一个快要失明的少女来到海边，想要最后看一眼海上日出，一位伫立在礁石上的老人出现在她模糊的视线里。

少女：老爷爷，您也是来看日出吗？

老人（温和地）：我是来听日出的。

少女：听日出？

老人：我的眼睛三十年前就看不见了。

少女：可日出怎么能听得见呢？

老人（充满激情地）：你听，（音乐转为激昂）太阳出来时大海对她欢呼着，我虽然看不见，但我的心却感觉到了。

（乐声渐强，随着男声结束达到高潮）

少女（兴奋地）：老爷爷，我听见了，我听见了，太阳走过来了！

男声旁白：只要我们心中拥有太阳，生活就永远充满希望！

作品以童话般的故事和语言传达了“只要我们心中拥有太阳，生活就永远充满希望”的主题，鼓励身体有残疾的人们不要气馁，鼓足勇气，拥抱太阳，创造生活。

又如获得 1997 年全国广播公益广告大赛广播类银奖的作品。

一分钱

音效：闹市。

孩子：妈，一分钱！

旁白：如果你的孩子在马路上捡到了一分钱，你会怎么跟他说？

甲：这么脏，快扔了！

乙：现在一分钱谁还要啊！

丙：把它交给警察叔叔吧！

音效：儿歌声起。（《我在马路边捡到一分钱》）

旁白：也许我们该记得的不只是一支歌，也许我们该捡起的不仅仅是一分钱。

一分钱虽少，但是它折射了很多精神层面的东西。从大的方面说，爱护人民币是一个公民的义务；从小的方面说，它也是亿万财富中的一份，值得珍惜。尤其对小孩子，要培养其珍惜、节约的美德。广告中用几代人都会唱而且唱了几十年的儿歌《我在马路边捡到一分钱》作为背景音乐，很能勾起人们对过去那个崇尚高尚道德的岁月的美好回忆。

四、健康类公益广告文案

健康不仅指个人健康，还指公共健康。公共健康是指公众的健康，也称为人口的健康。随着经济全球化的到来和 WTO 在全球的推进，传染病、疯牛病、禽流感、艾滋病、SARS 危机、食品安全等问题也纷纷出现，使人们越来越意识到，伴随经济全球化而来的还有疾病的全球化以及公共健康问题的全球化。

这类公益广告主要宣传健康问题的伦理原则和道德规范以及应该采取的措施，呼吁人们关爱自身健康，保持健康心态，尊重他人健康，反对吸烟，预防疾病等。如下面这则电视公益广告文案。

健康拥抱未来

镜头一：一个青春亮丽的女青年张开双臂迎接城市上空美丽的彩虹。

镜头二：老师领着孩子们走向树林。

镜头三：几位老者在故宫广场上练太极拳。

镜头四：医院草坪上，护士鼓励患者扔掉拐杖向前走。

镜头五：年轻父亲举起儿子，年轻母亲举起幼儿。

字幕：健康拥抱未来

这是一则很健康向上的公益广告。女青年、孩子们、老者、患者、年轻父母，以不同方式演绎了一个主题，即健康拥抱未来。只有人健康，社会才健康，国家才健康。只有坚持锻炼、全民健身，才能使全民族健康发展，才能建设一个强大的国家。该电视广告采用五个场景，从五个方面进行表现，简洁而干净，很有力度。

五、社会焦点类公益广告文案

这类公益广告把目光集中在社会焦点问题，如下岗、打假、诚信、扫黄、打非、反毒、希望工程等。这些问题涉及社会稳定和百姓生活，如下岗和再就业，若解决不好，会影响到整个社会安定团结的落实和国企改革的成败。而希望工程则关系到全民教育、科学技术发展、文化传承等。因此，这都是公益广告必须重视的问题。

公益广告对下岗职工主要是采取正面鼓励态度，鼓励他们走出下岗阴影，寻找新的就业机会，利用自己智慧的双手，创造新的生活。如下面这则广播公益广告。

观念篇

（市场嘈杂声，压混）

求职者：您好，我是一个下岗职工，很想通过你们劳动力市场找一份工作。

工作人员：您好，非常愿意为您服务。我们这儿的用工信息还真不少，不知您想找一份什么样的工作？

求职者：您说说看。

工作人员：好，郊区一家村办铸造厂需要一名懂铸造技术的……

求职者：我正是搞这个专业的，可惜的是离家太远了。

工作人员：一家私营企业想雇用一名一般工作人员，月薪400元。

求职者：私营的，太不可靠，再说钱给得也少了点。

工作人员：这儿还有，鸿远大酒店想找一名清洁工，工作辛苦一些，但月薪600元。

求职者：不行不行，好赖不计我原来是一名企业的干部，去饭店打扫卫生，让熟人看了，这脸可往哪儿搁呢？

旁白：旧的择业观念常常成为您再就业的障碍。

（玻璃打碎声）

旁白：再就业需要您打破旧观念！

反对吸毒、拒绝毒品，是公益广告的艰巨任务，很多公益广告作者在这个题材上花了很多心血。如以下这则电视公益广告文案。

濮存昕篇

参与禁毒斗争，构建和谐社会

字幕：我国现有吸毒人员已接近 80 万

濮存昕：禁绝毒品，消除危害，是你的责任，是我的责任，也是我们的责任。

字幕：吸食毒品人群已经开始向低龄化发展

濮存昕：赶快加入，打一场禁毒人民战争，我参战。

字幕：参与禁毒斗争，构建和谐社会

这则公益广告号召公众“参与禁毒斗争，构建和谐社会”。又如下面这则公益广告文案。

我是 I 你是 you，

来是 come 去是 go，

点头 yes 摇头 no，

谢谢你是 thank you。

接触身边摇头丸，比学这几句英语还简单。

广告口号：拒绝毒品，向摇头丸摇头。

这一则公益广告是直接倡导拒毒戒毒观念的，号召人们“拒绝毒品”“向摇头丸摇头”。

吸烟有害健康是人人共知的，但是还有那么多的人抽烟，不仅危害自己身体，也让很多人被动吸烟，从而危害了他人的身体。应该在公益广告中宣传吸烟有害健康以及在公共场合抽烟是不道德的行为，以引起人们对此问题的高度重视。如下面这则广播公益广告文案。

戒烟

女（旁白）：他二十岁的时候还是蛮潇洒的。

男（高兴，自豪地）：饭后一支烟，嘿！赛过活神仙。

女（旁白）：三十岁的时候，感觉就不那么好了。

男（忧愁地）：抽上一支烟，饭量减一半。

女（旁白）：四十岁的时候呢？

男（喘息声）：抽了一支烟，上楼唉，有点喘。

女（旁白）：五十岁了？

男（咳嗽声）：抽了一支烟，咳嗽老半天哪！

女（旁白）：六十岁？

男（后悔地）：唉！要想戒掉烟，后悔为时晚，可千万别学我呀。

女：为了您的身体健康，请不要加入烟民的行列！

诚信也是公益广告关注的焦点。随着市场经济的发展，一些人发财心切、利欲熏心、唯利是图、不择手段，制造贩卖假冒伪劣商品，坑害消费者，扰乱市场秩序，破坏商业信誉，严重危害了市场经济的顺利发展。于是，政府提出了依法治国、诚信经商的主张。公益广告也发挥自己舆论工具的优势，制作发布了很多优秀的诚信公益广告，以教育那些不守信用、欺诈骗财、见钱眼开的奸商。如获得第一届责任中国全国公益广告大赛银鼎奖的作品（见图13-8）。

图13-8　农民不是消"废"者

农民是我国群体最大的消费者，但不是消"废"者！目前，以假农药、假化肥、假种子坑害农民的现象经常发生，已经引起政府和全社会的高度关注。规范农村市场，发展农村经济，是当务之急。该公益广告一针见血，把消费者转化为消"废"者，巧妙运用汉字的谐音，唤起受众群体的关注，让假货、劣货无处立脚，让奸商无法得逞，发挥了广告的力量。

第三节　不同诉求方式的公益广告文案

一、正面倡导型

正面倡导型公益广告是以正面引导的方式直接灌输公益观念。它不批评也不讽刺，而是引导受众接受一种思想意识、社会风气、生活方式。它显示政府、社会团体、企业对某一社会现象、社会问题、社会行为的关注。这类公益广告以平心静气、循循善诱的态度，给公众留下深刻记忆。其中，温馨的广告语言、生动的画面，如清风扑面，亲切感人，使人与人、人与社会、人与自然和谐交融。它提倡社会公德，呼吁文明进步，推动知识创新，促进科教兴国，弘扬爱国精神，潜移默化地影响着公众。

香港母乳育婴协会广告

标题：打击翻版，支持原创

正文：母乳在母体内制造，不含人工添加成分，免受外界污染，减低孩子患病机会。保护孩子权利，请支持母乳喂哺。

这是提倡用母乳喂养的公益广告，正面倡导，给年轻的母亲们提供一种科学合理的婴儿喂养方法，而且说明用母乳喂养的科学性。又如下面这则广播公益广告文案。

无偿献血

女：据世界卫生组织统计，献血人次数占全国人口总数的4%，就可以满足这个国家临床用血的需要。中国目前还不能达到这个标准，而同是发展中国家的阿尔及利亚、尼泊尔、缅甸却早已实现临床用血全部来自无偿捐献。

男：是爱，是勇气，是关怀。无偿献血，从我做起。

这则文案先给出一个权威说法，即献血人次数占全国人口总数的4%，就可以满足这个国家临床用血的需要。这是一个标准，国外一些很小的并不富裕的国家早就达到了，可是中国没有达到这个标准，这多少让我们有些惭愧。怎么办呢？无偿献血，从我做起。文案用比较法，说明我们存在的差距，然后号召应该用实际行动弥补不足。这种写法很有感召力。

再如一则电视公益广告文案。

路灯

（偏僻的小路上，一老一少走路的脚步声和竹棍敲击地面的嗒嗒声由远而近）

孙女：爷爷，当心台阶。

爷爷：放心吧，孩子，这条路爷爷都走几十年了。

（脚步声和竹棍敲击地面的嗒嗒声继续，稍后停止）

孙女：爷爷，到了。

爷爷：知道了。

（拉路灯开关声）

爷爷：亮了吗，孩子？

孙女：嗯，亮了，爷爷！你眼睛看不见，为什么还要每天开亮这盏路灯呢？

爷爷：哈哈，傻孩子，爷爷看不见，你看见了吗？

孙女：看见了。

爷爷：嗯，看见了就好。

（音乐渐扬至结束）

这是以正面赞扬的方式宣扬一种美德，一种只为别人着想的好的品质。盲人老人自己看不见，自己不需要灯光，却每天准时为别人打开路灯，这种细小的举动反映了老人的高尚品质，值得他人学习效仿。再如下面这则公益广告（见图13-9）。

图13-9 没有一种财富可以万众膜拜，唯有精神

这是50元人民币中的主要图案，是雄伟的布达拉宫的造型。文案是“没有一种财富可以万众膜拜，唯有精神”。文案提出一个观点，即财富不值得崇拜，只有精神才值得万众敬仰。布达拉宫是西藏的象征，也是藏传佛教的象征，是物化了的精神，是精神化了的物质，任何事物都代替不了它在藏族人民心中的地位。财富可以枯竭，而精神永存。

二、关心爱护型

关心爱护型公益广告以真诚的关心爱护态度传播公益观念，以真情打动公众的心，唤起人们的同情，让大家都献出一份爱心，让所有的人都伸出援助之手，帮助那些需要帮助的人们。如一则广播公益广告文案。

我们都来节约1分钱

（儿童歌曲……混）

女孩：你出一。

男孩：我出一。

（合）：一、一相加就是二。

女孩：你出十。

男孩：我出十。

（合）：十、十相乘就得百。

女孩：十十百百就成千。

男孩：百百千千就成万。

爷爷：孩子们，算得好呀！我们国家有12亿人，如果每人每天节约1分钱，那是多少呀？

（合）：一千二百万元

爷爷：对，一千二百万元，可以办好多好多的事。就说为贫困地区的小朋友盖希望小学吧，就可以盖几十所呢！

（众孩合）：爷爷，爷爷，那我们也每天节约1分钱，捐给希望工程。

1分钱对一般人来说不算什么，可是全国人民都节约1分钱，那就是很大一笔钱，可以办很大的事。该文案以两个孩子算乘法题的方式告诉大人们，为了“希望小学”，为了明天的太阳，为了祖国的未来，每天节约1分钱吧。文案表达了对弱势人群的一份爱心。

三、规劝说服型

规劝说服型公益广告是以劝说疏导方式宣传公益观念，对于那些有不良思想、不好行为的人进行劝说，使他们改掉不良行为和习惯，或者纠正社会上存在的落后、封建、不健康的思想观念。公益广告承担着宣传教育功能，但它不是强制的教育，而是以沟通、劝导、警示来影响受众，使人们建立一种社会责任和社会意识，实现社会的和谐发展。

如平面公益广告文案《生活需要好脸色》。

（画面为形形色色的戏剧脸谱）

生活需要好脸色。

在现实生活中，有许多事情就是因为一张苦脸、一面恶相而纷争失和；但一副真挚的笑脸，一双理解的眼眸，都可以平添多少关怀与爱意！

人常说没有笑脸莫开店。人与人相处也是这样，即恶相带来纷争，笑脸平添温暖。广告劝说大家要有好脸色。

四、提醒警示型

提醒警示型公益广告是以提醒、告诫、警示的方式，善意而严肃地提出某种正确观念，引起当事人的重视。如下面这则广播公益广告文案。

时间

女声：啊……

男声：聪明者——利用时间；

劳动者——创造时间；

有志者——赢得时间；

朋友，请珍惜时间！

时间是取之不尽用之不竭的，但是对于一个人来说，一生的时间简直太短暂了。广告提醒人们要珍惜时间，要合理利用时间，还要会创造时间。鲁迅先生说过，他把别人喝咖啡的时间用来学习。所以鲁迅在他短暂的人生中，能够写出那么多优秀的作品，成为中国近现代的文化巨人。

又如“中华好风尚”主题平面公益广告文案。

（画面为一只苍蝇长着蝴蝶般漂亮的翅膀）

善良的人们，别让美丽遮住你的眼睛……

谨防假冒伪劣，保护消费者权益。

该文案提醒消费者要有一双慧眼，把奸商们的骗人花招看个清清楚楚明明白白，不要被表面现象和花言巧语蒙蔽了。

五、讽刺批评型

讽刺批评型公益广告是以各种讽刺批评方式对不良现象进行揭露和鞭挞，使这些不良现象得以改善。这种诉求要求对丑恶思想和行为进行一针见血、鞭辟入里的针砭，让那些做坏事的人成过街老鼠、无立足之地。要发扬鲁迅痛打落水狗的精神，将丑恶现象彻底清除。如《少送礼，多往来》电视广告文案。

画面上首先出现一束桃花，上面挂满了许多有新年吉祥词句的红灯笼。门打开后，便加入了拜年、送礼场面，充满节日的气氛。镜头摇下，可见左右两边各有一堆礼品盒，透过桃花，可感到这是一个家庭环境，而迎送客人的通道和大门就在画面中，虚虚地，在焦点之外，但仍可感受主客之间的那种殷勤……

新春喜气洋洋的乐曲夹杂着主人和客人之间的拜年声：新年好！恭喜发财！小小意思！多谢多谢！意思意思！不好意思！得闲去探你！经常来玩！……

主人家在一些客套话中往返于门口与礼盒之间，收一个送一个地重复着。画面中是左边和右边的盒子在颠来倒去地轮换着，只是节奏越来越快……这一切突然被一个孩子的声音打断。

小男孩：妈妈，送给瑶瑶的为什么送回来啦？

镜头缓缓摇下，一个小孩窥视一个拆开了的礼盒。

妈妈（画外音）：不要动啊，还要送人呢！

听到母亲的回答，孩子扫兴地摇头做了个鬼脸，淡为黑场。

字幕：礼尚往来，礼上往来

画外音：年年这样，都没有新意。少送礼，多往来！

这则广告通过生活中送给别人的礼物周转几家又被送了回来的细节，讽刺了那种以送礼作为人际交往手段的处事方式，同时宣传了一种崭新的人际关系，倡导健康向上的人际交往，即“少送礼，多往来”。

第四节　公益广告文案写作注意事项

公益广告不同于商业广告，由于公益广告在写作目的和内容上的不同，其写作要求就有所不同。纵观公益广告特点，其文案写作时要注意以下方面。

一、反映热点，明确主题

公益广告始终把焦点集中在人、社会、自然三大方面，其任务就是弘扬真善美、鞭挞假恶丑，以先进思想教育公众，以有力语言针砭时弊。公益广告应目标明确，针对性强。选题时要有针对性，这是引起公众关注、产生社会效果的前提。要配合政府大政方针和社会当前的热点问题进行选题。如2003年的“非典”、1998年的洪水灾害等，这些牵动全国人心的大事件，就是公益广告很好的选题。公益广告的意义，在于符合公众的根本利益，其主题要与社会公众的切身利益相关，并通过广告手段，喊出大众的心愿和期待，赢得更大的社会共鸣，进而促成一致的行动。因此，公益广告创作人员应该首先领会党和政府的方针政策，掌握社会问题的焦点和热点，这样才能选出针对性强的主题。

二、揭示本质，剖析事理

中央电视台曾发布过一则禁烟的公益广告。电视画面中，在醒目的位置上显出“吸烟”两个大字，背景是吸烟危及健康的组合画面。继而“烟”字半边的“火”将一支香烟点燃，烧出了一连串惊人的数字：全世界每年因吸烟所引起的死亡人数达300万人，占全年死亡人数的5%；世界上每10秒就有1人因吸烟而丧命；我国15岁以上男性吸烟率为61%……伴随着画面，深沉的画外音进一步做出本质的揭示：吸烟是继战争、饥饿和瘟疫之后，对人类生存的最大威胁。

一组惊人的数字，一句振聋发聩的警告，用事实从本质上道出了吸烟的危害，让人们胆战心惊，明晰利害，收到了良好的警示效果。所以公益广告要从深层次揭示事物的本质，说明事情的利害，让传播对象自己思考利弊，主动做出选择。

三、艺术感染，震撼心灵

公益广告要运用一切艺术手段增强感染，强化主题，从人们心灵深处解决问题，使传播的观念深入人心，在公众那里升华为价值理念和行为准则。如对一些不良行为的规劝和警示，使正确观念融化在受众的心灵深处和血液里，成为一生的座右铭。

四、比喻含蓄，善意诱导

公益广告的目的是说服受众响应号召，积极参与，戒除不良嗜好，学好向上。广告与公众之间是平等的交流关系，而不是教育者与被教育者的关系。因此，公益广告应该语言含蓄，善意诱导，启发公众自觉参与行动和深刻思考。广告文案要单纯质朴，简单明了，不要以文害意，削弱信息力度。

如 1998 年 12 月《北京广播电视报》曾刊登的一幅公益广告。几支燃烧的香烟所冒出的青烟形成了“生命”两个字，下面是一行袅袅升起的小字：抽烟等于烧毁自己的生命，为了您和他人的健康，请戒烟。其中用香烟搭成的“生命”字样，引起读者思考，究竟是继续吸还是赶快戒？

五、情感渗透，心灵沟通

人的观念决定人的行为，社会意识影响社会存在。人的生活观念和做人态度一旦形成，是很难在短时间内发生改变的。强制命令和法律法规并不一定奏效，而能感化人心的大概只有感情。特别是那些已经养成不良行为的人，如吸毒人员，要改变自己是很难的。戒毒所里强制吸毒人员戒毒，但他们出来后可能还会犯瘾。而一则公益广告中描写郑州一个女吸毒人员由于在心灵上受到母亲的感化，成了一名戒毒义务宣传员。所以公益广告要强化感情渗透，要进行心灵沟通，用感情和心灵感化传播对象，让他们改正态度。

六、适度夸张，鞭辟入里

有些以讽刺批评为主的公益广告，要揭露社会丑恶和批评错误言行，就可以运用适度夸张的手法，将问题或现象放大，让大家都能认清问题本质。在批判丑恶行为时，甚至可以深刻透彻，不留情面，让那些有悖社会公德和优良风气的行为无处躲逃。

七、轻松幽默，寓教于乐

公益广告不能完全采取说教方式，这样容易让人产生逆反心理，影响说服效果。如随处可见的“节约用电，出门关灯”这类公益广告，像冷冰冰的命令，缺乏人情味和轻松感。可以把公益广告做得有趣、奇特、轻松、好看，使公众发自内心地接受。如一则俄罗斯的同样是宣传节约用电的电视公益广告就做得非常好。

动画：一对夫妇吵得天翻地覆，丈夫不堪忍受，收拾衣物离家出走。妻子如梦方醒，抱着几个孩子失声痛哭。这时房门突然开了，丈夫出现在门口。丈夫回来了！妻子欲破涕为笑，哪知丈夫手一伸，“啪”地把墙上的电灯开关关掉，摔门扬长而去。屋内一片漆黑。

字幕：节约用电，随手关灯

同样题材的公益广告，俄罗斯人却做得很有创意。短短的广告片中融入了戏剧性冲突，有开头、发展、高潮、结局，而且结局出人意料，又在情理之中，堪称经典之作。

公益广告是社会主义精神文明建设的推动者和实践者，能提高人们的公德意识和社会责任感，影响人们对问题的思考。公益广告所倡导的价值体系和思想观念，能够成为社会的舆论导向，成为人们追求的价值目标和社会风尚，甚至成为社会群体的行为准则，在弘扬社会正气、美化生活环境方面发挥着积极的作用。我们要将公益广告进行到底，使之成为社会舆论的风向标和主导意识形态的有力武器。

【思考与练习】

一、思考题

1. 公益广告的概念是什么？
2. 公益广告有什么特点？
3. 公益广告文案有几种分类方法？各是什么？
4. 公益广告文案有哪些表现方法？
5. 公益广告文案写作应该注意什么？

二、课堂训练

资料

保护母亲河——青少年“绿城清水”行动

共青团江苏省委主办

活动简介

开展青少年“绿城清水”行动是“保护母亲河”在内容上的进一步深化和丰富。通过参与“绿城清水”活动可以使广大青少年接受最直接、最普遍的生态环保教育，树立“绿色也是资源”的理念，增强环境保护意识，充分发挥青少年在保护和建设生态环境方面的生力军作用。大力服务和推进城市生态环境建设，提高城市的竞争力、集聚力和辐射力，为创造良好的城市生态环境、实现城市可持续发展做出应有的贡献。

活动主题

保护身边母亲河，关注绿城清水，共建美丽家园，共创美好明天。

活动要求

（1）结合各地城市改造实际，主要在城市河流、湖泊沿岸、市民广场、公园绿地、住宅小区等地大力营建青少年绿色工程。

（2）围绕“天天环保、人人环保”主题，积极开展“绿城清水”行动主题宣传教育活动，通过多种形式，打造“绿城清水”生态文化品牌。

（3）培养青少年的环保意识，增强青少年保护环境的自觉性。

必要列入事项

江苏省“保护母亲河”行动领导小组办公室。

训练要求：

根据资料，各写一份报纸公益广告文案、电视公益广告文案、广播公益广告文案。主题和诉求方式不限。

第十四章

网络广告文案写作

【本章重点】

1. 网络广告文案特点
2. 网络广告形式及文案写作
3. 网络广告文案写作注意事项

【学习要求】

1. 掌握网络广告的形式
2. 学会各种网络广告文案的写作

网络广告已经成为新媒体广告的主要形式，也是所有广告形式中最具前景的一个品种，其无可比拟的优势被广告界和广告主广泛认可，成为很多广告主的首选，这也为广告文案写作提供了一个无限的发挥空间。本章从网络广告形式、文案特点、写作注意事项等几个方面，介绍了网络广告文案的写作。由于网络广告不成熟，网络广告文案写作的理论研究也处于起步阶段，所以本章尽最大可能地提供较为全面和前沿的知识供同学们学习。

第一节　网络广告概述

一、网络广告的发展

人类历史到 20 世纪末无可选择地进入了互联网时代，网络媒体展现的新鲜和奇妙让现代人目不暇接。它综合了报刊、广播、电视、电影等各大媒介的特点，拥有巨大的数据存储空间和快捷的信息传输渠道，令全世界的人可以进行自由对话，将地球变成一个真正的村庄。网络成为人们进行信息交流和沟通的主要方式，上网成了现代人的重要生活内容。据中央电视台 2014 年 9 月 7 日晚间新闻报道称，2014 年中国有 6.3 亿网民，几乎一半中国人都会运用网络媒体。

互联网的优势无可争辩地使网络成为最具魅力和前景的新型广告媒体，以互联网为载体的网络广告应运而生。世界上最早的网络广告诞生在美国。1994 年 10 月 14 日，著名杂志《连线》（*Wired*）网络版 *Hotwired* 的网页上出现了 14 个状似条幅的广告，这就是现在的 Banner（旗帜广告）。网络广告集数字化、交互性（互动性）、多媒体（超文本）、大容量、强迫性、针对性、即时性、在线购买、到达率高、千人成本低于一身，受到了广告主青睐。

网络广告形式多样，主要有旗帜广告、横幅广告（网幅广告）、按钮广告、全屏/半屏广告、网页广告、电子邮件广告、文字链接广告、BBS广告、弹出式广告、搜索引擎（关键词）广告、新闻式广告、游戏广告、视频贴片广告、富媒体广告等。

网络广告对传统媒体广告带来了巨大冲击。研究显示，2011年中国网络广告市场规模达到511.9亿元人民币，同比增长57.3%，首次超过纸媒广告。媒体广告的规模是有限的，此消彼长，网络媒体的兴起，无疑会影响到传统媒体的广告市场。

根据网民上网行为分析，用户经常使用的网络功能有电子邮箱、新闻和搜索引擎，而搜索引擎占到了65%的比例，排名第一。由此可知，网络广告中关键词广告、电子邮件广告和新闻式广告有很高的接触率。

由于搜索引擎用户在搜索信息时具有极强的针对性和确定性，他们很有可能就是被搜索产品的潜在消费者，这种有效到达的广告模式也深受广告主重视，因而关键词广告得到了迅速发展。美国投资机构Piper Jaffray认为："搜索引擎作为最有效的产品和信息查找工具，以及广告商寻求和获得客户的最佳途径，将是未来几年内成长最快的网络广告形式。"

富媒体广告也值得强烈关注。它将动画、声音、互动性、交易整合在一起，放在GIF形式的横幅广告里。其最大的突破在于变静态为动态，用多种媒体技术（FS、PS、CD、AE、3D）制作的网络广告具有与电视广告媲美的音画效果，同时又具有电视广告没有的互动性和交易功能。富媒体广告也带来了比一般GIF形式横幅广告大得多的点击率。

二、网络广告的作用①

1. 品牌宣传

网络广告最明显的作用就是品牌宣传，因为网络广告有丰富的表现手段，可以利用现代技术尽情地展现品牌形象和魅力，吸引网民关注，成为提升品牌价值的有效形式。据研究，在所有网络营销方法中，网络广告的品牌推广价值最为显著。

2. 网站推广

网站推广是网络营销的主要职能，获得尽可能多的有效访问量，是网络营销取得成效的基础。网络广告通常会链接到相关的产品页面或网站首页，因此，常见的网络广告对于网站推广都具有明显的效果，尤其是关键词广告、旗帜广告、电子邮件广告等。

3. 促进销售

网络广告成为影响消费行为的因素之一，尤其当网络广告与企业网站、网上商店等网络营销手段相结合时，这种产品促销功能更为显著。网络广告的促销作用不仅表现为线上销售，也表现在通过网络获取产品信息后对线下销售的促进。

4. 在线调研

网络在线调研表现在多个方面，如消费者行为研究、在线调查问卷、各种网络广告效果测试、用户对于新产品的看法等。通过专业服务商的邮件列表进行在线调查，可以迅速获得特定用户群体的反馈信息，大大提高了市场调查效率。这种调研节省成本，效率高，可以获得更好

① 道客巴巴网．[2019-05-10]．http：//www.doc88.com/p-974464042030.html.

的调研效果。

5. 客户关系

网络对用户具有很强大的跟踪分析功能，使企业能够深入了解用户的需求和购买特点，这种信息不仅成为网上调研内容的组成部分，也为建立和改善顾客关系提供了必要条件。网络广告对顾客关系的改善也促进了对品牌忠诚度的提高。

6. 信息发布

网络广告是信息发布的一种方式，通过广告投放，可以将信息发布在自己的网站上，也可以发布在用户数量更多、用户定位程度更高的网站，或者直接通过电子邮件发送给目标用户，从而获得更多用户的注意，大大增强了网络营销的信息发布功能。

第二节　网络广告文案特点

任何媒体形式的广告文案写作都要遵循共同的写作原则和规律，网络广告文案写作也是如此，也要遵循传统媒体广告文案的写作原则和规律。但是，由于网络媒体是基于数字技术的传播方式，充斥着许多技术语言，从形式到内容都与传统媒体有很大不同，所以网络媒体广告文案的写作也有自己的特征。

1. 快捷性

网络环境造就了快餐式的网络广告，快捷、迅速、跳跃、多变、流行、时尚，成了网络广告一大特点。网络广告更新变化很快，这也同时意味着网络广告制作浮躁和肤浅，抛弃了深沉、严肃、从容、厚重、高雅，呈现出急功近利的特征。

2. 多媒体性

网络最大的特性就是多媒体性和互动性。进入网络世界，看到的是由画面、文案、声音共同组合而成的多媒体世界，给广告人提供了无限的创意空间，他们既可以选择一般印刷媒体所采用的文图混编的模式，也可以像电视媒体一样用生动的画面来吸引受众，还可以加入音乐，将受众的听觉积极调动起来。

3. 互动性

互动性是网络广告超越传统媒体的本质特征，它突破了传统媒体单向传播的局限，为受众与媒体间的双向交流提供了可能。受众不再是被动的接受者，他们也可以发布信息，可以主动寻找信息，对信息做出回应等。因此，在娱乐性、综合性网站上发布的图标广告、横幅广告等，吸引读者积极参与，引起他们的兴趣，形成与广告的互动，增加了趣味性和娱乐性。广告主可以随时获得用户的反馈信息，建立完整的客户资料。网民也不再只是被动地接受广告，而是可以有选择地接受或做出反应。

4. 强迫性

我们并不提倡强迫广告，但事实上很多广告都是依靠强制手段占领受众桌面，如横幅广告、固定图标广告、飘动图标广告、弹出广告、全屏广告等，都有强迫受众接触广告的做法，网民想躲开强迫性网络广告的干扰而浏览一个干净的网页越来越难了。心理学实验表明，抱怨和反感情绪会严重影响受众对信息的处理，影响其对信息知觉过程的解释，使其对信息产生抵制心理。

5. 诱导性

当网民被弹出式广告打搅时，如果广告内容不是和受众需求有很高的关联，受众就不会认真关注广告，这样的广告是无效的。为此，网络广告正在积极地走出强迫性误区，文案写作也努力地针对个性化网民的需求，吸引他们的主动注意和兴趣，采用能够促使网民积极参与的文案形式，有效引导网民关注广告信息。由于网络广告的载体基本上是多媒体、超文本格式文件，所以如果受众对产品感兴趣，仅需轻点鼠标就能进一步了解更多、更详细、更生动的内容，甚至可以在虚拟环境下亲自体验一下产品和服务。

如：

充值送红包，10万红包等你拿。

疯狂折扣开始啦！

与美女玩乒乓，40万红包，爽！

6. 及时性

相对于一般印刷媒体和电视、广播来说，广告发布的及时性是广告投放商最为关注的问题，也直接影响着产品的销售情况。网络的自由链接的特性，使得互联网几乎成了一个没有任何界限的广告发布媒体。人们可以在第一时间了解产品广告的内容，并做出相应的反馈。

7. 可预测性

与传统的媒介广告到达率相比较，网络媒体广告的效果评估要简单得多。受众对某一条广告的点击率，以及在点击后的实际购买率，包括受众查阅信息的分布范围和时间等，都可以通过网络服务器查找。实际上，网络广告最为关注的就是点击率，这正是影响网络广告文案写作的重要因素。

8. 无限制性

一般印刷媒体以及广播几乎都受到时间和空间的限制。比如：上海的读者不能看到《北京晚报》的报纸广告；电视广告不能在一天24小时不停地播放。而在网络上，这些都不成为问题，无论何时何地，打开相同的网页，网络广告都能在受众面前及时出现。

9. 结构独特

完整的网络广告文案包括标题、正文、广告语、附文四个部分，每个部分都承担不同的职能。但是，由于有些网络广告文字很少，如按钮广告、横幅广告等，不可能写很多内容，只有一句广告语或者商品名称等，因此广告文案的结构就不完整，形成了残缺化现象。网络广告一般把标题、正文和广告语融为一体，文字简洁、直截了当，没有过多的渲染、铺垫，追求短平快的语言风格。

10. 标题为主

网络中的文章很多，广告也很多，网络广告文案必须用标题来吸引受众，以便在眼花缭乱的文字中脱颖而出。广告标题是网络广告作品的眼睛，它揭示了网络广告的主题，在网络广告作品中处于最醒目、最有效、最独特的位置。

网络广告标题的表现形式很多，有新闻式、诉求式、炫耀式、建议式、悬念式、问答式、标语式、否定式、注释式、陈述式、诗歌式、寓意式、比喻式、对比式、夸张式、对话式、假设式、标语式、故事式等。网络广告文案的标题也应遵循传统媒体广告文案的写作要求，其作用主要是突出重要信息、彰显产品卖点、强调利益承诺、引导阅读正文、诱发购买行为等。如：

红塔集团：山高人为峰

为励志创业者喝彩

谁与争锋，赢在中国！

搜狐博客：有一种真情叫感动，有一种力量叫震撼。

搜狐博客，我们永远在一起。

11. 受众细分性

由于不同人群有不同兴趣和关注点，比如体育网、娱乐网、购物网、视频网、女性网、健康网、军事网、股票网、古玩网、宝宝网、母婴网等各类网站，BBS上不同的话题小组，校友录、微信群、QQ群、足球群、明星粉丝群等各类社群，很容易就把受众分成不同的群体。广告就可以根据这些细分市场进行准确的投放，使广告准确地到达目标人群，提高广告的到达率。

第三节　网络广告形式及文案写作

目前互联网上出现的广告形式，主要有旗帜广告、横幅广告（网幅广告）、按钮广告、全屏/半屏广告、网页广告、电子邮件广告、文字链接广告、弹出式广告、搜索引擎（关键词）广告、新闻式广告、视频贴片广告等。结合具体作品，就其形式和写作介绍如下。

一、横幅广告及文案写作

横幅广告也叫旗帜广告、网幅广告，是最早的网络广告形式，是以GIF、JPG、SWF等格式建立的图像文件，定位在网页首页、频道、子频道等各级页面或文本页面的最上方，浏览者将最先注意到这个位置的广告。它同时还可使用Java等语言使其产生交互性，用Shockwave等插件工具增强表现力。

横幅广告既可以使用静态图形，也可用多帧图像拼接为动画形式。除普通GIF格式外，富媒体横幅广告也是比较流行的网络广告形式。这种广告集动画、声音、影像和用户的参与于一体，富有表现力、交互性和娱乐性。横幅广告可分为横式横幅广告、竖式横幅广告等。

横幅广告位置醒目突出，加上动画、闪烁、色彩、声音等元素，使其成为网页里的亮点。如人民网的横幅广告（见图14－1）。广告文案：

新农村频道正式开通！

不到10个字，很简单明了地告诉大家一件好事，那就是新农村频道正式开通了。

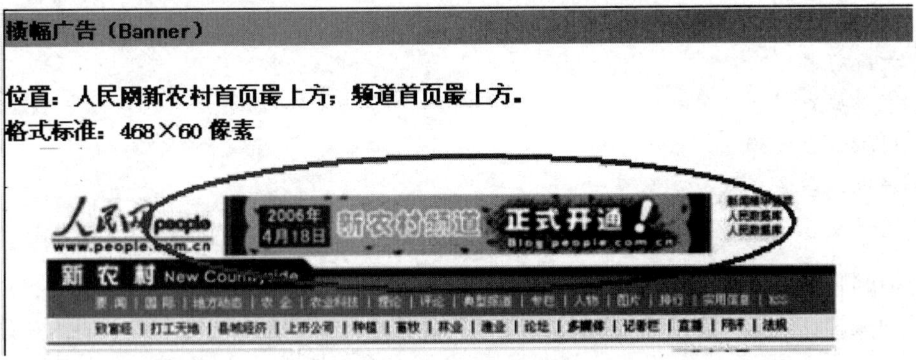

图14－1　人民网的横幅广告

再如 2014 年 11 月 30 日，网易财经频道首页发布的联合国儿童基金会的三翻屏横幅广告（见图 14-2），广告文案是：

在中国，每年有数以万计的脆弱儿童因家庭变故而陷入困境。
这些困境儿童无人照顾甚至吃不饱饭。
您的一点爱心，就能改变贫困儿童的命运。
立即行动。

这是一则公益广告，号召人们关心脆弱儿童，帮助他们改变命运。由于是三翻屏，面积大，广告文案能够稍微展开，表达稍多的内容，传达的信息多一些。

图 14-2 网易财经频道的三翻屏横幅广告

如图 14-3 是 2014 年 11 月 30 日“苏宁易购”在网易博客频道发布的横幅广告，广告语很简单：

大牌打榜
家电疯省
11.26—11.30
彩电、空调、冰箱、厨卫
满千减百，上不封顶

因为横幅广告面积所限，广告文案只能用简单的语言将广告信息准确地传达给目标受众，引起他们的关注。所以，横幅广告文案必须文字简短、内容精练、结构简单、直入主题、吸引眼球。

图 14-3　网易博客频道的横幅广告

二、通栏广告及文案写作

通栏广告是横幅广告的升级。横幅广告出现的初期用户认可程度很高，有较好的效果。但是随着网络广告形式的不断推新，人们对横幅广告开始有些审美疲劳，于是便开发了通栏广告，它比横幅广告更长，面积更大，更具有表现力，更吸引人。

通栏广告可以在网页的中部、底部，也可以在新闻最终页顶部，人民网通栏广告的标准格式是 770×80 像素。因为占据主要页面宽度的图片广告视觉冲击力强，能吸引浏览者的注意力，通常出现在首页以及各频道的中间显著位置，大多以 FLASH 形式出现，广告面积较大，能够较好地展示广告信息，规格相当于两条横幅广告的大小。

万瑞数据在 2010 年北京车展前期，发布了一份关于汽车行业广告投放效果监测报告。报告显示，汽车广告中投放最多的广告形式仍是通栏广告，比例占了 40%。可见汽车行业对网络通栏广告的认可和重视。

图 14-4 是人民网农民频道发布的通栏广告，只有一句话：

我们的家园……

它告诉农民朋友，人民网农民频道是农民的家园，欢迎常来家里坐坐。这里有农民朋友需要的各种资讯信息。

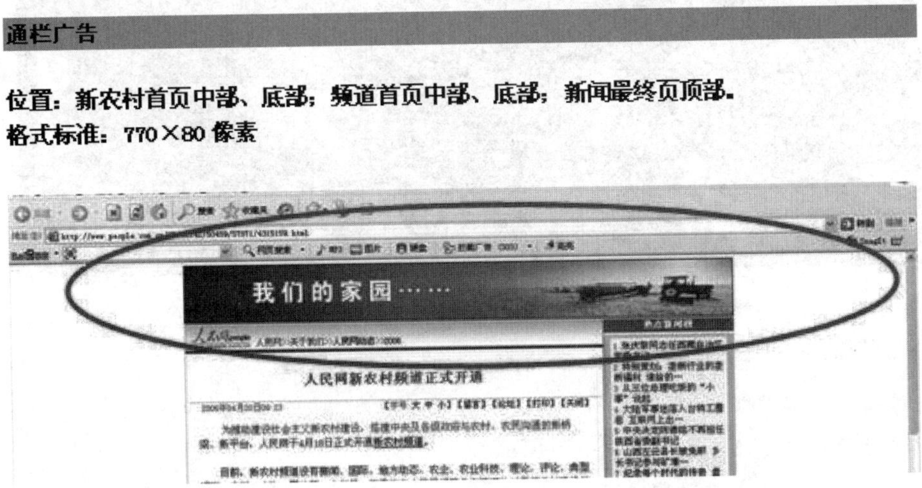

图 14-4　人民网农民频道发布的通栏广告

又如凤凰网顶端发布的衡水老白干酒的两翻屏通栏广告。该广告有两面，如图 14－5 所示。

图 14－5　衡水老白干酒两翻屏通栏广告

第一面广告语：衡水老白干，金奖百年。

第二面广告语：1915 巴拿马甲等金质大奖章。

点击通栏广告，进入第二层，是衡水老白干酒的官方旗舰店品牌直销网页，如图 14－6 所示。

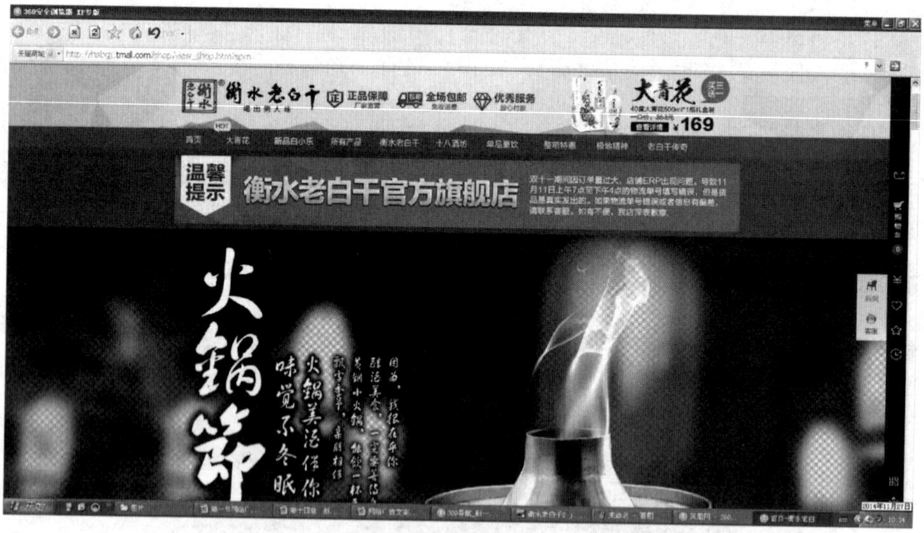

图 14－6　衡水老白干酒通栏广告链接第二层

广告文案是：

标题：火锅节

副标题：味觉不冬眠

　　　　火锅美酒伴你过冬

正文：飘雪季节，亲朋相伴，

黄铜小火锅，能饮一杯无（乎）？

醇酒美食，一定要善待自己，

因为，我很在乎你！

广告语：送温暖——在这个寒冷的冬季，温暖你的心！

再如酷奇维斯·西奥多皮鞋在网上做的通栏广告，如图 14-7 所示。

图 14-7　西奥多皮鞋通栏广告

广告语是：

头层牛皮，羊毛内里。

第二层是平面广告，广告文案分别是：

其一：

标题：温度，在风度之上

正文：这个冬天，你想好了吗？要温度，还是要风度？

其实，没有这么难选择。

酷奇维斯·西奥多，有风度更有温度。

做个温暖的男人，

让她们更爱你！

其二（如图 14-8 所示）：

标题：柔软的关怀

正文：给双足贴心的照顾

极尽人性的关怀

极尽的柔软

图 14-8　西奥多皮鞋通栏广告链接

更为典型的是骨黄金疼痛贴通栏广告，如图 14－9 所示。

图 14－9　骨黄金疼痛贴通栏广告

广告语：风湿、类风湿、肩周炎，古法调理好。

通栏的右边有四个按钮，分别是“糖尿病”“老胃病”“静脉曲张”“风湿骨病”，点击任何一个按钮都能进入第二层页面。如点击“风湿骨病”按钮，进入到如下页面（如图 14－10a、图 14－10b）。在这些页面里，非常详细地介绍了骨黄金疼痛贴的企业概况、渊源、原理、疗效、适应病症等信息。这么多的内容在通栏广告里是没有办法全部表现出来的。

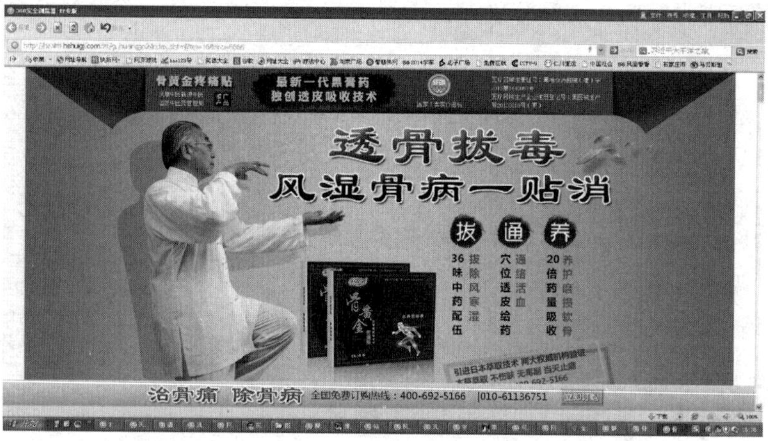

图 14－10a　骨黄金疼痛贴横幅广告第二层（1）

图 14－10b　骨黄金疼痛贴横幅广告第二层（2）

有的通栏广告链接的是电子杂志，如宝马汽车发布在凤凰网的三翻屏通栏广告，如图 14－11 所示。

图 14 - 11　宝马汽车的通栏广告

广告语：道无疆
　　　　型无界
　　　　全新 BMW X6
　　　　独揽恢宏，傲世登场。

该通栏下方有一个小按钮，文字是“了解详情”。点此按钮，进入该款宝马汽车电子杂志，如图 14 - 12 所示。该电子杂志左边有一竖排按钮，点击每个按钮都能进入新一层页面，就像一本杂志一样，内容非常丰富，里面还有图片、视频等，对该款宝马汽车做了全面详细的介绍。

图 14 - 12　宝马汽车电子杂志广告封面

通过以上分析得知，通栏广告版面小，只有一个通栏面积，不能写很多内容，所以通栏广告往往只是一句广告语，如果广告画面能翻屏，可以写两句话或者三句话，而大量的详细内容是在点击进入产品或企业的主页或电子杂志之后获得的。

图 14－13 是凤凰网发布的通栏广告：

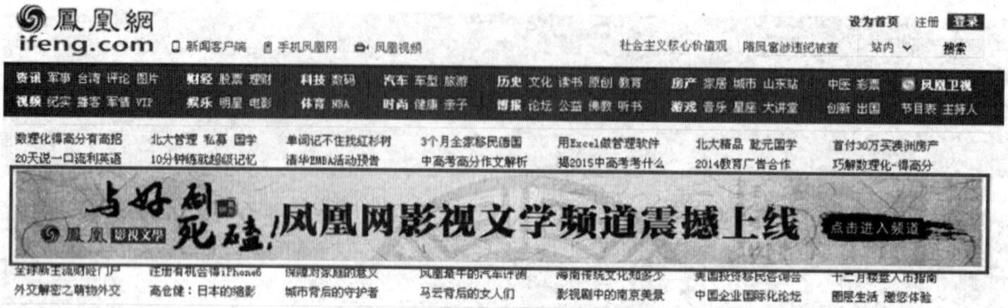

图 14－13　凤凰网发布的通栏广告

广告文案是：

凤凰影视文学
与好剧死磕!
凤凰网影视文学频道震撼上线
点击进入频道

点击后进入第二层页面，又是一个大通栏广告，如图 14－14 所示，文案是：

绿岸网络
凤凰影视文学
国风玄幻武侠大作《天之禁》
同名小说征集

图 14－14　凤凰网发布的通栏广告第二层

由此可知，通栏广告文案只是用简单的语言告知广告的主题和重要信息，要了解详细内容需要点击链接，查看第二层、第三层网页。

三、按钮广告及文案写作

按钮广告即图标广告，是用来宣传广告主的商标或品牌等的特定标志。通常是一个链接公司主页或站点的标志。它像个按钮一样分布在网页的不同位置，就像报花广告一样，所占面积很小。人民网农民频道的按钮广告尺寸是 210×68 像素。按钮广告是一个广告的标志，也是广告的入口，点击后进入第二层、第三层页面，详细内容都在里面。

按钮式广告的开发，是为了更好地利用网页中比较小的零散空白位。广告主可以购买连续位置的几个按钮广告组成双按钮广告、三按钮广告，以加强宣传效果。按钮式广告一般容量比较小，常见的有 JPEG、GIF、FLASH 三种格式。

由于尺寸小，表现手法简单，一般只是一个标志性的图案，通常是商标或厂徽等，可以有简单的广告标语，信息量十分有限，吸引力差一些，只能起到一定的提示作用。

按钮广告的优点是，一方面可以通过减小面积来降低购买成本，让小预算的广告主能够有能力购买，另一方面是能更好地利用网页中比较小面积的零散空白位。缺点是被动性和有限性，浏览者只有主动点击按钮，才能了解到有关企业或产品的详细信息。

图 14－15 是人民网农民频道发布的按钮广告。

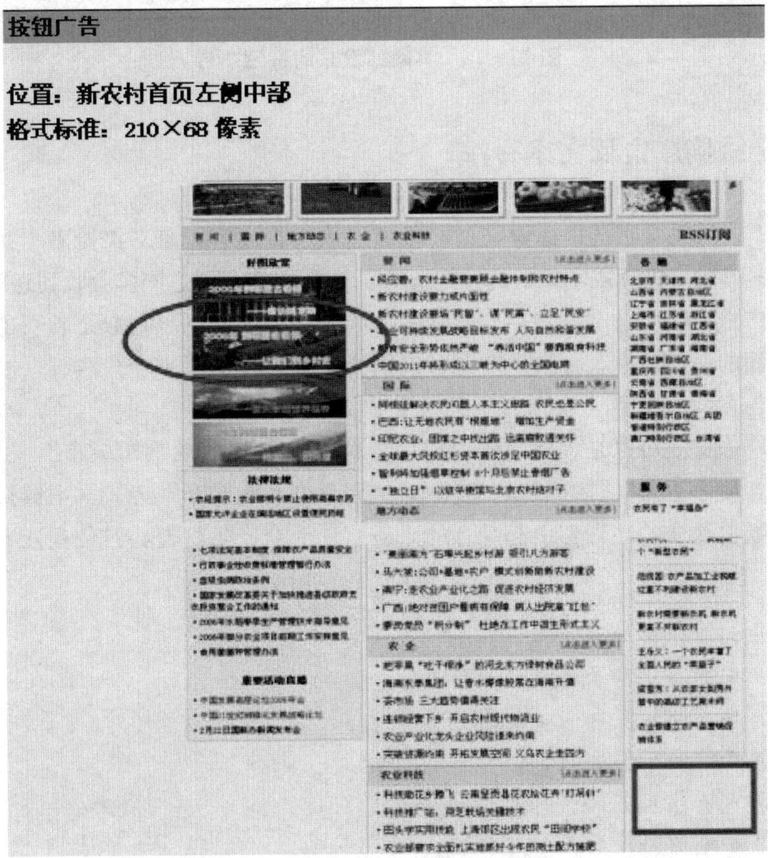

图 14－15　人民网农民频道发布的按钮广告

图 14－16 是某网站发布的品牌企业的按钮广告，只有企业的商标。文件大小不超过 8k，出现在页面固定位置，可增加鼠标响应特效，增强广告表现力，点击效果好，性价比较高，适用于产品及活动宣传。

图 14－16　某网站发布的按钮广告

四、文字链接广告及文案写作

文字链接广告采用文字链接标识，点击即可连接广告内容，是对浏览者干扰较少但却有效的网络广告文案形式，极具成本效益的推广方式，精彩的文字创意同样会收到意想不到的效果。

文字链接广告位的安排非常灵活，可以在站点的首页，也可以在频道首页的推荐位置，还可以出现在页面的任何位置，可以竖排也可以横排，每一行就是一个广告，点击每一行都可以进入相应的广告页面。文字一般为 12～16 个字。

文字链接广告文案可以是一句广告语或广告标题，如“电动汽车上市”，也可以是产品名称，如“新概念英语听力”“御捷四轮电动车”“北京电动观光车”等。文字链接广告文案的关键，是要能够吸引受众的注意，引起受众的兴趣，让受众产生好奇心，使受众自觉点击，关注更详细的内容。如：

杜甫很忙海南买房
杜甫看中的那些房子
甲级写字楼稀缺发售
商品房 7 000 万办婚礼
沪一楼盘直降百万
学什么专业好？
轰炸大鱿鱼加盟

吃走高血压，特别简单
静脉曲张，穿袜子管用

人民网文字链接广告规定，文字链接广告不超过 16 个字。如图 14－17 所示。

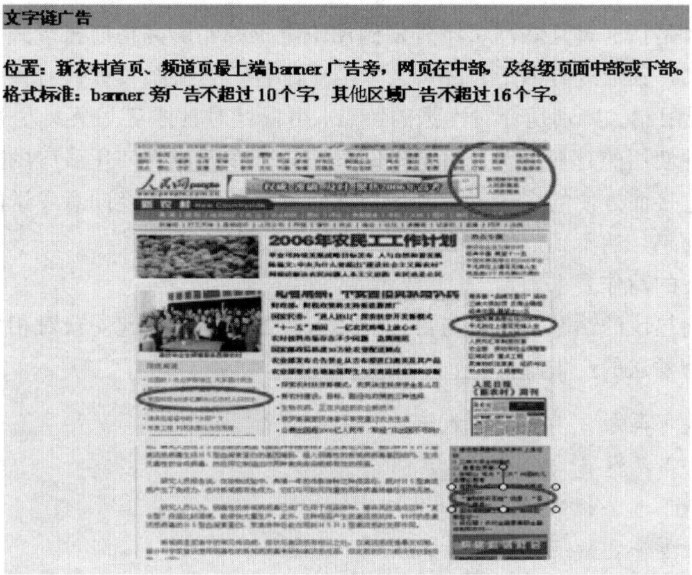

图 14－17　人民网文字链接广告

图 14－18 也是典型的文字链接广告形式。

观光电瓶车报价		电动观光车价格	御捷四轮电动车		观光电瓶车价格	按钮广告		软文推广
电动观光车报价	北京电动观光车	美国高中排名	广告的形式	老年电动代步车	观光电动车价格	广告特点	老人电动代步车	老年电动汽车

图 14－18　文字链接广告

图 14－19 是四则房地产的文字链接广告。广告语分别是：

嘉汇御景园，买房孝敬爸妈，求围观……
抢房，抢新娘，爱她，就给她一个家
3.16 我和春天有个约“惠”，看房团报名中
宿迁房产网自由团 3 人成团，购房不用等！

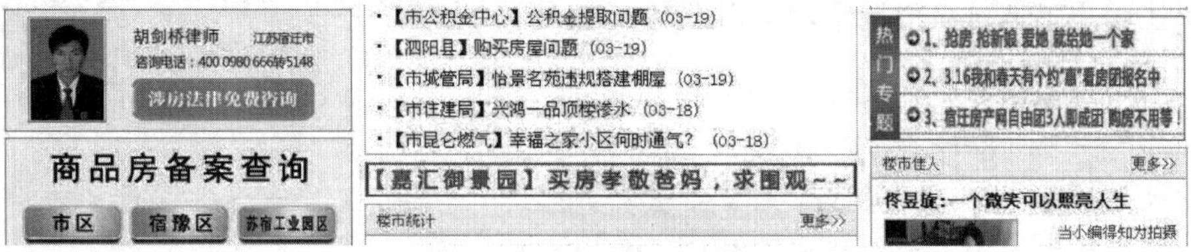

图 14－19　宿迁网文字链接广告

文字链接广告没有图片，没有动画，没有绚丽的色彩，是通过文字来传达信息、吸引读者的，因此有一定的挑战性。这就需要写作文案时一定要有好的创意，以文字的创意引起读者关注。文字链接广告的费用一般也比较低，对于广告投入少又想得到很好的效果的广告主，是一

个不错的选择。

五、电子邮件广告及文案写作

电子邮件广告是指通过互联网将广告发到用户电子邮箱的网络广告形式，它针对性强，传播面广，信息量大，其形式类似于直邮广告。电子邮件广告文案具有针对性强、费用低廉的特点，广告内容不受限制。特别是针对性强的特点，可以针对具体某一个人发送特定的广告。

随着电子邮件使用的越来越普及，电子邮件广告现在已成为使用最广的网络广告形式，许多厂商采用这种直接而方便的广告形式。值得注意的是，那些未经同意发送的垃圾广告邮件很容易引起用户的反感，达不到广告效果。

电子邮件文案的写作要求：

（1）发送当前热议的话题，或者与目标群体有关的话题，引起受众对相关品牌或者产品的关注。如新浪微博发送的广告邮件：

大学生情侣同居 2 年做 8 次人流，你怎么看？
学霸情侣 3 年获 87 张奖状
百年不遇！老公相亲遇老婆
在课堂教学中，如何调动学生的听课积极性

新浪微博的用户多数是大学生和老师，新浪邮件发送这些广告，目的是引起大学生和老师们对新浪微博的关注，宣传的是新浪微博。

（2）加入紧急性词语，使接受者感到事情紧迫，必须打开看一看。如：

2014 年 12 月至 2015 年 2 月共九期会议详细安排
“BMEI 2014 大连”信息学专题 4 月 30 日投稿截止　EI 检索　JSCI 期刊

（3）事务性主题，就是务实非务虚，让接受者认为该邮件传达的是一件有意义的事。如：

2014 年亚太地区工业应用与计算机智能国际学术研讨会（CIIA 2014）
来自王老师的邮件：研修通知
技术在线 1117，全球汽车业共识：电动车是产业的未来方向
如何提高薪酬的激励性
产品业务决议计划的实际操纵

（4）让用户感觉自己很特殊，受到了对方的关注。如：

广州校园招聘会邀请。
2013 中国 OOH 青年广告创意大赛邀请函
大学城体育中心大型人才见面会邀请函
教育培训中心：天气转凉，别忘了添加衣裳
刘敏邀请您参加近期 4 个月教育学术会议
湖南、陕西、湖北三地硕博专场招聘会邀请函
Hi，某某某，人人网聊天正火，缺你不可！
我会于 2014 年举办“第 5 期有关全国高校教师教学研讨会”诚邀您的参加

2014 青岛国际微电影节参赛邀请函

（5）增强对企业的关注，即在主题栏加入广告主名称或商标。如：

人大社教研网：网上教材进校园活动开始了

石家庄祥瑞企业管理咨询服务中心期刊资料

网易邮件中心：2014，我们一起守望春天，网易邮箱祝您新春快乐！

（6）诚实，信息要真实可靠、简明扼要，让接受者对企业产生好感。如：

北京大学社会科学编辑室新书书讯

全国高校教师春季研讨会，详细安排情况请查看附件

中国大学 MOOC：秋季学期课表新鲜出炉，41 门全新课程任你选

（7）加入促销信息，要针对目标受众准确发送，而且发送其需要的信息。如：

只花 1 元就买了个新手机，忍不住给大家看看

卓越厨具免费送，1 元热门 DVD，三星手机仅 110 元

免费点歌免费传播，将免费进行到底

名牌登山装低于 3 折

包赚！1 分钱就能买彩票，不中奖赔你 2 元！有机会赚 1 000 万！

“1 元看电影”，不限电影，人人都有！免费领！

图 14－20 是电子邮件广告图解。

图 14－20　电子邮件广告图解

图 14－21 是电子邮件广告的典型呈现方式。

图 14－21　电子邮件广告

六、关键词广告及文案写作

关键词广告（AdWords）也叫“搜索引擎广告”，是利用搜索引擎或门户网站的链接，到达企业主页或产品营销网站。对于这些访问者来说，由于有明确的目的性，深入而详细的信息会有较大的影响力。它显示在搜索结果页面的网站链接中，属于 CPC（cost-per-click）收费制，即按点击次数收取广告费。

关键词广告也称“关键词搜索广告”，就是当用户利用某一关键词进行检索时，在检索结果页面会链接一个与该关键词相关的广告内容。由于关键词广告是在进行特定关键词的搜索时才出现在搜索结果页面的显著位置，所以其针对性非常高，被称为性价比较高的网络推广方式。

常见的关键词广告类型：

（1）关键词图片广告。输入关键词，在搜索结果页面中出现图片形式的广告。该图片由于面积小，也只能写入一句广告语，或者电话号码，或者企业名称等。了解详细内容可点击进入链接的页面。如图 14－22 关键词图片广告。

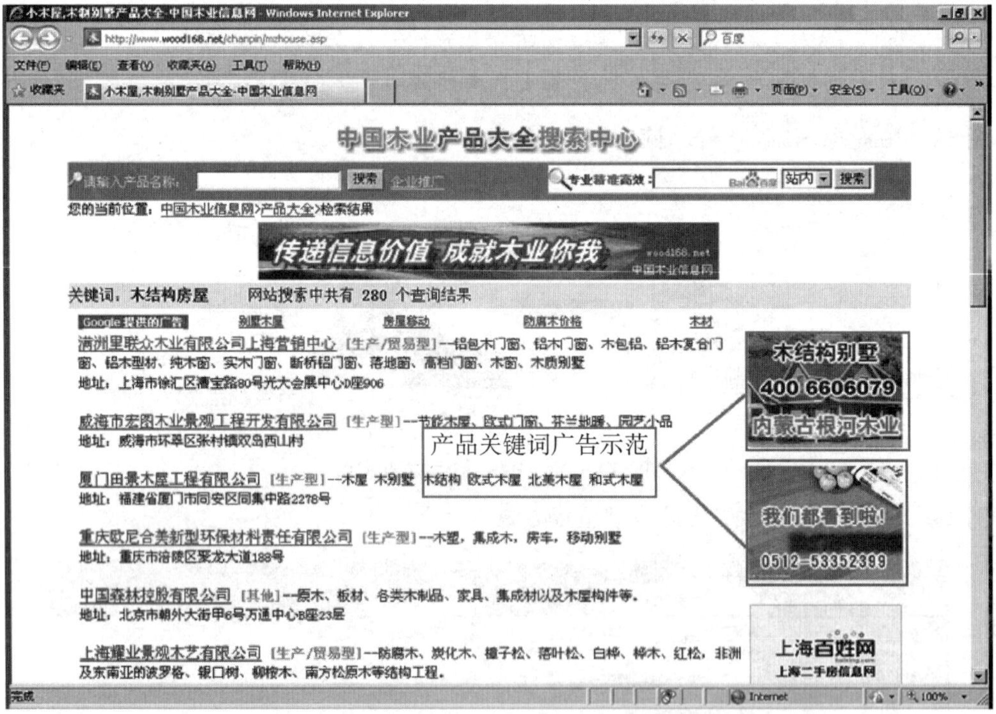

图 14－22　关键词图片广告

（2）关键词文字广告。输入关键词，在搜索结果页面中出现文字形式的广告。这些文字都是链接按钮，点击可进入相应的页面。如图 14－23 关键词文字广告。

（3）关键词赞助商广告。输入关键词，在搜索结果页面右侧出现赞助商的文字链接广告，一个关键词最多对应 8 个广告位，先到先得。如图 14－24 关键词赞助商广告。

关键词广告具有较准确的定位，可以提供即时的点击率结果，可以随时修改关键词，收费

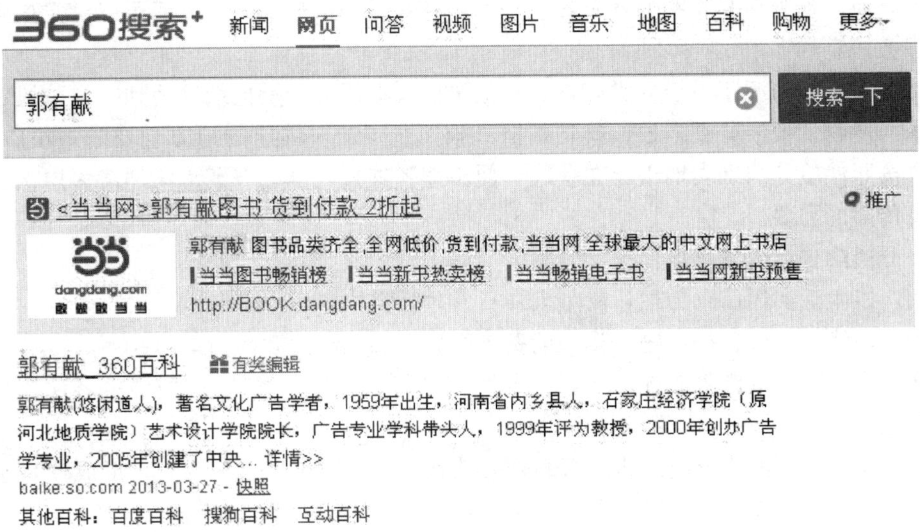

图 14－23　关键词文字广告

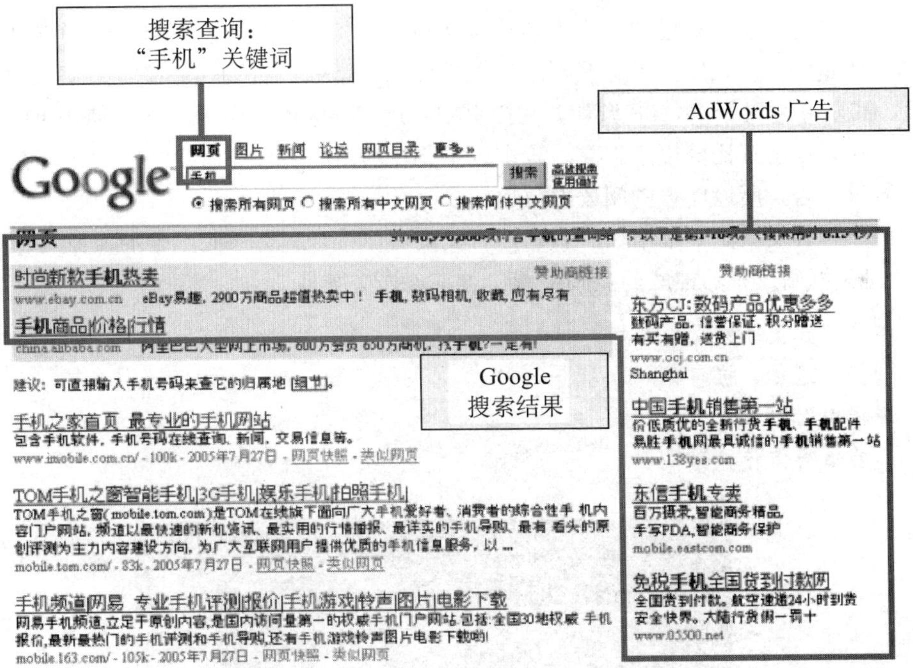

图 14－24　关键词赞助商广告

也比较合理，因而逐渐成为搜索引擎营销的常用形式。写作关键词广告，重要的是要写好关键词。关键词选得好，能够最大限度地吸引专业客户。

七、网络分类广告及文案写作

网络分类广告是将各种广告信息综合起来，按照产品和服务的类别进行详细分类，向网民提供各种各样的广告信息。网络分类广告是传统意义上的分类广告以互联网为载体的表现，一方面它可以使广告主在互联网上发布各类产品信息和服务信息，另一方面可以满足广大网民对消费和服务信息的需求。

网络分类广告来源于报纸分类广告，它最早出现在西方，是报纸发展到一定阶段之后适应市场需求的产物。报纸分类广告，就是在报纸版面位置相对固定的地方刊登的短小广告集纳，它把广告按照性质分门别类地组合在一起，便于读者查找，也适应了市场经济多层次、多类别广告信息传播的需要。

网络分类广告有以下特点：

实用，以生活实用信息为主，满足大众日常生活需求。

主动，网络分类广告按主题归类，消费者根据需要主动阅读。

规模，大量同类的广告放在一起，形成网上“行业超级市场”，方便消费者比较选择，凸显规模效应。

廉价，发布一条网络分类广告一天只需几块钱，广告主可以长期发布，形成“鹅毛效应”。

八、画中画广告及文案写作

画中画广告是指在文章里加入广告图片，这些广告和文章混杂在一起，读者有时无法辨认是新闻图片还是广告。该广告可链接到广告主的网站，增强广告的命中率。一般尺寸为 360×300 像素，甚至可达到 360×408 像素，在内页中可产生很大的吸引力，加上使用 FLASH 的动态与声音效果，点击率比横幅广告高。该广告主要在网站的内容页面投放。浏览者在阅读文章时可以看到该广告，所以广告的阅读次数也较多。

画中画广告其实就是一幅平面广告，广告文案写作符合所有平面广告的文案写作要求。如图 14 - 25 是某网站发布的神威药业画中画广告。广告文案是：

神威清开灵软胶囊，
消炎、退热、抗病毒。
现代中医专家，
神威值得信赖。

图 14 - 25　某网站发布的神威药业画中画广告

如果画中画广告发布在新闻最终页文章的最后，则广告内容应与新闻内容一致。图 14－26 是人民网发布的画中画广告，新闻标题是《芯片业回暖中酝酿变局》，画中画广告语是：

超越心，AMD 法控制持续超越的技术后盾。

二者关注的是同一个问题，这样就一致了。

画中画广告

位置：新闻最终页文章中部
格式标准：360×300 像素

图 14－26　人民网发布的画中画广告

九、对联广告及文案写作

对联广告，是指利用网站页面左右两侧的竖式广告位置而设计的广告形式，以 GIF、JPG 等格式建立的图像文件。这种广告形式可以做产品广告，也可以做品牌广告。无论做什么广告，都不可能对卖点进行详细的说明，只能彰显亮点，放大卖点，突出核心信息。由于不影响读者阅读网页其他内容，而且位置显眼，设计醒目，广告表现空间充分，视觉冲击力强，所以对联广告能有效地吸引眼球，有效地传播广告讯息。如图 14－27、图 14－28 所示。

对联广告

位置：新农村首页左右两侧；频道首页左右两侧；新闻最终页左右两侧。
格式标准：100×300 像素×2

图 14－27　人民网发布的对联广告标准

图 14－28　武汉家教大本营网页对联广告

网络对联广告文案并不像有人说的那样，是用对联形式写的广告文案，这是一种没有深入研究网络对联广告的不负责任的说法。网络对联广告只是位置上处于网络页面的两侧，像对联一样一边一个竖式图标，但网络广告的文案并不写成对联形式，也不遵循对联写作规则，更没有工整对仗平仄音韵要求。如：

祝 IT168 泡泡网十周年庆
七夕礼品团购

色诱你的感官
阳光在线诚招广告代理商

本网站诚邀代理加盟，点击查看详情
好老师，好成绩，由家教大本营开始

注中文域名，到徐州金网
徐州企业网，让我们一起搜吧

第五届中国市场研讨会
诚邀合作，携手共赢

十、弹出广告及文案写作

弹出广告也叫插播广告，发布在网络的首页、新闻中心或各频道首页，在页面出现的同时弹出，有点像电视广告，都是打断正常节目，强制性收看，吸引浏览者点击浏览。大小为 250×190 像素，可以采用 SWF、GIF、JPG 等文件格式。

弹出广告不超过 35K，优先出现在页面顶部。弹出式广告有各种尺寸，有全屏的也有小窗口的，而且互动的程度也不同，从静态的到全部动态的都有。浏览者可以通过关闭窗口将其关闭，但是肯定能看到，适用于新品上市、有奖活动宣传、促销广告等。

弹出广告文案，更多是为了促销，所以广告文案要有促销信息，图 14－29 的手机广告，其文案是：

季末清仓赔本 3 折甩
库存手机特卖
赔本价 490 元

图 14－29　重庆之窗发布的弹出广告

又如图 14－30、图 14－31、图 14－32 展示的广告。

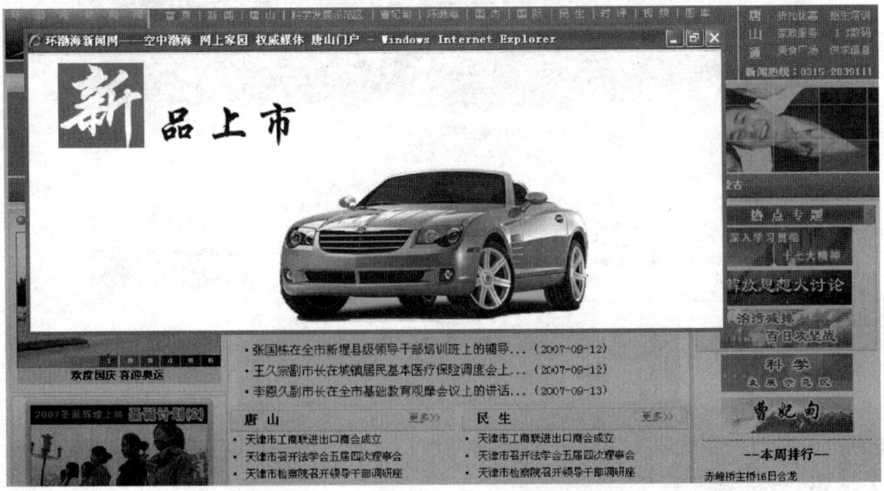

图 14－30　环渤海新闻网发布的弹出广告

图 14－31　加拿大旅游的弹出广告

图 14－32　加拿大旅游的弹出广告第二层

又如：

卓越 3G 好网好礼迎新年

预存话费，0 元购手机，马上抢购

4.5 英寸超大屏智能手机 990 元
VANCL 凡客诚品
购《史蒂夫·乔布斯传》即赠乔布斯纪念版产品

上百合网
找对象咱不靠运气
超准爱情测试，帮你找到幸福伴侣
马上注册，开始测试

金山网购敢赔保险 天猫 TMALL.COM
淘宝·天猫破记录 8.13 大促
四年一遇 全网底价
QQ 会员、金山会员免费送！
仅 1 天 立即抢购

接下来，就是见证炒股奇迹的时刻
358 华股街
财富计划 盛装登场
洪主任三大策略 0 元免费体验一个月
随时短信接收最新操盘通知
免费获取操盘套餐

浪琴·名匠系列
圆形铸钢和 18K 黄金表壳
订购热线 400－0141－788
立即订购

美的·变频空调领导者
普及时间：12 月 5 日—7 日
变频空调再升级
全民普及 1 度电
美的空调引领行业节能新时代

这些促销式的弹出广告，首先让浏览者看到了利益，让人感觉如果不购买就会有损失，以此给网页浏览者以紧迫感。

弹出广告的文案有宣传品牌的，也有宣传产品的，告诉读者关于产品的使用方法。如《GhostXP _ SP3 电脑公司纯净版 2011.02》弹出广告文案（见图 14－33），苹果手机的销售广告文案（见图 14－34）。

图 14－33　《ChostXP _ SP3 电脑公司纯净版 2011. 02》弹出广告

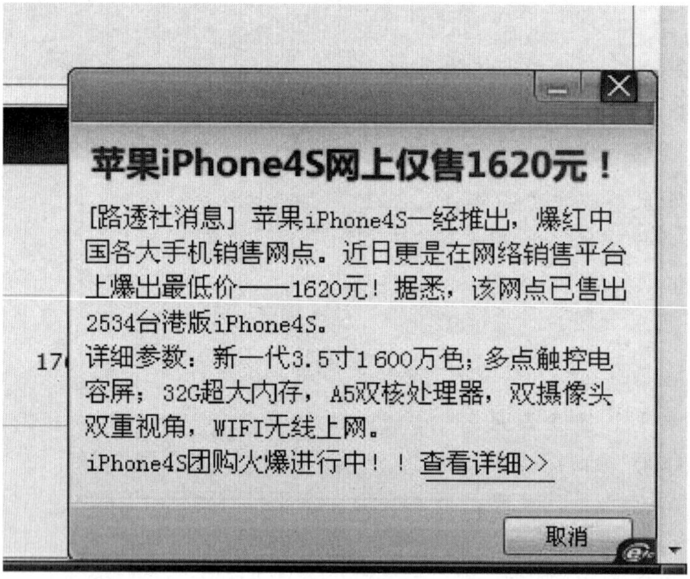

图 14－34　苹果手机弹出广告

十一、宽屏广告及文案写作

宽屏广告位于页面第一屏醒目位置，有很强的视觉冲击力，表现形式多样，适合新品上市宣传、促销活动等。如 2014 年 12 月 2 日 360 应用市场频道首页发布的宽屏广告，如图 14－35 所示。其广告文案为：

拼上一切，送你回家！
提前 60 天抢春运火车票
已帮助 8 000 万人抢到票

图 14-35　360 发布的春运购票宽屏广告

这是针对 2015 年春运期间回家的人群做的广告。因为到了年底，购买火车票是当务之急，广告主提前一个多月做促销广告，利用网络宽屏吸引受众，其广告策略是对的。

又如，图 14-36 是 360 发布的手机宽屏广告，其文案为：

360 免费 WiFi
让手机免费上网
瞬间把您的电脑变成 WiFi 热点
让周围的手机、Pad 免费上网！
省话费，防蹭网，
上网保镖，三重防护更安全

图 14-36　360 发布的手机宽屏广告

网络宽屏广告其实也是平面广告，除了发布的媒体不同以外，其他写法与平面广告文案写作没有多大区别。

十二、擎天柱广告及文案写作

擎天柱广告也叫摩天大楼广告，是利用网站页面左侧或右侧的竖式广告位置设计的广告形式，因为不是左右各一个，所以不能称对联广告。这种广告文案简单，不能传达详细信息，但是广告的面积较大，可以制作成互动格式，因此，可以广泛应用于产品促销、品牌宣传、市场调查等领域。文案写作简单，文字简练，通常仅包含一个企业或品牌名称，一个事项，一个电话等。如图 14－37、图 14－38、图 14－39 所示。

图 14－37　人民网发布的擎天柱广告标准

图 14－38　北京电视中心的擎天柱广告

图 14－39　中国纸网擎天柱广告收费标准

十三、悬浮广告及文案写作

悬浮广告也叫浮动广告、游标广告，是可以在网页浮动的图标广告。它可以根据广告主的要求设计悬浮轨迹，可以沿着固定曲线浮动，也可以随着浏览器滚动条做直线上下浮动，其表现形式灵活，能够满足广告主宣传形象的需要。该类型广告突破传统广告形式，不再固定在某一位置，而是随鼠标拖动而动，增加曝光率。

图 14－40 是某网站发布的悬浮广告，其文案为：

2013 河南一级建造师网上缴费入口

2013 年 7 月 16 日 9：00 至 7 月 22 日 17：00

请各位考生注意，不要错过缴费时间及注意事项

图 14－40　某网站发布的悬浮广告

图 14－41 是中国纸业网发布的悬浮广告，其文案为：

黄金广告位招租

TEL：025-86975700

QQ：188990601

图 14－41　中国纸业网发布的悬浮广告

图 14－42 是阿里西西的悬浮广告，其文案为：

您好，欢迎光临阿里西西。
请问，有什么可以帮到您的吗？

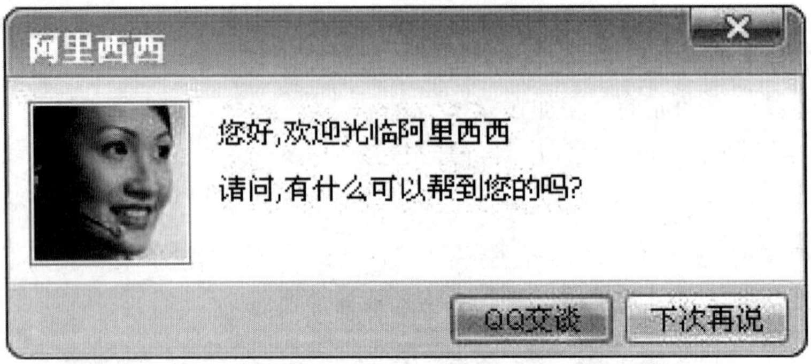

图 14－42　阿里西西的悬浮广告

悬浮广告文案都很简洁，说明事由，告知主要信息即可。

十四、全屏/半屏广告及文案写作

全屏/半屏广告，是覆盖全屏或半屏网页的广告。它在尺寸上突破了传统旗帜广告，在主页打开之前，首先出现一个全屏或半屏的广告，可以是静态画面，也可以是动态的 FLASH 效果。几秒钟后，广告就会自下而上逐渐缩小，最后停在页面上方，成为一个大的旗帜广告。这种广告醒目大气，有较强的视觉冲击力，给人留下深刻印象。如图 14－43、图 14－44 所示。

图 14－43　商务车服务网发布的全屏广告

图 14-44 环渤海新闻网发布的全屏广告

十五、视频贴片广告及文案写作

视频贴片广告指的是在视频片头播放的广告以及背景广告，有强迫收看的性质，因此受到网民的诟病，广告效果并不很好。从广告注重与受众沟通的角度看，在线视频广告的发展趋势应该是发挥网络媒体的互动性功能，让网民自主地选择是否观看视频广告。美国的视频网站Hulu最先推出了“用户选择广告”的模式，取得了很大成功。检测结果显示，其点击率提高了两倍。中国视频网站领头羊土豆网也开始部分推出用户选择视频广告。这是对受众的尊重，更体现了网站的自信。

常见的视频贴片广告为5～18秒，其文案写作遵循电视广告规则，也需要写出广告分镜头脚本，音乐、音响、人声、镜头、字幕、风格等与传统影视广告要求一致。但是，视频贴片广告毕竟只有十几秒钟，所以不能展开故事情节，不能有很多镜头，只能以几个画面组接、广告语、单字幕等元素传达商品信息。如果贴片广告做得过于详细复杂，就会让人心烦意乱，达不到广告效果。图14-45是搜狐网视频频道的【龙门飞甲】之《东城西就2011》预告片的贴片广告《好奇银装纸尿裤》。

好奇银装纸尿裤分镜头

镜头一：一个穿纸尿裤的小孩臀部特写

画外音：好奇银装纸尿裤是我的，妈妈送给你。

镜头二：孩子爬向坐在椅子上的妈妈。

画外音：好奇银装纸尿裤，怎么动都舒服。

镜头三：年轻妈妈温柔地抱起孩子。

画外音：新添好奇银装。

镜头四：字幕：360°干爽，阳光小屁屁。

画外音：好奇银装纸尿裤。

图 14－45　搜狐网视频贴片广告

网络广告的形式还有很多，在此不再一一介绍。随着互联网技术的发展，还会出现更多的广告形式，广告文案写作也会跟着发生变化。但是，万变不离其宗，准确地传达广告内容、促成消费者购买是最终目的。

第四节　网络广告文案写作注意事项及存在的问题

一、网络广告文案写作注意事项

1. 打破模式

网络广告文案写作打破了传统媒体广告文案写作模式，不太遵循传统文案写作格式，为了契合娱乐、扎堆、围观、起哄、草根、互动等网络文化和网民心理，其通常灵活多变地组织文字，创造出灵活、多变、随意、新颖、独特的网络广告文本。

2. 运用热门话题

网络广告文案常运用网络热门事件、热点话题、网络流行语等，这样能够拉近与网民的距离，让人产生亲切感。如前段时间流行的“你爸是李刚”“神马都是浮云”“关我毛事”等。又如 2014 年十大网络流行语：“萌萌哒”“你家里人知道吗”“且行且珍惜”“我也是醉了”“那么问题来了，挖掘机技术哪家强”“一百块”“画面太美，根本不敢看！”“我跟你什么仇什么怨？”“不作死就不会死”“有钱，任性”。每句网络流行语背后都有一个故事，要明白故事内容和背景，才能理解流行语的含义，进而准确运用这些流行语。

3. 标题鲜明

网络读者在网页上常常只阅读一些关键词语或者标题，只有标题鲜明独特，读者才可能有兴趣浏览整篇内容。所以网络广告文案写作要借鉴其他广告文案写作技巧，明确地将广告诉求点告诉读者，让读者看到利益，觉得与自己有关，是自己需要的内容，这样读者才会注目浏览广告。

4. 有号召力

网络广告多以图标广告、横幅广告为主，因为字数较少，更适应设置悬念、诱导性、号召性语言，从而诱发读者点击和参与。很多广告主并不满足于仅仅提升品牌的知名度，他们还常常希望与受众有更深的接触，所以应将网络广告与企业主页相链接，提高点击率，相应地在文案写作中就应特意设置悬念，或者设置参与性内容，引起读者兴趣和推动读者参与。如：

和雅虎一起相约六一节。

就来雅虎，站长天下，免费建网站。

5. 有亲和力

网络广告文案的语言要富有亲和力，友善地吸引读者眼球。如搜狐校友录的广告："总有人在这里等你，不变的真情，不变的诺言。"这要比"欢迎登录校友录"更能吸引人。

6. 有趣味性

网络的绝大多数访问者都是年轻人，网络甚至在年轻人的推动下形成了独特的网络语言体系，如果广告里加入一些网络语言，会增加广告的趣味性。

7. 简洁生动

网络广告多数是图标式按钮等形式，不能容纳更多内容，所以简洁生动的网络广告文案才会有较高的注意率。至于深入的信息传播，则以通过吸引受众点击，链接到企业主页来实现。句子越短越好，一个句子十来个字，最多不超过20个字。如：

铂金品质，锐意人生，克莱斯勒铂锐，隆重上市。

豪华6感，克莱斯勒300C。

8. 声画结合

在网络广告的文案写作上，应充分利用动画技术所产生的视觉效果，利用字体的大小、位移的快慢变化，来增加信息传播的趣味性和表现力。

9. 制造悬念

广告制造悬念，能够引起人们的好奇心，争取更多注意，引导人们继续阅读广告内容。如：

想成为万人崇拜的焦点明星？——百事可乐

你想成为空间里的宝宝吗？你有与众不同的个性吗？——某网站空间

来花田，谈恋爱，我们都在这里，只差相遇。

二、网络广告文案写作存在的问题

1. 文字平淡，空洞无物

也许是因为网络广告版面小，没有更大的发挥空间，篇幅容量受限，所以网络广告文案貌似繁多，万花筒一般，但仔细研究发现，文案千篇一律，文字平淡无奇，表现缺乏创意。这与篇幅受限有关，恐怕更与广告文案作者急功近利、快餐心理、写作功力不足有关。

广告画面字体花样翻新，极力追求怪异，试图创造视觉差异化效果，但是对字体的重视超过了对文字的重视，形式大于内容，难免使文案表达空洞无力，缺乏诉求效果。

2. 性感泛滥，极尽诱惑

有人调侃说："网络广告就是'好玩加性'。"网络是视觉传达的媒体，这一特点为网络带来了无限优势，也为广告创作者提供了无限的表现空间。但是，有些广告人却没有很好地利用这一优势，而是用歪了，他们创作的广告文案性感表达泛滥，配上性感刺激的图片，充满诱惑。如：

“来约会吧”“亲密接触”“更多的惊喜”“还等什么”“我最想约会的妹妹”“人性的土豪，请把我带走”。

又如：

女神来了，网易首款女神级聊天 App
总有一个她，陪你聊最私密的话题
总有一个他，让你享受最真切的宠爱

3. 制造噱头，缺乏卖点

许多网络广告只是为了吸引受众进入某个链接，所以用极具煽情性的语言招徕读者，其实并没有实质性的卖点。如：

开户送 10g 白银
零点起，菜鸟一秒变股民
给老公抢外套了，再不抢就没了
花 1 元，夺千元，立即参与
胜者独享 10.9—12.11 王中王足球大师赛 ￥18 888 疯抢资格

4. 标题党多，哗众取宠

很多网络广告文案其标题为了吸引眼球而夸大其词，故弄玄虚，故作离奇，然而内容并无离奇之处，甚至内容与标题不相符，读者有被骗的感觉，这就是标题党的行为。这样的广告不仅没有效果，反而让人心生厌恶。如：

2014 潮流热卖榜，不止 50% OFF，全民疯抢！

拯救我的呼吸急需空气“特供”，自由组合，随需定制，“空气机器人”，一台顶四台。

空气魔方，一机解决所有空气问题。

万能盛典，用想象力淘啊淘，难以置信，却是真的。

以上都是网络广告存在的问题，需要广告人不断努力，克服弊端，更好地利用互联网这个最具情景的媒体平台，营造良好的网络广告环境，将网络广告发展壮大。

【思考与练习】

一、思考题

1. 网络广告有什么特点？
2. 网络广告有哪些形式？如何写作各种形式的网络广告文案？
3. 你如何看待网络广告的标题党？

二、课堂训练

找出 10 种以上网络广告形式，总结其文案写作特点。

第十五章

自媒体广告文案写作[①]

【本章重点】

1. 自媒体的定义、特点
2. 自媒体广告的含义、特点、分类
3. 自媒体广告文案写作原则
4. 不同类型的自媒体广告文案构成及写作要点

【学习要求】

1. 自媒体广告的定义、特点和分类
2. 自媒体广告文案写作的原则
3. 不同类型自媒体广告文案的构成及其写作要点

作为互联网广告中的新生力量，自媒体广告日益受到广告主的重视，越来越多的品牌增加了自媒体广告预算。对蓬勃发展的自媒体广告，深刻理解自媒体广告并能进行自媒体广告文案写作成为广告从业人员必备的基本功。本章主要从自媒体的定义、特点和形式，自媒体广告的内涵、分类和特点，自媒体广告文案的写作原则、构成及写作要点等方面进行阐述，以使学生能对自媒体广告文案有基本的了解并能够进行自媒体广告文案写作。

第一节　自媒体概述

自媒体一词对应英文 We Media，也被译作个人媒体或公民媒体。国内学者普遍认为 We Media 最早由丹·吉尔默（Dan Gillmor）在 2002 年底提出，但丹·吉尔默曾在采访中确认这一概念非其本人创造，早在他之前就有人用过类似或相同的概念。We Media 的提出背景是 2003 年前后美国自媒体传播的异军突起，越来越多的普通民众使用博客、论坛等网络平台，分享自己对世界的看法和体验，传递着不同于传统大众媒介的信息和观点，并借此实现了传播者和受众的密切互动。从某种意义上自媒体的出现彻底颠覆了传统大众传播时代社会信息流动的方式、方向和渠道，这一现象引起了传播界和新闻界的广泛关注。

---

① 本章由王金雪执笔撰写，郭有献修改统稿。

一、自媒体界定

随着互联网论坛（BBS）、博客（Blog）等网络平台的兴起和普及，网络受众越来越多地参与到信息传播中，并且成为信息传播流程中的重要一环。这一现象引起了很多学者的关注，目前公认较早对这种新媒体现象进行系统论述的是美国学者丹·吉尔默，2002 年底到 2003 年初，丹·吉尔默对网络论坛、社交网络、博客等网络新媒介进行了详细分析，认为这些新媒介最显著的特点在于它在传播信息的同时，可以实现传播者与受众间的互动交流，而参与传播过程的所有人都可以获得即时表达自身见解的机会。同时指出自媒体不同于以往所有传统媒体的传播模式，将会引发传播领域的变革，甚至成为未来的主流媒体。①

2003 年 7 月，美国新闻学会媒体中心（The Media Center at the American Press Institute）公开发布了由肖恩·鲍曼（Shayne Bowman）和克里斯·威尔斯（Chris Wills）撰写的全球首份自媒体专题报告《自媒体：大众将如何塑造未来的新闻和信息》（*We Media：How Audiences Are Shaping the Future of News and Information*）。在这份报告中初步界定了自媒体的概念："自媒体是普通民众在连接全球知识系统的数字技术的支持下，为自身事实真相、自身新闻作出贡献并参与其中的一种方式和渠道。"② 西方学界对自媒体的关注，集中在普通民众如何参与新闻、构建新闻上，更看重自媒体的新闻民主意义，因此这一定义主要界定了在新闻传播领域的自媒体概念。

国内自媒体的出现与流行背后是各大自媒体平台不遗余力的推动，因而自诞生之日起中国自媒体与西方自媒体便存在着明显差异。国内民众对自媒体的使用除了新闻传播外，更多是借自媒体分享和交流自己的专业知识、生活经验、个人体悟等。此外，国内很多知名自媒体虽外显为个人，但其实背后是专业团队或公司运作，如曾经名噪一时的微信公众号"咪蒙"，外显为情感博主"咪蒙"个人的公众号，分享内容和叙述语气均呈现出鲜明的个人化特点，在与受众互动中也是以"咪蒙"个人身份进行，但其背后是"咪蒙"团队。尽管这类自媒体背后运营者是团队或公司，但其传播者定位、传播内容和传播方式均具有鲜明的个体特点，通过特定个人赢得受众关注，并与受众建立联系。这与自媒体诞生之初的"个人"有所不同。

关于自媒体的定义，国内目前尚无公认的权威界定。有学者认为"自媒体是利用以博客为代表的网络新技术（还包括 Wike、SMS、可摄像手机、在线广播、P2P、RSS 等）进行自主信息发布的那些个体传播主体"③。这一定义将自媒体界定为个体传播主体，将自媒体等同于传播主体，有失偏颇。有学者认为"自媒体是为个体提供信息生产、积累、共享、传播的独立空间，兼可以从事面向多数人的、内容具私密性和公开性的信息传播载体。自媒体有别于由专业媒体机构主导的信息传播，它是由普通大众主导的信息传播活动，由传统的'点到面'的传播，转化为'点到点'的一种对等的传播概念"④。这一界定充分考虑了自媒体传播主体、传播信息、传播渠道和传播特点，是较为严谨的定义，但忽略了自媒体自诞生之日起即是一种大

---

① Dan Gillmor. Here comes we media. Columbia journalism review，2003（1/2）.

② Shayne Bowman，Chris Wills. We media：how audiences are shaping the future of news and information. [2018-12-10]. http：//www. flickertracks. com/blog/images/we _ media. pdf.

③ 张彬．对"自媒体"的概念界定及思考．今传媒，2008（8）.

④ 罗斌．网络传播中的自媒体研究．新闻世界，2009（2）.

众传播，同时对自媒体互动性缺乏考察。

综上所述，本书认为自媒体是以个人化、平民化的传播者身份，借助互联网及数字技术，向社会大众或特定人群传递个体对世界的认知、体验和看法等信息，并实现用户与用户之间即时互动沟通的新媒体总和。自媒体是新媒体的一部分，但自媒体不具有媒介终端属性，对自媒体的界定和理解是基于其特有的传播结构和传播特性。

二、自媒体特点

自媒体与大众媒介传播结构截然不同，自媒体改变了一直以来大众媒介自上而下的传播模式，形成了自下而上的点对点传播，由传统的“广播”（broadcast）到“互播”（intercast）。

传统的“广播”是典型的线型传播，信息由专业媒体机构发布，通过报纸、电视和网站等媒介到达受众，受众处于信息传播的下游，信息受众只能做出被动选择。

自媒体的“互播”则完全不同，自媒体传播中传播者与受众界限变得模糊，传者与受者互为一体，角色可以自由切换，双方是一种平等的传播关系，这种关系构建了双方互动沟通的基础。

（一）准入门槛低，传播者平民化

报纸和电视等传统媒体是专业的媒体组织，其运作复杂，准入门槛极高，需要大量人力和财力维系。自媒体几乎无需投入任何资金成本，其运作不需要高精尖的专业知识。如在微博和微信等自媒体平台上，用户只需简单注册便可在上面发布文字、图片、音乐和视频等，创建属于自己的个人媒体。理论上人人都可以拥有自己的媒体，平民化是自媒体最显著的特征。

（二）传受双方地位平等

人人都可以通过自媒体发声，在自媒体的传播生态中，每个人都可以既是传播者，同时也是受众。自媒体点对点传播模式使传者和受者之间建立了一种平等友好的传播关系。

（三）即时、零距离的超强互动性

网络技术和数字技术为传受双方即时互动奠定了基础，传受平等关系催生自媒体的持续互动沟通，信息在所有参与传播的人之间流动，传受双方距离几乎为零。2018 年 10 月 16 日 10：07 赵丽颖在其新浪微博账号上公布了结婚的消息，大量关注者涌入，导致新浪服务器一度瘫痪，受众对此消息的第一批回复出现在 10 点 07 分，与赵丽颖发布时间相同，最终这条消息收获了超过 500 万人次的转发，超过 200 万条的评论和近 750 万个赞。在微博上赵丽颖可以和粉丝互动，粉丝和粉丝之间也可以进行互动。

（四）以关系为纽带，具有一定社交性

自媒体自诞生起就带有鲜明的个人特色和分享属性，不同于传统大众传播中传受双方的疏离关系，自媒体的传者和受者往往以共同的兴趣、爱好、地域或真实的人际关系等为纽带形成在线社区。信息在社区内流动，并在成员互动中不断被验证、补充和修正，最终形成所有人的共识。“庞门正道”是自由设计师庞少棠的微信订阅号，主要分享设计和摄影相关的知识和技巧，同时跟关注者交流职场问题，解疑答惑。关注者都称其为阿门或门主，庞少棠和关注者之间不是简单的传受关系，他们因对设计或摄影的兴趣爱好聚集在一起，相互交流，粉丝将庞少

桀视为朋友或师长，体现了自媒体较高的社交性。

三、自媒体形式

一般来说，自媒体依托于特定媒体平台而存在，不同类型的自媒体平台运营方式不同，根据所属性质，可将自媒体平台大致分为博客网站、播客（Podcast）平台、微博（Microblog）、微信（WeChat）公众号、内容资讯平台、短视频平台等。

（一）博客网站

博客是最早出现的自媒体类型之一，指的是在互联网上进行讨论或发布信息的网页，其内容通常是不连续的、非正式的日志式的文章（帖子）。博客内容以文字为主，同时可以辅之以图像和超链接等形式呈现特定主题，并且给读者提供互动空间。新浪博客是国内知名博客网站。

博客网站上典型的自媒体形式是平民化、个人化的博主所开设的博客网页。但是随着移动互联网技术的成熟，智能终端设备的普及，博客日益被其他自媒体平台取代。

（二）播客平台

播客最早由英国《卫报》专栏作家兼 BBC 记者本·哈默斯利（Ben Hammersley）于 2004 年 2 月的一篇文章中作为新技术名称提出，由“iPod”（苹果公司产品）和“broadcast”（广播）合成而来。最初指“个人借助数字技术，在互联网上上传可供下载的系列性数字音频文件，并依靠用户自主订阅来实现文件分发的新的信息传播形式”①。随着技术和设备的不断发展，出现视频播客（video podcast，vodcast），中文统称播客，也有人称之为视频博客（video blog，vlog）。播客与博客的本质相同，但播客的内容以音频和视频的方式呈现。国内知名播客平台有哔哩哔哩（视频）和喜马拉雅（音频）等，此外传统视频网站如优酷、搜狐等纷纷开设播客频道或自频道，支持平民化、个体化的传播者上传视频文件。

播客平台上典型的自媒体形式是平民化、个人化的传播者的账号。如哔哩哔哩（B 站）的 UP 主账号，优酷的频道主及大鱼号及喜马拉雅主播号等。

（三）微博

微博，顾名思义即“微型博客”，严格意义上属于博客的一种，但又呈现出不同于传统博客的诸多特质。微博是一个基于用户关系的信息分享、传播以及获取的在线平台，用户可以通过网页或客户端组件等方式构建个人社区；微博是一个开放的信息传播平台，任何人都可以发布、分享和转发信息。国内微博平台有新浪微博、网易微博、腾讯微博和搜狐微博，其中新浪微博一枝独秀。

微博平台上自媒体形式是平民化、个人化的微博账号。新浪微博上的典型自媒体形式是橙 V 认证（普通个人用户），更有名的是金 V 认证（有影响力的个人用户）的微博账号，即所谓的大 V。

（四）微信公众号

微信是腾讯公司于 2011 年 1 月 21 日推出的为智能终端提供即时通信服务的免费应用程

① 参见维基百科 podcast 词条。维基百科．[2019－05－10]．https：//en.wikipedia.org/wiki/Podcast#Name.

序。微信支持用户之间通过网络快速发送语音短信、视频、图片和文字。除即时通信，微信还有公众平台功能，简称公众号，是专门为个人、企业和组织提供一对多业务服务与用户管理能力的全新服务平台。公众号的文章仅推送给订阅者，阅读量和传播则依赖订阅者及朋友圈中的转发。微信公众平台按照公众号功能不同分成订阅号和服务号。服务号申请主体是媒体、企业、政府或其他组织，主要功能为服务交互；订阅号申请主体可以是个人、媒体、企业或其他组织，主要功能是给用户传达资讯。

微信公众平台中典型的自媒体形式是个人化、平民化的订阅号。

（五）内容资讯平台

内容资讯平台与传统新闻资讯平台相比，诞生于移动互联网时代，是新一代的内容分发平台，这类平台更加注重用户的兴趣，通过大数据算法和云计算等技术，为用户提供感兴趣、有价值的个性化精准资讯及服务。国内知名的内容资讯平台有今日头条、一点资讯、趣头条和天天快报等。

为了能够保证平台内容源的力量和质量，内容资讯平台纷纷扶持自媒体，如今日头条设立了头条号、一点资讯设立了一点号、趣头条给个人加 V 等，这些都是内容资讯平台上典型的自媒体形式。

（六）短视频平台

短视频是一种新兴的互联网内容传播方式，视频长度一般在 60 秒内，随着移动终端普及和移动互联网网络的提速，短视频受到受众和资本青睐，短视频平台应运而生，短视频平台是专注于短视频传播的平台，这类平台主要以手机 App 形式存在，支持用户拍摄和上传记录自己生活的短视频，同时用户也可以观看、评论或分享其他用户的短视频作品。

国内知名短视频平台有抖音、快手、火山小视频、微视、秒拍和西瓜视频等。在这些平台上个人用户账号或以个人名义建立的平民化、个人化用户账号都是典型的自媒体。

第二节　自媒体广告

一、自媒体广告内涵

自诞生之日起自媒体就是一个相对于“他媒体”的概念，这正是自媒体的核心要义。目前对什么是自媒体广告尚无一个严谨清晰的界定。有人将自媒体所在平台上的所有广告称为自媒体广告，这种说法将自媒体等同于自媒体平台，脱离了自媒体的定义，将自媒体广告的内涵和外延扩大化。

广义上的自媒体广告，是运用自媒体发布的具有广而告之性质的信息，既包括商业广告也包括非商业广告。

狭义的自媒体广告，是指一个可确定的企业或品牌付费给自媒体，在自媒体上进行的意图劝服消费者形成认知、情感或行为改变的传播。①

---

① 定义借鉴了 Gayle Kerr 和 Jef Richards 在《广告定义的德尔斐研究》（*Delphi Study on the Definition of Advertising*）中对广告的定义。

二、自媒体广告分类

按照自媒体广告信息发布形式以及对消费者的作用，自媒体广告可以分为两大类。

（一）发布展示类

这类自媒体广告在受众关注自媒体的时间或空间里，发布展示产品或品牌的信息，以引起受众的注意、记忆和好感，具体形式可以是文字、图片或视频等。这类广告和传统网站上的网幅广告和按钮广告没有本质上的区别，主要目的是吸引受众注意力，传递信息，同时通过广告内容提示，促使受众点击，经超链接跳转到购买页面或品牌网站。但在投放上比传统发布展示类网络广告更加精准自由。发布展示类广告主要有以下呈现方式。

1. 图片广告

此类广告表现形式一般为静态或动态图片，主要作用是展示和传递品牌、产品或服务信息。如图 15-1，是鲜花电商“花点时间”在微信公众号中投放的广告，该广告以静态图片形式展示了“花点时间”的品牌 Logo、产品种类、包装、价格、销售方式等信息，并通过右下角的“去逛逛”按钮引导消费者去官方网站进行进一步了解或购买。

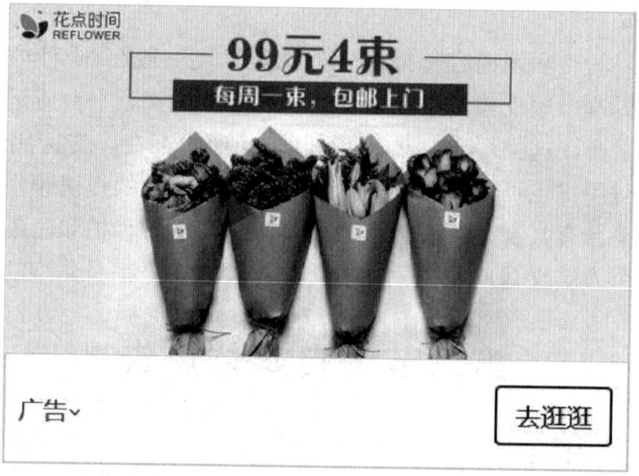

图 15-1 “花点时间”微信公众号图片广告

2. 视频广告

广告以视频方式展示和传递品牌、产品或服务信息。

2016 年，艺龙旅行网拿下微信钱包中的酒店预订入口。2017 年“艺龙”在微信公众号投放了 6 秒钟的视频贴片广告。如图 15-2，该视频广告告知用户可以用微信钱包直接预订“艺龙”，更方便，更省钱，并在视频中展示了在微信上用“艺龙”订酒店的方法和步骤。同时在视频右下角设置了“了解详情”按钮，供受众进一步了解相关信息使用。

（二）融合共生类

融合共生类自媒体广告利用受众对自媒体内容的关注，把品牌、产品或服务信息巧妙地与自媒体内容相结合，使受众在潜移默化中接受广告信息的广告形态。

自媒体及自媒体人的广告价值来源于其庞大的关注者或粉丝群体，如何持续提供高质量的内容赢得受众是自媒体生存的关键问题，因此自媒体必须让广告看起来不那么“硬”并且有价

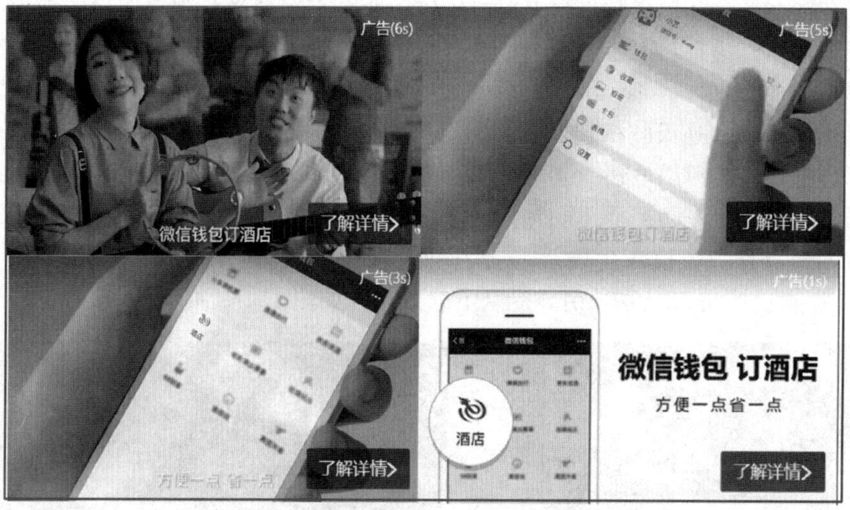

图 15-2　“艺龙”微信公众号视频贴片广告

值。融合共生类自媒体广告与以往硬广告有本质的不同，它追求“润物细无声”，产品、品牌或服务信息往往以自媒体人的使用展示、使用体验、测评心得或案例分析等方式传递，很多时候受众难以分辨出相关内容到底是广告还是自媒体人的真实感受。因其识别度低、干扰度低、发布限制少，所以成为主流自媒体广告形式。融合共生类广告主要有以下方式。

1. 文字广告

这种形式的广告主要依靠文字内容传递广告信息，为了能够更好地展现内容，有时会辅以必要的图片、音乐或视频。这种广告形式主要出现在博客、论坛、微信公众号和百家号等自媒体平台上。本质上属于软文广告，但与传统软文有较大区别。传统软文内容上追求新闻化，依赖于媒介的权威性，自媒体的软文广告内容多从自媒体定位出发，且具有鲜明的个人特色，依赖的是自媒体与受众建立的信任关系。

如微信公众号庞门正道发布的一篇文章《当电动车不仅仅是代步!》，文章开头以漫不经心的口吻说要讲讲有意思的工业设计发展史——“那啥，今天给大家讲一下有意思的工业设计发展史的故事吧”。之后从工业设计出现前手工制作到工业设计诞生之初的工艺美术运动再到之后包豪斯设计风格，“优秀的现代工业设计，都是向着解决功能的同时，把艺术、用户体验一起融入其中，而不仅仅是设计一个看起来不错的外观”。紧接着以摩托车为例展示了工业设计的发展历程。之后转折说想吐槽一个车的设计。“说到车这一点，我就一直都想吐槽一个车的设计，什么品牌我就不点名了，作为一个十几万的坐骑，居然连中控屏幕都没有，都 2018 年了啊！没有中控屏就算了，还设计了一个手机架……简直哭笑不得!! 说到这里，让我想起前几天看到的一辆电动车的中控，简直没有对比没有伤害!”这款电动车不仅有中控而且设计得非常好，整体设计高端大气，这么好的设计居然是国内品牌，还是国内老品牌雅迪，进而带出雅迪新产品雅迪 G5，对其外观设计和智能化特点进行了详细的展示。最终感慨中国工业设计的进步。作为专注于设计的公众号，庞门正道谈论设计及雅迪的设计逻辑上顺理成章，广告信息和文章内容无缝对接，受众读来也知识性和趣味性十足。

2. 视频广告

将广告信息融入视频类自媒体内容中，包括普通视频和短视频。融合共生类自媒体视频广告主要出现在播客平台和短视频平台上。自媒体一般会在保证受众观看体验的前提下，以受众可接受的方式将广告信息与内容进行巧妙结合，这类广告大多数为定制内容广告，而非在既定内容上简单粗暴加入广告。

如B站上的视频《逆天吐槽超经典的玛丽苏神剧〈一起来看流星雨〉》，该视频由B站上的知名影视UP主“刘老师说电影”上传，视频全长近七分钟，延续该自媒体以往的内容和风格，借大陆新版《流星花园》播出的热点，吐槽了《一起来看流星雨》的情节不合理、人物设置奇特、台词尴尬和广告植入生硬等各个方面。在最后30秒钟由人人都爱流星雨引入网易《倩女幽魂》手游的唯美流星季，引导受众下载试玩，如图15-3所示。

图15-3 《逆天吐槽超经典的玛丽苏神剧〈一起来看流星雨〉》中广告截图

广告部分字幕内容：那我就有点纳闷了，为啥那些剧只要跟流星雨扯上点关系都能这么火呢？难道说大家内心深处的渴望，正如歌词中唱到的：“陪你去看流星雨，落在这地球上，让你的泪挂在我肩上。”那如果真的是这样的话，能让你们梦想成真的机会，现在就来了，网易《倩女幽魂》手游，迎来了唯美的流星季节，玩家们可以呼朋唤友拖家带口，在灿烂的星光下感受无尽的浪漫，抬头凝望璀璨的星海，低头收集满地闪亮的陨铁，还可兑换更多的惊喜，眼中有稀世美景，身旁有帮会兄弟姐妹们，说不定还有游戏的侠侣相伴，此生何求啊。啥也别说了玩就是了，现在就拿起手机，下载网易《倩女幽魂》手游，这波倩女唯美流星季你还赶得上。

又如抖音上“会说话的刘二豆”为沐浴露品牌——LORDE拍摄的广告。“会说话的刘二豆”是抖音上知名自媒体账号，目前粉丝数超过4 500万，其发布的主要内容是分享刘二豆（公猫）、瓜子（母猫）以及豆妈（猫的主人）的日常趣事，通过生动有趣的配音使猫咪“会说话”。在这则长40秒的短视频中，豆妈在浴室一角给刘二豆洗澡，在这个过程中刘二豆一如既往地自恋，从头到尾不断夸奖自己长得帅，最后豆妈忍无可忍。从内容上看，这个视频只是两只猫日常洗澡视频中的一个，不同的是受众可以清楚地看到刘二豆使用的沐浴露品牌——LORDE，沐浴露的出现非常自然，没有影响到粉丝的观看，甚至粉丝意识不到这是一则广告，如表15-1、图15-4所示。

表 15-1　“会说话的刘二豆”为 LORDE 拍摄的短视频广告分镜头脚本

镜号	时间	景别	摄法	画面内容	对白	字幕	音乐
1	2″	近景	固定镜头	刘二豆在浴室一角，豆妈（只出现手部）拿着花洒往刘二豆身上洒水。	豆妈：水烫不烫？	台词	有节奏感的轻快音乐贯穿始终
2	3″	近景	固定镜头	刘二豆抖了一下，表示不烫。豆妈继续抖动花洒。	刘二豆：嗯，不烫。 豆妈：烫就吱声儿。	台词	
3	3″	近景	固定镜头 镜头切换	豆妈放下花洒，一边教育刘二豆要听妈妈的话，一边拿起放在墙边的 LORDE 沐浴露拧开盖子，倒沐浴露，双手给刘二豆抹沐浴露。	豆妈：我发现你就洗澡的时候最乖呀。 刘二豆：谁说的？ 豆妈：平常对妈妈冷嘲热讽，没大没小，不都是你干的吗？	台词	
4	3″	近景	固定镜头	刘二豆一边嫌妈妈挡住镜头，一边往镜头方向伸头。	刘二豆：哎！哎！挡住我镜头了。	台词	
5	3″	近景	固定镜头	豆妈继续给刘二豆洗澡，确认刘二豆有没有听她说话。	豆妈：听没听我说话！	台词	
6	4″	近景	固定镜头	刘二豆完全不理会妈妈，对着镜头感慨自己长得太帅了。豆妈生气了，对刘二豆说：“你哇个屁！我跟你说话呢！”	刘二豆：太帅了！哇哦！ 豆妈：你哇个屁！我跟你说话呢！	台词	
7	3″	近景	固定镜头	刘二豆完全不理会妈妈，继续对着镜头自恋	刘二豆：OMG！	台词	
8	4″	近景	固定镜头	豆妈继续一边给刘二豆洗澡一边耐心教育刘二豆要尊重妈妈，要听妈妈的话。	豆妈：我说你以后能不能对妈妈尊重点，听妈妈的话行不行？	台词	
9	4″	近景	固定镜头	刘二豆仍然不听，想从妈妈手里挣脱，朝着镜头方向过来，边走边说：“不行我得去亲一口。”	刘二豆：不行我得去亲一口。	台词	
10	3″	近景	固定镜头	豆妈将他拉回问：“亲谁啊？”刘二豆：“亲我自己，太帅了！”	豆妈：亲谁啊？ 刘二豆：亲我自己，太帅了！	台词	

续前表

镜号	时间	景别	摄法	画面内容	对白	字幕	音乐
11	4″	近景	固定镜头 镜头切换	豆妈拿来浴巾，一边将刘二豆包起来，一边忍无可忍说："走走走，赶紧走。"刘二豆则留恋地说："还没冲泡泡呢。"豆妈继续包裹刘二豆，说："不冲了，实在受不了了！"	豆妈：走走走，赶紧走。 刘二豆：还没冲泡泡呢。 豆妈：不冲了，实在受不了了！	台词	
12	4″	近景	固定镜头	豆妈一把把刘二豆抱出镜头。刘二豆继续要求豆妈给自己拍一张出浴照。豆妈忍无可忍地说："滚！"	刘二豆：拿手机给我拍张出浴照。 豆妈：滚！	台词	

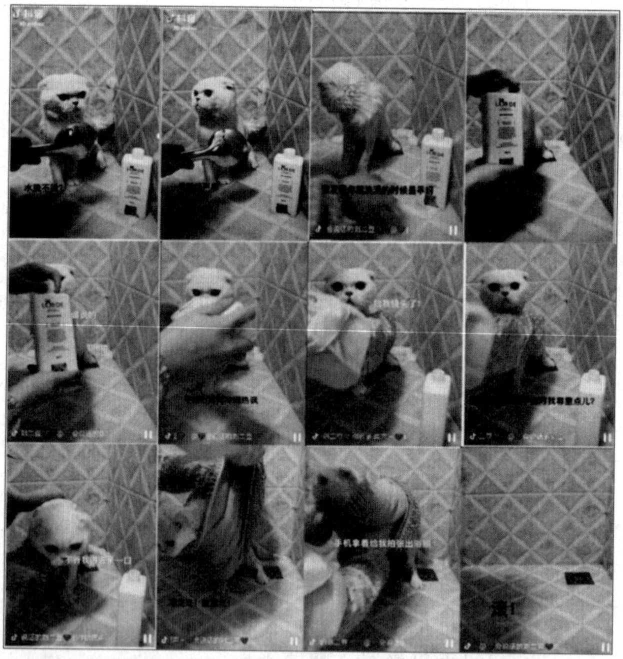

图 15-4　抖音"会说话的刘二豆"LORDE 短视频广告截图

三、自媒体广告特点

自媒体广告继承了网络广告的优势，同时因其在媒体上的特殊性，自媒体广告具有独特的本质特征。

（一）自媒体广告内容生产者与发布媒体合二为一

传统广告代理制下广告主、广告公司和媒介是广告市场的三大要素，广告主通过广告公司制作广告，实施广告活动，并通过媒介进行传播。而在自媒体广告活动中，自媒体广告由自媒体人撰写、制作，并在自己的媒体上发布。自媒体广告内容的生产者和发布媒体合二为一。

（二）广告受众需求和体验至上

尽管在营销领域消费者本位的提出由来已久，但在传统的广告中很难做到从受众需求出发，充分照顾消费者的体验。自媒体广告不同，只有具备了庞大受众群体的自媒体才具有一定的广告价值，这使得自媒体受众和自媒体广告之间存在着明显的制约关系。自媒体与受众之间的传播关系主要依靠受众自主关注（订阅）而建立，受众掌握了绝对主动权。当受众需求没有得到满足或满足体验差，受众可以随时随地取消关注（订阅）或屏蔽相应的自媒体。相较于其他广告形式，自媒体广告尤其需要重视受众的需求和体验。弱化商业色彩，留住受众，自媒体才能实现长效变现。

（三）自媒体内容和广告内容的边界变得模糊

自媒体的细分程度极高，不同垂直领域的自媒体以特定内容来吸引和凝聚目标受众，为了不影响受众体验，自媒体广告往往会延续日常内容的风格和方式进行传播。如影视类自媒体主要以介绍和评论影视剧为主要内容，关注（订阅）这类自媒体的人通常是喜欢或热衷于观赏影视剧的人，因其专业性和受众的精准性，这类自媒体往往会受到影视剧广告主的喜爱，影视剧广告通常以影视剧介绍或评论的形式进行传播，由此自媒体内容和广告内容的边界变得模糊。

“Sir 电影”是知名影视类微信公众号，其公众号文章《这阵容野心，华语片顶级了吧》即通过这样的方式为电影《廉政风云》做了一次广告。这篇推文从《廉政风云》基于真实案件的创作蓝本、“两帝一后”实力演员阵容、跌宕起伏的故事情节等基本信息到杰出主创人员的思考再到对港片魅力的思考乃至对华语电影魅力所在的探讨，整篇文章对《廉政风云》进行了全方位且非常专业的介绍，有理有据力陈此片值得一看，仅在文末提示电影上映时间及预售开启的消息，很难说这是一篇影视评论文章还是一个电影广告。

这种情况在自媒体中非常普遍，营销传播类自媒体的品牌营销案例分析，汽车类自媒体的汽车评测，时尚自媒体推荐的服饰、彩妆产品或品牌等，很难说这些是自媒体内容还是自媒体广告。

（四）广告内容定制化，个人风格突出

自媒体依托于粉丝数量和质量建立了作为媒体的影响力，以此吸引广告主投放广告。一些有影响力的优质自媒体在广告主的选择上非常慎重，在广告内容上也会根据自身定位和受众需求为广告主定制，这种定制更加偏向于自媒体和受众一侧，广告主的话语权有弱化的倾向。

自媒体需要鲜明的“人格”特征，这种特征以内容的语言、文字、画风、音乐等方面的风格呈现，并一以贯之。这种“人格”特征也会延伸到广告中。

“黑脸 V”是抖音上为数不多的技术流主播，“黑脸 V”的短视频依靠后期剪辑呈现出不可思议、令人叹服的视觉效果，所有视频均极具创意且为原创，主播本人非常神秘，至今没有露过脸，也从不在视频中说话。“黑脸 V”在抖音上独树一帜，吸引了大批忠实粉丝。在“黑脸 V”为 OPPO Find X 拍摄的一则广告中，这款手机成为“黑脸 V”视频中的重要道具，手穿过电脑屏幕拿到这款手机，扔向空中，手机悬浮，双臂张开，手机由一个变成五个，每个手机的升降摄像头依次升降，黑脸手臂挥动五个手机合为一个，黑脸手持手机拍照，黑脸照片叠画出现。这个短视频中延续“黑脸 V”以往自媒体内容的主题和风格，整个视频运用剪辑呈现了酷炫的视觉效果，没有台词，没有字幕，仅对手机上 OPPO 的 Logo 和 OPPO Find X 独特的升降

摄像头进行了重点呈现，但使人印象深刻。

（五）追求润物无声的广告效果

尽管作为网络媒体，自媒体可以通过跳转到购买页的方式引导消费者进行购买，但是相较于其他网络媒体，自媒体对于淡化商业色彩的追求更甚，因此在广告效果方面不再一味急功近利地追求销量转化，而是更加注重与目标受众的沟通和情感交流，以此与消费者建立更加稳固和温和的关系。

第三节　自媒体广告文案写作

自媒体的崛起和自媒体广告的盛行，突显了内容和文案的重要性。优质的内容和广告文案，可以让自媒体广告如虎添翼。

自媒体通过内容与受众接触、沟通，最终建立关系。受众根据需求去选择相应内容及自媒体，最终形成具有价值认同的社群。自媒体所提供的优质、有价值的内容，一旦进入同价值观的社群中，信息会以非线性的方式在社群内外进行传播，获得巨大的传播效应，因此优质内容是自媒体运营的第一原则，是自媒体传播的起点，也是自媒体通向受众的唯一路径。以往广告及广告文案更多关注如何将产品或品牌信息表达出来并传递出去，但自媒体广告及其广告文案首先要关注的是如何向受众提供有价值的内容，并在此基础上传递广告信息。

自媒体广告中既有传统的展示类广告，也有与自媒体内容融合共生类的广告。展示类自媒体广告文案遵从一般广告文案写作规律，本节重点关注的是融合共生类自媒体广告文案写作，此类自媒体广告文案依附于自媒体内容存在，这是与其他广告文案最大的区别。

一、自媒体广告文案写作原则

（一）坚持受众至上，内容为王

网络时代信息传播方式由线性传播变成了网状交互传播，受众不再是信息的被动接收者，而是信息传播的参与者。自媒体广告中受众的作用尤为重要，简单粗暴的叫卖式广告对受众来说失去价值，近乎无效，广告信息需要穿上一件有吸引力的“外衣”——将广告信息隐藏到对受众有价值的内容中，“渠道为王”变成了“内容为王”。

内容是一切自媒体的核心。对受众有用、有趣、有共鸣的内容才具有传播力，而传播力是品牌或产品信息曝光多少、辐射范围大小及影响力大小的关键因素。

（二）人格化，风格化

“自媒体领域里有两个能力在未来会被放大，专业化和人格化。第一是专业化能力，即在一个特别细小的领域里形成的专业化能力。第二是人格能力，在未来自媒体里，人大于所有的机构，这就出现了互联网营销中一个特别有趣的现象。第一叫做品牌返祖①，第二叫做传播返祖——品牌与个人有关，传播以口碑进行 。”② 无论是品牌返祖还是传播返祖，都在赋予品牌

① 品牌返祖是一种现象，指当下品牌与古代品牌出现高度一致性，人们更愿意相信和选择一个有血有肉的人，一个个人品牌或一个人格化的品牌，而不愿意去相信冰冷的组织品牌，这就是品牌返祖。

② 吴晓波．自媒体运营必须知道的 18 条军规．［2019－01－24］．https：//www.meihua.info/a/65103.

人情和温度，这与自媒体不谋而合。

自媒体广告文案在有温度地传递信息之外，必须要考虑产品或品牌调性及其与自媒体特质是否相吻合。自媒体广告文案的写作需要依托于自媒体的人格特征和一贯的内容风格特点，尊重受众体验和需求，而非简单以产品为中心，盲目发布内容。

二、自媒体广告文案构成与写作

目前自媒体广告形式主要有两种：文字类自媒体广告和视频类自媒体广告。

（一）文字类自媒体广告的构成与写作

文字类自媒体广告一般由标题和正文两部分组成。

1. 标题写作

自媒体广告文案具有题文分离的特点。所谓题文分离指的是广告文案标题和广告正文在时间和空间上是分割开来的，受众首先看到广告文案标题，之后通过点击跳转到正文的页面，如图 15-5 所示。

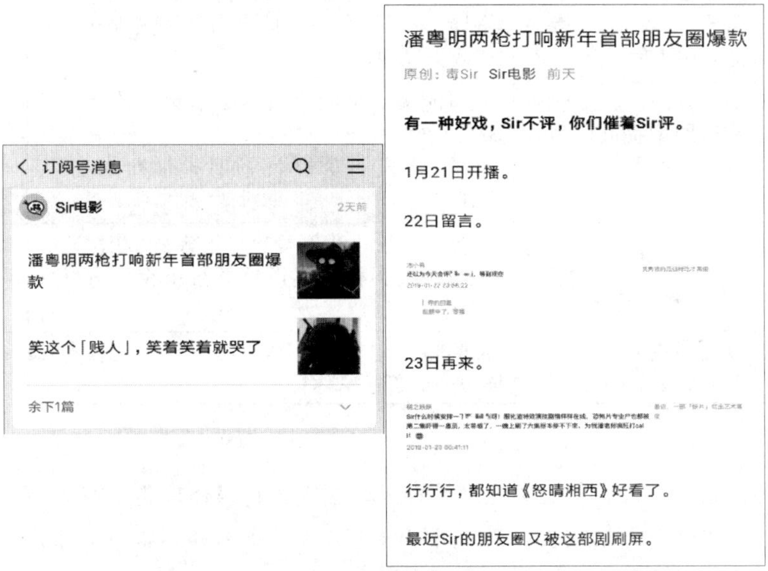

图 15-5　微信公众号“Sir 电影”《潘粤明两枪打响新年首部朋友圈爆款》题文分离

左侧是微信公众号“Sir 电影”推送文章的标题，《潘粤明两枪打响新年首部朋友圈爆款》是电视剧《怒晴湘西》的广告，只有通过点击才能跳转到其广告正文页面（右侧）。

这就意味着在自媒体广告文案写作中标题变得异常重要，标题是不是有吸引力决定着受众是否会进行点击并阅读正文，进而获取广告中传递的信息。

为了适应自媒体受众的碎片化阅读习惯及手机竖屏限制，自媒体广告文案标题绝大多数采用较短的单一式标题，鲜少有复合式标题。好的标题应该引起读者兴趣，诱导读者阅读正文，这一点上自媒体广告文案与其他广告文案写作无异。自媒体广告文案标题写作也有自己的特点，受众对自媒体的期待并非获得泛泛的信息，而是期望在特定领域获得有一定深度的信息，而自媒体广告与内容边际模糊，自媒体广告需要内容外衣才能发挥效用，因此自媒体广告标题的拟定需要考虑受众需求，延续自媒体一贯的内容风格。除此之外，在标题写作上有如下较为通用的技巧（见表 15－2）。

表 15－2 自媒体广告标题写作通用技巧

技巧	方法	例子	备注
1. 借热点	标题借助当前热点，获取受众关注。	《有一档哭上热搜的节目我们可能骂错了》	借节目嘉宾吴昕因哭泣而上热搜事件。
2. 网络热词	在标题中使用当前网络热词，增强趣味性。	《周冬雨的新剧居然越看越香》 《真香预警，这部狗血剧真的有毒！》	灵活使用网络热词“真香”。
3. 高价值	在标题中体现正文内容有极高的价值，如可以省钱、省力、指南、速成等。	《贺岁档这阵容要破百亿（想省钱必点）》 《一图看懂敦煌艺术》 《1/4 人生危机自救指南》	
4. 制造悬念	通过意犹未尽或有违常理的表述制造悬念，引人阅读。	《看完 OPPO 的晚会大奖，我怀疑了人生……》 《Adobe 爸爸送我的一本子，打开竟然是……》 《“我曾经想过，让父母去死”》	
5. 提出疑问	在标题中提问，引人好奇或思考。	《我可能买了个假手机，要不然为什么拍照那么丑？》 《什么鞋子一发售就被秒，加价都还买不到？》	
6. 制造“不可能”	在标题中让看起来“不可能”成为可能。	《只需 200 块，让你看起来年薪 200 万》 《几百块钱买到顶级设计，新年我最想赶这个时髦》	
7. 福利回馈	以福利或回馈粉丝的名义展示品牌。	《抽奖啦！GUCCI、LV、爱马仕、戴森卷发棒……免费送给你！》	

2. 正文写作

随着自媒体广告的发展，长文案迎来了春天，文字类自媒体广告文案需要对受众有价值的内容作为支撑，所以通常篇幅较长。正文可以分为开头、主体和结尾三个部分。

开头部分是为了呼应标题，同时为展开主体部分做铺垫。

主体部分是正文的核心部分，这部分内容是决定受众体验的关键部分。受众的需求应在这一部分得到满足，换言之，对受众来说主体部分必须是有用的，是受众感兴趣的。

结尾部分一般对全文进行简要总结，最重要的是品牌或产品的露出，结尾写作的关键是与主体部分巧妙融合，让品牌或产品露出更加自然。

如影视类微信公众号“十点电影”发布的一篇文章《真香预警，这部狗血剧真的有毒！》既是影视剧分析文章，也是一则自媒体广告。这篇文章开头部分从张娜拉在国内最有知名度的电视剧《刁蛮公主》说起，引起读者回忆，顺势提出张娜拉最近的一部狗血舒爽韩剧——《皇后的品格》，“这部集合了皇室、出轨、车祸、凶杀、复仇、身世之谜……各种狗血的烂梗！不过也不奇怪，毕竟这部剧的编剧金顺玉，她可是撒狗血的行家。当年风靡大江南北，主题曲唱遍大街小巷的《回家的诱惑》的原版《妻子的诱惑》，便是她的杰作，之后她还如法炮制了

《天使的诱惑》”。介绍了剧中的狗血梗和编剧，紧接着说对这样一部剧，“我呢，抱着踩雷的心理来看这部剧，没想到不知不觉居然一连看了好几集，完全就是停不下来的节奏”“真香戏码的上演让我也不得不承认：狗血多到了一定地步，舒爽感简直不言而喻”。既呼应了标题中的“真香“和“狗血”，又为接下来介绍《皇后的品格》主要剧情和演员的主体部分进行了铺垫。

《真香预警，这部狗血剧真的有毒！》的主体部分对这部剧的演员、角色、编剧和复杂狗血的剧情进行了详细且生动有趣的介绍，最后总结了这么狗血的剧会火的三个原因。

《真香预警，这部狗血剧真的有毒！》在结尾部分，再次总结了《皇后的品格》剧情之狗血和观感之舒爽：“以往，常常用狗血形容一部剧烂，但在这里，‘狗血’真的是个好词儿。毕竟，狗血就是精髓，舒爽是目的。快追起来吧！！！想看的，去韩剧 TV。”

全文仅在结尾最后一句提到了产品——韩剧 TV，前文通过对这部电视剧的介绍，引起粉丝的观看兴趣，之后顺势提出了观看渠道——韩剧 TV。既向粉丝提供了其感兴趣的有用的内容，又在保证了受众阅读体验的同时非常自然地提到了产品。

（二）视频类自媒体广告的构成与写作

视频类自媒体广告也存在题文分离的特点，自媒体视频广告一般需要受众自主点击才能进行播放，而决定受众是否选择点击观看的关键因素是视频广告的标题或具有标题性质的文字内容。

短视频广告以日常更新的形式发布，这种情况下视频广告往往没有独立的标题，但在其更新动态时会配以文字，这些文字引导受众点击观看，因而具有标题性质，可视为此类短视频广告的标题。

短视频广告的标题不追求标新立异，一般是对视频的主要内容、主题或是视频中的关键情节进行简单陈述，文字风格简单平实，语言简单化、日常化和口语化，借此创造出日常亲民互动的氛围，如图 15 - 6 所示。

图 15 - 6　“会说话的刘二豆”抖音动态页

视频本身是“会说话的刘二豆”为支付宝新年“鱼跃龙门”活动拍摄的广告，以刘二豆偷吃鱼后谎称鱼去跃龙门了为主要内容，在刘二豆辩称鱼去跃龙门的时候，展示了支付宝“鱼跃龙门”活动的页面和玩法。状态更新所配文字为“＃全民逗鱼年年有余 我家的鱼会跃龙门，你家的呢?”其中“＃全民逗鱼年年有余”为抖音话题，以疑问句“我家的鱼会跃龙门，你家的呢?”提示了短视频的主要内容。

播客平台上自媒体视频必须有独立标题，不同自媒体对视频的标题命名具有较大的差异性，一般来说自媒体视频标题需要根据自身性质和风格来拟定，并在视频系列中保持一定的统一性。如图 15-7 所示，同为 B 站上的影视评论类自媒体“刘老师说电影”和“木鱼水心”在标题拟定上具有较大差异。

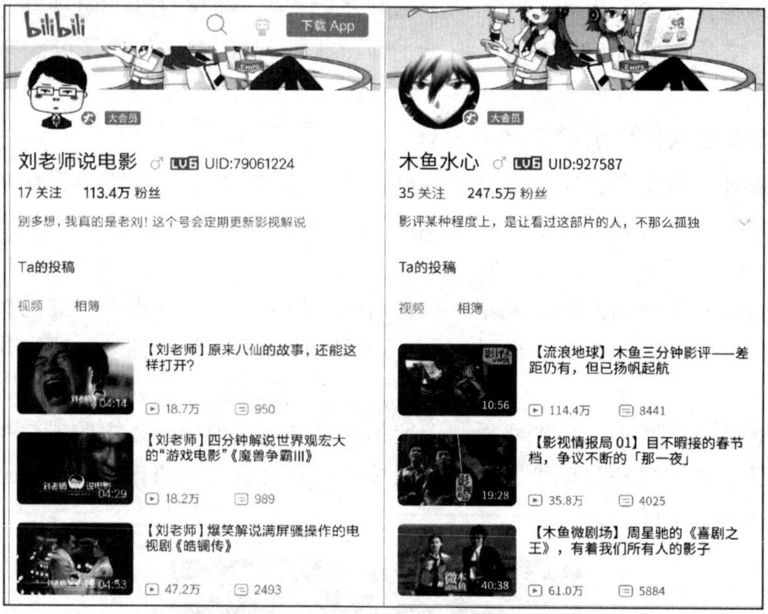

图 15-7 哔哩哔哩上自媒体“刘老师说电影”和“木鱼水心”视频标题对比

“刘老师说电影”的影视评论以吐槽为主，幽默搞笑，个人风格鲜明突出，而“木鱼水心”影视评论较为温和文艺，属走心风格。两者在视频标题拟定上呈现出较大差异，“刘老师说电影”的视频标题《【刘老师】原来八仙的故事，还能这样打开?》《【刘老师】四分钟解说世界观宏大的“游戏电影”〈魔兽争霸Ⅲ〉》《【刘老师】爆笑解说满屏骚操作的电视剧〈皓镧转〉》，全部是以【刘老师】开头，突出刘老师个人，之后标题文字则是对视频内容的简要概括，即解说的影视剧或游戏名称＋解说或吐槽的方向和内容。而“木鱼水心”的标题《【流浪地球】木鱼三分钟影评——差距仍有，但已扬帆起航》《【影视情报局 01】目不暇接的春节档，争议不断的“那一夜”》《【木鱼微剧场】周星驰的〈喜剧之王〉，有着我们所有人的影子》，标题将电影名字（【流浪地球】）或是栏目名称（【影视情报局 01】【木鱼微剧场】）放在最前面，将视频内容或类别首先呈现出来，在其后的标题文字相较于“刘老师说电影”更加感性，更倾向于表达电影背后的情感及与观众的共鸣之处等。

自媒体视频广告标题命名遵循自媒体视频标题命名规律，“刘老师说电影”的三个标题中《【刘老师】原来八仙的故事，还能这样打开?》和《【刘老师】四分钟解说世界观宏大的“游戏电影”〈魔兽争霸Ⅲ〉》分别是为《自由幻想》手游和《魔兽争霸Ⅲ》定制的自媒体视频广告，如果不看内容单从标题来看，这两个视频跟其他单纯解说吐槽影视剧的视频并没有差别。

自媒体视频类广告文案内容写作上与传统视频广告文案（脚本）写作不同，因为自媒体视频广告与以往影视广告在拍摄上有较大的不同，表现为：

（1）拍摄设备与技术平民化。与以往依靠专业录影设备和场地的影视广告拍摄完全不同，当前的竖屏短视频拍摄设备以手机、单反或微单为主，其中手机成为主要拍摄设备，拍摄设备和技术简单，人人均可持有拍摄。

（2）拍摄主体个人化。自媒体视频广告拍摄主体是其背后的个人或团队，如火山短视频平台上的很多烹饪用品广告，仅依靠一个手机和一个三脚架就可以完成拍摄工作。拍摄之后，利用手机里的编辑软件进行剪辑制作，最后用手机在网上发布。

（3）拍摄内容随意化。传统影视广告追求精致化、创意性，甚至为产品或品牌定制人物、场景和情节。但自媒体视频广告继承了自媒体的平民化和草根化特性，其拍摄的核心是自媒体本身传播的内容，以传播自媒体内容为首要任务。在视频广告中依然如此，自媒体视频广告的拍摄具有极大的自由度，在内容表现上更加日常化和随意化。

综上，自媒体视频广告拍摄上并不追求拍摄专业性和严谨性；拍摄成本较低，可以多次拍摄，重复拍摄，不必“一击即中”；自媒体视频广告的创意者又是拍摄者，因此自媒体视频广告的拍摄不必像传统影视广告那样必须撰写拍摄脚本。坚持创作对受众有用、有趣、有共鸣的内容，确定视频核心内容，具备大体想法并确定好产品或品牌展现方式即可进行拍摄。

第四节　自媒体广告文案存在的问题

当前自媒体广告行业呈裂变式发展，除了较早的文字类自媒体，直播、短视频、播客等各种形式的自媒体席卷整个社会，自媒体成为流量汇聚地，但因监管不善带来的诸多问题也日益凸显。表现在文案写作上主要有以下几个方面。

一、标题党泛滥，令人反感

“在信息丰富的世界里，唯一稀缺的资源就是人类的注意力。既然它是最后的稀缺资源，那么注意力流向哪里，金钱就跟到哪里。”[①] 互联网信息爆炸导致人们的精力分散，人们习惯于快速阅读碎片化信息，如何赢得受众的注意力变得尤为重要，因此很多人做起了标题党。所谓标题党是在互联网上利用引人注目的标题来吸引受众注意，以达到增加点击量或知名度等各种目的网站编辑、记者、管理者和网民的总称。标题党的标题严重夸张或不实，且标题和正文内容完全无关或落差极大。

标题党利用人的欲望、猎奇心理和碎片化阅读习惯，在标题中或着重突出具有性暗示的词或大量使用极端情绪化的词或制造耸人听闻的事件，甚至出现了“跪求体”“哭晕体”“吓尿体”“震惊体”等标题党模式。如《大学校长的秘密情史，让人意外》《是什么让女人们尖叫连连，高潮不断》，点进去之后校长的“秘密情史”是校长和书的故事，“让女人尖叫连连”的是法国 Contrex 矿泉水在国外某广场上举办的一次热闹非凡的营销活动。

---

① 凯利．必然．北京：电子工业出版社，2016.

标题党泛滥冲击着自媒体的公信力，也引起了受众的反感和抵触。尽管标题作为内容的入口有着极为重要的作用，但是肆意夸大甚至制造虚假的标题，人为制造出的题文不符，愚弄受众，严重影响着受众体验，使人反感，最终不利于自媒体及自媒体广告的发展。

二、过度依赖情绪化表达，忽视社会责任

2016 年 11 月 22 日牛津字典宣布，“后真相”（post-truth）是其年度词。所谓后真相指的是相对于客观事实的陈述，民意更容易受情感和个人信仰的影响。即对于公众来说事实本身的重要性下降，人们更倾向于凭借自己的情感经验和自身的观点看法对事件作出评判。

在此背景下，自媒体广告文案写作过程中出现了过度依赖情绪化表达的问题。大量自媒体广告文案迎合受众情绪宣泄，过度依赖负面情感和情绪的夸大表达，“扭曲国民心态，不利于成风化人、凝聚人心、构建清朗网络空间”①。微信公众号“咪蒙”中出现了大量此类广告文案，如表 15－3 所示。

表 15－3　　微信公众号“咪蒙”广告文案情绪/情感分析表

标题	内容	情绪/情感	广告主
《我每天加班到死，存款还是 0!!!》	女人花钱爱自己是抢救式的爱，女人应该日常爱自己，关注健康。	放大焦虑	雅诗兰黛
《职场潜规则：女人，你的衣服比脸重要》	职场中女人的衣服比脸要重要。	夸大女性外貌的重要性	ICY 全球设计师平台 App
《太刺激了！我当面骂了老板》	网友工作中与老板相处的尴尬时刻和忍耐老板种种言行的无奈。	工作无奈 发泄愤怒	东风启辰 T60
《你总是间歇性努力，持续性一事无成！》	半年里变得非常成功的两个人的故事，而你一事无成，因为你没能坚持努力。	放大焦虑和恐慌	芝士派
《你的男神被人抢了？活该！》	女人应该努力学会化妆、穿搭、减肥，变好看才能追到男神。	自卑情绪	非正常种草馆
《创造 101：因为老娘想赢，所以你们都得输！》	不在乎的才谦让，喜欢的都靠自己去抢。	夸大竞争 制造敌对情绪	创造 101
《你讨厌的样子，你的孩子全都有》	亲子关系很大程度上是复印关系，父母应为孩子花精力做一个好选择。	焦虑	学而思

“咪蒙”文案的标题和内容中负面情绪和情感的运用率是比较高的，在其广告文案中金钱崇拜、女性外貌至上、生活或工作不公、人生失败等主题随处可见，恐慌、焦虑、自卑、愤怒等负面情感、情绪被刻意放大。“咪蒙”的文章内容通常从自己或身边的同事朋友开始，由一件具体的事引入她自己的感悟，再通过大量的举证引出她的价值观，这个过程中只有“咪蒙”自己的所思所想，所感所悟，没有细致的描写，没有情节的起伏，简单来说“咪蒙”依靠的是对受众情绪的操控。为了吸引眼球，迎合受众情绪宣泄，刻意地制造话题，渲染负面情绪，甚至传递消极和负面的价值观。

“咪蒙”为涉嫌造假的《一个出身寒门的状元之死》发布道歉信后，《人民日报》评论称：

---

① 林峰．人民网三评浮夸自大文风之一：文章不会写了吗？．[2019－02－11]．http：//opinion.people.com.cn/n1/2018/0702/c1003-30098611.html.

"咪蒙发道歉信，避实就虚，避重就轻，暴露出一贯的擦边球思维。当文字商人没错，但不能尽熬有毒鸡汤；不是打鸡血就是洒狗血，热衷精神传销，操纵大众情绪，尤为可鄙。若不锚定健康的价值坐标，道歉就是暂避风头，'承担起相应的社会责任'就变成一地鸡毛。"①该评论既是对咪蒙道歉的评论也是对操纵大众情绪、忽视社会责任的自媒体广告文案的警示，如图15－8所示。

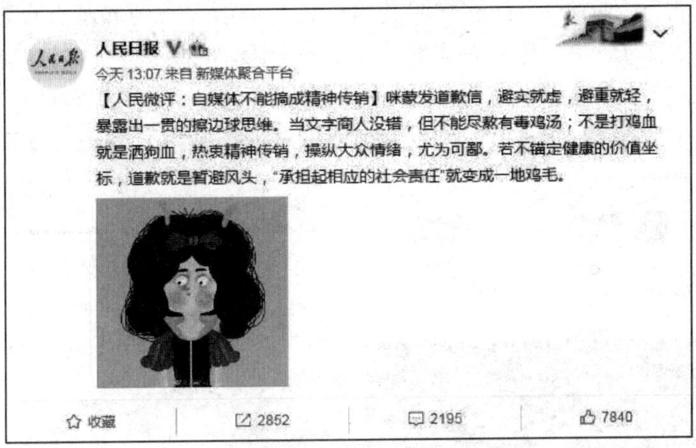

图15－8　《人民日报》官微针对"咪蒙"道歉信的评论截图

三、内容同质化严重，资讯冗余

几乎所有稍有影响力的自媒体都会在各大自媒体平台上开通账号，如微信公众号、微博、今日头条、企鹅自媒体、百家号等。自媒体人利用内容分发软件将同一内容分发到多个自媒体平台，再加上自媒体之间相互转载，使受众反复在多平台看到这些内容。除此之外，各自媒体平台对原创文章的要求较低且缺乏审查规范，部分自媒体将互联网上已有的文章删删减减，东拼西凑，稍作改动，变成自己所谓的原创文章。更有甚者直接抄袭其他自媒体内容。

如公众号"庞门正道"和"休克文案"曾因为"庞门正道"发布的《杜蕾斯这一波，教科书级别的营销》一文引发争论，"庞门正道"此文章借用了公众号"广告文案"和"休克文案"的内容，虽然在开头注明编辑整理自"休克文案"和"广告文案"，但是未能得到"休克文案"和"广告文案"的授权，因而引发了"休克文案"和"广告文案"的声讨。再如，公众号"咪蒙"发布的《你讨厌的样子，你的孩子全都有》是学而思网校的广告，这篇广告的内容被很多自媒体转载或直接抄袭，如公众号"Baby守护计划"未获授权、未注明出处直接照搬全文，并且在文末将学而思网校的内容改成了星时代教育。又如前文提到的《真香预警，这部狗血剧真的有毒!》这篇文章原创首发于公众号"表姐电影"，"十点电影"得到授权转载，但是在最后加入了一句韩剧TV的广告。类似的情况不胜枚举，这些同质化甚至相互抄袭的内容，严重影响着自媒体的发展，更重要的是损害了受众的阅读体验，冗余过载的资讯使受众产生了信息接受疲劳，最终影响自媒体广告信息的传递。

① 参见《人民日报》官方微博。

四、部分广告未注明，误导受众

2016 年 9 月 1 日起施行的《互联网广告管理暂行办法》提出，互联网广告应当具有可识别性，显著标明“广告”，使消费者能够辨明其为广告。目前发布的展示类自媒体广告都按要求将广告标注出来。如图 15－9，是头条号和微信公众号中发布展示类自媒体广告注明实例，其中左侧为头条号，在左下角标注“广告”，右侧为微信公众号，在居中位置标注“广告”，同时在右下角注明了“商品推广”。又如图 15－10 也明确标注是“广告”，而且邀请读者“去逛逛”。

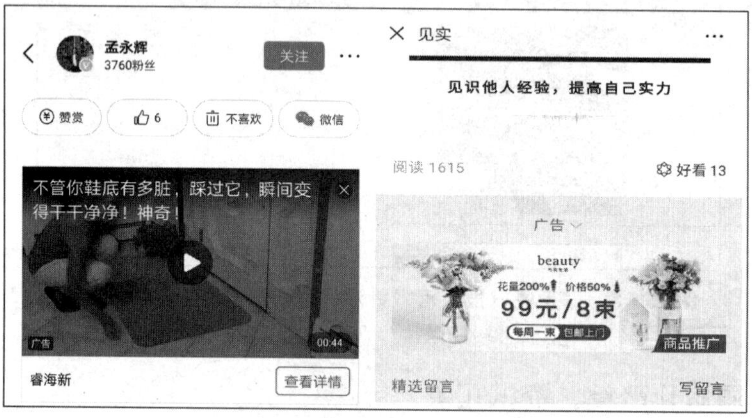

图 15－9　发布展示类自媒体广告注明实例

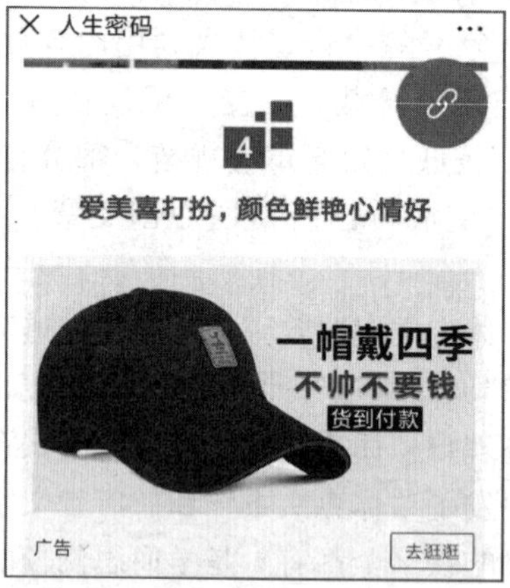

图 15－10　某微信公众号里的广告，注明“广告”“去逛逛”

融合共生类自媒体广告的隐蔽性较强。当受众被自媒体标题吸引之后，选择观看或阅读相应的自媒体内容，看到最后才发现其实是一个广告。刚开始受众觉得这种广告形式新鲜有趣，但久而久之也会反感。“相关调查机构对 2 012 名受访者进行的一项调查显示，97%的受访者遇到过阅读一篇新媒体文章，直到最后才发现是广告软文的情况，55.3%的受访者经常遇到。对于这种广告软文，56.1%的受访者表示反感。”① 反感情绪源于自媒体广告对受众的不尊重，

① 周宵鹏．新媒体广告软文并非法外之地．法制日报，(2018－10－21) [2019－02－11]. http://epaper.legaldaily.com.cn/fzrb/PDF/20181021/06.pdf.

作为受众应该在能辨明广告的前提下做出是否观看，是否相信、消费的决定，而不是像现在这样被看似非广告的标题吸引，点开观看后才发现是广告，使受众产生被欺骗的感觉。有一些消费者难以辨别的自媒体广告，让消费者认为是自媒体人的亲身经历、亲自使用后的体验，是自媒体人无利益相关的陈述，这些都会影响消费者决策，对消费者产生误导。

尽管自媒体广告以内容为主，但其本质仍然是广告，理应受《互联网广告管理暂行办法》的约束，应在标题或正文中注明“广告”，以便让消费者知晓。关于如何注明广告，如何在注明广告的同时让受众选择点开，有一些自媒体已经做出了有益的尝试。如微信公众号“顾爷”每次都会在广告最后加入一张图片，坦陈这篇内容是广告，如图 15 - 11 所示。

图 15 - 11　微信公众号“顾爷”广告内容最后附图

“顾爷”以这样的坦诚方式注明广告，以及其对受众不想看广告的理解和自己做了广告后“死远点”的自责，让受众对广告本身的抵触和反感得到了缓解。

再如主打娱乐、时尚的微信公众号“石榴婆报告”，主要内容是向欧美时尚迷提供最新鲜的欧美时尚和娱乐圈动态，呈现欧美街拍搭配、时尚趋势等，在欧美时尚领域具有极高的关注度和口碑。“石榴婆报告”所有广告都会在标题前冠以“推广”一词，明确告诉受众，这篇文章为付费推广内容。如图 15 - 12 所示，《新年要买新鞋鞋，每次出门却只想穿这一双》《“你拍照像刘雯一样好看”，快来收获这份赞》《精致、巧妙又独特，这份美好要在消失前记得》，分别是 Adidas Stan Smith、Moose Knuckles 和谭木匠的广告。

图 15 - 12　微信公众号“石榴婆报告”广告内容标题

尽管受众在点击之前就知道这篇文章是广告，但熟悉“石榴婆”的粉丝都知道“石榴婆”只接高质量广告，即便是广告，也会传达非常有价值的时尚穿搭信息，所以并未影响这些广告内容的点击率，上图中三个广告阅读量均超过10万。

五、广告缺乏审核，内容虚假

目前国家对于自媒体广告的监察力度不够，自媒体从业人员缺乏自律自审意识，使得当前自媒体广告中出现了大量虚假或违规广告。如三无产品广告，虚假违法的药品、保健品广告，未经有关部门许可的特殊商品广告，含有欺诈信息的金融投资、招商和收藏品广告，甚至有自媒体随意发布一些涉黄涉毒广告等。

这些广告内容的发布和传播对消费者的身心健康和资金安全等各方面造成伤害，对整个社会风尚造成恶劣影响。

自媒体广告作为一种新生的广告形式，其仍处于发展中，在这个过程中难免出现一些问题。这些问题的解决既需要法律法规的完善、有关部门加强监管和社会监督，又需要自媒体广告从业人员能够自律自省，在自媒体广告文案写作过程中，遵守国家法律法规，以对消费者负责的态度，创作真正有价值的内容，传递广告信息，引导公众消费。

【思考与练习】

一、思考题

1. 什么是自媒体？
2. 什么是自媒体广告？自媒体广告有哪些类型？
3. 自媒体广告与传统广告相比有什么本质不同？
4. 自媒体广告文案有哪些特点？
5. 自媒体广告文案写作应遵循怎样的原则？
6. 自媒体广告文案在构成上有什么特点？

二、课堂训练

资料：

产品名称	京东便利店
品牌简介	京东便利店是京东“无界零售”的线下落地实体。现已铺遍全国，并在机场、高铁、火车站、高速公路服务区、校园等各个渠道全面开花。 对加盟的门店而言，京东便利店是让事业升级的好项目。通过改造门店形象、输送精选货源、提供运营指导、接入智能设备、发展增值业务（便民服务），让普通门店加盟京东便利店后收入和利润显著提升。 对消费者而言，京东便利店构筑的“零售即服务”生态，满足了他们“半小时生活圈”内的日常生活所需，不止提供精品好货（到店购买、线上下单均可），还能维修、打印、洗衣、取包裹……承包一天的大小事务，成为他们的“生活支点”。
广告主题	主题1：我为什么要在学校里开一家京东便利店。 主题2：喜欢来京东便利店的理由。 （备注：主题可二选一进行创作）

续前表

产品名称	京东便利店
广告目的	主题1：向有创业想法的大学生传达“京东便利店是年轻人创业的优选”。 主题2：向大学生群体传达“京东便利店是年轻人购物和体验新生活方式的优选”。
主题解析	主题1：我为什么要在学校里开一家京东便利店。 本主题面向B端，针对想要开店创业的人，需要通过创意传达清楚“京东便利店为什么是年轻人创业的优选”。你可以围绕任意立意展开。 可以讲京东便利店的核心优势：形象升级、精选货源、科技赋能、运营指导、增值业务…… 也可以描述合作愿景：轻松好赚、稳定、门槛低、京东合作有面儿、自己当老板爽、上升空间大、为更大的事业打基础、适合安置家乡的父母或其他老人…… 或者其他你能想到的好角度，京东便利店的优势，等你来挖掘。 主题2：喜欢来京东便利店的理由。 本主题面向C端，需要传达“京东便利店是年轻人购物和体验新生活方式的优选”。你可以理性地讲货品质量有保障、线上下单省时间、便民服务多方便，也可以感性地表现在京东便利店感受到的温情和便利，比如某个时刻或某段故事（沮丧时的一份便当，失恋时的一杯热咖啡，在京东便利店打印人生第一份简历，生病时手机下单店长送货到宿舍）。 欢迎你脑洞大开，任意挖掘京东便利店的可爱之处。 C端释义：consumer，指消费者、个人用户。 B端释义：business，通常为企业或商家，指有意加入京东便利店的店主。

训练要求：

请认真阅读以上资料，为京东便利店选择合适的自媒体，并模仿所选自媒体一贯风格为京东便利店撰写一篇自媒体广告文案。

主要参考书目

张浩编．新编广告文案写作格式与范本．北京：蓝天出版社，2005.
万秀凤，高金康．广告文案写作．上海：上海财经大学出版社，2005.
王国全，等．新广告文案学（创意、写作、表现）．广州：中山大学出版社，2004.
杨先顺，陈韵博．广告文案写作原理与技巧．2 版．广州：暨南大学出版社，2000.
胡晓云．广告文案写作．2 版．杭州：浙江大学出版社，2002.
高志宏，徐智明．广告文案写作——成功广告文案的诞生．北京：中国物价出版社，1997.
高萍．公益广告初探．北京：中国商业出版社，1999.
徐秋英．现代广告修辞．北京：中国经济出版社，1998.
张冠华．广告写作．珠海：珠海出版社，2000.
张秀贤．中外广告妙语金句 10000 条．北京：中国广播电视出版社，1995.
储佩成．广告口号创意与表现技巧．上海：立信会计出版社，1998.
殷涵，陈莞．怎样写好广告文稿．北京：中国档案出版社，2001.
[日] 植条则夫．广告文稿策略．上海：复旦大学出版社，2000.
邵敬敏．广告实用写作．上海：华东师范大学出版社，1991.
左书舟．广告文创作与欣赏．北京：文化艺术出版社，1992.
阮卫．现代广告文案写作．合肥：安徽人民出版社，1997.
李宏伟，张秉忠．现代广告写作．北京：蓝天出版社，1992.
卢小群．现代广告文案艺术．长沙：中南工业大学出版社，1997.
李巍．现代广告设计．北京：机械工业出版社，1989.
樊志育．最新实用广告．北京：中国友谊出版公司，1995.
丁柏铨．广告文案写作教程．2 版．上海：复旦大学出版社，2005.
倪宁．广告学教程．4 版．北京：中国人民大学出版社，2014.
丁邦清，程宇宁．广告创意．长沙：中南大学出版社，2005.
陈培爱，李道平．广告策划．北京：中国商业出版社，2001.

一版后记

本人在大学讲授多年广告文案写作及相关广告课程，几乎浏览了能够看到的所有广告文案写作教材，从中学到了很多知识。然而随着阅读的广泛和讲授的深入，逐渐觉得所选教材不能满足课堂需要，几经变换还是不理想。这些教材，有的注重纯理论介绍，广告案例很少，教师要到处寻找资料补充印证理论；有的理论不足，堆砌案例，成了广告文案汇编；有的在广告文案写作教材中讲很多广告学概论的知识，如市场调查、广告策划、广告创意、受众心理等，冲淡了写作理论；有的大量引用国外案例，由于学生对国外市场不了解，很难全面理解案例内容；还有的把文案写作与广告创意糅在一起，不伦不类。凡此种种，促使我决定编著这本《广告文案写作教程》。

其实这项工作在我几年前的讲课过程中已经开始了。因为我从来不按照某一本书进行讲授，讲课前参考了多种教材、杂志和当前广告界的理论和成果，取长补短，总结精华，给学生的都是最新最好的内容。尤其在自己制作多媒体课件时，总是大量地搜集资料，电脑周围以及地板上堆满了各种书籍和杂志。经过几年的课堂实践，证明我讲授的理论是先进的，资料是丰富的。以至于2000级的学生当时就说："老师您这么好的课件和讲稿，不出版就可惜了。"于是我申报教材出版并通过了学校教材评审委员会审定，使得这本教材可以公开出版。在出版社的支持和敦促下，本书终于面世了。

在这本书中，有世界广告大师的经典理论，有经过中外广告实践证明了的普遍规律，也有我自己多年在业界的实践和学界的研究成果，有的章节是我已经发表的学术论文内容，有的章节单独拿出来就可以作为论文发表。

在这里要感谢我的历届学生们，他们作为知识的接受者，是我的实验对象。在他们身上检验了我的教学效果，从而才有了这本书的出版，才有惠及他人的可能。

感谢本书中参考和引用文本的作者们，感谢你们为我提供了理论路标和研究成果。由于资料来源很广泛，参考和引用的许多资料无法一一列出（包括网上资料），再次真诚地向原作者表示感谢。

感谢中国人民大学出版社人文分社社长司马兰老师、李学伟老师及其他编辑们的严格编审和辛勤校正。

但愿本书能够实现编著初衷，但愿能够解人之惑、授人之业、传人之道，但愿不误人子弟。

谢谢！

郭有献

2007年8月10日

再版后记

《广告文案写作教程》2007年11月出版，当年首印5 000册，2009年6月第二次印刷，2011年再版，不到四年时间出版两次印刷三次，其出版频率和发行数量也许能说明点什么。本书已经印刷两次，但在很多城市的书店中早已售罄，至今还有与本人联系索要本书或请教书中问题的广告界同仁和在校大学生。这大概也是出版社催促我提交再版修改稿的原因。

令人感动的是，本教程不仅受到广告学界和业界的好评，而且学生在毕业离校前处理旧书时，都舍不得卖掉这本《广告文案写作教程》。虽然到处漂泊，他们也要将本书作为工具书随身携带。

广告学科发展很快，尤其在网络信息传播时代，天天都有新名词出现，一不留神就发现自己落后了。在这样的环境下，自己对一些广告学术问题的认识也不断清晰和深化，因此及时修订和再版是很有必要的。

教材必须反映最新学术成果，虽然是教材，也要当学术著作对待。这是一个学者的责任，也是一位教授的良心。

谨此，感谢中国人民大学出版社的司马兰老师、李学伟老师、闫亮老师，感谢关心本教程的学界和业界同仁故知，感谢使用和惠存本教程的老师和同学们！

郭有献

2011年4月10日

第三版后记

本教程自2007年11月出版以来，至今已是第三次出版，发行数已达万册。更可喜的是，2014年10月，经学校、省教育厅、国家教育部三级专家评审，本书荣幸地入选教育部第二批“十二五”普通高等教育本科国家级规划教材（教高函〔2014〕8号）。

本书被广告学术界专家评价为“理论新、案例多、内容全、融入了作者的研究成果”。销售覆盖全国各省，“是国内广告文案写作领域的经典教材”。作为研究生和本科生教材，本书被全国几十所大学选用，有些大学还将其作为研究生入学考试指定教材，受到了广告学界和业界的广泛好评。

网上更是好评如潮，有上百条读者评论。例如：“这是一本好书，内容很全面，案例很新，理论也很前沿，尤其收入了港台最新的广告案例，如意识形态广告、后现代广告等，在理论上也给予了充分讨论。建议大家好好学学。”“很好，书编得非常有水平，赞一个。”“一部经典教材。”“广告文案写作讲得十分全面，可以当工具书来用。”“实用性较强，看起来受益匪浅，有可操作性。”“对于文案来说，这本书很基础也很实用，很喜欢里面的各种实例。”“很详细也很实用，很多都有举例分析，是一本很不错的书。”

值此第三次出版之际，再次感谢中国人民大学出版社的翟江虹老师等，是他们的不断接力编辑和指导，才有第三版的出版。感谢关心本教程的学界和业界同仁，感谢惠存和使用本教程的老师和同学们！

郭有献

2015年1月

第四版后记

十年一剑。本教程自2007年到现在，已经出版四次，发行数万册，受到很多高校师生好评，网上更是好评如潮。很多高校还把本教程作为研究生入学考试必读参考书。为不辜负大家的赞誉和期待，每次再版都要倾心尽意地认真修改完善，删去陈旧的理论和案例，剔除冗赘枝蔓，突出重点内容，添加最新的理论成果，补充最前沿的具有代表性和时代性的广告文案。

随着互联网等相关科学技术的发展，传播工具日新月异，新的传播形式让人目不暇接。广告依附于传媒而存在，必须紧跟传媒步伐，适应传媒节奏，才能更好地利用媒体。于是就出现了很多新的广告文案形式，如网络广告文案、自媒体广告文案。尤其大众化、平民化、个体化的自媒体的涌现，引起了敏感的广告界的关注，自媒体成为广告发布的最新平台。而年轻的广告写手们利用自身的聪明、机敏、对新事物接受快的优势，及时跟进，写出了万花筒般的自媒体广告文案。这些文案良莠不齐，有很优秀的文本，也有很糟糕的垃圾，需要将之认真总结、归纳、概括，上升到理论层面，指导学生鉴别好坏，去粗取精。于是，第四版添加了“自媒体广告文案写作”一章。这一章由河北地质大学艺术设计学院广告学专业教师王金雪执笔，郭有献统筹修改把关。王金雪老师是中国广告教育研究会前任会长、武汉大学张金海教授的学生，在张金海教授门下得到真传，很好地系统总结了自媒体广告文案写作。

本教程的第四次出版，倾注了中国人民大学出版社编辑们的心血。尤其翟江虹长期关注本书，提出了很好的修改意见，再次表示感谢。还要感谢岳娜、田淑香等编辑为本次再版付出的智慧和辛劳。

感谢一直以来坚持选用本教程的老师和同学们，谢谢你们的支持！

郭有献

2019.6.16

图书在版编目（CIP）数据

广告文案写作教程/郭有献编著. —4 版. —北京：中国人民大学出版社，2019.6（2025.9 重印）
新编 21 世纪新闻传播学系列教材
ISBN 978-7-300-27053-1

Ⅰ.①广… Ⅱ.①郭… Ⅲ.①广告-写作-高等学校-教材 Ⅳ.①F713.8

中国版本图书馆 CIP 数据核字（2019）第 124772 号

"十二五"普通高等教育本科国家级规划教材
新编 21 世纪新闻传播学系列教材
广告文案写作教程
第四版
郭有献　编著
Guanggao Wen'an Xiezuo Jiaocheng

出版发行	中国人民大学出版社		
社　　址	北京中关村大街 31 号	**邮政编码**	100080
电　　话	010－62511242（总编室）		010－62511770（质管部）
	010－82501766（邮购部）		010－62514148（门市部）
	010－62511173（发行公司）		010－62515275（盗版举报）
网　　址	http://www.crup.com.cn		
经　　销	新华书店		
印　　刷	北京溢漾印刷有限公司	**版　　次**	2007 年 11 月第 1 版
开　　本	787 mm×1092 mm　1/16		2019 年 7 月第 4 版
印　　张	26.75	**印　　次**	2025 年 9 月第 14 次印刷
字　　数	657 000	**定　　价**	65.00 元

相关课程教材推荐

书号	书名	第一作者	定价（元）	出书时间
978-7-300-34051-7	广告学教程（第 5 版）	倪　宁	59.80	2025-07
978-7-300-30671-1	新媒体广告（第 2 版）	黄　河	68.00	2022-07
978-7-300-32870-6	中外广告史（第 3 版）	何玉杰	69.80	2024-05
978-7-300-13768-1	广告策划与创意（第二版）	蒋旭峰	35.00	2011-06
978-7-300-26146-1	广告创意概论（第二版）四色	刘建萍	78.00	2018-08
978-7-300-28093-6	广告效果测评	杨雪睿	39.90	2020-05
978-7-300-21414-6	广告伦理与法规	陈　绚	35.00	2015-08
978-7-300-11016-5	广告案例教程	王　菲	29.80	2009-11
978-7-300-25598-9	克莱普纳广告学（第 18 版）四色精装	[美] 罗纳德·莱恩	498.00	2019-03

配套教学资源支持

尊敬的老师：

衷心感谢您选择使用人大版教材！

相关的配套教学资源，请到人大出版社网站（www.crup.com.cn）下载，或是随时与我们联系，我们将向您免费提供。

欢迎您随时反馈教材使用过程中的疑问、修订建议并提供您个人制作的课件。您的课件一经采用，我们将署名并付费。让我们与教材共成长！

联系人信息：

地址：北京海淀区中关村大街 31 号 206 室　　龚洪训 收　　邮编：100080

电子邮件：gonghx@crup.com.cn　　电话：010-62515637　　QQ：6130616

如有相关教材的选题计划，也欢迎您与我们联系，我们将竭诚为您服务！

选题联系人：	电子邮件：	电话：
周莹	zhouying@crup.com.cn	010-62511612

俯仰天地　心系人文

人大出版社网站　www.crup.com.cn

专业教师 QQ 群：
723715191（人大新闻）

群名称:全国新闻教师2群
群　号:723715191

欢迎您登录人大社网站浏览，了解图书信息，共享教学资源
期待您加入专业教师 QQ 群，开展学术讨论，交流教学心得